이란 문화와 비즈니스

이란 문화와 비즈니스

초판 1쇄 발행 2015년 8월 20일
    2쇄 발행 2016년 2월 26일

지은이 임인택
펴낸곳 늘품플러스
펴낸이 전미정
책임편집 이동익
디자인 박동훈
출판등록 2008년 1월 18일 제2-4350호
주소 서울 중구 퇴계로 182 가락회관 6층
전화 02-2275-5326
팩스 02-2275-5327
이메일 go5326@naver.com
홈페이지 www.npplus.co.kr
ISBN 978-89-93324-93-8 03300
정가 18,000원

 늘품은 항상 발전한다는 순수한 우리말입니다.

이란 문화와 비즈니스

들어가는 글

우리에게 이란은 먼 나라다. 물리적으로도 그렇지만 심리적으로도 먼 나라다. 중동의 아랍 국가들에 비해서도 상대적으로 잘 모르는 나라다. 어느 유력 일간지의 기자는 이란 취재를 다녀와서 쓴 기사의 제목을 '우리가 잘 모르는 이란'이라고 붙였다. 한국에서 상식적으로 알고 있던 이란과 현지에서 보고 들은 것이 너무 차이가 많아서 그랬을 것이다.

왜 그럴까? 1979년 이슬람혁명 이후 무역 외 교류가 극히 제한적인 것이 가장 큰 이유인 것 같다. 혁명 전 이란은 우리의 중동 진출 전진기지 역할을 하며, 현지에 1만 1,000명의 교민이 살고 있었으나, 지금은 교민 수가 600명도 되지 않는다. 어지간한 외국 도시에 다 있는 한국 식당이 이란에는 하나도 없다는 사실이 현재 양국 간 교류현황을 웅변한다. 미미한 교류와 이란의 폐쇄적인 정책으로 인한 극히 단편적인 정보와 선입견이 우리의 인식을 지배하고, 왜곡된 정보가 편견을 심화시키는지도 모르겠다.

그렇다고 해서 우리와 멀리 떨어져 있는, 미국이 '악의 축'이라 부르는 이상하고 이해하기 어려운 나라에 굳이 관심을 가질 필요와 가치가 있을까? 이란은 현재도 그렇지만 잠재적으로도 경제적인 측면에서 매우 중요한 나라다.

2013년 이란과의 무역 성과를 봤을 때, 한국은 수출 63억 달러로 국가별 순위 20위, 수입 85억 달러로 국가별 순위 16위를 차지했다. 이는 독일을 제외하고 유럽의 어느 나라보다도 많은 액수다. 또한 경제제재 강화 전인 2009년에는 25억 달러 수주로 한국 건설시장 중 6위에 해당하는 시장이었고, 경제제재 해제 시 2016년에만 1,600억 달러의 발주가 예상되는 시장이다. 특히 이란은 원유 매장량 4위, 가스 매장량 2위로 석유와 가스를 합한 매장량은 세계 1위다. 아직은 크게 주목받지 못하고 있지만 이란의 풍부한 지하자원도 잠재력이 크다. 이란은 아연 1위, 구리 2위, 철광석 9위 등 68종 570억 톤의 매장량을 보유한 세계 10대 광물 보유국으로서, 80%의 광구가 미개발 상태이고, 확인 매장량의 96%가 미 채굴 상태다.

또한 인구 8,000만 명 중 약 60%는 문맹율이 3% 밖에 안 되는 30세 이하로 질 좋고 풍부한 노동력을 갖고 있다. 중동 제1의 산업 국가로 연 160만 대에 달하는 자동차를 생산하는 등 상당한 제조업

기반을 갖고 있는 중동 유일의 국가다. 때문에 우리와 경제 협력의 잠재력은 매우 높다. 이러한 이란 시장이 경제제재 해제로 이제 우리 눈앞에 다가오고 있다. '제2의 중동 붐'을 조성할 수 있는 기회의 땅이 열리는 것이다.

정치적으로도 이란은 중동의 군사, 정치 강국이며 이란 핵 문제는 북한 핵문제와 연관성이 있어 우리에게 중요한 국가일 수밖에 없다. 문화적으로는 이란 내에서 〈대장금〉(2003), 〈주몽〉(2006)이 80%가 넘는 시청률을 기록해 중동에서 예외적으로 한국의 정서가 통하는 나라이기도 하다.

유럽과 아시아의 선·후진국에서 17년가량 살아본 경험이 있어 문화가 다른 외국생활에 단련되어 있던 필자도 이란에서의 3년은 쉽지 않은 세월이었다. 물론 이란의 신정정치로 인한 독특한 정치, 사회적 환경과 외국문화와 외국인에 대한 배타적 태도와 제도가 많은 영향을 끼쳤겠지만, 이란인과 이란사회의 근저에 흐르는 독특한 사고구조와 가치관에 대한 무지에서 비롯된 측면도 컸다.

아랍에 대한 국내 저작물은 어느 정도 있으나 이란에 대한 책은 드물다. 따라서 한국인의 관점에서 이란인과 이란사회를 보고 이해하기란 매우 어려운 실정이다. 이란을 아랍의 일부로 오해하는 경우도 많아 그 편견은 더욱 견고해지기도 한다.

그렇기 때문에 이란에서 살면서 겪었던 경험과 느낌들, 보고 들었던 이야기들, 여러 호기심과 나름대로의 해석들, 현지 뉴스와 자료들, 서양인의 관점에서 본 이란인에 대한 글들을 정리하고 나름대로 소화해 이란을 그려 보고자 한다.

이 글이 이란인과 관계를 맺고 있거나, 맺으려는 분들에게 조금이나마 그들을 이해하는 데 큰 도움이 되길 바라며, 또 하나의 단편적 정보와 선입견 제공으로 이란에 대한 편견을 키우지 않길 간절히 기원할 따름이다.

2015년 7월
임인택

좋은 직장도 그만두고 남편을 따라 여기저기 해외를 떠돌다가, 마지막에 이란까지 따라와 곁을 떠나지 않고 삼시세끼 밥 해 먹이느라 수고한 집사람 김경하, 떠돌이 아빠 때문에 수많은 국내외 학교를 전전하고 이직이 떨어져서도 씩씩하게 잘 자라 제 몫을 잘 해내고 있는 동이, 영미에게 미안하고 고마운 마음을 전한다.

별로 잘해준 것도 없는 남편이자 아빠임에도, 이들이 제자리를 잘 지켜주었기에 이 책을 낼 수 있었다.

Contents

제1장
이란을 만나다

우리가 생각하는 이란: 페르시아와 이란

우리는 한 나라에 대해 '페르시아'와 '이란'이라는 상반된 두 개의 이미지를 동시에 가지고 있다. '페르시아Persia'라는 단어는 낭만적이고 환상적인 이미지를 연상시키지만, '이란'은 부정적으로 인식하고 있는 것이다. '페르시아'라고 하면, 유대인을 바빌론 유수Babylonian Captivity에서 해방시킨 키루스Cylus 왕의 아케메네스Achaemenes 왕조, 『아라비안 나이트千一夜話』에 등장하기도 하고 신라와 교류가 많았던 사산Sasan 왕조, 1989년 애플용 게임으로 만들어져 히트를 친 〈페르시아의 왕자Prince of Persia〉와 2010년에 개봉된 동명의 영화 〈페르시아의 왕자: 시간의 모래Prince Of Persia: The Sands Of Time〉, 2008년 우리나라에서 순회전시를 한 〈황금의 제국: 페르시아 展The Glory of Persia〉을 기억하고 있는 사람들은 신비로운 느낌부터 받을 것이다.

사우디아라비아와 이란 사이의 바다를 '페르시아만Persian Gulf'으

로 부르는 데서 알 수 있듯이 전통적으로 이란의 명칭은 '페르시아'
였다. 반면 '이란'이라 하면 부정적 이미지를 갖고 보는 이들도 많다.
특히 언론 보도에서 접하는 이란은 '핵', '악의 축', '미사일', '보수파
대통령의 서방과 이스라엘에 대한 강경발언', '이슬람 원리주의', '테
러'와 같은 부정적 단어들로 가득 차 있다. 또한 이란 패키지 여행상
품은커녕 여행자보험 가입도 어렵고 여행 시 주의사항에는 무섭게
과장된 말들로 가득한 것이 현실이다.

    이렇게 이란이 험악한 나라로 소개되고 인식되는 것도 문제지만,
단편적 경험과 정보를 더해 이란을 평가하는 것도 올바른 일은 아니
다. 이란에서 며칠 머물다가 전하는 정보들은 편견을 강화하기 일쑤
다. 행동의 제약이 없는 자유로운 나라라거나, 언제나 밝은 표정으
로 맞아주는 현지인들에 대해 이야기하는 사람도 많다. 하지만 외국
인에게 친절하게 먼저 말을 거는 현지인들은 보통 외국인을 자주 접
하지 못해 이방인에 대한 호기심이 많은 경우다. 그러한 행동이 무례
할 정도로 빈번해질 때도 있다.

    외국인 여성이라도 히잡Hijab을 쓰지 않으면 안 된다. 또한 시내에
서 사진을 찍을 때는 촬영금지 표시가 있지는 않은지 잘 살펴보아
야 한다. 북한처럼 모든 외국인 방문자에게 '가이드'가 따라다니는
것은 아니지만, 그렇다고 동남아 국가를 방문하듯 생각해서는 안
된다. 취재 허가 없이 사진을 찍고 허락 없이 인터뷰하며 돌아다니다
가는 간첩으로 간주될 수도 있다. 현지 여성과 마음대로 교제할 수
도 없으며, SNS는 불법인데다, 이메일과 전화에는 보안성이 없다.

    흔히들 이란을 아라비아반도Arabian Peninsula의 국가들과 같이 생각
해 '열사의 나라', '사막의 나라(큰 사막이 두 개 있긴 하지만)', '낙
타가 돌아다니는 나라'로 생각한다. 그러나 이란은 사계절이 뚜렷하

페르세폴리스 유적지

다. 심지어 겨울에는 북부지방에 눈이 많이 내려 높은 산에선 5월까지 스키를 즐길 수 있다. 또한 아라비아반도의 나라들과 달리 대부분의 도시가 고원에 위치하고 있어 기온이 그렇게 높지 않다. 도시 인근의 높은 산에서는 눈 녹은 물이 흘러 도시에 공급된다. 이렇게 주변 국가들보다 수자원이 상대적으로 풍부하다 보니, 밀을 자급자족할 정도로 농산물 생산이 용이하고, 수박, 멜론, 사과, 감 등 각종 과일 역시 많이 생산된다. 특히 카스피해Caspian Sea 연안에는 강우량이 많아 쌀과 차Tea, 그리고 각종 채소가 생산된다.

이처럼 이란은 그동안 우리가 아랍 국가라 여기고 한쪽으로 치우쳐 만든 이미지 속의 나라도 아니고, 며칠간의 여행에서 마주한 그런 자유로운 나라도 아니며, 서방에 의해 왜곡된 무서운 나라도 아니다.

이란에 대한 부정적 이미지는 미국과 유럽 등 서방의 정치외교적 입장에서 각색되고 축적된 것이 그대로 우리에게 투영되어 형성된 측면이 많다. 이러한 이미지는 '악의 축'이라는 상징적인 용어로 우리에게 각인되어 있다.

서양 사람들은 어쩌면 페르시아에 이보다 더 뿌리 깊은 반감이 있는지도 모른다. '페르시아 전쟁Greco-Persian Wars, BC 492~BC 448'으로 알려진 페르시아와 그리스와의 전쟁에서 그리스가 기사회생했고, 기원전 490년 아테네에 승전 소식을 전하기 위해 40㎞를 쉼 없이 달린 데서 유래한 마라톤을 그리스에서 시작한 올림픽의 꽃으로 여기고 있는 것에서 보듯 서양의 페르시아에 대한 우려와 반감은 뿌리가 깊다.

서양의 이란에 대한 부정적 이미지의 구축은 페르시아를 일방적이고 악의적으로 묘사한 영화 〈300〉(2006)으로 상징된다. 미국 내 영화평론가들조차도 〈300〉에 대한 비판이 적지 않다. 기원전 480년 페르시아 크세르크세스Xerxes 국왕이 이끄는 100만 대군과 스파르타Sparta군 300명 간의 전투를 그려냄에 있어서 페르시아군은 부패하고 성적으로도 타락한 존재로, 스파르타군은 고매한 영웅적 존재로 지나치게 이분법적인 묘사를 하고 있다고 지적한 것이다. 이란의 ≪아옌데노Ayende-No≫는 이 영화가 "이란인들을 문화와 감정, 인간애가 없는 존재로 오로지 다른 나라를 침략하고 사람을 죽이는 데만 몰두하는 악마로 그리고 있다"고 했고 최대 발행부수를 자랑하는 일간지 ≪함샤리Hamshahri≫는 "영화〈300〉이 미국의 대이란정책과 맥을 같이하고 있다"고 보도한 바 있다.

페르시아 제국의 키루스 왕(성경의 고레스)은 그의 통치이념을 '키루스 실린더Cyrus Cylinder'에 새겨 공포했는데, 여기에는 피정복민에 대한 인권을 배려하는 내용이 담겨 있어 인류 최초의 인권헌장이라 평가 받는다. 키루스 왕은 이러한 이념에 따라 바빌론에 붙잡혀 있던 유대인들을 조국으로 돌아가게 하고 성전도 다시 짓게 했다. 같은 페르시아의 왕조에서 일어난 이러한 역사적 사실들은 도외시되고 서방은 이란에 대해 부정적인 사실들만 부각시키고 있는지 모른다.

이란이 서방을 적대시하고 다른 나라를 경계하는 것은 이들이 근세에 영국, 러시아, 미국 등 서방 국가의 지배와 수탈을 당한 아픈 기억을 지니고 있기 때문이다.

이란에 대해 서방의 시각이 아닌, 우리의 시각으로 객관적으로 보는 노력을 기울일 필요가 있다. 이란의 주장을 그대로 받아들여서도 안 되지만 서양의 시각에서 이들이 구축해 놓은 왜곡된 이미지를 비판 없이 받아들여서도 안 된다.

◆ 이란과 페르시아 명칭의 유래

'페르시아'라는 명칭은 고대부터 서양인들 사이에서 이란 민족과 그들의 고대제국을 가리키는 말로 사용되었다. 이 명칭은 고대 그리스인들이 이란고원 남서부 지역에 사는 사람들을 파르스Fars라고 부른 데서 유래했다. 파르스가 라틴어화해 페르시아로 불렸다. 이 지역에서 아케메네스 왕조가 발흥해 제국을 세우자 페르시아 제국으로 불렸으며, 1935년 팔레비 왕조가 국호를 아리아인의 나라란 의미의 '이란'으로 바꿀 때까지 여러 왕조에 걸쳐 페르시아라는 명칭이 사용되었다.

중동·이슬람·아랍, 그리고 시아파 이란

이란은 중동의 이슬람 국가지만 아랍은 아니다. 흔히 이란을 아랍 국가 중 하나로 인식하는 경향이 있으나 이란은 아랍이 아니며 이란 인들은 아랍을 멸시하는 경향까지 있어 자기들을 아랍이라 부를 경우 상당히 싫어한다. 실례로 한국에서 개최된 행사에 이란 국가관이 참가했는데 이란 측에 물어보지도 않고 아랍의 상징인 낙타를 상징물로 표시해 강한 항의를 받은 적이 있다.

'중동'이란 단어는 순전히 서방(영국)의 입장에서 바라본 지리적 개념이다. 아시아 입장에서 보면 서쪽인데 왜 '동東'쪽이라고 하는가. 역사만이 아니라 지리적 명칭까지도 승리한 측의 입장에서 명명한 것임을 다시 한번 확인시켜 준다. 19세기 영국이 세계를 경영할 때 영국에서 아주 먼 극동Far East(중국, 한국, 일본 등)과 근동Near East(그리스, 불가리아, 이집트, 레반트 등)의 중간에 있다는 의미로 중동 Middle East라고 칭했으며 당시에는 이라크, 이란, 미얀마, 스리랑카에 이르는 지역이었다.

오늘날의 중동의 개념은 제2차 세계대전 중 영국이 이집트에 중동사령부를 설치하면서부터 일반화되었다. 현재의 중동은 아라비아 반도를 중심으로, 동쪽으로는 이라크·이란, 남쪽으로는 이집트·수단, 지중해 남부연안을 따라 리비아·튀니지·알제리·모로코, 북으로 요르단, 그리고 북쪽으로 이스라엘·레바논·시리아·터키까지의 지역을 말한다. 일부에서는 이집트를 제외한 북아프리카 국가들은 중동에서 제외한다.

중동이라고 하면 이슬람을 떠올리기 쉽지만 팔레스타인 지역은 기독교가 탄생한 지역이며 중동의 어느 나라에나 기독교도가 살고 있다. 레바논 국민의 약 1/3이 기독교도이며, 이집트·시리아 국민의 약 10%가 기독교도다.

아랍이라는 개념은 민족, 언어, 종교가 중요한 역할을 한다. 즉 아랍 국가는 민족적으로 아랍인이며 아랍어를 사용하고 이슬람을 믿는 국가다. 일반적으로 사우디아라비아·예멘·오만·쿠웨이트·바레인·카타르·UAE·이라크·시리아·레바논·요르단·이집트·수단·리비아·모로코·알제리·튀니지·모리타니·소말리아·지부티·코모로·팔레스타인자치정부 등 '아랍연맹Arab League'에 가입된 22개국을 아랍 국가로 본다. 아랍인에도 두 부류가 있는데 아라비아반도에 살고 있거나 중동 각 지역으로 진출한 아라비아반도의 여러 부족이 좁은 의미의 아랍인이고, 이슬람 교세 확장 과정에 개종해 아랍어를 하게 된 이집트·시리아 등의 광의의 아랍인도 포함한다.

아랍이 아닌 이슬람 국가는 중동의 이란·터키·아프가니스탄, 중앙아시아의 아제르바이잔·우즈베키스탄·카자흐스탄·타지키스탄·키르기스스탄·투르크메니스탄, 동남아시아의 말레이지아·인도네시아, 서남아시아의 방글라데시·파키스탄·인도 북부, 서아프리카의 나이지리아·감비아·기니·기니비사우·니제르·말리·모잠비크·세네갈·시에라리온, 아프리카 중북부의 차드·에티오피아, 아프리카 동남부의 코모로·탄자니아, 유럽 발칸반도Balkan Peninsula의 알바니아 등 광범위한 지역에 걸쳐 있다.

이슬람교도 중 아랍인은 20% 정도에 지나지 않는다. 절대 다수가 비非아랍인인 것이다. 이란은 민족적으로 아랍족이 아닌 인도-아리아계의 페르시아인이 과반을 차지하고 있으면서, 아제르인, 길란-마잔다란인, 쿠르드인 등으로 구성된 다민족국가다.

이집트 등 많은 나라와 민족들은 이슬람 지배 이후 아랍화되어 고유의 언어 대신 아랍어를 사용했다. 그러나 중동 전역을 아우르는 제국을 경영했던 이란은 페르시아어와 고유의 문화를 보존하며 자존심을 지켜 왔다. 이란은 이슬람 소수파인 시아파Shiis의 종주국으로 주변의 수니 국가들과는 뿌리 깊은 갈등과 불신을 해소하지 못하고 있다. 15세기까지는 수니파Suunis 신도가 우세했으나 사파비Safavid 왕조가 시아 이슬람을 국교로 삼으면서 시아파가 압도적 다수를 차지하게 되었다.

어느 면으로 보아도 이란은 아랍 국가들과 비교했을 때 닮은 점보다 다른 점이 더 많은 나라인 것이다.

이란에는 세 가지 달력이 있다: 정체성의 혼란과 마찰

이란에서는 세 가지 달력을 사용한다. 이란력, 이슬람력, 서양력이 그것이다. 우리가 사용하는 음력과 양력이나, 아랍에서 사용하는 이슬람력과 서양력과 비교해 하나가 더 있는 것이다.

이란력은 서양력과 같이 태양력이며, 1년이 365일(윤년 366일)이나 새해가 낮이 길어지기 시작하는 춘분점인 서양력 3월 21일(또는 20일)에 시작된다. 매년 서양력 3월 21일(20일)이 이란 설날(노르쥬Nowruz)인 것이다. 1925년에 의회에서 메디나Medina 천도해인 622년을 시작연도로 정하는 등 보완과 변화가 있기는 했으나 고대 페르시아 시대부터 자체의 천문학에 의해 만들어져 내려오고 있다.

1~6월은 31일, 다음 5개월은 30일, 마지막 12월은 29일(윤년 30일)로 되어 있다. 노르쥬 풍습은 고대 페르시아의 국교였던 조로아스터교Zoroastrianism의 신앙과 깊은 연관성이 있다. 이란력의 바흐만

Bahman, 호르다드Khordad, 오르디베헤쉬트Ordibehesht 등 월月 이름은 조로아스터교의 불멸의 6천사 이름에서 따온 것으로, 이슬람혁명 이후 지금까지도 살아남아 있다.

이란의 회계연도와 경제통계도 3월 21일(20일)에 시작하는 이란력에 따른다. 미국(10월 1일), 일본(4월 1일)의 회계연도 시작일보다 훨씬 더 헷갈리는 편이다. 이에 따라 외국에서 발표한 이란 통계와 이란 자체 발표 통계와는 적지 않은 차이가 생기기도 한다. 이슬람력(헤지라력Hegira曆)은 7세기 중반 사산조 페르시아Sassanian Persia가 아랍의 침략에 의해 멸망하고 이슬람화된 후 쓰기 시작한 태음력으로, 이슬람 종교휴일과 라마단Ramadan 등 종교행사일을 정하는 달력이다. 라마단은 물론 이란의 수많은 휴일이 이슬람 종교휴일인 관계로 서양력으로 보면 매년 휴일이 변한다. 이란의 종교휴일은 수니 이슬람과 공통의 휴일도 있지만 많은 종교휴일이 시아파 기념일로 수니파 아랍의 종교휴일과 다르다. 현재의 이란력은 1925년 이란 의회의 법 개정에 의해 확정되어 지금까지 사용되고 있다.

서양력(그레고리우스Gregorian曆)도 이란 내에서 광범위하게 사용되며 노동절과 같은 국제적 휴일을 지정하는 데 사용된다. 이처럼 각기 다른 세 종류의 달력은 이란의 세 가지 정체성을 상징한다고 볼 수도 있다.

페르시아 문명은 아랍 국가들과 이슬람문명의 발달에 큰 영향을 미쳤다. 16세기 초 사파비 왕조의 시아파 이슬람 국교화로 이슬람화가 심화되었으나, 1925년 팔레비 왕조의

세 가지 역법을 함께 표시하고 있는 이란 달력

창설 이후 근대화 정책과 아들 모하마드 레자 샤 팔레비Mohammad Reza Shah Pahlevi의 백색혁명 등 서구화 정책, 이슬람교와 이슬람 성직자들의 영향력 축소정책으로 세속화와 서구화가 급속도로 진전되었다. 그러나 1979년 이슬람혁명의 성공으로 이란의 새로운 지배층은 다시 이슬람화와 전통적 가치를 중시하는 방향으로 급선회했다. 혁명 후 강경보수→실용주의→개혁파 득세→보수주의→현재의 온건보수(?)로 돌고 돌아 36년이 지난 지금 혁명 초기 극단적 이슬람교의 중심적 정책은 많이 약화되었다.

현재 이란인들의 잠재의식 속엔 대제국을 경영했던 페르시아 문명에 대한 자부심, 서방 문명에 대한 동경과 열등감, 지배층의 이슬람적 가치 추구와 서양 문화 배격, 일반 시민과 젊은 세대의 세속화, 자유 추구, 서양 문화와 가치 추구 등이 혼재되어 있다.

세 가지 정체성이 때로는 마찰을 일으키고, 때로는 힘의 균형을 이루기도 하고 어떤 때는 하나의 정체성이 솟구치기도 한다. 이러한 정체성의 혼재와 마찰은 외부인의 눈에 모순적인 사회현상으로 비쳐지며 정책과 현실의 괴리로 보이기도 한다.

우리가 설날을 민족 고유의 명절로 즐기는 것과 같이 이란의 노르쥬는 3주가량 거의 모든 업무가 마비될 정도로 즐기는 최대의 명절이다. 앞서 언급한 바와 같이 노르쥬 풍습은 고대 페르시아의 조로아스터교와 관련이 있어, 이슬람 신청정치를 펴고 있는 현 체제에서 노르쥬를 대하는 입장은 어정쩡하다. 아흐마디네자드Mahmoud Ahmadinejad 전前 대통령(2005~2013년 재임)은 과거 페르시아 제국의 영토였고 지금도 노르쥬 풍습이 남아 있는 아프가니스탄, 우즈베키스탄, 파키스탄 등의 사절을 초청해 페르세폴리스에서 노르쥬 축하행사를 가졌으나 많은 비난을 받았다. 이란의 최고지도자(이맘Imam) 하

메네이|Ayatollah Ali Khamenei는 동 행사에 참가한 외교사절들의 면담을 회피하는 등 모순된 태도를 보인 바 있다.

또한 다리우스Darius 왕으로 유명한 아케메네스 왕조의 화려한 궁전 유적이었던, 알렉산더Alexander 대왕이 파괴한 페르세폴리스 유적을 복원하거나 보존하는 데 많은 신경을 쓰지 않았다. 민족적 자부심을 고취할 만큼 영광스러운 유적을 내세우는 일이 아케메네스 왕조를 계승했던 사산조 페르시아를 멸망시킨 이슬람 가치의 고양과 충돌되기 때문일까? 실제로 아흐마디네자드 정부에서 페르세폴리스의 기둥 복원작업을 추진하자 최고지도자의 전몰군인재단 대리인이 그러한 상징의 재건은 이슬람에 반하는 것이라며 대통령 비서실장을 비난했다.

서양문화를 타락한 문화로 폄하하고 배격하는 다른 편에는 근대 서양문명의 성과와 우월성에 대한 인정, 동경과 추종이 자리 잡고 있다.

이란 TV와 영화관에서는 서양 영화와 프로그램을 볼 수 없지만, 수많은 테헤란 시민들은 불법으로 설치한 위성TV로 온갖 서양영화와 프로그램들을 시청할 수 있고, 미국 드라마는 전화 주문 즉시 DVD에 복사되어 배달된다. 거리에는 미국 문화의 상징인 청바지가 국민복(?)이 된 지 오래고 서양 고급 브랜드에 대한 인기는 식을 줄을 모르며, 젊은이들은 코카콜라에 빠져 있다. 하지만 2009년 대선 불복 시위 이후 이란 정부에서 이란 TV의 서양 요리 프로그램를 폐지시키고, 대학의 인문학 강좌를 서양 문화의 침투로 간주해 없애는 등 서양 문화의 확산을 극단적으로 저지하고 있다.

1979년 이슬람혁명 이후 수립한 정치체재에도 이슬람 신정통치와 서양적 가치인 민주주의가 동거하고 있다. 대통령과 의회 의원을 직접선거로 뽑고, 대통령이 각료를 임명한다. 의회가 입법권을 가지며 각료 불신임권을 가지는 등 행정 입법부의 권한과 책임은 서양 민주국가들과 유사한 모습을 띤다.

그러나 비선출직(최고지도자, 의회가 각 6인의 성직자와 법률가 임명)인 헌법수호위원회가 의회 입법안에 대한 승인권과 선출직 출마자 자격 심사권을 가진다. 또한 법원, 검찰 수장(이슬람 법학자), 군부와 국영TV 책임자는 최고지도자가 임명하는 등 서구 민주주의 방식이 아닌 최고지도자의 이슬람 신정 원칙에 입각한 통치가 제도적으로 보장되어 있다.

현재 이란에는 직접선거를 통해 여론을 반영하는 민주주의 제도가 정치 시스템의 일부로 채택되어 있다. 이란 국민들은 이를 통해 사회문화와 경제 이슈에 자신들의 의견을 반영해 세상을 바꾸어 나갈 수 있다는 기대를 품었고, 선거기간 중 이러한 요구를 적극적으로 표출했다.

하지만 그러한 민주주의 원칙보다 훨씬 강력한 신정정치의(성직자가 시아파 이슬람의 교의에 의거해 하향Top down식으로 지도하고 통치하는) 원칙이 대통령, 의회 등 민주주의 정치 제도와 기구를 압도하고 있는 상태다. 따라서 이란 국민들의 변화에 대한 요구와 그 실현은 보수적 성직자 지배층이 생각을 바꾸지 않는 한 달성이 어려워 보인다.

◎ 매년 1월 1일은 봄이 시작되는 첫째날(통상 3월 20일, 또는 21일). 첫 열한 달은 일수를 고정하고 12월만 29일, 또는 30일(4년에 한 번)로 일수를 확정한다. 달 이름에 고대 페르시아어로 불렸던 이름을 부활시켰으며(이슬람혁명 이후에도 사용), 이란력 원년은 헤지라력과 마찬가지로 마호메트Mahomet Mohammed가 메카Mecca에서 메디나로 떠난 날(서양력 622년 9월)로 정했다. 이란력 내에서도 페르시아 정체성(고대 페르시아어 사용)과 이슬람 정체성(원년 622년으로 이슬람력과 같음)이 혼재되어 있다.

◎ 이란력은 서양력과 1년의 일수가 같아 이란력 연도는 서양력에서 약 621년을 빼면 된다. 하지만 이슬람력은 1년이 354일로 서양력과의 11일 차이가 누적되는 관계로 약 33년에 1년씩 차이가 나게 된다. 예를 들어 2013년 8월 6일은 이란력 1392년 5월 15일이나 이슬람력으로는 1434년 9월 28일이다. 물론 이란 신문에서는 이 세 가지 날짜를 모두 표기한다.

정확한 정보를 구하기 어려운 나라

이란은 참 알기 어려운 나라다. 국가기관이 공식적으로 제공하는 정보가 적은데다 그 정보들도 앞뒤가 맞지 않는 등 신뢰성이 낮은 편이다. 정치권에서는 도대체 무슨 일이 일어나고 있는지 내부의 핵심인물들만 알고 있는 것 같다. 수많은 이란 언론이나 ≪BBC≫ 등 해외 언론들을 뒤져봐도, 해외 서버에 구축한 웹사이트들을 찾아봐도 시원스럽게 현재 이란 현지 상황을 들여다볼 수 있는 정보들은 성에 차지 않는 수준이다. 대부분의 정보들이 의도적으로 왜곡되어 있고, 추측에 의한 주장이나 허무맹랑한 희망사항을 얘기하고 있는 경우도 많다. 이러한 이란 사회의 특성은 이들의 '습관화된 감추기'에서 비롯된 것인지도 모른다. 대화나 협상에서 솔직하게 모든 것을 한꺼번에 털어놓지 않는 이들의 습성이 가장 기본적인 정보의 공개나 언론보도에서 잘 묻어나고 있는 것이다.

상황이 이러니 유언비어가 많고 공식 발표나 언론보도보다는 아는 사람의 말을 더 믿는다. 이러한 환경은 비즈니스에 있어 구전 마케팅이 효과를 거둘 수 있는 토대를 제공한다. 이와 같이 정확한 정보의 부재는 사회, 문화, 경제 분야를 가리지 않고 이란의 각종 통계자료에 영향을 미칠 수밖에 없다. 정부기관에서 제공하는 자료에는 통계의 기준(예를 들어 외국인투자 통계가 승인 기준인지 실투자금액 기준인지 등)이 제시되지 않는다든가, 매해 발표하는 통계자료의 과거 연도 통계가 다르게 수정되어 있는 경우도 있다. 이러한 사항들에 대해 자료 제공부서에 의문사항을 문의하면 답변을 해주는 경우 역시 드물다. 같은 신문 기사 내에서도 앞뒤 수치가 맞지 않거나, 비교대상 기간의 언급이 없는 경우도 많다.

통계자료의 신뢰성도 큰 문제다. 정부가 발표한 물가상승률이나 실업률은 아무도 믿지 않는다. 어느 나라나 정부발표 물가와 장바구니 물가는 다르게 마련이지만 이란에서는 보통 정부발표 물가상승률의 두 배 정도를 실제 물가 상승률로 본다. 이러한 괴리는 한 자리 수를 넘어 10~20% 정도에 달하고, 매해 이러하니 그동안 누적되고 왜곡된 오류는 엄청날 것이다. 그러다 보니 많은 통계들은 몇 년이 지나서야 슬그머니 공개되기도 한다.

이란 내의 컨설팅업체, 또는 시장조사업체에 특정 산업이나 분야의 조사를 의뢰해도 결과는 많이 나아질 것이 없다. 이들이 내부정보에 좀 더 접근할 수 있기는 하겠지만, 조사자료의 깊이도 깊지 않고 신뢰성과 정합성도 떨어지는 데 반해 비용을 많이 요구한다. 국제적인 리서치 전문기관의 국가별 산업조사 보고서에서도 이란 관련 자료는 빈약하다. 예를 들어 '유로모니터Euromonitor' 같은 산업조사업체 역시 주요 중동 국가의 산업에 대한 보고서는 많으나 이란에 대

토찰산(테헤란市에 접한 3,600m 고지의 산) 등반객이 등산로 없는 산등성이를 오르고 있다.

해서는 석유화학 등 일부 산업만 다루고 있다. 이러한 보고서들도 잘못된 통계자료에 근거한 내용을 수정하지 않고, 지속적으로 잘못된 정보를 유지하는 경우도 있다. 이러한 문제들은 이란 정부가 정보를 잘 제공하지 않거나 부정확한 정보들을 공급하고 있기 때문이다. 그나마 상대적으로 세계은행World Bank, 국제통화기금IMF, International Monetary Fund, 국제연합UN, United Nations 등 국제기구들의 통계는 나은 편이다.

　사정이 이러하니 이란의 경제 상황을 파악하는 것은 매우 어려운 과제다. 발표된 통계나 수치들은 그냥 대략의 방향성만을 제시하고 있다고 보는 것이 마음이 편하다.

혁명으로 변한 이름들

이란에 살다 보면 도로명과 지역 명칭이 헷갈릴 때가 많다. 팔레비 왕이 1960년대 백색혁명 때 이름을 바꾸었다가, 이슬람혁명 후 또 다시 개명했다. 때문에 시민들은 습관적으로 옛날 이름을 부르지만, 지도나 관광안내서 등에는 새 이름으로 소개되다 보니 혼동이 일어나는 것이다. 테헤란의 번화가인 요르단 거리Jordan Street의 공식 명칭은 아프리카 거리Africa Blvd.다. 그러나 지도나 교통표지판에는 분명히 'Africa Blvd.'로 표기되어 있음에도 모두들 'Jordan Street'로 부른다.

　유럽인들이 "세상의 절반"이라고 극찬했던 사파비 왕조의 수도 이스파한Isfahan의 명물 '이맘 호메이니 광장Imam Khomeini Square'도 원래 "세상의 원형"이라는 뜻의 '낙쉐자헌 광장Naqsh-e Jahan Square'으로 불렸다. 이맘 광장은 유네스코UNESCO, United Nations Educational Scientific and Cultural Organization 세계문화유산으로 등재되어 있으며 길이 510m, 너비 163m

이스파한 '이맘(샤·자메) 모스크'

로 중국 천안문 광장天安門廣場 다음으로 세계에서 두 번째로 큰 광장
이다. 이 광장의 한쪽 면에 있는 이맘 모스크Imam Mosque의 원래 이름
은 '샤 모스크Shah Mosque', 또는 '자메 모스크Jame Mosque(왕의 모스크)'
였다. 지금도 이맘 모스크보다는 자메 모스크로 더 많이 불린다.

　이슬람혁명 이후 이란은 거리, 주요 유적지, 건물, 심지어 도시명
까지 바꾸었다. 혁명 이전의 거리 이름들은 샤Shah(이란의 왕)의 잔
재가 남아 있거나, 미국 및 영국식 이름이라고 판단해서 이슬람 순
교자의 이름, 혹은 혁명을 의미하는 이름들로 바꾸었다. '왕의 거리'
는 '혁명 거리'로, '엘리자베스 2세 거리'는 '노동자 거리'로 바뀌었으
며 '하얏트Hyatt 호텔'은 '에스테그랄Esteghlal(독립) 호텔'로 변경되었다.

때문에 이란 도시 어디를 여행해도 같은 이름의 거리와 광장이 많다. 가장 흔한 이름이 '엥겔랍Enghelab(혁명)', '아자디Azadi(자유)', '후세인Hussein', '이맘', '이맘 호메이니' 등이다. 도시마다 이러한 이름을 가진 광장, 거리, 건물들이 있어 도대체 어디에 위치한 것인지 정확히 구분하는 것이 어려울 때가 많다.

이스파한 '이맘 호메이니(낙쉐자헌) 광장'

계속되는 두뇌 유출

이슬람혁명 후, 대학 폐쇄 등 극단적인 문화혁명으로 인한 수년간의 대규모 두뇌 유출은 이라크와의 전쟁(1980~1988년)으로 더욱 가속되었다. 상대적으로 전쟁 후 1990년대 초부턴 점차 줄어들기 시작했으나, 개혁주의자들의 마지막 보루였던 대학에 대한 보수파 성직자 간섭이 다시 두뇌 유출을 촉발시켰다. 2005년 보수파 아흐마디네자드 대통령 당선 후 역사상 처음으로 성직자가 테헤란 대학교University of Tehran의 총장이 되었다. 2006년 대통령은 자유주의 세속주의자들을 대학에서 퇴출시킬 것을 공언했다. 이는 정부의 대학 통제를 보여주는 상징적인 사건이었다. 2009년 대선 부정선거 항의시위와 진압 이후 이란을 떠나는 인재들이 다시 증가했다.

IMF의 1999년 보고서에 의하면, 1990년대 초반 고등교육을 받은 15만 명의 이란인들이 매년 해외로 이주했다. 동 보고서에 의하면 고

등교육을 받은 이란인들의 미국 이민비율은 15%였다. 한편 대만은 8~9%, 한국은 5% 내외였다. 중미 국가와 아프리카 일부 국가를 제외한 최고 수준이었고, 주요 국가 중 두뇌 유출이 많은 순서는 이란, 필리핀, 대만, 한국 순서였다. UN 조사에 의하면 1991~1999년 이란 노동시장에 공급된 인력의 60% 정도만 일자리를 얻을 수 있었으며 고등교육을 받은 사람의 25%가 선진국에 체류하고 있었다.

IMF는 2006년 이란을 조사대상 90개국 중 두뇌 유출이 가장 심한 국가(18만 명)로 지목했으며, 같은 해 이란 통신사 'IRNAIslamic Republic News Agency(이란 공화국 통신)'는 20만 명으로 보도했다. 이는 개혁파가 집권 중이라 비교적 통제가 느슨한 상황에서, 높은 유가 덕에 경제 상황도 좋았던 2003년 6만 명에 비해 세 배가량 늘어난 것이다.

2009년 IMF 보고서는 매년 15만~18만 명의 고등교육을 받은 이란인들이 해외 이민을 떠나며 이는 매년 500억 달러의 자본 손실과 같다고 분석했다. 상대적으로 유가가 높은 요즘도 이란의 석유 수출 흑자가 700~900억 달러인 것에 비추어 보았을 때 두뇌 유출이 이란 경제에 미치는 영향이 얼마나 큰지 알 수 있다. 이러한 이란의 두뇌 유출 문제는 자국 내에서의 적절한 취업 기회가 적어지고, 사회적인 통제가 과도해졌기 때문에 해외에서 취업과 자유의 기회를 찾고자 하는 것이다. 1960~1980년대 한국의 정황을 되돌아보면 쉽게 이해가 간다.

이란의 두뇌 유출에는 극심한 대입 경쟁도 한몫한다. 대입 자격 시험을 본 150만 응시자의 11%만 대학에 입학할 수 있으며 대학 졸업 후에도 소수만 일자리를 얻을 수 있다. 공식 통계만 봐도 매년 대졸자 27만 명 가운데 7만 5,000명만 일자리를 구할 수 있었다. 이란 젊은이들의 입장에선 조국에서의 삶이 답답해 탈출구를 찾을 수밖에 없는 실정인 것이다. 이러한 지속적인 이민으로 인해 해외 거주 이란인은 약 400만 명으로 추정되고 있다. 이들은 미국을 비롯한 북미에 가장 많고, 그 다음이 영국을 위시한 유럽이며, 두바이에도 많이 거주한다

이란의 ≪페이반드 뉴스Payvand News of Iran≫(2015.5.30)에 의하면 이란 최고 공대인 샤리프 공과대학교Sharif University of Technology 졸업생의 94%가 세계 유명 대학에서 석사학위를 받기 원한다고 한다. 또한 1993~2007년 이란의 수학, 물리학, 화학, 전자계산학 세계올림피아드 참가자 225명 중 140명이 미국과 캐나다 대학에서 수학修學 중이었으며, 이들 중 상당수는 귀국하지 않고 있다. 또한 세계올림피아드 전자계산학 챔피언 중 몇 명은 구글Google과 마이크로소프트Microsoft 연구실에서 지도적 역할을 하고 있다.

테헤란은
세계에서 공기가 가장 깨끗한 도시다?

맞다, 다만 노르쥬 연휴기간에 한정해서다. 이때는 테헤란의 공기가 정말로 상쾌하다. 대부분 해외·국내 여행을 하거나 고향을 방문하느라 테헤란 시내가 텅텅 비기 때문이다. 평상시의 테헤란 공기는 그야말로 악명이 높다. 2011년 4,500여 명이 대기오염으로 인한 질병으로 사망했으며, 그 숫자는 계속 증가하고 있다. 세계보건기구WHO, World Health Organization는 2011년 보고서에서 테헤란을 세계 최악의 대기오염 도시로 선정했다. 대기오염으로 악명 높은 방콕, 상하이, 멕시코시티를 제친 것이다.

테헤란은 연간 약 200일 정도 스모그 현상에 시달린다. 차가운 공기가 내려앉아 대기순환이 잘 되지 않는 겨울에는 대기오염이 더욱 심해져 수시로 임시공휴일이 선포되고 휴교령이 내려진다. 2010

년 겨울에는 대기오염 경보가 25일 지속되어 세계기록을 세운 바 있다. 이와 같이 오염지수가 한계에 다다르면 바람이 불거나 비가 내려 공기를 조금이나마 정화시켜 주기만을 정부와 시민은 학수고대할 수밖에 없다.

애당초 테헤란은 행정, 교육, 소비 도시로 개발되었다. 식료품, 섬유 산업 등이 자리 잡았으나, 근래에 와서 전기기기, 자동차 산업 등이 발달했다. 그래도 공장들 대부분이 도심에서 수십 ㎞ 떨어진 곳에 있어 대기오염엔 큰 영향을 끼치지 않는다. 그렇다면 테헤란 스모그의 주범은 무엇일까? 바로 자동차 배기가스가 대기오염 물질의 80%를 발생시키고 있다. 테헤란의 심각한 대기오염은 배기가스를 포함한 몇 가지 요인들이 합쳐진 것이다.

첫째, 테헤란의 인구 과밀을 들 수 있다. 팔레비 왕조 시절 400만 명이 살 계획도시로 건설된 테헤란에 현재 1,200만 명이 살고 있다. 인구 400만 명 규모에 맞게 도로 등을 설계해 놓았으나 등록 자동차 대수만 약 400만 대로, 서울의 300만 대에 비해 월등히 많다. 그러다 보니 이에 따른 교통 혼잡으로 인한 배기가스 배출이 많을 수밖에 없다.

둘째, 대중교통 부족 문제다. 지하철이 있긴 하나, 운행되는 지역이 얼마 없고 버스 시스템도 발달되어 있지 않다. 때문에 시민들의 주된 교통수단은 자가용과 '모스타킴Mostaqim'이라 불리는 택시다. 모스타킴은 직선으로만 운행하는 택시로 정식 택시가 아닌 일종의 자가용 영업택시다.

셋째, 테헤란은 남쪽을 제외한 삼면이 산으로 둘러싸여 있고 남쪽의 고도가 1,300m, 북쪽의 토찰산Mount Tochal 기슭이 1,700m로 남북으로 경사진 도시다. 이렇게 분지와 흡사한 지형으로 인해 한 번 쌓

테헤란 시내 전경

인 매연이 잘 빠져나가지 않는 것이다.

넷째, 자동차 품질 문제다. 이란 자체 생산 자동차의 불완전 연소와 공기정화장치가 없는 50여 년 전 차량 '페이칸Peykan'이 매연을 뿜어대고 폐기돼야 할 버스 등 오래된 차들이 도로를 달리고 있기 때문이다.

다섯째, 연료 품질 문제다. 근래에 테헤란이 멕시코시티 등을 제치고 세계 대기오염 1위 도시가 된 가장 큰 이유다. 이란 원유는 중질유인데다, 정유공장의 탈황시설은 제대로 구축되어 있지 않아 연료의 품질이 좋지 않았다. 그런데 2010년 7월 이후 미국 등 서방의 추가 경제제재로 부족한 국내 공급을 메우기 위한 휘발유, 경유 등 연료 수입이 어려워지자 석유화학제품 생산공장에서 공정을 바꾸어 생산한 연료를 사용하면서 대기오염이 더욱 심해진 것이다. 세계 5위 원유 생산국이지만 정유시설 부족으로 휘발유 수입의존도는 40%가량 상승한 상황에서 서방의 제재로 수입이 어려워지자 임시변

통으로 석유화학제품 생산공장에서 휘발유를 생산한 것이다.

여기에다 최근에는 이라크와 시리아 사막에서 넘어오는 미세먼지도 영향을 미치고 있다. 이들 국가와 국경을 접하고 있는 이란 서부 지역이 주된 피해 지역이나 테헤란까지 영향을 받고 있다.

최근 대기오염으로 인한 시민들의 선호 주거 지역도 바뀌고 있다. 과거에는 해발 1,500m 정도의 도심 지역 인근과 대사관저들이 많은 동부 지역이 인기였으나, 1,700m로 고도가 높아 상대적으로 오염이 덜한 북쪽의 산비탈 지역이 고급주택 지역이 되었다. 높은 산으로 막혀 있어 공기가 빠져 나가지 않는 동부보다는, 높은 산이 없어 상대적으로 공기순환이 좋은 서부 지역을 선호하는 경향도 생겨나고 있다.

이러한 대기오염 문제는 테헤란뿐만 아니라 지방 대도시에서도 일어나고 있다. 테헤란보다는 사정이 덜하나 이스파한, 마샤드Mashad, 타브리즈Tabriz, 콤Qom, 카라지Karaj 등 인구가 밀집한 지방 주요 도시들도 대기오염으로 몸살을 앓고 있다.

취재의 어려움

한국 언론에 등장하는 이란 관련 기사 중 테헤란발※ 기사는 거의 없다. 있다 하더라도 대부분 여행 경험, 관광 소개나 이란인의 일상을 다루는 차원의 기사다. 큰 사건이 일어나도 외신을 인용하거나 두바이 등 중동 특파원이 이란 외부에서 발신하는 기사가 대부분이다. 이러다 보니 사실의 정확한 보도나 현지의 분위기를 전달하기란 참 어렵다.

외신들도 별반 다르지 않다. 이란에 주재하는 외국 특파원은 AFPAgence France-Presse, APAssociated Press 등 유력 통신사가 있으나, 이들도 취재활동에 장애가 많다. 외국 언론의 방문취재 허가도 잘 나오지 않는다. 취재 허가가 나온다 하더라도 취재의 범위는 한정되는 경우가 많다.

이러한 제약들로 인해 기사의 정보 소스는 이란 정부 발표나 이란 언론 기사에 의존하는 경우가 많다. 이러한 한계를 넘어서기 위해 외국 언론의 경우 해외 거주 이란인들이 운영하는 인터넷신문이나 웹사이트를 정보 소스로 삼는 경우가 있으나, 이러한 소스들은 정보의 신뢰성에 문제를 일으킬 가능성이 높다. 그렇다고 가끔 용감한 기자들이 관광비자로 입국해 취재하는 것은 자살행위에 가깝다. 절대 하면 안 되는 일이다.

이란 내에 거주하거나 왕래하는 사람들은 취재에 직접 응하거나 정보를 외부로 보내기 어렵다. 또 이들이 사실을 정확하고 상세하게 알지 못하는 경우도 많다.

이래저래 이란 관련 기사는 극히 제한되어 있다. 이로 인해 이란은 외부에서 실상을 알기 어려운 나라가 되어 가고 있다.

이란에 대한 흥미로운 이야기들

'이란'은 "아리아인Aryan의 나라"란 뜻이다. 우리가 익히 알고 있는 아리아인의 나라는 독일이다. 두 나라의 이미지가 너무나 다르고 거리도 멀리 떨어져 있어 같은 뿌리를 가지고 있다는 것이 잘 믿겨지지 않는다. 그러나 독일어와 이란어 단어가 같은 것들이 많아 같은 어족임을 증명하고 있다. 예를 들어 '샤워'는 독일어로 '두쉐Dusche', 이란어로 '두쉬Dusch'다. '딸'은 독일어로 '토히터Tochter', 이란어로 '토흐타르Tochtar'다. 외모도 비슷하다. 이란 국민의 약 50%는 아리아 혈통을 이어오고 있는데, 이들은 검은 머리카락을 제외하고 독일인과 잘 구별되지 않을 정도로 닮았다. 물론 이들의 생활 습관, 문화와 가치관은 현저히 다르다.

이란어는 아랍어와 완전히 다른 언어지만, 아랍어 알파벳에 몇 개를 더해 문자로 사용하고 있다. 때문에 이란도 다른 중동 국가들과 같은 아랍어를 사용하는 것으로 오해를 받는다. 이란어는 아랍어와 마찬가지로 오른쪽에서 왼쪽으로 쓰고, 책도 왼쪽에서 오른쪽으로 넘겨 읽는다. 서양이나 한국과 반대 방향이다. 전시회 참가업체 카탈로그처럼 이란어와 영어를 병기해 놓은 것을 보면 절묘한 조화를 느낄 수 있다. 오른쪽에서 왼쪽으로 넘기는 영어 부분과 왼쪽에서 오른쪽으로 넘기는 이란어 부분이 마찰 없이 공존하고 있는 것이다. 엉뚱한 비약같지만 이처럼 다른 분야에서도 서로가 다름을 인정하면 조화롭게 공존할 수도 있지 않을까 생각한다.

술안주로, 또 건강식으로 한국에서 인기를 끌고 있는 피스타치오는 미국에서 수입된 것이다. 그러나 피스타치오의 원산지가 페르시아인 것을 아는 사람은 많지 않다. 중동에서 기원전 8000여 년 전부터 자생해 왔으며 성경의 『창세기Genesis』에도 기록되어 있는 피스타치오의 상업적 재배는 페르시아 제국에서 시작되었다. 로마에 의해 이탈리아나 스페인 등 서유럽에도 전파되었는데 이란, 터키, 이라크 등이 주 산지다. 미국에서는 1930년대에 이란의 케르만Kerman 지역 씨앗으로 재배를 시작했으며 1970년대에 본격적인 상업적 생산을 시작해 오늘날에는 약 20만 톤을 생산하기에 이르렀다.

한국 내에서도 환경보호의식이 높아지면서 습지보호에 대한 인식이 높아져 '람사르협약', '람사르습지'란 단어가 널리 알려졌다. 그러나 '람사르Ramsar'가 이란의 지명인 것을 모르는 사람이 많다. 람사르는 이란 북부 카스피해 가까운 곳에 있는 휴양지로 이곳에서 1971년 습지보호를 위한 람사르협약이 채택되었다. 그런데 람사르나 그 근처에서 아무리 습지를 찾아도 없다. 붕어빵에 붕어가 없는 것처럼. 람사르는 국제회의가 열렸던 휴양지일 뿐이다.

이란은 올림픽에서 마라톤 경기에 참가하지 않는다. 마라톤 경기의 기원이 페르시아의 패전에서 유래되었기 때문이다. 기원전 490년 그리스의 마라톤Marathon 근처에서 치러진 페르시아와의 치열한 전투의 승전 소식을 알리기 위해 아테네까지 달려온 후 숨진 병사의 영웅담은, 1896년 제1회 올림픽에서 아테네의 마라톤 다리부터 올림픽 스타디움까지 이어지는 36.75㎞의 달리기로 부활했다. 물론 이 전설에 대한 역사가들의 진실 공방은 여전히 존재한다. 하지만 이와 별개로 페르시아의 후예인 이란은 이것을 치욕적 역사로 간주하며 마라톤을 금기시하고 있다. 때문에 이란에서 마라톤 얘기는 하지 않는 것이 좋다.

1979년 이슬람혁명 전까지 이란은 중동에서 미국의 최우방국이었다. 이란이 혁명 후 반미 국가로 돌아서자 1980년대 이란-이라크 전쟁 당시 미국은 이라크 편을 들었다. 그러나 이라크가 미국의 뜻대로 움직이지 않자 대량살상무기 보유 등의 이유를 들어 2003년 이라크를 침공해 후세인 정권을 무너뜨렸다. 후세인 정권의 몰락은 미국의 이라크 점령 의도와는 상관없이 미국과 적대관계에 있던 이란에 도움을 주었다. 수니파 정권이었던 후세인이 몰락하고 선거를 통해 정부를 구성하자 다수파인 시아파가 집권한 것이다. 이라크에도 시아파 정권이 들어서고 이란과 이라크의 교역이 늘어나면서 상당한 프로젝트를 수주하는 등 경제적 이득뿐만 아니라, 정치적으로도 가까운 협력국이 되었다. 그야말로 역사의 아이러니가 아닐 수 없다.

이란의 부쉐르Bushehr 원자력발전소 건설에 대해 미국은 석유와 가스 생산이 많은 나라에서 왜 원자력 발전이 필요하나? 이는 핵개발을 위한 것이 아니냐? 라고 의심을 한다. 그러나 이란은 원전 개발은 전력부족 해소와 석유자원을 보다 효율적으로 쓰기 위해 필요하다고 주장한다. 어느 주장이 맞을까? 분명한 사실은 부쉐르 원전은 미국이 이란과 우방국일 때 시작한 사업이다. 1975년 독일 지멘스 Siemens가 시작하다 1979년 이슬람혁명 후 중단한 것을 러시아가 받아서 건설한 것이다. 우여곡절 끝에 2012년에 가동을 시작했다.

이란은 최대의 난민 수용 국가다. 이란에는 아프가니스탄 난민이 약 300만 명 살고 있는데, 이들 중 절반 정도는 불법체류자들이다. 이것도 국경에 레이저 펜스를 친 후에야 줄어든 숫자다. 이란은 여권 없는 난민을 합법화시켜 주는 등 아프간 난민에 비교적 관대하다. 하지만 이들은 마약 밀매의 루트가 되기도 하고, 여러 사회 문제를 야기하고 있어 이란 당국은 골머리를 앓고 있다. 때문에 아프가니스탄 내의 정치적 안정은 미국과 이란의 이해가 일치하는 드문 이슈다.

이란은 미국, 영국과 적대관계이고 이슬람 신정정치를 운용하고 있는 나라로 외부세계와 교류가 많지 않은 나라임에도 비교적 영어를 많이 사용하고 있다. 상점 간판과 공공기관 건물 등에 영어로 표기해 놓은 곳이 많으며 시내와 주요 간선도로의 표지판에도 영어가 병기되어 있다. 식당 메뉴와 관광지 안내도 영어로 표기해 놓은 곳이 의외로 많다. 길거리나 상점에서 영어로 소통이 안 되는 경우가 많지만 곧 영어를 구사하는 사람이 나타나 도와주는 경우도 많다. 특히 의사들은 대부분 영어로 의사소통이 가능하다. 적어도 대도시에서는 영어로 기본적인 것을 해결하는 데는 큰 애로가 없다.

최악의 교통체증을 앓고 있는 테헤란의 대중교통 활성화를 위해 2009년 '버스전용차로'가 도입되어 점차 확대되고 있다. 그러나 편도 2차선 도로에도 버스전용차로를 설치하는 등 워낙 넓은 도로가 없는 테헤란 도로 사정을 감안할 때 취지는 좋으나 많은 문제도 함께 안고 있다. 또한 운행되는 버스가 적어 버스전용차로는 텅텅 빈 채

일반 차로만 꽉 막혀 있기도 한다.

이슬람 국가의 율법에 의하면 라마단 기간 중 해가 떠 있는 시간에는 음식을 먹을 수가 없다. 그러나 이란에서는 이러한 율법을 안지키는 경우를 많이 볼 수 있다. 호텔 식당이나 시내 식당들은 점심시간에 문을 열지 못하지만, 교외 식당은 여행객에게 음식을 제공할 수 있다는 예외 규정을 활용해 점심시간 때도 영업을 한다. 심지어 테헤란 인근의 유원지와 등산로에서는 대놓고 음식을 먹고, 지나가는 사람에게 권하기까지 한다. 필자는 부임 첫해 라마단 기간에 시내 골프장에서 조심스레 물을 마시다 코스 관리를 하는 인부가 먹을 것을 권해 당황했던 경험이 있다. 그래서 그런지 라마단 기간 낮에 시내를 돌아다니는 이란 사람들은 그다지 힘이 없어 보이지 않는다. 다른 중동 국가에서는 라마단 기간 오후에는 운전자가 배고픔으로 정신이 혼미해지고 급하게 차를 몰아 교통사고도 많이 난다는데 이란에서는 그런 얘기를 들어보지 못했다. 물론 모두 그렇다는 것은 아니다. 독실한 신자들은 낮 시간 금식을 철저하게 지킨다.

이제 이슬람혁명이 일어난 지도 36년이 되었다. 혁명 이후 태어난 35세 미만 인구가 68%로 인구의 대부분이 혁명 전의 사정을 모른다. 이들 혁명 이후 세대는 현재의 시스템에 익숙해져 있기도 하지만 혁명 전의 정치·사회적 문제는 잘 모른 채 현재의 문제만 인식해 반발하기도 한다.

컴퓨터 CPU는 경제제재 물품이어서 모든 나라가 이란으로 수출하지 못한다. 당연히 이란에는 브랜드 있는 데스크톱 컴퓨터가 없다. 밀수된 부품으로 조립해 성능을 신뢰할 수 없는 조립 PC만 구할 수 있다. 이에 따라 이란인들은 운반과 밀수가 쉬운 유명 브랜드 노트북을 많이 사용한다. 이란 내에서 사용하는 소프트웨어는 전부

이스파한 알리가푸 궁전 입구 벽에 걸려 있는 최고지도자 사진

불법 복사본으로 보면 된다. 지적재산권의 보호가 미흡한 점도 있지만 돈 주고 사려고 해도 합법적으로 소프트웨어를 살 수 없기 때문이다. 테헤란에서 개최되는 IT 전시회에서 유일하게 본 외국 프로그램은 CD로 판매하는 러시아 보안프로그램이었다.

이란은 한국과 일본의 동해 명칭 문제에서 한국을 지지한다. 여기에는 동병상련의 감정이 자리 잡고 있다. 오랫동안 '페르시아만'으로 불렸던 이란과 아라비아반도 사이의 바다를 아라비아 국가들은 영국에서 독립한 후 '아라비아만'으로 부르기 시작했다. 근래에는 아라비아만을 국제적 공인 명칭으로 바꾸려는 시도들이 있었고 이에 대해 국제사회가 동조하는 움직임을 보이고 있다. 이러한 분쟁으로 아예 중립적인 '걸프만'으로 부르기도 한다.

중국의 한족漢族이 원元, 청淸에 무력으로 정복되고 지배를 받아도 자신들의 문화 속에 이들을 녹이고 흡수했듯이, 이란도 중국보다 더 오랜 기간 아랍인, 몽골인, 투르크(셀주크 투르크Seljuk Turk)인의 지배를 받았으나 보다 우월한 문화로 이들을 흡수했다. 이에 따라 한족의 '중화사상中華思想'이라는 우월의식처럼 페르시아인들도 이와 비슷한 자존의식과 자기중심적 사고를 갖고 있다.

이란에 가면 곳곳에 지도자처럼 보이는 두 명의 사진이 나란히 걸린 것을 볼 수 있다. 과거와 현재의 이란 최고지도자들의 사진이다. 북한과 닮은 풍경이다.

제2장
닫힌 듯 열린 대외관계

아랍의 봄인가, 이슬람의 자각인가

튀니지의 재스민혁명Jasmine Revolution으로 시작된 '아랍의 봄Arab Spring'은
이집트, 리비아, 예멘, 바레인, 시리아 등으로 번지며 중동, 북아프리
카의 소요사태를 촉발시켰다. 이를 통해 많은 국가들의 정권이 교체
되었고, 아직도 진행 중인 국가들도 많다. 각국에서 반정부 시위가
한창이었던 2010~2011년에 ≪BBC≫는 이를 두고 "아랍의 반란Arab
Uprising"으로, ≪알자지라Aljazeera≫는 "아랍의 자각Arab Awakening"이라는
상반된 뉘앙스의 타이틀을 붙여 보도했다. 이때 이란 국영 대외방송
인 ≪Press TV≫는 "이슬람의 자각Islam Awakening"이라는 타이틀로 완
전히 다른 시각에서 보도하기도 했다.

재스민혁명은 생활고에 지친 시민들이 오랜 억압적 정권에 반발
해 경제상황 개선과 정치적 자유를 요구하며 벌인 데모로 시작되었
다. 항상 그렇듯이 일단 시작된 뒤에는 부족, 종교 등 여러 정치적 이

해집단이 이념과 경제적 이권을 쟁취하기 위해 벌이는 권력투쟁이 뒤따른다. 이런 상황을 두고 ≪BBC≫는 아랍 민중의 억압적 정치에 대한 반란에 초점을 맞췄고, ≪알자지라≫는 아랍 시민의 민주의식 자각에 따른 경제적, 정치적 요구의 분출에 중점을 둔 듯한 보도를 했다.

그러나 이란 국영 ≪Press TV≫는 '아랍' 대신 '이슬람'에 초점을 두었다. 왜 그랬을까? '아랍'이라는 틀에 한정할 경우 아랍이 아닌 이란으로서는 이번 사태를 이슬람 세계에 영향력을 확대할 수 있는 기회로 활용할 여지가 없기 때문에 그랬을까? '아랍의 봄'을 1979년 이슬람혁명 정신을 이어받은 이슬람 지배체재가 들어서는 것으로 해석했거나, 원했기 때문일까?

이집트의 무바라크Hosni Mubarak 정권 붕괴 이후, 이란은 이란혁명Iranian Revolution 후 단절되었던 이집트와의 외교관계를 회복하고 직항로 개설을 추진하는 등 급속한 관계 회복 움직임을 보였다. 2013년에는 이슬람혁명 이후 34년 만에 이란 대통령이 이집트를 방문해 무슬림형제단Muslim Brothers 출신의 무르시Muhammad Morsy 대통령과 정상회담을 갖기도 했다.

이것이 ≪Press TV≫가 "이슬람의 자각"이란 표현으로 아랍 세계의 변화를 바라보고 기대했던 결과물일 수도 있다. 그러나 이집트 무슬림은 전부 수니파로 시아파에 대한 뿌리 깊은 불신이 있어, 시리아 사태를 두고 양국이 상반된 입장을 보이고 있는 등 관계의 완전한 회복은 현실적으로 쉽지 않아 보인다. 이라크를 제외한 아랍 국가들 대부분이 수니파여서 이러한 이집트와 이란 사이의 한계는 '아랍의 봄'으로 인해 정권이 바뀐 다른 국가들에도 적용될 수 있다.

이집트 사례에서 보듯 '아랍의 봄'의 종착역은 이슬람적 가치가 중시되는 권위주의적 국가가 될지, 서구 자유민주주의 가치가 중시되는 민주국가가 될지 아직 알 수 없다.

각국의 역사, 민족 구성, 종교와 정치적 지형에 따라 다른 궤적과 결말이 나겠지만, 지금보다 이슬람적 가치가 중시되는 정치체제가 자리 잡더라도 이란의 기대처럼 "이슬람의 자각"으로 인해 이슬람 국가들과의 관계가 대폭 개선될 것 같아 보이지는 않는다. 1300년 이상 지속된 수니-시아의 불신과 갈등의 골이 이슬람의 기치 하에 하나가 되기란 쉽지 않기 때문이다.

또한 지금까지의 전개로 보면 소요사태가 아랍 국가들에 한정되어 있고, 권위주의적 정치체제를 가진 이슬람 국가 전체로 확산되지는 않고 있어, ≪Press TV≫의 '이슬람'에 초점을 둔 시각은 이러한 측면에서는 알맞지 않는 면이 있다.

한편 아랍 국가들의 소요사태에 대처하는 이란의 정책은 상황에 따라 상반된 입장을 보였다. 적대적이었던 이집트에 대해서는 반정부 데모를 옹호하는 태도를 보였고, 바레인의 다수 시아파가 소수 수니파의 지배에 반발한 시위는 적극 지지했으나, 시리아 사태에 있어서 친밀한 관계를 유지하고 있는 소수 시아파 집권·지배 세력에 우호적인 입장을 견지하고 있다.

◎ 2013년 2월 이집트를 방문한 이란 아흐마디네자드 대통령이 이집트의 알 아즈하르 사원Al-Azhar Mosque을 방문한 자리에서 수니파 학자들로부터 비난을 받았다. 알 아즈하르의 학자 아흐메드 알-타예브Ahmed el-Tayeb는 당시 "시아파 무슬림(이란)이 수니파 국가(이집트)에 영향력을 확대하는 것을 거부한다"고 밝혔다. 또한 수니파 셰이크 알-아자르Sheikh Al-Azhar는 "시아파가 우리와 함께 잘 지내려면 마호메트의 후계 칼리프Caliph들을 모욕하는 것을 중단해야 할 것"이라고 수용할 수 없는 요구를 하기도 했다. 시아파는 알리Ali 이외에 다른 정통 칼리프의 합법성을 부정하고 비난한다.

페르시아만 vs 아라비아만

한국과 일본 사이에 동해 표기 문제가 있는 것처럼 이란에는 페르시아만Persian Gulf의 표기 문제가 있다. 전통적으로 페르시아만으로 불리던 이란과 아라비아반도 사이의 해역을 어느 날 갑자기 아라비아반도 국가들이 아라비아만Arabian Gulf으로 표기해야 한다고 주장해 문제가 불거진 것이다.

1960년대 이전까지 대부분의 지도나 문서에 '페르시아만'으로 표기되어 있었는데 사우디아라비아, UAE 등이 '아라비아만'이라는 명칭을 사용하기 시작하자 서방국이 이에 동조했다. 1950년대 사우디아라비아의 영국인 고문이 자신의 저서에 '아라비아만'이란 명칭을 사용한 것이 시초였다. 중동을 좌지우지한 영국이 명칭 문제로 또다시 분란을 일으킨 셈이 된 것이다.

이란과 아라비아반도 국가들은 얼핏 보기에 같은 이슬람 국가로 보인다. 하지만 언어와 문화가 다르고, 심지어 종교 역시 이란은 시아파, 아라비아반도 국가들은 수니파가 대부분이다. 역사적으로 이 지역은 패권을 다투던 사산조 페르시아를 이슬람화된 아랍인들이 정복했던 오랜 악연이 있다. 지금도 이란과 아라비아반도의 국가들 간에는 국제 현안에 대한 견해가 달라 사사건건 갈등을 빚고 있다. 동해 표기 문제로 한국과 일본 양국이 시종 마찰을 빚는 것과 흡사한 모양새다. 이런 연유에서 이란은 동해 표기 문제에 있어 한국을 지지하고 있다. 동병상련인 셈이다.

그러나 동해 표기 문제와는 달리 이란 정부는 '페르시아만'을 '아라비아만'으로 잘못 표기하면 실제적인 제재를 가하는 등 단호하게 대처하고 있다. 한국 수출제품에 '아라비아만'으로 기재된 스티커가 부착되어 있다는 이유로 통관이 거부된 사례가 있다. 이 경우는 두바이Dubai로 수출된 물품을 현지 무역상이 이란으로 재수출한 것이다. 이러한 사례는 우리 측 수출업체가 제대로 통제하기 어려운 상황이다. 때문에 아예 문제될 만한 표기는 생략하는 것이 좋다. 이런 사례들은 현지 언론 등에 공개될 경우 제품 이미지에 타격을 주는 것뿐만 아니라, 집단적인 구매 거부 운동으로까지 번질 수 있는 발화성을 갖고 있으므로 반드시 조심해야 한다.

이러한 사례는 국제선 항공기에서도 빈번하게 발생한다. 이란 정부는 영공을 통과하는 인근 7개국의 국제선 항공기가 기내 모니터상 지도에 '페르시아만'이 아닌 '아라비아만'으로 표기할 경우 영공 통과 금지와 항공기 억류 등의 조치를 것을 통보한 바 있다. 이에 따라 항공사들은 논쟁에 휘말리지 않고자 단순히 '만Gulf'으로 표기하거나 아예 표기하지 않기도 한다.

두바이, 멀리하기엔 너무나 가까운 당신

두바이는 이란 최대 무역항인 반다르 압바스Bandar Abbas 항구에서 호르무즈 해협Strait of Hormuz을 건너 약 250km의 거리에 있다. 이렇게 가까운 거리에 있는 두 곳은 완전히 다른 세상이다.

두바이는 사우디아라비아 등 종교상 제약이 많은 아랍인의 해방구로서의 역할을 해왔으며, 이란에게는 세계로 통하는 관문이고 교두보였다. 두바이 입장에서는 이란이 가장 중요한 투자자이자 중개무역 파트너이며, 전문직 공급국가이기도 하다. 이란에게 두바이는 과거 홍콩과 같은 존재인 것이다. 게다가 이란은 세계 각국과의 직항편이 적은 탓에 일반적으로 두바이를 경유해 출입국해야 한다.

두바이에는 약 30만 명의 이란인이 거주한다. 두바이 인구가 200만 명 내외이고, 두바이 국적자가 20만 명 내외인 것을 감안하면 매우 많은 수다. 비록 인도인 75만, 필리핀인 45만 명에 비하면 적은 수지만 이들이 단순 사무직, 판매원, 건설 노동자인 것에 비해 두바이 거주 이란인들은 사업가, 의사 등 전문직에 종사하거나 대학생 등 중상류층이 대부분이다. 두바이 시내에 이란 병원과 이란 학교가 있을 정도로 이란인들이 생활하는 데 불편이 없을 정도다. 두바이 거주 이란인은 사업, 교육, 투자, 취업 등의 목적으로 근래에 건너온 사람도 많으나, 1979년 이슬람혁명 이후 망명한 사람들도 많다.

UAE에 공식 등록된 이란 회사는 8,000여 개로, 이들 대부분은 두바이에 있다. 두바이 자유무역지대에 무역회사를 설립할 경우 100% 지분 소유가 가능하다. 그러나 2010년 7월 미국의 대對이란 경제제재가 강화된 이후에 이들 자유무역지대 소재 이란 무역회사들의 금융거래에 대한 감시와 제재가 심해져 상당한 애로를 겪기도 했다.

UAE 입장에서야 자국에 도움이 되는 거래들을 제한할 이유가 없지만, 2009년 부동산 거품 붕괴 후 두바이에 구제자금을 수혈한 친미 성향의 아부다비Abu Dhabi 왕가를 통한 미국의 압력, 이란과의 거래에 대한 강력한 감시 및 거래제한과 묵인의 줄타기를 하고 있다. 자유무역지대가 아닌 일반 지역에 두바이 국적자 명의로 등록된 회사들은 상대적으로 활동이 자유로우나 급작스러운 경찰의 이란 파트너 구금 및 추방 등으로 회사를 송두리째 빼앗기는 경우도 있다.

2009년 두바이 부동산 거품 붕괴 전 이란인이 두바이에 투자한 돈은 3,500억 달러가 넘었다. 이렇다 보니, 이란의 웬만한 사업가나 상류층 사람들은 두바이에 아파트 등 부동산을 소유하고 있다. 하지만 두바이 부동산 가격 하락과 미국의 제재 강화로 이란인들의 두바이 부동산 구입 열기는 과거보다는 못한 상황이다. 2012년 상반기 1,000명의 이란인이 4억 1,000만 달러의 두바이 부동산을 매입해 인도, 영국, 파키스탄 등에 이어 5위에 올랐다. 2011년 상반기 5억

2,000만 달러의 매입으로 4위에 오른 것에 비하면 감소했으나 아직도 이란인들이 두바이 부동산 시장에서 큰손 중 하나라는 것엔 변함이 없다.

이란과 UAE는 서로에게 중요한 무역 파트너다. 이란 입장에서는 UAE가 1위 무역 상대국이고(수출 3위, 수입 1위), UAE 입장에서는 넷째로 큰 무역 파트너다(수출 2위, 수입 28위). 이란 통계를 보면 2010년 233억 달러로 이란 무역의 27% 비중을 차지하던 것이 미국의 제재 강화 영향으로 2011년 220억 달러, 2012년 159억 달러로 줄기는 했으나, 여전히 이란 무역의 20%가량을 차지하고 있다. UAE로부터의 수입은 2010년 199억 달러로 이란 전체 수입의 32%를 차지하던 것이 2011년 178억 달러로 31%, 2012년 118억 달러로 22%를 차지하며 축소되었지만, 아직도 이란의 대외물자 수입창구 역할을 톡톡히 하고 있다. 그러나 두바이 세관은 이란과의 무역이 2011년 98억 달러에서 2012년 68억 달러로 줄었다고 발표했고 두바이 상공회의소는 2013년 초 회원사들의 대 이란 수출이 2년 전 월평균 19억 달러에서 5억 달러 수준으로 줄었다고 발표했다. 이란의 대 UAE 무역이 대부분 두바이와의 거래임을 감안할 때 아무래도 엄살을 떠는 것 같다. 그러나 UAE 통계를 보면, 이란으로의 수출은 2010년 93억 달러에서 2011년 142억 달러로 늘었고 무역 총액도 2010년 104억 달러에서 2011년 155억 달러로 늘었다.

이란은 인도에 이은 UAE의 2위 수출시장이자 인도, 중국, 미국 다음의 넷째 무역 상대국이다. UAE 무역통계의 1/4가량이 교역 대상국을 확인할 수 없는 것으로 발표하고 있어 위의 수치들이 이란과의 무역 실상을 정확히 나타내는 것은 아니며, 이란 무역통계도 여러 가지 이유로 그 신뢰성에 한계가 있다. 그러나 두바이가 여전히 이란의 물자 수입창구 역할을 하고 있는 것은 분명한 사실이다. 홍콩이 중국의 무역창구 역할을 했던 것처럼 말이다.

두바이 쇼핑몰은 이란인이 아니면 망한다는 말이 있을 정도다. 두바이 인근 아라비아반도 국가들의 인구를 다 합쳐 봐야 이란 인구보다 적고, 이들 나라에는 이란과 달리 백화점 등 선진 쇼핑몰이 발달해 있어 사람들이 굳이 두바이까지 와서 물건을 살 이유가 없다. 8,000만 인구의 이란인들이 해외 나들이 때마다 대부분 두바이를 경유하는 것은 둘째치고, 테헤란 공항 면세점의 규모와 상품의 다양성이 한참 떨어지다 보니 내국인의 구매 수요를 전혀 흡수할 수 없는 것으로 보인다. 덕분에 두바이는 중상층 이상 이란인들의 쇼핑천국이 되고 있다.

물론 두 나라의 관계가 좋기만 한 것은 아니다. 서로의 필요에 의해 경제적으로는 긴밀한 관계를 유지하고는 있지만, 이란과 UAE 사이에는 페르시아만의 아부무사Abu Musa 등 세 개 섬 영유권 분쟁이 존재한다. 이란의 팔레비 국왕이 생전 영국의 "수에즈 동쪽" 지역에 대한 안보의무 포기 후, 1971년 UAE 영토였던 페르시아만의 작은 섬 세 개를 무력으로 합병하는 바람에 지금까지 영유권 분쟁이 지속되고 있다. 현재 아부무사, 대大툰브Greater Tunb, 소小툰브Lesser Tunb 섬에 배치된 포부대가 호르무즈 해협의 중요한 원유 수송로를 위협하고 있다.

또한 UAE는 수니 이슬람 국가이자 친親서방 성향의 국가인 반면, 이란은 시아파이자 반反서방정책을 취하고 있어 뿌리깊은 반목과 불신이 자리 잡고 있다. 두바이 사람들은 상대적으로 이란을 많이 방문하지 않는 편이다. 그러나 이란인들은 싫으나 좋으나 두바이를 경유하거나, 거주해야 하는 상황이 잦은 편이다. 그러다 보니, 두바이 공항에서의 이란인 부당대우, 두바이 거주 이란인에 대한 경찰의 부당한 처사 등이 현지에서 자주 발생하기도 한다. 두바이에 대한 이란인들의 감정이 좋지 않을 수밖에 없는 이유다.

글로벌 금융위기와 뒤이은 두바이 부동산 시장 거품 붕괴, 미국의 이란에 대한 제재 강화와 두바이에 대 이란 제재의 실질적 이행 압박, UAE 당국의 이란인에 대한 부당한 대우 등으로 이란의 대외 창구로서의 두바이의 비중은 줄어들었다. 그러나 서로의 필요에 의해 아직도 상당한 역할을 하고 있으며, 석유 수출 완전 봉쇄 등으로 이란의 돈이 씨가 마르지 않는 이상 이러한 상황은 지속될 것이다.

유대인과의 오랜 관계

페르시아와 유대인과의 관계는 유대인의 '바빌론 유수' 시대로 거슬러 올라간다. 첫 만남은 아주 좋았다. 신新바빌로니아New Babylonia를 정복한 페르시아의 키루스 왕(아케메네스 왕조의 창시자)이 유대인들을 노예 신분에서 해방시키고 성전을 다시 짓도록 하자, 유대인들은 그들의 성서에서 키루스 왕을 극찬했다. 키루스 왕은 피지배 민족의 종교와 문화에 관대한 포용정책을 펼쳤는데 그의 이러한 통치이념은 '키루스 실린더'에 그 내용이 기재되어 있다. 이후 페르시아 제국이 최고로 번영할 때 제국 내 인구의 최대 20%가 유대인이었다는 설이 있을 정도로 유대인은 호시절好時節을 누렸다.

성서 『에스더서書, The Book of Esther』에 나오는 유대인 에스더는 크세르크세스 왕의 왕비가 되었으며 모르드개Mordecai는 수상이 된다. 성서에 나오는 '바사Vasa 왕국'이 바로 아케메네스 페르시아 제국

Achaemenid Persia이다. 유대인과 페르시아인의 이야기는 『다니엘서書, The Book of Daniel』, 『느헤미야서書, The Book of Nehemiah』, 『에스라서書, The Book of Ezra』에도 나온다.

페르시아에 남아 있던 디아스포라Diaspora 유대인에 의해 유대교 신학은 조로아스터교의 영향을 많이 받았다. 조로아스터교에 있던 악마의 개념이 바빌론 유수 이후에 편성된 구약성경에 나타나고 부활, 천당과 지옥, 최후의 심판 등의 조로아스터교 개념이 유대교에 영향을 미쳤다.

이후 사산 왕조 때는 간헐적인 유대인 박해가 있긴 했으나 대체로 크게 어려운 환경은 아니었다. 아랍에 의한 이슬람화 이후 지즈야Jizyah라는 인두세를 내고 무기 소지와 말을 타지 못하는 등의 차별이 있었으나 그리 심각한 차별은 아니었다. 그러나 16세기 사파비 왕조가 시아 이슬람을 국교로 채택한 후 유대인에 대한 박해는 극심해졌다. 유대인을 더러운 것으로 생각해 무슬림과의 접촉을 불허하고 유대인임을 구분할 수 있도록 인식표를 달고 다니도록 했다. 뒤이은 카자르Qajar 왕조에서도 박해는 이어졌다. 유대인들은 별도의 구역에서 거주하도록 했으며, 심지어 유대인이 씻은 물은 무슬림의 발을 오염시킨다는 이유로 비 내리는 날엔 유대인의 외부 출입을 금지시켰다.

1948년 이스라엘 건국 때부터 팔레비 왕조의 몰락 때까지 두 나라는 정치, 경제, 군사적으로 긴밀한 협력을 하고 있었다. 이는 두 나라 모두 미국, 영국의 우방국가였던 것이 가장 큰 요인이었다. 팔레비 왕조의 현대화 정책으로 이슬람의 영향력이 줄어들었고 특히 1953년 미국이 후원한 궁정 쿠데타 이후 이란 거주 유대인들은 전례없는 좋은 시절을 보냈다. 이 시기 이란 거주 유대인의 10%만이 하층 계급이었다. 1948년 약 15만 명이던 이란 내 유대인은 모사데그 Mohammad Mosaddegh 민족주의 정부 시절 많이 줄어들었으며 이슬람혁명 전까지 약 8만 명밖에 남지 않았다.

1979년 이슬람혁명 이후 이란은 반미의 선봉에 서고 팔레스타인의 독립을 지지하면서 이스라엘과 적이 되었다. 강경파였던 전 대통령 아흐마디네자드는 이스라엘을 "지구에서 없어져야 할 나라"라고 지칭하며 극단적으로 표현했고, 이스라엘은 이란의 핵 시설을 공습해야 한다는 강경책을 주장해 미국을 곤혹스럽게 했다. 이에 이란은 레바논의 시아파 헤즈볼라와 팔레스타인의 하마스Hamas를 지원해 이스라엘과 대항하게 하고 있다.

바빌론 유수 이후에도 팔레스타인으로 돌아가지 않고 이란에 남아 있던 디아스포라 유대인은 2500여 년이 지난 지금도 이란의 여러 지역에 살고 있다. 그러나 이슬람혁명 이후 이란에 살던 유대인들은 이스라엘, 미국, 서유럽 등지로 떠나기 시작했다. 1990년대만 해도 3만 5,000명이던 유대인 수가 근래에는 2만 5,000명 정도로 줄어든 것으로 추정되고 있다. 이란 정부는 이러한 추세에 따라 기독교, 조로아스터교와 함께 유대교에도 의회 의석을 한 자리 할당함으로써 소수 종교에 대한 포용정책을 채택하고 있음을 외부세계에 과시하고 있다.

이란 출신 유대인들은 이스라엘에 20만~25만 명, 미국에 6만~8만 명이 살고 있는 것으로 알려져 있다. 먼 옛날 유대인의 은인이자 유대교에도 심대한 영향을 미쳤던 페르시아인과 유대인과의 관계는 박해와 밀월의 세월을 거쳐 현재는 같은 하늘을 이고 살 수 없는 적대적인 관계가 된 것이다.

◈ 유대인의 바빌론 유수

기원전 587년 네부카드네자르Nebuchadnezzar 왕에 의해 유다Judah 왕국이 멸망하고 유대교 성전이 파괴되었으며 유대인이 바빌로니아Babylonia의 수도 바빌론Babylon에 포로로 잡혀 갔다. 이후 기원전 538년에 바빌로니아를 정복한 페르시아 제국의 키루스 왕에 의해 풀려났으며, 예루살렘Jerusalem에 성전의 재건이 허용되었다. 유대교의 유일신 개념은 이때 페르시아의 종교인 조로아스터교의 영향을 받았다. 유대인 중 일부는 해방 뒤에도 팔레스타인으로 돌아가지 않고 바빌론에 남았다. 유대인들은 『이사야서書, The Book of Isaiah』 45장 1절에 "여호와께서 그의 기름 부음을 받은 고레스에게 이같이 말씀하시되 내가 그의 오른손을 붙들고 그 앞에 열국을 항복하게 하며 내가 왕들의 허리를 풀어 그 앞에 문들을 열고 성문들이 닫히지 못하게 하리라"고 키루스 왕을 은인이자 하느님의 종으로 치켜 세웠다.

◈ 이란의 하메단Hamedan시에는 에스더와 모르드개의 무덤이 있다.

이란과 미국, 그 복잡한 관계

미국과 이란은 철천지 원수 같이 보인다. 미국은 이란을 '악의 축'으로 매도하고 이란은 미국을 '제국주의', '일방주의', '타락한 국가'로 치부한다. 미국의 이란에 대한 부정적 시각은 우리도 익히 알고 있다. 이슬람혁명 직후 미 대사관 직원 인질사건으로 미국인의 자존심이 철저히 짓밟혔던 것을 시작해 경제제재가 잇따랐고, 테러지원 세력으로 지목받고 있으며, 핵무기 개발을 의심받았었다.

　이란은 미국을 러시아, 영국에 이은 제국주의 세력으로 본다. 이란의 시각에 따르면 미국은 1953년 왕정 쿠테타로 민족주의 정부를 축출했으며, 이란-이라크 전쟁에서 이라크를 도왔고 지속적인 경제제재를 통해 이란 경제를 어렵게 만듦으로써 이란의 안보를 심각하게 위협하고 있는 나라다. 미국이 기존의 터키 및 걸프 국가에 설치한 미군기지에 더해 이라크, 아프가니스탄을 점령한 것뿐만 아니라,

중앙아시아 코카서스Caucasus 지방에 미군기지를 설치함으로써 이란은 미국에 포위된 형국이다. 때문에 이란의 안보에 대한 우려는 누가 봐도 이해가 된다. 이란 입장에서는 시리아, 레바논, 아프가니스탄, 이라크의 시아파 지원은 수니파에 둘러싸인 소수파로서 생존을 위한 우방의 확대이지, 테러 지원이 아닌 셈이다.

1979년 이슬람혁명 전까지 이란은 미국의 중동 지역 교두보이자 주요한 동맹국이었다. 그러나 혁명 후 테헤란 주재 미 대사관 직원의 444일간 인질사태와 인질구조 실패로 미국은 체면과 자존심을 잃었다. 1980년 이라크의 이란 침공으로 발발한 8년간의 이란-이라크 전쟁은 미국의 이라크 지원에도 불구하고 무승부로 끝이 나고 이란 이슬람 정권의 내부권력 강화만 도와준 형국이 되었다. 이러한 이유로 미국인에게 이란은 테러를 일삼는 광신적인 나라로서, 기억하기도 싫은 나라가 되었다. 그때부터 시작된 미국의 경제제재는 이란 핵문제로 점차 그 강도를 너해갔다.

이란의 미국 대사관 점거와 외교관을 인질로 삼은 사건은 유례가 없었던 참사였으며, 미국뿐 아니라 세계인의 뇌리에 이란에 대한 부정적 이미지를 각인시켰다. 당시 이란은 왜 그랬을까? 국내 정치상의 이유도 있었겠지만 당시 이란인들의 반미 감정은 극에 달해 있었다.

1979년 이슬람혁명은 명실공히 시민혁명이었으며 팔레비 왕의 압제와 부패로 인한 전통가치 말살정책에 반발한 혁명이었다. 팔레비 왕은 석유국유화정책 등으로 국민적 인기가 폭발하던 민족주의 지도자 모사데크 수상을 미국 중앙정보국CIA, Central Intelligence Agency이 제거하고 복위시킨 왕이었으며, 친미정책을 펼친 왕이었다. 이란인들에게 미국은 군부와 통치의 핵심 기구였던 정보기관까지도 등을 돌릴 정도로 민심을 잃었던 팔레비 왕과 한통속이었던 타도의 대상이었던 것이다.

그렇다면 두 국가의 관계는 미국이 '악의 축'으로 지명한 북한과의 관계와 같이 완전히 단절된 관계인가? 그렇지는 않다. 표면적으로 드러난 정부 간의 공식적 관계는 우리가 상식적으로 이해하고 있는 것처럼 정치, 외교, 경제, 사회적인 교류는 단절되어 있으나, 물밑의 비공식적 민간교류는 상당히 광범위하게 일어나고 있다. 미국인은 이란을 이해할 수 없는 이상한 나라로 볼지 모르지만, 일반 이란인들은 미국을 그렇게 적대적인 국가로 받아들이지 않는다. 심지어 미국 문화와 상품을 좋아하는 사람들도 많다.

미국에 거주하는 이란인의 수는 공식 인구주택총조사(Population and Housing Census)(본인이 이란인으로 인정: 약 45만 명), 이란 교포사회의 추정(100만~150만 명)과 일부에서 추정하는 200만 명 등 조사기관과 방법에 따라 매우 다르다. 1979년 이슬람혁명 직후 미국으로의 이민자가 많았으나, 그 이후에도 지속적인 이민이 있었으며 지금도 미국 내 이란 유학생이 5,600여 명(2011년)이나 된다. 이들 유학생 중 상당수는 이란 유력인사의 자제들이라는 소문도 있다. 또한 이중 국적자들이 미국과 이란 양쪽에 재산을 보유하고 수시로 왕래한다. 이란의 의사, 과학자, 학자들은 미국에서 개최되는 세미나에 수시로 참가하기 때문에 테헤란 병원에서는 미국 유학을 다녀온 의사들을 어렵지 않게 만날 수 있다. 양국 간의 심각한 정치, 외교, 군사적 적대관계로 볼 때 상식적으로는 잘 이해되지 않는 인적 교류 현상이다.

2009년의 한 조사에 따르면 미국 거주 이란인의 60% 정도는 이란에 직계가족이 있고, 30% 정도는 매주 수차례 이란에 있는 가족

또는 친구와 연락을 하며, 40% 정도는 매월 수차례 연락을 하고 있다. 이 정도 커뮤니케이션이 있으면 미국과 이란은 서로의 속사정을 잘 알 수도 있을 것 같다. 미국의 경제제재로 인해 미국 기업은 의약품, 식품 등 인도적 목적의 품목 이외에는 이란 대상 투자와 무역이 금지되었다. 미국은 한국과 같은 제3국 금융회사와 기업이 이란과 거래하면 미국 금융회사 및 정부와 거래를 못하게 하는 '2차적 보이콧Secondary Boycott' 정책까지 구사했다. 때문에 이란에는 미국 제품이 거의 없을 것으로 생각하기 쉽다. 그러나 미국의 상징인 코카콜라와 펩시콜라가 이란 음료시장의 절반을 차지하고 있고, 애플의 아이폰과 아이패드가 불티나게 팔리고 있으며, HP와 델의 노트북 시장 점유율이 40%에 달하는 것을 보면 도대체 어떻게 이럴 수가 있는지 혼돈스럽다.

노트북, 아이폰과 같이 두바이를 통해 비공식적인 경로로 이란에 판매되는 것도 있지만, 미국 정부의 특별 승인을 받은 제3국의 자회사를 통해 콜라 원액이나 담배를 이란에 들여오기도 한다. 심지어 AMD의 CPU가 이란의 슈퍼컴퓨터 제작에 사용되었고, 인텔 역시 이란 정부와 거래한 내역이 2009년에 밝혀지기도 했다. 각양각색의 형태로 미국 기업들이 이란과 꾸준히 거래하고 있었던 것이다.

미국의 유명 브랜드들도 이란인들에게 인기다. 폴로, 캘빈클라인, 게스, GAP, 바나나리퍼브릭, DKNY 등 의류 브랜드와 나이키 운동화가 인기리에 판매되고 질레트 면도기는 슈퍼에서 가장 잘 보이는 곳에 진열되어 있다. 미국 문화의 상징인 청바지는 이란 여성들의 국민복(?)이라고 할 수 있을 정도로 많이 입고 다닌다. 차도르Chador 안에 청바지를 입고 있는 모습도 흔히 볼 수 있다. 테헤란의 에람 공원Eram Park에는 미국 드림웍스DreamWorks의 대표 애니메이션 〈슈

렉Shrek〉(2001)의 캐릭터 조형물이 있고, 영어가 능통한 상류층 젊은이들에게는 일명 '미드'가 인기다. 북한에서 한국 드라마가 인기인 것과 닮았다. 물론 이란 내에선 불법이지만, 전화만 하면 바로 어제 미국 본토에서 방영된 미드가 DVD에 담겨 배달될 정도다.

35년이 넘도록 이어져 온 양국의 적대관계에서도 서로 이해관계가 같은 분야도 있다. 각자의 내부정치적 입지와 관성, 미국 우방국과의 관계 등으로 인해 갑자기 드러내놓고 협력할 수는 없지만, 이해관계의 공통

테헤란 시내 공사장의 미국산 알루미늄 외벽자재

분모가 존재한 지는 오래되었다. 이러한 공통분모는 미국이 만들었다. 이란과 8년간이나 전쟁을 치른 이라크의 수니파 후세인 정권을 2003년 미국이 무력으로 붕괴시키고 서구 민주주의 선거로 통치방식을 바꾸자 이라크 인구의 60%를 차지하는 시아파가 집권하게 되는 것은 당연한 일이었다.

더구나 이라크의 시아파 지도자들은 사담 후세인 통치시절 이란에서 망명생활을 했거나, 이란에서 출생한 사람들이 많다. 한때 미국의 중동 교두보였지만 철천지원수가 된 이란 시아파 지도자의 친구들을 미국이 이라크 정부의 지도자로 만들었다. 이로 인해 이란은 이라크에 대한 영향력을 행사할 수 있었고 미국으로서는 미군 철수 이후 이라크의 정치안정을 위해 이란과의 협력이 필요해진 것이다.

더구나 최근의 수니파 극단주의 세력인 이슬람국가IS, Islamic State의 세력 확대는 양국의 협력을 불가피한 상황으로 몰아가고 있다. 아직은 표면적으로는 서로 일정 거리를 두고 공개적 협력을 부인하고 있지만 공동의 적인 IS 격퇴를 위한 협력은 머지않은 장래에 구체화될 것으로 보인다. 이러한 양국 관계의 거리 좁히기는 중동의 정치·군사 지형과 이란 핵문제의 양상을 상당히 변모시킬 것이다.

반면에 같은 시아파 집권 국가인 시리아의 상황은 반대다. 정권을 장악한 소수 시아파가 다수 수니파 반란군과 내전을 벌이고 있는 시리아에서 이란은 같은 시아파인 집권 세력을 지원하고 있고 미국은 수니파 반란군을 지원하고 있다. 시리아의 수니파는 미국의 친구, 이라크의 수니파는 미국의 적이 된 셈이다.

과거 페르시아의 영토였고 페르시아어에서 파생한 파슈툰어Pashto Language를 사용하는 아프가니스탄의 안정도 약간 복잡하게 얽혀 있기는 하지만, 기본적으로 미국과 이란이 공통의 이해관계를 가지고 있다. 이란은 세계 최대 마약 생산국인 아프가니스탄의 주요 마약 밀매 루트가 되고 있다. 때문에 이란은 마약 퇴치에 관심이 높을 수밖에 없다. 이러한 마약 밀매 근절은 젊은이들의 마약 중독 증가로 골치를 썩는 이란과 마약 퇴치를 외치는 미국의 이해가 겹치는 분야다.

핵협상이 타결되고 경제제재가 해제되면서 미국과 이란은 관계 개선의 전기를 맞았다. 표면적으로는 드러내놓고 협력하거나 급속하게 관계를 개선하는 것이 쉽지 않겠지만 공동의 이해관계는 양국 간 관계를 서서히 발전시켜 나갈 것이다.

◎ 미국 거주 이란인의 수는 이슬람혁명 이후 급증했다. 1980~2004년 이란 이민자의 1/4 이상은 망명자이거나 난민이었다. 이슬람혁명 전인 1978~1979년에 미국 내 이란 유학생은 4만 5,000명으로 총 외국인 유학생의 17%를 차지할 정도로 많았다. 혁명 전에는 이 유학생들이 대부분 귀국했으나 혁명 이후 다시 미국으로 돌아가지 않은 유학생들이 많았다. 혁명 이후 해외 망명, 도피한 사람들 중 많은 수가 미국과 영국에 정착했으며, 이들 중엔 부유한 지식인들이 많았다. 그런 이유 때문인지 2000년 미국 주택총인구 조사에 의하면 미국 거주 이란인의 1/5이 사업을 영위하고, 51%가 대졸 이상(미국 평균은 28%)이었으며, 최근 조사에서는 1/4이 석사 이상 학위 소지자로 조사대상 인종 중 최고 수준이었다. MIT 연구결과 이란 교민은 의사, 교수, 과학자, 언론인 등 미국에서 가장 교육을 많이 받은 성공한 민족 중 하나로 드러났다. 이베이 창설자이자 회장인 오미다이어Pierre Omidyar, 구글의 해외영업 부사장이었던 코데스타니Omid Kordestani, 유튜브 CEO 카만가Salar Kamangar, 애플 부사장 타마돈Sina Tamaddon 등 많은 유명 사업가나 미국 주요 기업의 고위 임원들이 이란인이다. 그러나 이란 교민들의 정계 진출은 미미하다. 미국 거주 이란인 단체의 2009년 조사에 의하면 100만 미국 거주 이란인 중 52만 명이 LA에 거주하고 있어, '테헤란젤레스', 또는 '이란젤레스'로 불리기도 한다 마치 벤쿠버를 '홍쿠버'로 부르는 것처럼. 또한 이들은 고급 주택가인 비벌리힐스Beverly Hills와 어바인Irvine에 많이 살고 있다. 높은 교육, 경제적 수준에도 불구하고 2008년 설문조사에서 이란 교민들은 절반이 다양한 차별(공항 보안 체크, 인종 프로파일링, 고용과 사업상)을 당한 경험이 있다고 대답했다.

◎ 2013년 제85회 미국 아카데미 시상식Academy Award에서 작품상 등 3관왕을 달성한 영화 〈아르고Argo〉(2012)는 33년이 지난 사건을 다시 끄집어 내 이란에 대한 반감과 부정적 이미지를 고취시켰으며, 실패했던 인질 구출작전을 영화 속에서 성공한 것처럼 그려 미국인이 자기 만족을 도모하고 있다는 평을 듣기도 한다.

미국인의 사랑을 받는 페르시아 카펫

페르시아 카펫은 세계 최고급으로 친다. 특히 미국인의 페르시아 카펫 사랑은 유별나다. 페르시아 카펫 수입금지 조치가 내려지면 사전에 수입해 놓기도 하고 우회 수입을 할 정도다.

이란은 100여 개국에 연간 6억 달러의 수제Hand Made 카펫을 수출해 세계 수제 카펫 수출시장의 20%가량을 점유하고 있다. 이란 수제 카펫의 제일 큰 시장은 미국이다. 독일, 이태리, UAE와 일본도 주시장이며 근래에는 중국으로의 수출이 늘고 있다. 이란은 매년 500만㎡의 수제 카펫을 생산해서 70%가량을 수출하고 있다.

카펫 산업은 이란 내 전체 산업에서 비중은 그리 크지 않으나 노동집약 산업으로서 고용규모가 엄청나다. 집중도가 높은 젊은 여성이 2~3 m의 카펫을 짜는 데 6개월이 소요될 정도로 인력이 많이 소요된다. 때문에 이란의 수제 카펫 제조 종사자는 120만 명으로 추정된다.

카펫상인 등 연관 분야 종사자까지 포함할 경우 200만 명에 달하며 이들의 가족까지 포함할 경우 이란 인구의 열 명 중 한 명은 카펫과 관련되어 있는 셈이다. 이런 상황에서 미국이 경제제재의 일환으로 카펫 수입금지를 하면 수많은 사람들이 피해를 보게 되는 것이다.

때문에 이란 카펫 제조업자들은 "도대체 핵과 카펫이 무슨 관계인가?"라고 항변한다. 이란에서 카펫은 집안의 장식품이기도 하지만 금이나 부동산처럼 자산으로서의 역할도 한다. 고급 카펫은 오래 사용할수록 값이 올라간다. 기계로 직조한 카펫과 바닥 깔개의 생산은 연 1억㎡에 달하며 금액으로는 1억 5,000만 달러에 이른다.

카펫은 원래 유목민의 다목적 생활용품이었다. 그러던 것이 BC 6세기 유대인을 해방시킨 아케메네스 페르시아의 키루스 왕 시대에 예술품화되어 전 세계에 소개되었다. 그 후 사산조 페르시아(224~641년) 시대에 명품으로서 세계적 명성을 얻었고, 중국과 비잔틴Byzantine 제국 등 유럽에 수출되어 이란의 주요 수출품이 되었다. 이란 카펫은 사산조 멸망 후 이슬람화 과정에서 우상숭배 금지를 이유로 동

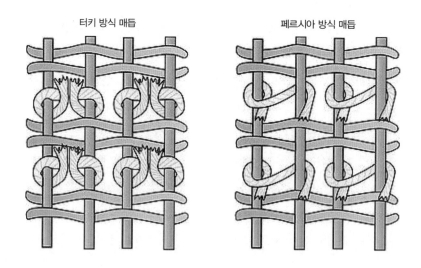

터키 방식 매듭   페르시아 방식 매듭

이스파한 이맘 모스크를
소재로 한 카펫

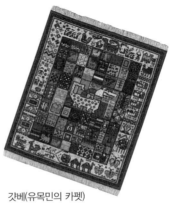
갓베(유목민의 카펫)

물이나 사람 문양 대신 아라베스크_{Arabesque} 문양(식물과 아라비아문
자를 기하학적으로 배열한 이슬람 양식)을 사용하기 시작했다. 근자
에는 풍경이나 건물을 모티브로 하는 등 디자인의 변화가 일어나고
있다. 특히 액자 형태의 카펫에는 꽃이나 정물, 심지어 인물화를 새
기는 경우도 있다.

페르시안 카펫의 황금기는 사파비 왕조(1501~1722년) 시대였다.
압바스 대왕(1588~1629년)은 왕립카펫공장을 설립해 카펫 산업을
본격적으로 육성했다. 공장에서는 카펫 장인뿐만 아니라 세밀화 화

파쉬시안(재미 이란 화가) 작품을 소재로
한 카펫

페르세폴리스를 소재로 한 카펫

가와 시인들도 카펫 제작에 참여했다. 이를 기점으로 페르시안 카펫
은 예술의 경지에 이르게 되었다.

20세기 들어 팔레비 왕조를 세운 레자 샤Reza Shah는 이란카펫회사
를 설립해 카펫 산업의 진흥을 도모했고, 팔레비 왕조의 2대 왕 모
함마드 레자 샤Mohammad Reza Shah Pahlevi(1941~1979년 재임)는 카펫 박
물관을 설립했다.

카펫의 직조방식은 페르시아 방식과 터키 방식으로 양분된다. 페
르시아 방식은 매듭의 고리가 한 개고, 터키 방식은 두 개다. 이란 서
부의 아제르바이잔Azerbaijan 주와 하메단 지역에는 터키 방식으로 카펫
을 제작하고 있는데 이는 투르크족이 설립한 셀주크 왕조(1038~1194
년) 지배의 영향이 남아 있기 때문이다. 보통 페르시아 방식이 더 고급
으로 여겨지는데 이는 더 조밀하게 짤 수 있기 때문이다.

카펫의 품질은 장인의 숙련도, 재질, 조밀도 등에 의해 결정된다.

실크로 만든 1m 길이의 작은 카펫이 5,000달러를 호가하기도 한다. 세계에서 제일 큰 카펫도 이란에서 만들었는데 그 크기가 5,624.9㎡ (약 1,700평)에 달한다. 페르시아 카펫은 전체가 천연 물질로 만들어진 수공예품이다. 양털을 깎아 실을 만들고 이를 자연에서 채취한 천연 염색 물질로 한 올씩 염색해 전통 직기를 사용해 제작한다. 이러한 페르시아 카펫은 세월이 오래될수록 색상과 디자인이 그대로 유지되고, 오히려 선명해지기 때문에 그 가치가 올라간다.

아라베스크 문양의 일반 페르시아 카펫이 정교함과 대칭적 구조의 엄격한 느낌을 준다면, 유목민이 제작한 갓베Gabbe는 거칠고 자유로운 유목민의 생활과 닮았다. 때문에 틀에 박히고 숨막힐 듯한 삶에 익숙한 사람들은 좌우대칭도 맞지 않고 동일한 문양이 하나도 없는, 가베를 더 좋아하기도 한다. 요즘에는 카펫을 액자에 넣어 벽에 걸 수 있는 카펫이 인기를 끌고 있다. 크기도 작고 금액이 몇 백 달러 수준이어서 부담이 적으며, 실용적인 장식품 역할을 할 수 있기 때문이다.

카펫 문화와 마루 문화

이란 사람들의 사고방식과 행동양식을 이해하지 못해 힘들어 하는 필자에게 한국을 좀 아는 한 이란인은 "카펫 문화와 마루 문화의 차이 때문에 그런 것은 아닌가"라고 말한 적이 있다. 그럴지도 모른다. 우리는 위치와 형태를 변경할 수 없는 마루에서 생활해 온 농경 문화를 기반으로 하고 있다. 반면에 유목민의 피가 흐르는 이란인은 둘둘 말아 보관했다가 필요할 때 펼쳐서 잠을 자거나, 밥도 해먹을 수 있는 카펫에 익숙하다. 때론 커튼이나 말 안장으로도 사용할 수 있을 정도로 형태와 용도가 다양하며, 여러 장소를 쉽게 이동할 수 있는 카펫과 함께 살아온 문화다.

이란에서는 카펫을 파르쉬Farsh라고 부른다. '펼치다', '깔다'라는 의미다. 언제나 접었다, 펼칠 수 있는 융통성과 유연성이 높은 문화를 상징하는 것이다.

이런 것을 볼 때, 형태와 용도가 고정적인 마루 문화에서 살아온 사람이 변화무쌍한 형태와 용도를 가진 카펫 문화에 익숙한 사람들을 쉽게 이해하지 못하는 것은 어찌 보면 당연한 일인지도 모르겠다.

제3장
이란을 움직이는 사람들

누가 이란을 지배하는가?: 이란의 국가통치구조

이란의 국가통치구조는 그리 단순하지 않다. 이란은 4년마다 대통령 선거와 국회의원 선거를 치른다. 그러나 대통령이 할 수 있는 일에는 많은 한계가 있다. 직접선거로 선출된 의회도 마찬가지다. 하타미Seyyed Mohammad Khatami 대통령(1997~2005년 재임)은 국민들의 변화에 대한 열망 분위기 하에서 압도적 득표율로 재선되었고 당시 의회도 개혁파들이 압도적 다수를 차지했지만 그들이 이루어 놓은 것은 별반 없다. 이란 정치를 이야기할 때 개혁파·중도파·보수파에 대해 말하지만 이들이 결성한 정당이 따로 있는 것은 아니다.

국가통치의 정점에는 종신직 최고지도자가 있다. 그러나 최고지도자가 모든 것을 결정하고 의도한 대로 국가를 이끌 수 있는 것도 아니다. 이슬람혁명 창업주인 호메이니Ayatollah Ruhollah Khomeini는 최고지도자로서 이슬람 신정통치체재 창설과 운영에 막대한 영향력을 발휘했지만, 유산을 물려받은 창업 2세대에게는 그만한 카리스마가 없었다. 최고지도자의 지원을 받은 후보자가 대통령에 낙선하기도 하고, 최고지도자가 후원해 당선된 대통령이 최고지도자와 갈등을 일으키기도 한다. 우리의 정치상식으로 보면 도대체 이 나라의 정치는 어떻게 흘러가는 것인지 알 수 없어 혼란스럽기도 하다.

이러한 이란 통치구조의 복잡함은 20세기 이란의 역사 궤적, 팔레비 왕의 실정에 반발해 발생한 혁명의 구성세력들과 혁명이 탄생시킨 헌법기구들의 얽히고설킨 복잡한 관계에서 비롯된다.

권위주의와 민주주의적 국가통치가 반복된 20세기

카자르Qajar 왕조는 권력 약화와 징세제도 미비로 재정이 빈곤해 영국과 러시아로부터 막대한 차관을 도입했으나, 이것으로도 부족해 석유 등 경제적 이권을 서구 열강에 헐값으로 매각했다. 이에 귀족, 종교계, 엘리트 지식인 등 혁명세력은 왕권 제한을 위한 입헌혁명을 위해 1906년 의회를 설립했다. 선거를 통해 선출된 이란 최초의 제헌의원 156명 중 다수는 테헤란의 상인 계층이었다.

벨기에 헌법을 모델로 제정한 이란 헌법은 표현·출판·집회의 자유와 생명·재산의 안전을 보장했다. 그러나 헌법에 서명했던 카자르 왕조의 왕 무자파르 알 딘 샤Mozaffar Al-Din Shah는 곧 사망했으며 후계자인 무함마드 알리 샤Muhammad Ali Shah는 러시아 장교들을 동원해 의원들을 체포하고 의회를 폐쇄했다. 이러한 탄압에 저항해 혁명세력은 1909년 무함마드 알리 샤를 폐위하고 헌법을 다시 세웠다. 그러나 1911년 러시아군이 수도 테헤란을 공격하면서 헌정은 중단되고 영국과 러시아 군대가 이란의 남북을 분할통치했다. 비록 외세 개입으로 실패했지만 이란의 입헌혁명은, 전제정치의 전통이 뿌리깊은 이란에서 획기적인 반전제주의, 반제국주의 운동이었으며 중동 최초의 근대화 운동이었다.

카자르 왕조에 이은 팔레비 왕조에서도 헌법은 유지되었으며 의회제도 역시 지속되었다. 그러나 의회는 독재를 미화하는 장식용 옷에 불과했다. 의회가 지명하던 장관을 왕이 직접 임명했기 때문이다. 팔레비 왕은 군대와 관료를 활용한 강력한 왕정을 펼쳤던 것이다. 그러나 제2차 세계대전 중 영국과 소련은 1941년 레자 팔레비 왕을 퇴위시키고 그의 아들을 왕위에 앉혔다.

이후 1953년까지는 '왕정 공백기'였다. 이 시기 왕권은 군대통수권에 한정되었고 내각, 의회, 도시대중, 사회주의와 민족주의 정당이 정치와 권력의 전면에 나서게 되었다. 실질적인 정치권력의 중심은 팔레비 왕의 권력 장악으로 인해 권력의 주변으로 밀려났던, 1906년 입헌혁명 당시의 유력자와 그 집안들에게 돌아갔다. 이러한 상황은 1951년 총리가 되어 석유국유화를 단행한 모사데크로 상징된다.

이 시기 이란의 민주주의는 선거를 통해 의원들을 선출하는 방식을 채택하기는 했으나 지주 등 지역 유지들이 선거를 조종할 수 있는 소위 '봉건민주주의'라 할 만했다. 미국과 영국의 지원을 등에 업고 1953년에 일어난 군부 쿠데타로 팔레비 왕은 다시 권력을 장악하고 강력한 왕권을 행사했다. 쿠데타 이후 민족주의, 사회주의 세력은 궤멸되었으며 급기야 1975년에는 기존 정당들을 해산하고 친왕정 부활당을 만들어 일당 독재체제에 돌입했다. 아들 팔레비 왕의 강압정치와 세속화 및 부의 불공평한 분배는 호메이니를 필두로 한 이슬람 성직자들의 주도로 자유주의·민족주의·사회주의·공산주의자들을 망라하는 시민혁명을 촉발시켰다.

20세기 이란의 역사는 전제적 정치와 외세 개입(외국의 부당한 이권 획득과 정치·군사적 목적의 개입)에 대한 반발로 일어난 입헌혁명과 유력자들이 의회를 장악한 '봉건민주주의', 사회주의·민족주의·자유주의자들의 세력 확대와 외세 개입에 의한 역전 및 반발 세력의 재역전이 반복된 드라마틱한 역사였다.

신정과 민주주의가 혼합된 국가통치구조

1979년 혁명은 다양한 정치적 스펙트럼을 가진 정치집단이 참여한 명실상부한 시민혁명이었다. 그러나 혁명 성공 후 실질적인 정국의 주도권은 호메이니를 필두로 한 이슬람 성직자들이 장악했다. 혁명 이후 임시정부는 혁명의 중추세력이었던 민족주의자들로 채워졌으며, 바자르간Mehdi Bazargan 수상은 자유주의자였다. 그러나 임시정부의 뒤에는 훨씬 강력한 성직자들의 그림자 정부Shadow Government가 있었다. 호메이니가 설립한 혁명위원회는 임시정부의 감시자 역할을 했으며, 혁명중앙위원회는 감시자들을 통해 지방위원회와 지방의 모스크를 장악했다. 헌법 제정에 있어 호메이니와 그 추종자들의 '성직자에 의한 통치Velayat-e Faqih' 제도화와 자유주의·민족주의 진영의 프랑스 드골Charles De Gaulle 제5공화국 모델 추진 간의 논란이 있었다.

'이슬람공화국'에 대한 가부 국민투표 때 바자르간 수상은 '민주이슬람공화국'과 '이슬람공화국' 중 하나를 선택하자고 주장했다. 그러나 호메이니는 "'민주'라는 서방의 개념을 쓰지 마라, 그런 단어를 쓰는 사람은 이슬람에 대해서 아무것도 모른다", "이슬람은 '민주'와 같은 형용사를 필요로 하지 않는다. 이슬람은 모든 것을 의미하기 때문이다"라고 언급하며 단호히 거부했다. 이러한 호메이니의 언급은 오늘날 이란의 국가통치구조를 상징적으로 보여준다.

수정헌법은 호메이니의 '성직자에 의한 통치'와 바자르간 수상의

'프랑스공화국 모델'의 하이브리드 헌법이었다. 성스러운 권리와 인간의 권리, 신권정치와 민주주의, 성직자의 권능과 대중의 주권이 혼합된, 그러나 이슬람 법학자 통치에 훨씬 더 무게중심이 기울어 있는 그런 헌법이었다. '이란 이슬람공화국'은 글자 그대로 '성직자에 의한 통치'가 상위 개념이고 그 아래에 공화체제가 있는 것이다. 수정헌법에 대해 호메이니는 "헌법은 민주주의와 전혀 상반되지 않는다. 이유는 '대중은 성직자를 사랑하고, 성직자에 대한 믿음이 있고, 성직자에게 안내를 받기를 원하기 때문이다. 최고 종교당국은 대통령과 국가 공무원이 실수를 하지 않는 것을 확실히 하고 법과 코란에 역행하지 않게 하기 위해 이들을 감독해야 한다"고 주장했다.

그러나 혁명헌법이 완전한 신정정치를 확립하지 못하고 법학자 통치의 틀 안에서 '민주'적 제도를 일부 수용할 수밖에 없었던 것은 혁명이 이슬람의 기치 아래에서만 이루어진 것이 아니라, '자유·평등·사회정의'를 요구하는 대중의 참여(집회, 총파업, 데모 등)가 결정적 역할을 했었기 때문이다. 또한 혁명 주도세력 중 하나였던 세속 법률가와 인권기구 등 자유주의와 민족주의 세력의 요구를 완전히 배제할 수는 없었기 때문이었다. 혁명의 밑바탕에는 1906년 입헌혁명 이후 면면이 이어져 내려오던 민주투쟁의 역사로 형성된 국민의 '민주주의'와 '주권' 의식이 자리 잡고 있었던 것이다.

'성직자에 의한 통치' 개념을 현실정치에 적용시킨 것은 호메이니의 독창적 이론이었고 이슬람 역사상 이슬람 법학자가 현실정치에 전면적으로 뛰어든 것은 이슬람 1400년 역사상 유례가 없는 일이었다. 이란에서 이슬람 법학자들의 영향력이 다른 이슬람 국가들보다 강했던 것은 19세기 말부터 외세의 간섭 및 수탈과 왕들의 폭정에 맞서 앞장서 싸워 왔기 때문이었다. 이러한 이슬람 법학자의 정치적 영향력은 팔레비 왕조 말기 국민의 불만이 극에 달한 혁명적 분위기 속에서 호메이니라는 걸출한 인물이 나타남으로써 국민들은 구세주 '마흐디Mahdi'를 맞이하듯 '성직자에 의한 통치' 개념을 수용하게 되었다. 이란의 신정神政은 신(시아파 논리로는 은폐되어 있는 이맘)을 대신해 이슬람 법학자가 현실정치의 전면에 나서 국가운영의 모든 주요 결정을 하는 정치체제다.

일상의 행정을 담당하는 대통령과 입법을 담당하는 의회는 민주주의제도에 따라 국민의 직접선거로 선출된다. 그러나 이슬람공화국의 헌법이념에 따라 간접선거로 선출된 최고지도자와 그가 지명한 임명직들은 선출직 후보자의 자격을 심사하고 감독하며, 법안을 승인한다. 따라서 언론에 나오는 이란의 '보수파, 개혁파 또는 중도파 대통령 당선'의 의미와 파장은 우리가 생각하는 정도의 의미와는 전혀 다르다.

그렇기 때문에 이란에서도 혁명 이후 20여 년이 지나면서부터 피할 수 없는 구조적 문제에 봉착하기 시작했다. 민심을 대변하는 직선 선출직과 이슬람 신정을 대변하는 간선 지도자와의 갈등이 발생하고 있는 것이다. 특히 혁명을 주도한 창업주 1세대가 아닌 가업을 물려받은 상속인 세대 사이의 갈등은 더욱 깊다. 개혁파인 하타미 대통령(1997~2005년 재임) 시기는 물론이고, 보수파인 아흐마디네자드(2005~2013년 재임) 시기에도 갈등의 파열음이 더욱 심하게 나타났다.

이란의 국가통치구조

이란의 최고지도자는 모든 국가기구와 의사결정구조의 정상에 위치한다. 그는 헌법제도상으로는 모든 것은 아니라 할지라도 '거의 모든 것'을 할 수 있다. 최고지도자는 사법부의 수장이자 법무장관 추천권을 갖고 있는 대법원장을 임명하기 때문에, 사법권은 온전히 최고지도자의 수중에 있는 셈이다. 또한 최고지도자는 군 통수권자로 정규군과 혁명수비대 사령관과 군 참모총장 임명권을 가지고 있으며 2개 주력 신문 편집장과 독점 국영TV 사장도 임명한다.

대통령과 국회의원은 직선으로 선출하나 후보자들의 출마 자격심사와 의원들이 국회(이슬람의회)에서 마련한 법안의 승인은 최고지도자가 임명한 '헌법수호위원회(총 구성원 12명에서 6명은 이슬람법학자 중에서 직접 임명, 나머지 6명은 대법원장이 추천한 법률전문가를 임명)'에서 한다. 공직선거 후보자와 법률 승인도 이슬람 법학자들이 담당하고 있어 확실한 신정국가임을 알 수 있다. 실제로 헌법수호위원회는 1992년, 2004년, 2012년 총선에서 보수파의 이해에 반하는 후보자들을 대거 탈락시킨 바 있으며 2013년 대선에서도 유력 후보자들을 탈락시켰다.

한편 라프산자니Akbar Hashemi Rafsanjani 대통령의 실용파 정부(1989~1997년)와 하타미 대통령의 개혁파 정부(1997~2005년) 시절 국회에서 통과한 많은 법안들은 헌법수호위원회에서 이슬람 원칙에 위배된다며 거부되었고 이들 정부가 추진한 많은 정책들은 절름발이가 되거나 무력화되었다.

많게는 이란 GDP의 20%가량을 차지하는 것으로 추정되는 종교 자선재단의 대표도 최고지도자가 임명한다. 이들 재단은 외부감사를 받지 않으며 정부에 보고의무도 없다. 오로지 최고지도자에게만

보고하고 지도를 받는다. 그만큼 최고지도자는 엄청난 경제력도 가
지고 있는 것이다.

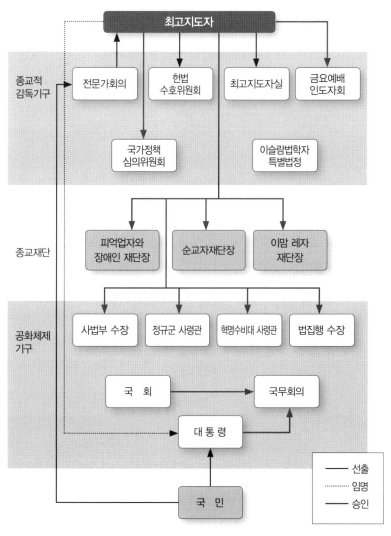

출처: KIEP 이란의 정치권력구조와 주요 정파별 경제정책(2013)

대통령은 4년 임기로 연임이 가능하며 형식상 최고지도자 다음의 최고위직이다. 직선으로 당선된 대통령이 국회의 승인을 받아 각료 임명을 한다. 대통령은 각료 이외에도 대사, 주지사, 시장, 중앙은행장, 기획예산 청장과 국영석유회사 사장 등 주요 국영기업 사장의 임명권을 가지고 있어 막강한 권한을 가지고 있다. 그러나 각 행정부에는 최고지도자의 대리인이 있어 정부의 정책을 지도·감독한다. 그들은 행정부뿐만 아니라 각종 중앙과 지방 기관에 파견되어 있어 약 2,000명에 달한다. 최고지도자는 대리인을 통해 국가에서 일어나는 거의 모든 일을 감독하고 있는 것이다.

우리는 흔히 이란에서 개혁파 등 특정 성향의 대통령 당선에 따라 향후의 정책을 점치고는 한다. 그러나 대통령보다 국가의 결정적 결정권을 가지고 있는 최고지도자와 그를 둘러싼 보수층의 생각을 읽어야 이란이 지향하는 방향을 제대로 전망할 수 있다. 당선 전까지는 대중적 지지기반이 별반 없었던 현재의 로하니 대통령Hassan Rouhani 시기에는 더욱 그러하다고 볼 수 있다.

이란 국회의원의 임기는 4년으로, 행정부 등 모든 국가 사업부에 대한 감사, 대통령 제청 각료 승인 및 해임, 대통령과 각료 청문, 예산 편성 및 국채 발행, 국제조약 승인, 외국 자문관 고용 승인, 계엄령의 합당 여부 결정, 헌법 수정 국민투표 제안(2/3 찬성), 사법부 추천 헌법수호위원회 위원 6명 승인 권한 등과 면책권을 부여 받는다. 후보자 자격심사로 출마의 제한이 있는 것을 제외하면 여느 나라의 의회와 비슷한 권한을 갖지만, 정작 가장 중요한 입법권은 헌법수호위원회의 승인을 받아야 하는 제약이 있다.

그렇다면 최고지도자는 누가 뽑고 감독하는가? 형식적으로는 국민의 선거로 선출된 86명의 전문가회의 구성원들이 선출한다. 전문가회의 후보자는 이슬람 법학자만이 대상이 되며 헌법수호위원회가 후보자의 자격을 심사한다. 전문가의회의 권한은 최고지도자 선출과 감독 및 해임이지만 아직까지 선출 이외의 권한을 행사한 적은 없다.

이상에서 살펴보았듯이 이란에서 최고지도자의 권한은 절대적이다. 2009년 대선 부정시비로 시위가 한창일 때도 최고지도자를 향한 공개적인 비난은 없었다. 최고지도자에 대한 비난은 감히 누구도 하지 못하는 분위기다. 그렇다고 모든 일이 최고지도자의 의도나 지시대로 일사불란하게 이루어지는 것은 아니다. 창업자 호메이니는 특유의 카리스마와 정치력으로, 때론 무력으로 반대파들을 제거하거나 여러 정파를 적절히 조정했다.

그러나 호메이니 사후 그동안 잠재해 있던 여러 목소리들이 분출되었다. 이슬람 법학자 중에서도 종교상 해석을 달리하는 사람들이 있으며 후보자 심사를 거쳐 당선된 국회의원들도 정파 간에 다른 목소리를 낸다. 서로 다른 이해관계에 따른 파벌 형성과 이들의 이합집산은 이란에도 존재한다. 오히려 이란의 국내정치는 이란인들의 강한 개인주의적 성향으로 인해 다른 어느 나라보다 더 복잡할 수도 있다. 직선으로 당선된 대통령의 정책과 행동은 최고지도자와 갈등을 일으키기도 하며, 최고지도자가 대통령을 공개적으로 비난하기도 한다. 최고지도자가 행정부의 모든 일을 사전에 검열할 수는 없는 일이고, 행정을 집행하는 사람은 어쨌거나 대통령과 그의 장관들이기 때문이다. 국회와 행정부 간의 갈등도 개혁파 하타미 정부(1997~2005년) 초기와 보수파 아흐마디네자드 정부(2005~2013년) 후반기에 심하게 나타났다.

이런 면을 볼 때 최고지도자는 '이슬람공화국'을 지키고 정체성을 유지하는 기본 방향 내에서 변화하는 상황에 따라 각 정파와 이해관계 세력의 균형을 도모하고 있는 것인지도 모른다.

◎ 모사데크는 고위공직자의 아들로 태어나 스위스 로잔 대학교Universite de Lausanne에서 법학박사학위를 받았다. 1915년 이후 하원의원, 재무차관, 회계검사원 원장, 법무장관 등을 역임했으며, 1920년 파르스Fars 주지사, 1921년 재무장관, 1922년 아제르바이잔 주지사, 1923년 외무장관이 되었다. 이슬람 민족주의를 위해 활동하다 1941년 투옥되었으나 소련군과 영국군이 이란으로 진주한 후 석방되어 1943년 의회에 진출해 1949년 민족주의 지도자가 되었다. 1951년 총리가 되어 영국-이란 석유회사의 국유화를 단행했지만, 미국과 영국의 석유금수 조치로 인해 경제적 위기에 몰리게 되었다. 그후에도 이란의 근대화를 추진하며 팔레비 왕조의 전제적인 권한을 제한하는 조치를 취하기 시작했다. 1953년 8월 미국 CIA의 지원을 받은 군부 쿠데타로 인해 실각했다.

◎ 이란 정치체제를 '신정체제'라고 흔히 얘기하지만 정확하게는 '성직자에 의한 통치Velayat-e Faqih'다. 이란어 '벨라얏Velayat(Guardianship)'는 보호 또는 후견을 의미하고 '파키Faqih'는 이슬람 법학자(성직자)를 의미한다. 호메이니가 유추한 이론은 다음과 같다. "신은 공동체를 지도하기 위해 예언자와 이맘들을 보냈고 이들은 공동체를 올바른 방향으로 인도하기 위해 샤리아를 남겼다. 그런데 12이맘의 부재 하에서 속세에서 그들의 대리인인 상급 성직자가 샤리아의 수호자가 된다." 전통적 이슬람 신학자들은 '성직자에 의한 통치'를 성직자의 종교재단과 보호를 필요로 하는 소수자, 과부, 정신적 무능력자에 대한 관할권을 의미하는 것으로 사용했다. 그러나 호메이니는 이를 모든 국민에게로 확대했다. 또한 그는 『코란Koran』의 "신과 예언자 그리고 권한을 가진 자에게 복종하라"는 명령에서 '권한을 가진 자'를 현재의 이슬람 법학자를 의미한다고 해석했다. 이러한 확장된 개념은 코란, 샤리아Shariah, 12이맘의 가르침에도 선례가 없는 것으로 그의 추종자 중 한 사람도 인정했다.

◎ '이란 이슬람공화국' 헌법은 "모든 시민은 종족, 민족, 신념, 남녀에 관계없이 기본적인 인간과 시민으로서의 자유를 보장 받는다. 또한 출판의 자유, 의사 표현, 예배, 조직, 청원, 시위권을 가지며, 임의 체포, 고문, 경찰 감시, 도청으로부터의 자유와 죄가 증명되기 전까지는 무죄추정의 원칙이 적용된다"고 규정한다. 따라서 일반 민주주의 국가와 거의 같은 시민권이 보장된다고 할 수 있다. 그러나 현실은?

보수파·중도(실용주의)파·개혁파

호메이니는 타도의 대상이었던 팔레비 왕정의 주요 인물들은 물론 혁명을 같이 했던 사람들 중 이념과 정책 노선을 달리한 사람들을 철저히 숙청했다. 이러한 공포적 숙청으로 인해 그의 재임 시절 정치적 대립은 거의 드러나지 않았다. 그러나 혁명의 열정과 광풍의 시기가 지나고 이라크와의 전쟁으로 인한 고난의 10년이 지나자 이슬람 정권의 이상과 현실적 요구 사이의 긴장은 표면화되었다. 이러한 상황에서 1989년 호메이니가 사망하자 그의 권위로 억제되었던 추종자들 간의 대립은 피할 수 없게 되었다. 또한 혁명 후 '베이비 붐'의 영향으로 '젊은 세대의 증가'라는 인구학적 변화도 새로운 정치적 경향의 탄생에 이바지했다.

이슬람 해석상의 논쟁, 경제정책과 국제사회에서 이란의 역할에 대한 생각의 차이는 당파를 만들고 종교지도자들을 분열시켰다. 또한 경제적 이해관계가 이들 당파의 지지그룹을 형성하고 경제정책과 대외정책 수립에 영향을 끼치기도 했다. 그러나 이러한 당파들의 이념은 대부분 '성직자를 통한 통치'의 '체제 내' 생각의 차이지, 일부 서방의 기대와 같이 '서구식 민주'를 지향하는 것은 아니다. 실용, 개혁파의 지도자들도 이슬람혁명을 주도했던 사람들이며 호메이니의 문하생들이라는 것을 항상 염두에 두어야 한다.

호메이니 사후 정치적 주도권 다툼 속에 보수파·중도(실용주의)파·개혁파의 세 가지 정치적 경향이 대두되었다. 각 정파는 추구하는 가치, 정치적 이념, 현실에 대처하는 정책의 차이 등 '신념'의 차이도 있지만 지지그룹의 '경제적 이해'도 정파의 형성, 유지와 발전에 중요한 요인으로 작용했다. 경제정책 결정에 있어 '신념'을 앞에 내세웠지만 그 이면에는 지지그룹의 '경제적 이해'가 실질적 동인으로 자리 잡고 있는 경우가 있었던 것이다. 이러한 이란 정치 양상에서 흥미로운 점은 정치적 파벌들이 선거결과의 영향으로 완전히 침몰하는 법은 없다는 것이다. 그들은 지지자들의 대리인으로서만이 아니라 이슬람공화국을 통치하는 거미줄 같이 복잡하게 형성된 공식·비공식 기구의 비非선출직 구성원으로서 국가경영에 관여하고 있기 때문이다.

예를 들어 라프산자니는 2005년 대선에서 낙선했지만 그의 영향력은 줄지 않았다. 그는 낙선 후 막강한 전문가회의Expediency Council 대표를 맡았다. 1990년대 초반 개혁주의자들은 선거에서 패배해 국가지배기구에서 제거된 적이 있으나 신문, 지식인 그룹, 관료조직 내 지원자들의 교묘한 활용을 통해 1997년 하타미를 대통령에 당선시켰다. 그리고 몇 년 후 의원 선거에서 승리하며 입법부를 장악했다. 1990년대 말부터 2000년대 전반기까지 대선과 의원 선거에서 패배했던 보수파는 2005년 대선에서 압승한 데 이어 개혁파 후보자를 탈락시키는 방법으로 의회 선거에서도 압도적 다수를 차지한 바 있다.

보수파

보수파는 정치적으로 이슬람 법학자의 통치권은 절대적이고 시민의 선거로 선출된 대통령, 의회 등 대의기구는 중요하지 않다고 생각한다. 문화적으로는 이슬람 가치와 전통을 고수하며 외국의 문화적 영향을 '독毒'의 침투로 생각하는 교조주의적 생각을 갖고 있다. 경제적으로는 자립을 선호하고 외국 자본과 외국 기업의 개입을 좋아하지 않는다.

보수파의 지지기반은 보수적 성향의 성직자, 혁명수비대, 민병대 및 바자르Bazaar 대상인과 저소득 계층이다. 전통적인 이슬람사원과 바자르 대상인 간의 긴밀한 유착관계를 통해 경제적 이익과 이슬람 전통사회의 유지를 도모하고, 성직자와 바자르 대상인은 결혼을 통해 밀접한 관계를 유지한다. 외국인투자 유치를 통한 산업화 및 현대화는 바자르 대상인의 독·과점적 지배를 깨트리는 것이며 혁명 초기 국가의 무역독점도 이들의 이해에 반해 완화되었다. 혁명수비대, 종교재단의 국가경제에의 광범위한 개입과 독과점도 이들의 이해관계에 부합한다.

최고지도자 하메네이가 보수파의 지도자다. 아흐마디네자드는 최고지도자의 지원으로 개혁파를 물리치고 대통령에 당선되었으나 2008년부터 최고지도자와 갈등이 표면화되었으며 2009년 대통령 재선 이후에는 갈등이 증폭되었다. 온건보수파와 강경보수파 간의 갈등이 대두된 것이다. 이들은 국가의 본질적인 목적은 신의 의지를 현실에서 실현하는 것이고, 그런 고귀한 과업의 수행을 위해 종교적으로 헌신하는 성직자나 신앙심 깊은 평신도가 권력을 장악해야 한다고 생각한다. 또한 자신들이 호메이니의 혁명 비전에 대한 충성을 유지하고 있고 복잡한 종교법을 가장 잘 이해하기 때문에 권력을 장악해야 하며, 이 권력이 대의기구에 의해 침해받거나 대중의 도전을 받아서는 안 된다고 생각한다.

이러한 이데올로기적 성향으로 이들은 민주적 책무나 다원주의적 생각을 경멸한다. 하메네이는 "이슬람공화국은 개인의 권한을 향상시키는 것을 목적으로 하는 신성하지 않은 시각과 아이디어를 허용할 준비가 되어 있지 않다"고 말함으로써 자유주의적 지배를 힐난했다. 아흐마디네자드 대통령과 많은 혁명수비대원들의 정신적 조언자였던 아야톨라 야즈디Ayatollah Mohammad-Taqi Mesbah-Yazdi는 "신의 예언자들은 다원론을 믿지 않았다. 그들은 오직 하나의 아이디어만 옳다고 믿었다"고 주장해 보수파의 전체주의적 정서를 사로잡았다. 자신의 이념적 진실성을 확신하고 권력기관을 장악하고 있는 강경파들은 대중인기 하락과 신정에 대한 광범위한 불만에 신경 쓰지 않는다. 이슬람연합사회Islam Coalition Society의 레자 타리키Hamid Reza Tariqi는 "이슬람 통치기구의 합법성은 신이 부여한 것이다. 대중이 지지를 철회한다고 합법성이 사라지는 것은 아니다"는 왕권신수설을 연상케 하는 주장을 함으로써 이들의 인식을 상징적으로 드러냈다.

최고지도자 하메네이로 대표되는 보수주의자들은 수십 년간 비非선거 권력기관을 장악하고 있다. 최고지도자실, 헌법수호위원회와 사법부 지배를 통해 그들은 직접선거로 선출된 기관들의 권한과 대중의 요구를 효과적으로 부정했다. 충실한 보수파 성직자들이 이들 기관장이 되었으며 공개적으로 전제적 통치의 미덕을 찬양했다. 강경파들은 대중의 열망을 좌절시키기 위해 성직자 감독기관에게 폭넓은 권한을 부여한 헌법을 최대한 이용했다.

보수파들은 공식적 국가통치기관 이외에 혁명수비대 등 권력기구도 지배했다. 이들은 개혁운동 저지를 주장하고 시민의 정치적 권리확대 기도를 비난했다. 이들이 정치적 힘과 부를 얻게 되면서 점차 통치기관이 무시할 수 없는 국가의 독립적 중추기관으로 등장했다. 오늘날 혁명수비대는 단순히 정권의 결정을 집행하는 기관이 아니라 국내 치안부터 핵 프로그램에 이르는 이슈에 적극적 참여자가 되었다.

21세기에 들어서는 젊은 세대가 주요한 지도자 지위에 취임함으로써 보수파의 세대교체 양상이 일어나고 있다. 새로운 정파 아바드간Abadgarn으로 조직된 아흐마디네자드 대통령과 국회의원들이 이들이다. 젊은 우파들은 이란의 국익을 지키는 수단으로서의 국제조약에 대해 의구심을 품게 한 1980년대 이라크와의 전쟁으로 형성되었다. 이 새로운 보수주의자들은 국가의 종교적 혈통을 존중하기는 하지만 이전 세대들이 이슬람 문화에 근거한 통제를 소극적으로 하고, 만연한 부패에 미온적으로 대처하는 것에 비판적이다. 혁명이 성숙되어 가고 이슬람공화국을 만들 때 참여했던 정치인들이 점차 무대에서 사라져 감에 따라 보다 독단적인 세대가 권력을 장악하기 시작한 것이다.

보수주의자는 서방의 문화적 영향으로 번민煩悶하느라 많은 시간을 소모하며, 지루한 신학 서적을 읽는 데 시간을 쓰지 않는 젊은 세대를 이해하지 못한다. 남녀 분리, 여성 복장규정, 언론과 영화 산업 통제는 아직도 문화적 타락을 막기 위해 선호되는 수단이다. 30여 년 동안 지속된 젊은이들을 통제하려는 노력이 성공하지 못하고 있음에도 불구하고 그들은 이러한 통제를 고집한다. 강경 성직자들은 시민들에게 스스로 변해야 하고, 정화해야 하며, 성직자의 이념적 훈계를 무비판적으로 신봉함으로써 명령에 복종해야 성스러운 공화국의 가치 있는 국민이 될 수 있다고 주장한다. 이들은 개인의 주권과 정치적 공동체를 형성하는 시민의 권한을 인정하지 않는 셈이다.

보수주의자의 경제정책은 '성직자-상인 동맹'이라 할 수 있는 이슬람공화국 정권의 유력한 지지세력인 바자르 상인 지원은 억압된 약자 지원이라는 혁명공약과 상충되는 딜레마에 빠져 있다. 경제정의와 평등주의 개념은 혁명 30년이 지난 지금에도 분배 불평등이 지속되고 있어 아직도 강력한 반향을 일으킬 수 있는 이슈이며, 2005년 대선에서 아흐마디네자드 대통령은 이를 이용해 하층 계급을 움직였다. 보수파의 이러한 문제에 대한 대책은 생필품(빵, 에너지, 설탕 등)에 대한 막대한 보조금 시행이었고 결과는 파멸이었다. GDP의 최대 30%나 되는 보조금을 소비했다. 하지만 재정부담의 한계에 달한 아흐마디네자드 정부는 결국 보조금을 절반 수준으로 줄였음에도 여전히 높은 수준이다.

강경 성직자들은 개인 재산의 신성함과 상업, 기업의 자유를 지지한다. 이러한 이념들은 이슬람의 교리와 일치하고 무엇보다 예언자 마호메트도 상인이었으며 '물라Mulla' 자신들도 빈틈없는 비즈니스맨이라고 주장한다. 그러나 이들의 경제관념은 현대적 경제기반 구축에 필수적인 투명성, 법치, 책임 등의 개념을 수반하지 않았다. 전통주의자들에게 사유경제는 상인동맹이 제한적인 국가감독 하에서 활동하는 것을 의미했다.

보수파의 상업 찬양은 현대적 산업경제 육성에 부정적 영향을 미쳤다. 산업경제 육성을 위한 인프라 창설은 상인계급의 상거래 독점과 규제 없는 영업을 위해 명시적으로 거부될 때가 많았다. 레자 바호나르Muhammad Reza Bahonar는 국회부의장 재임 시 "우리나라 상인은 국제적 상인이 될 많은 잠재력을 보유하고 있다. 나는 우리의 산업이나 농업이 국가의 지출을 감당할 것에 큰 기대를 가지고 있지 않다"고 말했다. 현대적 경제 시스템 구축에 필요한 합리적 관료주의와 행정기관, 실용적인 은행 시스템은 기존의 불투명한 제도와 상인들의 전통적 교환수단의 유지를 위해 거부되었다.

보수파의 경제적 대들보는 종교재단인 '본야드Bonyad'들이다. 이들은 상거래와 제조 분야를 지배하고 있다. 본야드는 혁명 후 팔레비 왕조로부터 수용한 재산을 기초로 박애주의를 목적으로 한 종교재단을 바탕으로 출범했다. 그러나 30년의 세월은 이들을 경쟁과 규제 없이 주요 산업을 지배하는 거대한 지주회사로 변형시켰다. 그들은 자유시장을 원치 않으며, 그들 조직의 수혜자인 보수 성직자와 현 통치 시스템의 옹호자들을 설득해 이란 경제의 구조개혁을 저지한다. 현재 혁명수비대가 이러한 관행을 이어받고 있다. 이들은 근래에 지속적으로 경제활동에 끼어들어 인프라와 통신, 석유, 가스 등 핵심산업에서 특권적 접근을 할 수 있는 회사들을 설립했다.

이처럼 분권화, 자유경쟁, 법치 등을 포함하는 근본적 경제개혁은 보수파의 경제적 권력기반을 위태롭게 하지 않고는 제도화되기 어렵다.

중도(실용주의)파

중도파는 정치안정을 위해 대중의 정치적 열망을 어느 정도 수용하는 것이 필요하고, 그렇게 함으로써 이슬람공화국의 대들보를 강화할 수 있다고 본다. 문화적으로는 젊은 세대에게 전통가치를 강요하거나 자유를 허용하는 것이 아닌 긴장을 완화하는 중용의 입장에 있다. 경제적으로는 글자 그대로 실용주의의 입장을 취한다. 그들은 중국을 모델로 활용해 경제적 효율성, 문화적 인내와 정치적 독재라는 새로운 질서를 세우길 희망했다. 중국 덩샤오핑鄧小平의 '흑묘백묘론黑猫白猫論'을 연상케 한다. 중도파의 지지기반은 전문 직업인, 신흥중산층, 기업인, 공무원과 지식인들로서 라프산자니 대통령이 대표적인 인물이다.

정치적 측면에서 중도파들은 대의정치와 다원주의를 배제하지만 보수파의 전체주의에도 반대한다. 그들은 다양한 후보자와 공약 중에서 선택하는 선거를 통해 대중에게 정치적 프로세스와 국가계획 결정의 일정 지분을 제공하는 것이 중요하다고 믿는다. 그들에게 최고지도자는 단순히 이슬람의 보호자일 뿐 아니라 개발을 방해하는 구조적 부패와 인구 증가 같은 현실적인 난제에 맞서 싸우는 의무를 지닌 중요한 정치인이다. 그러나 실용주의자의 목표는 민주적 정치체제가 아니라 경제적 필요를 충족시켜 안정적 사회를 창설하는 것이다.

라프산자니에게 국가의 정통성과 이슬람 규범의 확산은 경제 성과에 따라 부수적으로 일어나는 것이었다. 실용주의자들은 전문가 협회들과 현대적 비즈니스 공동체의 지도부를 장악했으며 전문 관료들이 혁명이념에 충실한 공무원을 대체했다. 라프산자니에게 이란이 혁명을 가장 잘 보전할 수 있는 길은 오로지 '합리적·논리적 정책의 옹호'였다. 실용주의자들은 민간 주도와 외국인투자 유치를 강조함으로써 호메이니의 포퓰리즘Populism 정책의 초월을 모색했다. 세계은행으로부터의 차관과 국내산업의 외국인 소유권을 부분적으로 허용한 것이다. 이들은 더 이상 기존 국제규범에 도전하지 않고 글로벌 경제에 참여했다. 이에 외무장관은 "경제적 고려는 정치적 고려보다 우선한다"고 말했다.

그러나 산업경제를 창설하려는 실용주의자들의 정책은 보수파의 이념과 권력기반을 잠식함으로써 이들의 반발을 초래했다. 전문관료가 배치된 현대적 인프라, 법치, 통일된 조세정책을 갖춘 경제의 창설은 보수주의자들로서 반갑지 않은 일이었다. 보수파는 서양 문화에 대한 피해망상으로 외국인투자 개방과 세계은행이 요구하는 구조개혁을 거부했다. 보수파에게 사유재산의 신성함은 바자르 상인과 그들의 불투명한 경제관리에 힘을 실어주는 것이지, 세계시장에 통합된 현대적 경제를 창설하는 것이 아니었기 때문이다.

실용주의자들은 국가의 성가신 간섭에 이골이 난 젊은 세대에게 이슬람 의식을 강제하는 문화정책을 되도록 피하고자 했다. 그들의 목표는 자유로운 사회가 아니라 긴장이 완화된 안정된 사회를 만드는 것이었다. 그들은 종교적 이유에서 남녀평등과 성 해방은 추구하지 않았으나, 일정 정도의 문화적 제한 완화와 사회적 자유는 젊은 대중의 불만을 완화하는 안전밸브 역할을 할 것으로 보았다. 그러나 이러한 사회긴장 완화정책은 보수파의 반발을 초래했다. 최고지도자 하메네이는 "우리가 수많은 돈을 개발 프로젝트에 지출하면서 도적적 이슈를 무시한다면 모든 경제적 성취는 무의미한 것이다"라며 실용주의자의 문화·사회 정책을 비판했다. 보수파에게 혁명의 사명은 이슬람 교의의 엄격한 집행이었다. 라프산자니의 공언에도 불구하고 풍속경찰과 사법부는 사회적·지적 자유를 추구하는 사람들을 체포했다.

보수파는 최고지도자 하메네이의 후원 하에 제도적 통치기구들을 동원해 라프산자니의 시도들을 체계적으로 무산시켰다. 라프산자니는 보수파의 저항에 부딪힐 때마다 신속히 후퇴해 종교적 미사여구 뒤에 숨는 행태를 보였으며, 보수파의 힘에 정면으로 대항하지 않았다. 이란은 이념을 주장하는 보수주의자와 국익을 강조하는 실용주의자 간의 모순된 행위로 마비되었고 결국 라프산자니 정부는 목적 달성에 실패했다. 실용주의자들은 경제를 자유화하지도, 물려받은 왜곡을 해결하지도 못했다. 외국 차관으로 인해 이란은 막대한 부채를 안고서 거의 국가부도 사태에 이르렀다. 인플레는 저소득층과 중산층의 생활수준을 악화시켰다. 과도한 보조금, 주기적인 석유 가격의 하락과 외국인투자 유치능력의 부재는 이란의 잠재 성장능력마저 억제시켰다.

호메이니 시절 권력기반은 이슬람 이념과 최고지도자의 압도적인 카리스마였으나 라프산자니는 이라크와의 지루한 전쟁 동안 고난을 겪고 목숨을 잃은 대중이 더 이상 순교와 희생에 만족하지 않을 것이라고 판단했다. 라프산자니의 경제적 성취와 문화적 자유에 대한 강조는 국가-사회 관계의 성질을 바꾸었다. 정부가 선언한 임무는 더 이상 구원의 준비가 아니라 실용적 공약 제공이었다. 실용주의자들의 정책은 성공적이지 못했으나 이란의 장기적 변화에 기여했다. 실용주의자들의 8년 통치는 이란의 정치지형을 근본적으로 바꾸려는 개혁운동의 산파 역할을 했던 것이다.

개혁파

개혁파는 언론 자유, 문화적 관용주의와 대외개방을 주장한다. 개혁파의 지지기반은 지식인, 여성, 중소상인, 노동자 및 진보적 관료들이다. 많은 개혁주의자들은 다른 정파와 같이 이슬람공화국 체제의 근간인 '성직자를 통한 통치'를 인정한다. 보수파와의 차이는 권력자의 특권에 대한 해석과 대중 요구의 수용 정도에 있다. 보수파는 최고지도자에게 독재적 결정권이 부여되고, 그의 권한은 선거결과로부터 자유롭다고 생각하는 반면, 개혁파에게 있어 최고지도자의 절대적 권한은 '헌법의 민주정신'에 위배된다. 개혁주의 성직자 조직인 '투쟁적 성직자협회'는 "최고지도자를 포함한 체제의 모든 지주들은 그들의 합법성을 공화주의로부터 도출해야 한다"고 언급했다. 이러한 맥락에서 개혁파는 최고지도자가 일반적 감독 역할을 행사할 수는 있으나, 그의 권한은 헌법에 의해 제한되어야 하며 선출된 정부기구들의 결정에 따라야 한다고 생각한다.

개혁파는 호메이니 사후 보수파 집권과 함께 주도권을 빼앗겼지만 1997년 하타미 대통령의 당선으로 다시 등장했다. 1992년 문화장관 시절 하타미는 체제 비난에 도전하는 출판물과 연극을 허가하고자 한 자유주의적 경향으로 인해 라프산자니 정부에서 사직했다. 그 후 그는 "국가권력은 강압과 독재로 얻어지는 것이 아니다. 국가권력은 법에 의한 지배, 국민의 권리 존중과 의사결정 참여권한 부여로 실현된다"고 선언하면서 감히 지배적 컨센서스에 반기를 들었다. 시민사회, 법치, 개인주권과 같은 개념이 그의 연설과 저술을 가득 채우고 있으며 이러한 주장들은 개혁주의자들과 이란 대중들의 상상력을 사로잡았다.

하타미가 서양 정치사상에 조예가 깊기는 하지만, 이슬람 성직자 복장을 한 서양 스타일 민주주의자는 아니다. 그는 서양의 경제적 진보와 다원론적 성취를 인정하지만 서양의 과도한 물질주의와 정신적 존재로서의 인간에 대한 무감각을 비판하고 있다. 이슬람 고유 전통과 명령에 의존해 사회를 소생시키려는 이슬람 개혁주의자인 셈이다. 그러나 그의 개혁이 이슬람공화국 사상체계의 토대를 침식할 위험에 처하자 하타미는 신속히 물러났고, 대결보다는 순응하는 길을 선택함으로써 체제 내의 사람으로 남았다. 하타미는 2005년 퇴임을 준비하면서 "우리 내부의 충돌과 혼돈 상태는 조국의 생존과 이슬람공화국의 주권에 치명적 독이라고 믿었다"고 언급한 것에서 그의 생각을 읽을 수 있다. 하타미가 개혁운동의 전체였고 그의 실패를 개혁운동의 실패로 보는 견해도 있다. 그러나 개혁운동은 의견을 달리하는 지식인, 자유주의 성직자, 중산층 전문가와 곤궁한 학생들의 광범위한 연합이었다. 대부분의 연합과 같이 이란의 개혁파에도 극적 변화를 원하는 강경파와 체제유지적 온건파 간의 긴장이 항상 있었고 하타미의 점진적 전략에 불안해하는 개혁주의자들이 많이 있었다.

이란 개혁운동을 올바로 이해하기 위해서는 개혁파의 득세와 실패의 역사를 돌아보아야 하며, 하타미를 넘어서 이 정파를 형성하는 다양한 스펙트럼의 이념과 전략을 아는 것이 필요하다. 개혁파 중에는 최고지도자를 국민의 투표로 선출해야 한다는 그룹도 있고 '성직자를 통한 통치' 자체를 부정하는 사람도 있다.

1990년대 초 절충주의 정치인, 신학교 지도자, 종교학자, 그리고 지식인들은 이슬람 정부에 대한 이란 대중들의 참여의식을 돌아보기 시작했다. 그리고 성직자 국가를 위해 싸우고 최고위직에서 봉사하며 체제의 충성스러운 전사였던 자신들이 엄격한 이슬람 정통주의자에 의해 점차 소외되고 공식 라인으로부터 멀어지기 시작하는 것을 발견했다. 이로 인해 완고한 종교적 통치가 이슬람공화국의 전체 구조를 위협하는 것을 인식한 이들 베테랑 정치인들은 대응에 나섰다. 그들이 만든 학자와 언론 그룹은 선거와 정치 기구들을 장악하기 위한 캠페인의 선봉에 섰다.

개혁주의자는 사회와 개인생활의 지배방식인 전체론적·민주적 요구의 두 영역은 이론적으로나 실제로 양립할 수 있다고 본다. 개혁주의자 이데올로기의 핵심은 성서 해석은 불변하는 것이 아니라 인간이 처한 환경의 변화에 맞게 조정되어야 한다는 것이다. 그들은 종교가 활력있게 남아 있으려면 현대사회의 요구에 부응해야 한다고 주장한다. 개혁주의자에게 이슬람은 인간을 단순히 신성한 창조주에게 연결해 주는 시스템이 아니라 발전적 변화의 동력이다. 그들은 성서에 명기된 폭정으로부터의 해방과 평등, 이슬람 문명의 지적 탐구가 남긴 역사적 유산은 사회를 다원적 방향으로 발전시키는 기반이며,『코란』의 명령에 따라 공동체의 의견을 듣고 민주적 참여와 집단행동의 장을 마련해 줄 책임이 통치자에게 있다고 생각한다.

인기 있는 개혁파 이론가 중 한 사람인 소루쉬Abdolkarim Soroush의 생각은 개혁파의 생각을 상징적으로 보여준다. 그는 "종교가 억압적인 국가의 도구가 되면 성직자에 대한 경멸을 초래하고 광범위한 세속화를 초래할 것이다", "이상적 종교사회는 민주적 논의를 가져야만 하며, 교회법과 이슬람 법학은 개인의 주권과 정부의 책임을 확실히 하는 수단으로 이해되어야 한다"고 언급했다. 이러한 언급은 "종교적 질서의 생존을 확실히 하는 최고의 방법은 민중의 의지를 좌절시키거나 심지어 파괴하도록 고안된 제도적 장치를 창설하는 것"이라는 호메이니의 인식과 극명하게 대비된다.

개혁운동을 구체화한 사람들은 대학교수와 정치활동가들만이 아니었다. 이슬람공화국의 역설 중 하나는 그 시스템이 성직자 사회 내부의 많은 사람으로부터 도전 받았다는 것이다. 이란의 가장 지적인 성직자 중 한 사람인 카디바르Mohsen Kadivar는 시아파 신학에 의거해 이슬람공화국을 지배하는 성직자들을 비판했다. 시아파 이슬람 교리에 의하면 976년 열두 번째 이맘의 엄폐는 그가 돌아올 때까지 모든 속세의 권력자를 무효화시켰다. 카디바르는 "엄폐기간 중에는 사회를 운영하는 청사진이란 없다. 어느 누구도 사회를 지도할 특별 임무나 권능을 가질 수 없다"고 말했다. 그는 이어 특정 계층이 정치 권력을 독점할 신성한 권한이 없기 때문에 다수 의견에 따른 민주정 부가 시아파에서 종교적으로 허용될 수 있는 유일한 권한을 가진다 고 주장했다.

카디바르의 시아파 이슬람 정치이론 해석은 곧 이란 대부분의 저 명한 고위 성직자의 주의를 끌었다. 혁명 후 10여 년간 호메이니의 후계자 위치에 있었던 몬타제리Ayatollah Hussein Ali Montazeri는 "나는 이슬람 은 자유를 지지하기 때문에 이슬람과 민주주의는 공존할 수 있다고 믿는다. 보수 지도자들이 현재 실행하고 있는 것은 이슬람이 아니며 나는 그것에 반대한다"고 말하면서 카디바르의 주장을 지지했다.

개혁주의자들에게 직접선거로 선출된 기구들은 하늘로부터 부여 된 임명직보다 더 중요한 권능을 가진다. 전직 의회 의장이자 대통령 선거 출마자였던 카루비Mehdi Karrubi는 "국민의 투표 없이 체제는 정통 성을 가지지 못한다"고 규정했다. 개혁주의자 생각의 핵심은 종교 적 질서도 대중을 상대로 한 설득과 그들의 수용에 의해서만 그 권 위가 유지될 수 있다는 것이다. 강경파와 달리 개혁주의자들은 성격 상 종교적이고, 실행상 민주적인 국가를 유지하는 민중의 능력을 신 뢰한다. 긴장과 대립은 민주적 타협으로 해소가 가능하다고 생각한 것이다.

개혁파의 득세와 실패

개혁주의자들의 주장이 대중의 공감을 불러일으킨 긴장된 분위기 하에서 하타미 대통령이 1997년 개혁주의 대통령 후보로 출마했다. 강경파는 조직과 자금이 풍부한 보수주의 지도자이자 국회의장인 누리Ali Akbar Nateq Nouri에게 있어 하타미는 만만한 상대였다. 그러나 결과는 충격이었다. 별반 알려지지 않은 종교인이 탄탄한 기반을 가진 국회의장을 상대로 69%의 득표율로 승리한 것이다. 연이어 2000년 의회 선거에서 개혁파는 65%의 의석을 장악했으며, 2001년 대선에서 하타미는 77%의 득표로 재선에 성공했다.

하지만 거기까지였다. 2004년 의회 선거에서는 보수파가 장악한 헌법수호위원회에서 개혁파 후보자를 대거 탈락시킴에 따라 개혁파는 13%의 의석을 얻는 데 그쳤다. 대선 승리 후 개혁주의자들은 체제에 대한 충성 유지와 대중적 요구에 합류하는 기로에 서 있었다. 결과적으로 그들은 지지자들을 환상에서 깨어나게 하는 체제순응을 선택했고, 조심성 많은 하타미는 취임 후 보수주의자와의 공개적 충돌을 피하는 소극적인 투쟁과 점진주의 방식을 취했다.

'밑으로부터의 압력, 위로부터의 협상'이라는 캐치프레이즈로 특징 지을 수 있는 이원적 접근으로 더 많은 자유를 원하는 대중의 요구에 대응했다. 밑으로부터의 압력을 돌리기 위해 수백 개의 새로운 언론을 허용하고 검열을 완화했으며 각종 집회들을 쉽게 허가했다. 그럼에도 불구하고 개혁주의자들은 강경파가 보호하려는 최고지도자의 광범위하고 무조건적인 권력에 대한 도전은 삼갔다. 대신 비판적 언론사 설립과 적극적 선거 참여로 제도적 권력 확대에 집중하면서 1998년 지방 선거, 2000년 의회 선거를 승리로 이끌었다.

하지만 개혁주의자들은 이후 세력유지를 위한 대중조직을 개발하지 못했고, 개혁운동은 다른 반정부적인 공동체와의 연계 없이 지식인들의 폐쇄적 집단 내에서 머물렀다. 그러다 보니 개발도상국 사회의 중추인 노동조합, 상인조직, 현대적 사업 부문들 대부분은 개혁파의 정치투쟁에 참여하지 않았다. 토론은 아이디어로 넘치고 전통과 현대를 조화시키는 창조적 시도들은 상상력이 풍부했지만, 개혁운동에는 그들의 힘을 조직화하기 위한 실질적인 노력이 결여되어 있었다.

직접선거로 선출된 기관이 국가운영결정권을 갖지 못하고, 헌법수호위원회와 사법부 등 임명직 기구들이 더 막강한 권력을 갖는 헌법적 장애 외에도 개혁주의자들은 대중의 '인내'를 과대평가했다. 개혁주의자의 민주주의 개념과 시민사회의 확대는 대중에게 국가적 이슈의 결정에 시민이 참여해야 한다는 확신을 심어 주었다. 그러나 기대가 채워지지 않자 환멸을 느낀 대중들은 개혁파 전략의 효용성, 그리고 결국에는 개혁 자체에 의문을 품기 시작했다. 하타미와 그의 동료들은 신정정치 엘리트들이 설정한 국가운용틀의 한계 내에 자신들을 가뒀고, 보수파의 비타협적 행동에 직면하며 물러서자 지지자들은 개혁주의자들로부터 멀어졌다. 개혁운동은 사상투쟁에서는 승리했으나 그러한 사상을 실천할 전략이 없었다.

개혁주의자들이 우유부단하게 행동하면서 토론에 힘을 빼는 동안, 보수주의자들은 정치적 헤게모니Hegemony를 확실히 하기 위한 모든 방안을 동원했다. 최고지도자는 하타미 당선 직후 "적이 집안에서 이슬람을 공격한다"고 경고했으며, 이와 함께 보수주의자는 사법기관과 공안기관을 투입해 신문을 폐간하고 개혁파 핵심 거물들을 투옥시켰다. 헌법수호위원회는 의회가 통과시킨 개혁법안들의 승인을 거부했다. 또한 지식인, 작가, 활동가들에게 물리적 압박을 가하고 집회와 데모를 하는 학생들에게 민병대를 투입했다. 보수파의 대응책은 단순히 개혁운동을 약화시키기 위한 것이 아니라 대중에게 선거의 무익성과 정치에서 시민의 무관함을 드러내는 것이었으며, 이를 바탕으로 달성하고자 했던 핵심 목표는 대중을 환상에서 깨어나게 하고 정치에서 물러나도록 하는 것이었다. 결국 개혁주의자들은 정치구조의 변화를 방해하는 보수파 핵심 그룹의 비타협을 극복할 수 없었고, 개혁운동은 실패했다.

의도적인 것은 아니었으나 미국의 정책도 개혁운동의 실패에 일조했다. 부시 행정부의 정책은 보수주의자의 권력을 강화하는 데 기여했다. 개혁과 보수의 싸움은 2001년 9·11테러 이후 외부 사건이 갑자기 이란의 내부투쟁에 끼어들면서 극적으로 반전되었다. 이란 강경파는 항상 미국과의 적대관계에서 유일한 수혜자였다. 호메이니는 국민을 선동하고 온건 임시정부를 바꾸기 위해 인질 위기를 일으켰고, 20여 년이 지난 후 그의 추종자들은 워싱턴의 호전성을 논쟁의 성격을 바꾸는 기회로 활용했다. 그들은 아프가니스탄 문제에 대해 개혁주의 정부가 미국과 협력했다는 사실이 더욱더 비난받길 원했다. 결국 미국의 대對테러전쟁이 전개되자, 개혁파는 보수파의 의도대로 가장 위험한 시기에 국가의 단합을 손상시키는 '제5열'로 비난받았다.

보수파 성직자 쉬라지Naser Makarem Shirazi는 "헌법수호위원회와 혁명수비대를 약화시키는 사람은 국민 불화 확산과 미국의 영향력 촉진을 원한다"고 주장했으며, 보수파들은 민주적 권리를 억압하는 것이 아니라 외국의 간섭으로부터 국가를 지키기 위한 적절한 안보조치를 취하고 있을 따름이라고 말했다.

결국 2005년 대선에서 보수파에게 정권을 내준 개혁파는 2009년 대선에서 다시 한 번 돌풍을 일으키며 이란 국민의 마음을 흔들었으나 승리하지는 못했다. 이후 선거부정 시비로 인한 몇 개월간의 시위 및 소요 사태가 있었지만, 개혁운동은 수면 하에 잠복하고 말았다.

◈ 혁명 성공 후 반대파 숙청

혁명 후 28개월간(1979년 2월~1981년 6월) 혁명법원은 반대파 497명를 '반혁명분자'와 '부패유포자'라는 죄목으로 사형에 처했다. 이들 사형수들은 주로 팔레비 정권의 수상, 장관, 고위직 군인(205명), 바하이Bahai 교인(33명)이었다.

그 후 4년간(1981년 6월~1985년 6월) 혁명법원은 8,000명 이상에게 사형판결을 내렸다. 1981년 6월 폭탄테러로 최고지도자, 대통령, 전문가회의 의장, 혁명법원장, 정부기관지 편집장, 장관 4명, 차관 10명, 의원 28명 등을 사상케 한 조직 무자헤딘Mujahedin이 표적이었으나, 팔레스타인 게릴라Palestine Guerilla, 쿠르드Kurd 분리주의자, 투데Tudeh 공산당원, 민족전선(보수), 샤리아트 마다리Shariat Madari(이란 최고 종교지도자 중 한 명으로 호메이니의 정책을 반대함) 지지자들도 포함되어 있었다. 이들 8,000명은 혁명에 참여했던 다양한 스펙트럼의 이념과 노선을 가진 파벌에 속한 사람들이었으며, 혁명에 참여한 사람들의 희생이 왕당파의 희생(497명)보다 훨씬 컸다.

이 기간에 샤리아트 마다리 지지자('성직자를 통한 통치' 반대, 입헌군주제 지지), 바자르간 수상 지지자(자유주의자), 투데 공산당 지지자(사회주의자)를 포함한 많은 사람들이 TV에 나와 그들의 이전 주장을 철회하는 회견을 했다.

마지막 유혈사태는 1988년 이라크와의 휴전 직후 발발했는데 주요 감옥에 설치된 특별법정에서 4주 만에 2,800명의 수감자를 처형했다. 이는 혁명운동 내부의 종교적 인기주의자와 외부의 세속적 급진주의자를 분리하는 것이었다. 호메이니 추종자 중 일부는 투데 공산당의 급진적 노동법, 토지개혁법에 동조하는 사람들이었다. 좌익들은 '신', '예언자', '부활', 『코란』에 등을 돌린 죄(배교자)로 처형당했다.

호메이니는 이를 "기질과 기개를 테스트해 '진실한 신자로부터 절반만 믿는 자'를, 그리고 '완전히 몸을 바치는 자로부터 의지가 약한 자'를 제거하는 것이었다"고 배경을 설명했다. 결국 호메이니가 의도했던 효과가 나타났는데 혁명 후 줄곧 후계자 지위에 있던 몬타제리가 이 사태에 반대해 모든 공직에서 사임하고 칩거하게 된 것이다. 호메이니의 혁명 후 10년에 걸친 숙청으로 이슬람 신정체제를 위태롭게 할 수 있는 요소들은 대부분 제거된 셈이었다.

전제정치와 혁명의 반복

이란의 정치사는 전제적이고 강압적인 통치와 혁명의 반복적 순환의 역사였다. 사회불안정·불만 고조·카오스·카오스 종식을 위한 새로운 정권의 수용·새로운 강압적, 전제적 통치라는 순환이었다. 전제정치로 인한 불만이 임계점에 이르면 혁명으로 판을 뒤엎지만, 혼란 상태가 임계점에 이르면 이러한 상황에 질려 다시 강압적 정치를 수용하는 구조였다.

이란의 20세기 역사만 보아도 이러한 순환은 뚜렷이 드러난다. 외세의 간섭과 카자르 왕조의 무능에 따른 국정 혼란 중 1905년 입헌혁명을 일으켰으나, 외세 개입과 혼란이 지속되는 와중에 팔레비 왕이 새로운 왕조를 창설하고 전제적 통치를 했으며 이러한 전제정치를 국민들은 수용했다. 그러나 팔레비 왕조의 2대 왕에 이르러 폭정과 외국의 석유 이권을 보호하는 등 외세에 휘둘리고 민족주의자인 모사데크 수상을 미국 정보부와 협력해 제거함으로써 정보기관의 국민탄압이 심해지는 등 폭정이 심해지자 이란인들은 다시 혁명으로 팔레비 왕조를 무너뜨렸다. 그러나 혁명 이후 권력투쟁과 혼란의 기간을 거치면서 다시 신정정치라는 새로운 권위주의 통치를 받아들였다. 이런 관점에서 보면 혁명은 신이 정해준 통치자에 반대하는 죄도 아니고, 민중의지의 표현도 아닌 필요악으로 간주될 수도 있다.

이러한 역사의 순환은 이들의 가치체계와 역사적 경험으로 형성된 두 가지 상반된 기질에서 비롯된 것이다. 권위에의 복종과 혁명기질이 그것이다.

이란 사회는 위계질서가 분명한 사회고, 평상시 이란인들은 권위에 복종하는 편이다. 이들의 사회적 고정관념은 엘리트와 일반 시민을 구분한다. 전자는 지도자이고 후자는 추종자다. 엘리트는 현실을 다룰 능력이 있는 '사정을 잘 알고 있는' 사람이고, 대중은 스스로 결정을 내릴 필요가 없어서 '알 필요가 없는' 사람이다. 보수주의자는 이란의 정치, 사회적 관습과 배치되는 서양식 정치적 투명성의 적용을 주장하는 개혁주의자를 비판한다. 개혁주의자의 상징인 전 대통령 하타미는 일반 국민들에게 책임을 묻는 듯한 태도를 보여 비판을 받았다. 이처럼 이란의 정치에서 지배자와 국민의 관계는 이슬람 개념인 'ra'yat(양떼와 노예의 의미를 함축한 단어)'으로 자주 정의된다.

이란의 최고지도자는 종신직으로서 모든 분야에서 막강한 권한을 행사한다. 권위에 대한 복종과 엄격한 상하관계는 시아파 이슬람에서 최고지도자의 절대적인 정치, 종교적 지위와 페르시아 문명의 절대적 왕권으로부터 나오는 것이다. 그러나 이란인에겐 분명 권위에 대한 복종과 함께 혁명의 기질 역시 도사리고 있다.

이란어에는 시민의 불안정 상태에 관한 광범위한 단어들이 존재하고 시민의 불복종을 부정적으로 보지는 않는다. 아랍 국가들과 달리 시민불복종과 폭동을 수용하는 이러한 이란의 경향은 다양한 영역의 시민운동에 기여했다.

역사적으로 아랍 지배에 대한 지식인의 반란은 회교도의 이란 정복 초기부터 문학을 통해 지속되었으며, 무슬림Abu Muslim(747년), 바박Babak과 마즈야르Mazyar(816~838년)의 무장 반란과 그 이후의 암살단 운동 같은 무장투쟁 역시 잦았다.

이처럼 기존 질서에 반대하는 정치운동은 조로아스터교의 행동주의와(자유의지를 가진 인간의 적극적인 행동으로 악을 물리치고 선이 승리할 수 있게 한다), 페르시아의 정의에 기초한 왕권(맹자의 왕도정치와 흡사한 개념)이란 전통적 정치사상에서도 뿌리를 찾아볼 수 있다. 이러한 정치사상은 선지자 마호메트의 평등주의 사상의 토양 역할을 했으며, 8세기 아랍 지배 이후 이란에서 지속된 많은 정치적·사회적 운동과 19~20세기 서양의 식민적 지배에 대항하는 정치운동 및 반란에서 평등주의 표현을 발견할 수 있다.

이란 시아파 이슬람의 주요 교의는 하늘의 진정한 명령을 실천해 폭정으로부터 세상을 해방시키는 구세주(마흐디)인 이맘의 귀환(현재는 숨어 있는)이라는 메시아적 기대다. 하늘의 명령이 지상에서 억압된 자들을 구제하고, 마호메트와 이맘 알리의 가르침의 정신인 평등한 사회구조를 창조할 것으로 믿는 것이다.

이러한 유토피아적 구세주에 대한 믿음은 통치자를 부패하도록 만드는 것은 죄라는 인식에서 출발한다. 이어 혼란과 무정부 상태를 종식시킬 올바른 통치자를 내세우는 작업을 하는 것은 당연한 일이

라는 논리로 이어진다. 권위의 수용은 '올바른 통치자'일 것을 전제
조건으로 하는 것이다. 자신이 폭군이 되기 위해 억압적인 통치자를
폐위시키는 페르시아 민족 설화 속 구세주들의 영웅주의도 이란인
의 빈번한 혁명의 정신적 자양분이 되었다.

한편 이란에서 권력에 대한 복종은 그 권력이 강건하다고 믿을
때까지 유효하다. 권력에 빈틈이 보이고 허물어져 간다고 판단된 경
우 복종은 항거로 돌변하기도 한다.

이란을 움직이는 1,000개 가문

이란은 1,000개의 가문이 지배한다는 설이 있다. 1,000개 가문은 원래 팔레비 왕조 직전의 카자르 왕조(1779~1925년) 때의 봉건적 귀족 가문을 말하는 것이었다.

강력한 왕권을 행사한 사산 왕조(224~651년) 이후 이슬람의 지배를 받으면서 끊임없는 지배세력의 변동과 외침으로 중앙권력이 약해진 이란에서는 지방 유력 가문이 막강한 영향력을 행사하는 봉건적 지배구조를 가지고 있었다. 사파비 왕조(1502~1736년) 시기 다시 중앙권력이 강화되는 듯했으나 뒤이은 카자르 왕조는 외세의 개입에 시달렸다. 이에 이전부터 지방의 유력 세력으로 있던 가문들은 카자르 왕조와의 혼인 등을 통해 봉건적 귀족 계급이 되었다. 이때 형성된 유력 가문이 1,000여 개였다.

팔레비 왕 시절 민족주의 지도자이자 석유 국유화 조치로 유명한 모사데크 수상도 이들 중 한 가문에 속했다. 이들은 대지주, 상인 자본가, 성직자들이다. 이들 중 한 사람이 모든 분야에 간여하기도 한다. 대표적인 예가 실용주의파의 거두인 라프산자니 전 대통령이다. 그는 대지주이자 대상인, 성직자이며 현대적 사업가이자 정치인이기도 했다. 가문, 또는 이들이 혼인을 통해 확장한 친척집단을 들여다보면 한 가문의 구성원들이 이란 사회를 주무를 수 있는 요직에 포진해 있다.

예로부터 대지주가 세 아들을 낳았다면, 첫째는 바자르에서 대상인으로서 부를 축적하게 하고, 둘째는 성직자, 셋째는 군인이나 정치인이 되게 함으로써 가문의 기반을 공고히 만들었다. 장남은 보수파, 차남은 개혁파에서 활동하는 식으로 정치적인 반대파에 가족 구성원을 나누어 활동시킨다. 나아가 딸을 유력자 가문에 출가시켜 가문의 네트워크를 확장하기도 한다. 이들 가문은 오랫동안 세상이 어떻게 바뀌더라도 가문이 부와 지위를 존속할 수 있도록 난세에 대처하는 처세술을 발휘해 왔던 것이다. 그들은 이렇게 말한다. "우리는 우리의 내기 돈을 양쪽에 건다. 우리는 세상의 어떤 특별한 이념도 믿지 않는다. 우리 관심은 우리 자신의 안전뿐이다. 모든 진영에 우리 가족 중 누구라도 있음으로 인해 어느 진영이 승리하고 나라를 통치하더라도 우리 가족이 보호될 수 있다"

카자르 왕조 때 있던 1,000개 가문들은 약간의 부침이 있기는 했으나 현재까지 잘 존속되고 있는 편이다. 1925년 팔레비 왕조가 들어선 후 강력한 중앙집권체제를 만들었으나 정권에 순응하는 가문들은 재산과 지위를 유지해 주었다. 1963년 토지개혁을 실시했으나 거주지 외 토지를 친척에게 넘길 수 있도록 허용하고, 또한 과수원, 삼림지대, 플랜테이션 농장, 기계화 농장, 농산물 가공산업용 토지는 직접 소유할 수 있도록 했다. 종교재단에게도 그들의 오래된 기부재산들을 보유할 수 있게 허용했다. 당시 이러한 불완전한 토지개혁을 통해 대지주와 지방의 유력 가문들은 살아남을 수 있었다. 1979년의 이슬람혁명 이후에도 팔레비 왕의 측근 가문들은 망명을 떠나고 재산이 몰수되어 해체되었으나 대부분의 유력 가문들은 살아남았다.

혁명 이후 토지개혁은 없었다. 유력 가문들은 이슬람 정권의 권력자와 인척관계를 맺는 등의 방법으로 보호막을 쳤으며 혁명 엘리트들이 새로운 가문에 추가되었다. 이러한 1,000개 가문의 존재는 아흐마디네자드 대통령이 선거 유세에서 "신흥 자본가와 과거 전통적 1,000개 가문의 생존자들이 대중을 약탈한다"고 주장한 데서도 그 존재를 확인할 수 있다.

주요 가문에 속한 계층은 주로 상품교역으로 이윤을 취하기 때문에 자유로운 교역을 규제하는 정부의 개입에 반대하고 현대화·산업화에도 반대한다. 또한 외국인투자자에 대해서도 경쟁이 심화된다는 이유로 비판적인 입장을 취한다. 따라서 이들 대상인들은 상인계층의 이해를 대변하는 온건보수정파를 지지하고 있다. 보수파는 대상인의 경제적 이익을 보호하고, 대상인은 보수파를 정치적으로 지지하는 연합관계를 형성하고 있는 것이다

제4장
종교로 보는 이란

이란과 기독교

오늘날의 이란은 서방 국가의 군사, 경제, 문화적 침탈에 반발한 이슬람혁명을 기반으로 수립되었다. 신정체제의 이슬람공화국으로서 서방 기독교 국가들과는 적대적, 또는 소원한 관계에 있다. 그러나 페르시아는 구약 시절 유대인을 바빌론 유수에서 해방시킨 적이 있으며, 이때 페르시아의 국교였던 조로아스터교의 유일신 사상은 유대교에 지대한 영향을 미쳤다. 또한 페르시아는 예수 탄생 시 동방박사의 경배에서부터 시작되어 기독교와 오랜 관계가 있었으며 사후 영혼의 심판, 부활 등의 교리는 기독교에 많은 영향을 미쳤다.

오랜 기간 이슬람 국가였고 지금도 이슬람 신정통치를 하는 나라임에도 많은 기독교 유적이 남아 있다. 이슬람에서 예수는 『코란』에 25회나 등장하고, 메시아로 언급된 건 9회나 될 정도로 마호메트 다음으로 존경 받는 선지자다. 다만 예수의 신성은 인정하지 않는 것이 기독교의 교리와 다를 뿐이다. 페르시아인들이 예수와 마리아에 대해서는 우호적이나 기독교에 대한 인식은 부정적이다.

신약성경에 나오는 예수 탄생 때 동쪽에서 별을 따라 찾아와 아기 예수를 경배한 동방박사는 페르시아인으로서 조로아스터교 사제였으며 그리스도를 믿은 최초의 이방인이었다. 이란 북서부 호반도시 우루미에Orumiyeh에는 '동방박사 기념교회(성마리아 교회)'가 있다. 이때는 페르시아인에 의해 건립된 파르티아Parthia 왕조(BC 250~AD 226)가 알렉산더 대왕의 페르시아 정복 후 휘하 장수에 의해 세워진 셀루키드Seleucid 왕조를 무너뜨리고 지금의 이란과 이라크 지역을 통치하고 있던 시기였다.

예수님의 12제자 중 베드로Simon Peter와 도마Didymus Thomas는 조로아스터교를 믿던 파르티아인에게 복음을 전했으며, 다대오Judas Thaddeus와 베드로는 파르티아에서 순교한 것으로 알려져 있다. 이란 북서부 터키 국경 인근의 마쿠Maku에는 '다대오 순교기념교회'가 있다. 아르메니아인들이 그들에게 복음을 전해준 다대오를 기념하기 위해 371년에 지었다. 검은 돌로 지어 현지에서는 '카레 켈리셔Qareh Kalisa(검은 교회)'라 부른다. 또한 페르세폴리스Persepolis가 근처에 있는 이란 남부의 쉬라즈Shiraz에는 100여 년 전 영국인 목사가 건축한 '베드로 순교기념교회'도 있다. 초기 기독교 시기 로마제국의 박해를 받던 많은 기독교인들이 다른 종교에 관대했던 파르티아로 건너와 활동을 했다. 파르티아 제국에는 수많은 기독교 공동체와 교회들이 설립되어 3세기 초에는 350여 개의 교회가 있었다고 한다.

파르티아를 무너뜨리고 이란고원과 메소포타미아Mesopotamia 지역을 차지한 사산조 페르시아(226~651년)는 조로아스터교를 국교로 삼고 구전으로 내려오던 경전을 집대성해 문서화했다. 초기에는 파르티아와 같이 기독교에 관용적이었으나, 차츰 기독교를 박해했으며, 4세기 초 로마 황제 콘스탄티누스Constantinus I가 기독교를 공인하자 로마 제국과 적대관계에 있던 사산조의 기독교 박해는 더욱 심해졌다. 특히 301년 세계 최초로 기독교를 국교로 선언했던 아르메니아에 대한 핍박은 극심했다.

사산조 시기 기독교가 지속적으로 박해만 받았던 것은 아니다. 통제가 느슨했던 시기, 사산조 페르시아는 431년 에베소 종교회의The Council Of Ephesus에서 이단 판정을 받은 네스토리우스파Nestorianism 기독교도의 망명지 역할을 하기도 했다. 네스토리우스파는 페르시아를 중심으로 인도, 중앙아시아, 시베리아, 중국까지 확대되었는데, 이슬람 지배시기에도 번성하다가 13세기 말에 쇠퇴했다. 중국에서 경교景敎로 불렸던 네스토리우스파는 페르시아의 앗시리아Assyria 동방교회와 병합되었다. 현재 이란에는 약 5만 명의 앗시리아 동방교회 교인들이 있으며 아르메니아인과 같이 국회 의석 1석을 배정받고 있다.

타브리즈 아르메니아 교회

타브리즈 아르메니아 교회 내부

페르시아가 이슬람에 정복당하면서 기독교인들도 다른 종교인들과 같이 인두세人頭稅를 바쳐야 했고 공무원이 될 수도 없었다. 이슬람제국의 비잔틴제국과의 대립과 전쟁, 십자군 전쟁 등으로 이란 내의 기독교 공동체는 심한 압박을 받았다. 그러나 기독교도들이 말살된 것은 아니었다. 바그다드 같은 대도시에도 기독교 공동체가 살아남았다. 몽골 통치시기에도 몽골인들이 이슬람으로 귀의하면서 고통을 받았다.

사파비 왕조의 압바스 대왕은 아르메니아 기독교도들의 오스만 터키로부터의 보호요청을 받아들여 이들을 이스파한의 졸파Jolfa 지역으로 대거 이주시켰다. 이때 페르시아에 정착한 아르메니아인들이 한때 25만 명에 달했으나, 이제는 약 8만 명만이 거주하고 있다. 이란 정부는 이들에게 국회 의석 1석을 할당하고 고유의 종교와 문화를 유지하도록 하고 있다.

테헤란 이스파한 등 대도시에는 아르메니아인 집단거주지도 있다. 이들은 같은 기독교도인 유럽인들과의 무역에 종사해 사파비 페르시아의 번영에 기여했다. 졸파 지구는 지금도 이스파한의 상업 중심지이며, 인근에는 압바스 왕 시절 아르메니아인들이 건립했던 반크 교회Vank Church가 있다. 이 교회는 현재 예배는 보지 않고 아르메니아인 역사박물관으로서의 역할만 수행하고 있다.

사파비 왕조 끝 무렵과 붕괴 이후에는 다시 기독교도들이 박해를 받았다. 서구 제국주의 바람이 분 19세기에 선교사들은 이란에서 활발히 활동했으며, 기독교인들이 많이 거주했던 타브리즈, 이스파한, 우르미에 등에 학교, 병원, 고아원 등을 설립했다. 그리고 얼마 후 수도 테헤란에도 교회, 학교, 병원을 건축했다.

기독교 발생 초기 페르시아 지역에는 기독교 공동체와 교회가 많았고, 19세기 이후 이란 내 선교활동은 활발했다. 현재는 토착 기독교도인 소수의 아르메니아인(8만 명)과 앗시리아인(3만 명)만 남아 있다.

시아파 이슬람은 '한恨'의 종교

우리가 일반적으로 알고 있는 이슬람의 역사는 정치적·군사적으로 승리한 수니파의 역사다. 그러나 이슬람의 한켠에 시아파의 역사도 분명 존재했다. 이들은 한때 이집트를 통치하기도 하면서 이란과 이라크 지역에서 꾸준히 명맥을 이어왔다. 현재 무슬림 인구의 약 10%가 시아파다.

알리의 추종자들은 마호메트의 유일한 혈통이자 이룬 업적이 많은 알리가 후계자 자리에 앉는 것을 당연하게 받아들이고 있었다. 그러나 제1대 칼리프가 마호메트의 친구에게 돌아간 것에 이어 2, 3대 칼리프도 다른 사람에게 넘어가자 분개할 수밖에 없었다. 이후 알리가 드디어 4대 칼리프가 되었으나 우마이야 가문의 무아위야가 스스로 칼리프에 즉위하면서 이슬람세계는 분열되었다. 결국 알리는 무아위야와 타협했고 같은 강경파에게 살해당하고 만다.

이렇게 축적되기 시작한 시아파의 '한恨'은 이후 수니파와의 끝없는 분쟁들의 기폭제로 작용한다. 마호메트의 외동딸인 파티마와 알리 부부의 차남인 후세인을 이라크 남부 쿠파의 시아파들이 칼리프로 추대하고자 했다. 초청에 응한 파티마와 후세인 가족들은 메카를 떠나 쿠파로 향했으나, 쿠파 인근 카르발라에서 추종자 200여 명과 함께 우마이야 왕조에 의해 무참히 살해당한다. 이러한 비참한 최후로 인해 이라크 지방에서는 알리 가문에 대한 동정심과 반反우마이야 가문 정서가 고조되기 시작했다. 이후 시아는 후세인의 죽음을 순교로 받아들이면서 정파政派에서 종파宗派로 발전했다.

후세인의 순교일을 기념해 시아파 신도들은 자신의 등을 채찍으로 피가 나도록 때리는 '아슈라Ashura' 의식을 치른다. 이 의식에는 슬픔, 원통함과 함께 후세인을 지키지 못한 자책감과 참회의 회한이 함께 묻어 있다. 후세인의 순교정신을 온몸으로 체험하고 나누는 것이다. 이란 TV에서 이날은 하루 종일 아슈라 관련 보도만 내보내며, 거리에는 온통 검은색과 함께 울부짖는 외침의 소리만 들린다.

우마이야 왕조에 대항하는 정치적 무장봉기에서 연속으로 실패한 시아파는 심한 박해와 좌절을 겪으며 지하로 숨어들었다. 오랜 지하활동으로 인해 시아파에는 동방의 이교적 요소가 다분히 섞였으며 수피즘Sufism과 같은 신비주의적 색채가 가미되었다.

이러한 시아파의 유래와 역사적 경험은 이들의 피해의식, 방어적 자세, 반항정신, 외부에 대한 반감과 경계심의 씨앗이 되었다. 어쩌면 이렇게 오랜 기간 소수파로서 받는 박해로 인해, 이란 내에서 생존을 위한 거짓말과 잔꾀를 부리는 책략이 거리낌 없이 허용되는 분위기가 형성되었는지도 모르겠다

시아파 이슬람은 페르시아 민족주의의 다른 표현

시아는 시아 알리Shia Ali(알리를 따르는 종파)의 줄임말이다. 시아파는 후계자가 모하메트의 혈통이어야 한다고 주장하는 정파에서 출발했다. 그런데 모하메트 혈통은커녕 아랍 민족도 아닌 이란이 어떻게 시아파의 종주국이 되었을까?

페르시아에서 시아파 이슬람은 민족주의의 위장이라는 이야기가 설득력 있게 들린다. 이는 수니파와 시아파 모두에서 나오는 주장이다. 즉 페르시아 민족이 아랍 민족의 지배에 항거하기 위한 핑계로 주류인 수니파가 아닌 시아 이념에 편승했다는 것이다.

시아 이슬람을 국교로 삼은 사파비 왕조에서 페르시아인들은 공개적으로 시아파임을 천명하고 신앙생활을 할 수 있게 되었으며 페르시아에서 주류로 정착하게 되었다. 사파비 왕조는 시아 이슬람을 선택함으로써 수니파에 둘러싸인 이란인에게 보호막을 제공했으며 이들의 독특한 문화와 정치적 정체성을 보존하는 길을 제공했다. 이렇게 함으로써 대부분이 수니파 신도였던 이란이 사파비 왕조 집권 이후 100년 만에 시아파로 전환할 수 있었던 것이다. 사파비 왕조가 시아 이슬람을 국교로 삼은 것은 수니파인 오스만 투르크와의 대립관계에 있었기 때문에 내부단결을 위해 시아 이념을 정치적 이데올로기로 삼은 측면이 강했다.

다른 한편에서는 시아의 4대 이맘부터는 페르시아인의 피가 섞였기 때문이라는 주장도있다. 시아파의 이맘은 알리가 1대, 알리의 장남인 하산이 2대, 알리의 차남인 후세인이 3대며, 4대는 후세인과 사산조 공주와의 사이에서 태어난 알리(카르발라에서 후세인 일족이 살해될 때 어린애였던 알리와 두 딸은 살아남음)였다. 그 후 마지막 12대까지 사산조 공주의 아들 알리의 후손이 이맘이 되었다. 페르시아인의 입장에서는 후세인의 후손은 마호메트의 혈통이기도 하지만 페르시아의 혈통이기도 했다는 것이다.

시아파의 시작은 정치적 입장을 달리하는 분파였으나 차츰 하나의 종파로 발전하면서 주도세력이었던 페르시아인의 사상과 종교의 영향을 받았다. 시아파의 이맘은 수니파에서와 같이 단순한 예배 인도자가 아니라 무無오류의 초인적 존재고, 신神의 대리인으로서 이슬람 율법상의 제반 문제에 대한 해석권과 판결권을 갖는다. 이런 교리는 조로아스터교에서 신이 대리인을 통해 인류에게 메시지를 전달한다는 교리와 비슷하다. 구세주 마흐디(시아파의 메시아)의 강림을 믿는 것도 조로아스터교의 영향을 받은 것이다. 시아파는 873년경 은둔한 12대 이맘이 언젠가 마흐디로 재림함으로써 이슬람 공동체는 궁극적인 정의, 평등, 화합을 이룰 수 있다고 믿는다. 반면에 수니파는 시아파가 주장하고 있는 알리와 그의 자손 중심의 이맘 제도를 단호히 거부한다.

이처럼 시아파의 교리는 페르시아인에 의해 그들이 쉽게 납득하고 받아들일 수 있도록 다듬어진 것이다.

시아파와 수니파의 차이

신앙고백에서 수니파는 "알라 외에 다른 신은 없으며 마호메트는 알라의 예언자다"는 구절을 암송하지만, 시아파는 이 구절에 "알리는 신의 대리인이며, 예언자 마호메트의 계승자이며, 최초의 칼리프다"를 첨가한다.

수니파는 "예언자 마호메트가 무학의 인물이었으며 신의 계시를 인간에게 전달하는 단순한 임무만을 부여받은 보통 인간"이었다고 주장하는 반면 시아파는 "마호메트가 높은 학식을 소유했던 완전무결한 존재였으며 신적 속성을 소유했던 인간"이라고 주장한다. 나아가 시아파는 그런 속성들이 마호메트의 딸 파티마, 그녀의 남편 알리, 그리고 이들의 자손들인 이맘에게도 부여됐다고 주장한다.

시아파는 수니파에 비해 인물 중심의 종교활동이 강하다. 마호메트 가문 출신의 성인들을 중심으로 한 시아파 성인숭배 의식이 대표적이다. 이에 따라 이라크, 이란, 시리아 등지에 흩어져 있는 주요 시아파 성인 묘소에 대한 방문과 순례가 주기적으로 이뤄진다. 이란의 주요 기관이나 가정에는 이맘 알리, 이맘 후세인, 그리고 카르발라 전투 등에 대한 사진들이 걸려 있다. 하지만 수니 세계에서는 그런 사진들을 거의 찾아볼 수 없다.

시아파는 수니파의 박해로부터 자신의 생명과 종교를 지키기 위해 필요한 경우, 자신의 신앙을 숨길 정도의 거짓말을 허용하는 '타키야Taqiya'를 인정한다.

◈ 시아의 여러 분파

시아파는 누구를 이맘으로 볼 것이냐에 따라 최대 70개 분파로 갈라진다. 주류
는 12이맘파로 중요한 시아파 교리들을 정립했으며 이란이 중심국가다. 다음
은 제5대 이맘의 동생 자이드를 추종하는 예멘의 자이디야Zayydiyah파로 숨은 이
맘을 부정하고 교리적으로 수니파에 가깝다. 셋째는 제6대 이맘의 장남 이스마
일을 추종하는 이스마일Ismail파로 한때 이집트 지방을 통치한 파타마 왕조(BC
909~1171년)가 이 파에 해당한다. 이스마일파는 파티마 왕조가 멸망하기 직전 다시
'누구를 이맘으로 볼 것인가'를 놓고 니자리Nizari파와 무스탈리Mustaali파로 나뉜다. 니자
리파는 이란 엘부르즈 산맥Elburz Mts.에 은거하면서 암살단을 운영한 것으로 유명하다. 현
재 파키스탄 북동부에 상당한 세력을 형성하고 있으며 중국 신장성新疆省과 동부 아프리
카에도 퍼져 있다. 무스탈리파는 인도 구자라트Gujarat 지방과 동부 아라비아 지역에 명맥
을 유지하고 있다. 이외에도 10~11세기에 걸쳐 누사이리Nusayri파와 드루즈Druze파가 생
겨나 주로 오늘날의 시리아·레바논 지역에서 활동하고 있다. 이스마일파에서 갈라진 드
루즈파는 신新플라톤주의와 극단적인 시아사상을 혼합한 복합적인 교리를 갖고 있다. 정
통 이슬람 세계에서는 드루즈파를 아예 이단종파로 간주한다.

수니파에는 4개의 학파가 있지만 학파 간 뚜렷한 차이를 보이지는 않는다. 『코란』과 마
호메트의 언행록인 『하디스Hadith』를 기본으로 하고 세부적 사항에 있어서 약간의 차이
를 보이는 정도다. 가장 엄격한 한발리Hanbali파는 사우디아라비아를 중심으로 퍼져 있고,
말리키Maliki파는 북아프리카, 샤피이Shafii파는 말레이시아와 동남아시아, 하나피Hanafi파는
터키와 중앙아시아에 집중 분포해 있다.

시아와 수니, 그 끝없는 갈등

이슬람은 여러 종파가 있으나 크게 보면 수니파와 시아파로 대별된다. 수니·시아파 간 분쟁은 이슬람교 창시자 마호메트(570~632년)가 후계자 지명 없이 사망한 후의 통치권 계승 문제가 발단으로, 종교적 교리의 문제가 아닌 정치 문제였다. 수니파는 선출을 통해 칼리프(종교·정치 지도자)를 뽑아야 한다는 입장이었고 시아파는 마호메트의 혈통, 즉 알리(마호메트의 사촌동생)와 그 자손이 후계자가 돼야 한다고 주장했다.

'정통 칼리프'라 불리는 최초 네 명의 칼리프(아부 바크르Abu Bakr, 우마르Umar, 우스만Uthman, 알리Ali) 시대 때는 전통에 따라 공동체의 합의에 의해 선출되었기 때문에 불만이 있어도 수용할 수밖에 없었고, 알리가 칼리프에 선출되자 대통합의 기회가 마련되었다. 그러나 시리아 총독 우마이야Umayyad 가문 무아위야Mu'awiyah의 반란과 내전,

알리의 암살과 그의 아들 하산Hassan의 짧은 칼리프직 재임, 그리고 의문의 죽음과 무아위야의 칼리프 즉위로 이어졌다. 무아위야 사후 차기 칼리프를 선출할 것이라는 약속을 깬 우마이야 가문의 세습에 알리의 차남 후세인Hussein과 그 가솔 100명이 반기를 들었지만 우마이야 왕조 2대 왕 야지드Yazid에 의해 처참히 죽어가면서 수니와 시아는 회복할 수 없는 분열의 길을 가게 된다. 그 이면에는 같은 쿠라이쉬Quraish 부족이었던 마호메트의 하심Hashim 가문과 우마이야 가문이 메카의 정치·경제 주도권을 놓고 경쟁관계에 있었다는 뿌리 깊은 갈등이 도사리고 있었다.

우마이야 왕조(661~750년)는 정권 찬탈과 세습이라는 정통성의 문제를 안고 있었고, 아랍 우월주의 통치로 차별을 받는 비非아랍 무슬림 '마왈리Mawali'와 비非무슬림 '딤미Dhimmi'들의 불만을 고조시켰다. 특히 얼마 전까지도 로마와 대등하게 겨루던 사산조 페르시아 출신들의 불만이 컸다.

그 와중에 685년 시아파 무크타르Omar Mukhtar는 반정 무장봉기에 사회불만 세력을 끌어들이기 위해 "약자에 대한 보호"를 내세웠다. 이에 따라 페르시아 중, 하층 무슬림들로부터 큰 호응을 얻었고, 이들이 '시아 운동'에 대거 합류하게 된다. 차별 받는 마왈리와 시아가 결합한 것이다. 687년 무크타르의 봉기가 실패로 돌아가고 격심한 탄압이 지속되었으나 페르시아 무슬림들은 시아 운동의 주요 세력으로 항전을 계속해 나갔다.

이때부터 시아 운동의 주축이 아랍인에서 페르시아인으로 넘어가게 되었다. 격심한 탄압 속에서 지하조직화해 자신들의 문화와 사상(조로아스터교)을 이슬람 속에 녹여 변용시킴으로써 정치적 견해뿐 아니라 교리 측면에서도 수니파와 차이를 보이게 된다.

압바스Abbasids 왕조(750~1258년)의 창시자 아부 알 압바스Abu al-Abbas 장군은 마호메트와 같은 하심 가문 출신으로 시아파의 반체제 운동에 편승해 이들의 절대적인 협력을 받으며 우마이야 왕조를 무너뜨렸다. 그는 시아파의 정신적 지도자이자 후세인의 증손자인 자파르 알 시디키Jafar al-Sidiqi를 자신의 후계자이자 칼리프로 옹립하려는 구상을 했다. 하지만 754년 압바스가 사망한 후 그의 아들 알 만수르al-Mansur가 자파르를 살해하고 자신이 칼리프로 취임한다. 시아파로서는 우마이야 가문에 이어 두 번째 배반을 당한 셈이다. 이후 압바스 왕조는 1258년 몽골에 의해 멸망할 때까지 거의 500년간 이슬람 세계를 지배한다.

압바스 왕조는 아랍 우월주의를 철폐하고, 페르시아인 등 이민족도 고위직에 등용하는 등 탕평책을 펼쳐, 우마이야 왕조의 취약점을 보완했으며, 압바스조 건국의 일등공신인 페르시아인들에게 옛 페르시아 지역에서 상당한 자치권을 주는 등 포용정책을 취했다.

그러나 안정된 정권유지를 위해 다수파를 끌어들일 필요에서 초기의 정책을 갑자기 변경해 시아파를 탄압하기 시작했다. 9세기 후반 가난한 자들의 불만이 팽배해지고 각지에서 지방정권이 난립하는 등 압바스 왕조의 지배력이 약해지면서 시아파는 압바스 왕조에 역습을 가해 이란고원Iranian Plat.(이란계 부와이Buwayh 왕조, 932~1055년)과 북아프리카(마호메트의 딸 파티마Fatimah의 자손이라 주장하는 이스마일파Isma'iliya의 마흐디Mahdi가 파티마 왕조 건립, 932~1171년)에 시아파 국가를 건설했다. 부와이 왕조는 946년 바그다드Baghdad를 점령해 압바스 왕조 칼리프를 종교적인 권위밖에 없는, 명목뿐인 허수아비로 만들며 시아파가 실권을 장악하도록 만들었다.

그러나 11세기 독실한 수니파인 노예병사 출신의 셀주크Seljuk 왕조가 북아프리카를 제외한 대부분의 압바스 제국을 장악하면서 시아파는 또 다시 재야 세력이 된다.

현재 이란 지역에 사파비 왕조(1502~1736년)가 들어선 후 시아 이슬람이 국교로 채택되었고 대다수 국민들은 시아로 개종했다. 사파비 왕조가 시아를 국교로 채택한 것은 당시 강력한 제국이던 동쪽의 오스만 터키Osman Turkey와 서쪽의 무굴제국Mughul이 수니파였기 때문에 이에 대항하기 위한 국가 이데올로기적인 이유가 컸다.

사파비 왕조는 당시 중동 지역을 대부분 장악한 오스만 터키와 지속적인 분쟁이 있었다. 한 국가 내 수니·시아의 대립이 국가 간 대립으로 전환된 것이다. 사파비조의 건국은 페르시아로서는 사산조가 멸망한 후 850년 만에 명실상부한 자기 나라를 갖게 된 것이었다. 이것이 현재 최대 시아파 국가인 이란의 모태이며 이란이 시아파의 종주국이 된 출발점이다.

이슬람 신자의 90% 정도는 수니파이고, 시아파는 10% 남짓 된다. 국가별로 시아파의 비중을 보면 이란 94%, 이라크 60%, 레바논 38%, 사우디아라비아(주로 동부) 10%, 바레인 70%, 쿠웨이트 25%, UAE 20%, 예멘 47%, 아프가니스탄 15%, 파키스탄 20%, 시리아 10%(시아 분파로 이교도적 고대 중근동 의례를 유지하고 있는 알라위파Alawi)를 차지하고 있다. 시아파 신자의 대부분은 이란, 이라크 및 그 인접 지역에 몰려 있다.

이러한 수니파와 시아파의 한 국가 내 혼재는 정치·외교적 문제와 갈등을 야기시키고 있다. 근래의 사건만 열거해도 레바논의 시아파 헤즈볼라Hezbollah와 수니파 간, 기독교 간의 끝없는 분쟁과 갈등이 문제가 되었다. 사우디아라비아 동부 소수 시아파의 간헐적 소요와 무력진압, 수니파의 사우디아라비아와 시아파의 이란이 배후에 있어 대리전쟁代理戰爭의 성격을 띄고 있는 예멘의 수니·시아 교도 간의 무력분쟁, 이라크 수니파·시아파 간의 갈등 역시 심각한 문제다. 후세인 대통령 시절에는 소수인 수니(32%)가 다수인 시아(65%)를 지배하면서 갈등을 일으켰으며, 민주선거 이후에는 다수 시아파가 집권하면서 수니파의 무분별한 폭탄테러에 시달렸다. '아랍의 봄' 당시 바레인 내 다수 시아파가 소수 수니파의 지배와 차별적 대우에 항거한 시위를 계기로 사우디아라비아 지원 하의 무력진압이 있었고, 시리아에 집권한 알라위파와 다수 수니파는 내전사태를 촉발하기도 했다.

한 국가 내 양 종파의 분쟁은 양 종파의 국가 간, 나아가 집단적 대결로 전개되기도 한다. 8년간 지속되었던 이란-이라크 간의 전쟁은 시아파 이란과 수니파 이라크 간의 영토분쟁에, 사우디아라비아 등 주변 수니파 국가들이 미국과 함께 이라크를 지원하는 형태의 집단적 대결이었다.

또한 시리아 내전은 시아파·수니파 간의 집단적 힘겨루기 양상으로 전개되고 있다. 시아 종주국이라고 할 수 있는 이란, 다수 시아파가 정권을 잡은 이라크, 레바논 시아파 헤즈볼라가 알아사드Bashar Al-Assad 정권을 지원한다. 반면 반군은 수니파 국가인 사우디아라비아, 터키, 카타르, UAE와 수니파 원리주의 무장단체인 이라크 알카에다 이라크 지부AQI, Al-Qaeda in Iraq, 파키스탄 탈레반 운동TTP, Tehrik I Taliban Pakistan이 지원한다.

시리아가 정부군과 반군 중 한쪽으로 넘어갈 경우 중동 지역 내 힘의 균형이 달라질 수 있기 때문에, 시아·수니 양측은 이처럼 총력전을 펼치는 중이다.

◎ 시아파는 다시 12이맘파(대부분 이란에 신자들이 있음), 다섯 이맘파(자이드파), 일곱 이맘파(이스마일파), 알라위파 등으로 갈라진다.

◎ 중동에서 멀리 떨어진 인도네시아에서도 종파 간 대립이 심각한 수준이다. 미국 국무부가 발간한 「2012 국제 종교자유 보고서」에 따르면 동부 자바Java 주에서 다수 수니파가 시아파를 공격하고 개종을 강요한 사건이 벌어졌다.

◎ '수니'라는 말의 뜻은 '순나(모하메트의 언행과 관행)를 추종하는 사람들'이고 '시아'는 '분파, 또는 알리를 따르는 사람들'을 말한다.

◎ 우마이야 가문의 전폭적 지지로 3대 칼리프가 된 오스만은 친척을 지방총독으로 임명하는 등 중앙집권을 강화했다. 우마이야 가문의 족벌주의와 메카, 메디나 등 오아시스 도시세력의 권력 독점에 대해 정복사업에 앞장섰던 베드윈Bedouin들이 반발했고 오스만은 656년 자택에서 폭도들에게 피살되었다. 결국 선출에 의해 알리가 칼리프 자리에 앉았으나 우마이야 가문의 시리아 총독이었던 무아위야가 오스만 피살의 배후를 밝히라며 반란을 일으켰고 양측은 전쟁에 돌입했다. 이후 알리 측이 유리한 상황에서 휴전을 선언하자 무아위야는 칼리프 알리와 대등한 입장에 서게 되었다. 휴전 선언에 반발한 하지리파Kharijite는 알리를 살해하고 알리의 장남 하산을 5개월간 칼리프 자리에 앉혔다. 이후 무아위야가 스스로 칼리프에 즉위한다.

◎ 알리는 능력, 혈통, 실적, 신앙심 모든 면에서 칼리프 자격이 충분한 인물이었으나 마호메트 사망 당시 너무 어린 30대였다. 무아위야의 정통성을 부정하는 세력들은 4대 정통 칼리파였던 알리의 차남 후세인을 칼리프로 추대해 바그다드에서 반란을 도모한다. 그러나 후세인은 바그다드에서 멀지 않은 카르발라Kerbala 언덕에서 우마이야 가문에서 보낸 암살부대에 의해 여자와 아이들을 제외한 100명의 가솔들과 함께 머리를 절단당했다. 이렇게 후세인이 죽자 알리의 혈통을 지지하던 사람들은 스스로를 '알리의 추종자(시아트 알리Shia-t-Ali)'라 부르며 보다 적극적인 반정부 운동을 시작했다. 때문에 수니파는 정통 칼리프 네 명을 모두 인정하나, 시아파는 1~3대 칼리프는 모두 부정하면서 4대 칼리프인 알리만 인정한다.

◎ 시아파는 지금의 이란과 이라크 및 인근 지역 대부분에 포진해 있다. 이란 시아파는 우마이야 왕조 때 페르시아인들이 시아 운동의 주축으로서 이후 이란 자체 왕조인 사파비조가 시아 이슬람을 국교로 정한 시점부터 증가했으며, 이라크 시아파는 알리가 수도로 삼은 쿠파Kufa, 알리의 무덤이 있는 나자프Najaf, 후세인이 죽임을 당하고 성지가 된 카르발라 등 시아파의 발상지가 이라크 남동부에 집중되어 있기 때문이다.

◎ 세습제의 관습에 젖은 페르시아 등 비非아랍계의 무슬림에게 예언자의 후손이 후계자, 즉 칼리프가 되어야 마땅하다는 논리는 매우 중요했다. 세습제에 익숙하지 못한 아랍인보다 그 호소력이 훨씬 더 컸다. 본질적으로 시아 이슬람은 국가와 기존 질서에 대한 반대를 종교적인 용어로 표현한 것이었다. 국가와 기존 질서에 영합하는 것은 이슬람교의 주류파, 즉 수니(전통주의자)에 자동적으로 속하게 되었다.

◎ 시아파는 한때 바그다드를 차지해 압바스 왕조를 대신해 통치했던 부와이 왕조(932~1062년)와 이집트를 지배했던 파티마 왕조(909~1171년)를 창건하기도 했다. 하지만 소수의 시아파가 다수의 수니파를 지배하는 형태여서 오래 지속되지는 못했다.

제5장

이란에서 여자로 사는 법

이란의 문화혁명

이슬람혁명 이후 이란에서도 중국의 1960년대 문화대혁명과 유사한 문화적 일대 격변기가 있었다. 이는 팔레비 왕조의 50년이 넘는 세속화, 서구화, 현대화의 물결을 거꾸로 돌리는 작업이었다.

이슬람 지도부는 문화 제국주의와의 투쟁을 위해 '문화혁명'에 착수했으며 이를 제3의 이슬람혁명이라 칭했다. 문화혁명의 목적은 이란의 이슬람화였다. 극단적 이슬람주의자들은 이란의 설날인 노르쥬를 공식 달력에서 제거하고, 페르세폴리스 유적을 공중화장실로 전환해야 한다고 주장했다. 이들에게 이슬람 이전의 이란 역사에 대한 존중은 우상숭배와 같은 것이었다. 이러한 정책은 지금까지도 이어져 페르세폴리스 등 고대유적의 부실한 관리로 이어지고 있으며, 관광 진흥과 과거 왕조 유적의 보존, 이슬람 이념의 중간에서 애매모호한 입장이 지속되고 있다.

학생과 교수도 혁명의 구성원이었으나 혁명 성공 후 대학은 4년
간 폐쇄되었고 교수들은 혁명 충성도와 정치적 성향에 따라 교체되
었다. 자유연애는 금지되었으며 공공장소에서 데이트를 하다 적발
되면 결혼을 해야만 했다. 카바레와 주점은 폐쇄되었고 술은 금지되
었다. 여성들은 식당에서 음식을 나르는 서비스업에서조차 일할 수
없을 뿐 아니라 노래 부르는 것도, 춤을 추는 것도 금지되었다. 팔레
비 시절 공공장소에서 착용을 금지했던 히잡은 의무적으로 착용해
야 했으며, 긴 코트로 엉덩이를 가려야 했다.

　　이러한 복장규정은 외국인에게도 예외 없이 적용되었다, 위반자
에게는 벌금과 체벌이 가해졌다. 남자들은 서방의 상징인 넥타이를
매지 못하게 되었고, 여성의 결혼 가능 연령을 원래대로 다시 낮추
는 등 팔레비 시절 제정된 '가족법'은 무용지물이 되면서 서구적 여
성정책과 가족정책은 사라졌다. 신문, 책, 영화, 라디오, TV는 반드
시 검열을 받아야 했다. 서양 문화는 독으로 간주되었으며 이러한

테헤란 시내의 위성수신장치들

독으로부터 이슬람 신민들을 보호하는 것이 이슬람 지도부의 의무였다. 과거 페르시아 왕조의 영광과 세속적 영웅의 호의적 묘사는 교과서에서 제거되었다. 또한 지난 왕조를 연상케 하는 공공장소의 명칭들은 이슬람 명칭이나 '혁명', '자유'와 같은 단어로 교체되었다. 팔레비 시절에는 국가가 영화산업 진흥을 위해 지원했으나 서방의 타락한 문화를 전파한다는 인식 하에 영화 제작중단 조치가 내려졌다. 몇 년 후 영화 〈소The Cow〉(1969)가 TV에 방영되고 호메이니가 좋은 영화라 평하자 이후 영화 제작은 다시 허용되었다.

개혁파 집권이 가져온 문화정책의 대전환

개혁파 하타미 대통령의 1997년 집권은 1979년 이슬람혁명이 초래한 보수적 문화정책의 대전환을 가져왔다. 이전의 대중토론의 키워드가 '제국주의', '억압받은 자', '성전', '순교', '뿌리', '혁명', '서방 문화 중독'이었다면, 이제는 '민주주의', '다원주의', '현대', '자유', '평등', '시민사회', '인권', '정치참여', '대화, 그리고 당시 생소했던 '시민권'이 주요 키워드가 되었다. 새로운 지식인들(이 중 많은 이들이 과격한 혁명가로서 정치이력을 시작했다)은 루소Jean-Jacques Rousseau, 볼테르Franc Voltaire, 몽테스키외Charles de Montesquieu뿐 아니라, 흄David Hume, 칸트Immanuel Kant, 데카르트Rene Descartes를 자유롭게 인용했다. 그들은 대중 강연에서 이슬람과 이란, 시아파 이슬람과 무슬림 이전의 페르시아, 라마단 같은 이슬람 종교행사와 민족축제인 노르쥬를 비슷한 비중으로 다루었다. 흡사 민족주의가 이슬람화 전의 페르시아와 이슬람을 통합하는 것처럼 보였다.

이러한 상황을 《이코노미스트The Economist》는 "이란은, 종교와 종교적 심볼로 물들여진 이슬람 국가지만 점차 反성직자 국가가 되고 있다. 이런 면에서 이란은 종교를 소홀히 하는(성직자가 공공장소에 보이지 않고 성직자에게 모호한 감정을 가지고 있는) 가톨릭 국가를 닮았다. 그들은 특히 정치적 성직자를 싫어한다"고 분석하면서, 또한 "성직자들은 국민의 70%가 매일 기도를 하지 않고 금요기도에 2% 이하만 참여한다고 불평을 한다. 핵심 보수주의자들은 의회 의석 25% 이하를 차지하고 있을 뿐이다"라고 보도했다.

여성의 국가장학금 해외유학 허용, 여학생들의 색깔 있는 옷 허용, 샤리아의 전통적 해석과 다른 법의 통과 등 제한된 범위긴 하지만 여권신장 조치도 있었다(증인채택과 손해배상에 있어 남녀, 무슬림과 비非무슬림 간 차별 철폐, 여성결혼 최저 나이 15세로 높임, 이혼법정에서 동등한 권리, 7세 이하 자녀에 대한 모친 양육권 허용, UN의 여성차별철폐조약 비준 등).

민병대(바시지Basij)의 풍기단속도 완화되있다. 이에 따라 청년들과 여성들은 물론, 중산층들에 대한 단속도 어느 정도 완화되었다(음악 청취, 비디오 시청, 위성수신장치 설치, 히잡 착용 형태, 사적인 파티 등). 한 파티 참석자는 "옛날에는 출입구 벨이 울리면 공포로 얼어붙었으나 지금은 벨소리를 들으면 누가 늦게 도착했다는 것으로 안다"라고 농담까지 한다. 중산층 단속은 약해졌으나 테헤란 남부 빈민가에 대한 단속은 여전했다.

언론의 사정은 한층 나아져 발행기관 수와 발행부수가 폭증하고 단행본 판매 역시 급증했다. 일간지는 5종에서 26종으로, 발간부수는 120만 부에서 320만 부로 늘어났다. 잡지는 778종에서 1,375종으로, 단행본은 1만 4,500종에서 2만 3,300종으로 늘어났으며, 총 판매부수는 1억 1,800만 부에 달했다. 테헤란 시청이 발간하는 《함샤리 Hamshahri》는 46만 부를 발행하며 최초로 유료광고로 유지되는 신문이 되었다.

혁명 후 한동안 제작이 금지되었던 영화산업은 칸 영화제Cannes Film Festival, 베니스 국제영화제Venice International Film Festival에서 수상하는 등 꽃을 피웠다. 〈축복받은 결혼Marriage of the Blessed〉(1989), 〈원스 어폰 어 타임, 시네마Once Upon a Time, Cinema〉(1992), 〈순수의 순간A Moment of Innocence〉(1996), 〈체리 향기The Taste of Cherry〉(1997), 〈두 여인Two Women〉(1999), 〈취한 말들을 위한 시간A Time for Drunken Horses〉(2000), 〈숨겨진 반쪽The Hidden Half〉(2001), 〈길라네Gilaneh〉(2005) 같은 영화들은 특히 여성, 어린이, 가난한 사람, 참전군인의 곤궁 등 사회문제를 다룬 영화들이었다. 이란 영화계는 다시 국가로부터 많은 보조금을 받았다.

보수파의 반격으로 다시 중세시대로

개혁파의 문화정책은 이란 문화의 르네상스 시대를 가져오지는 못했다. 이들의 문화정책은 국가통치 의사결정구조상의 문제로 선거에서의 압도적 승리에도 불구하고 정책을 실행하는 데는 커다란 한계가 있었다. 헌법수호위원회는 샤리아와 헌법을 위해했다는 이유로 대부분의 개혁법을 거부했으며 보수파가 임명한 법원은 '신문 대학살'로 불리는 신문 정간과 60종 이상의 출판물을 금지시키는 조치를 취했다.

"히잡은 이슬람 이전부터 있었으며 고대 이교도 문명에서 유래한다"고 주장한 언론인은 체포되었다. 신新지식인에 대한 '배교背敎' 판결도 있었다. 이러한 상황에서 한 역사가는 "이슬람은 기독교의 프로테스탄트Protestant 개혁을 필요로 한다"고 주장하기도 했다.

민병대는 테헤란 대학교의 항의집회를 해산시켰으며, 복장단속 등 풍기단속도 다시 강화되었다. 헌법수호위원회는 2004년 의회 선거에서 87명의 현직 의원을 포함한 2,000명의 후보자를 자격심사에서 탈락시켰다. 개혁파 지지그룹인 여성, 대학생, 중산층 급여생활자들은 선거에 불참했고 전체 투표율은 혁명 이후 최저인 51%, 테헤란에서는 28%에 불과했다. 가장 심각한 일은 개혁파의 분열이었다. 하타미 대통령 등은 체제 내 개혁이 가능하다고 주장했으나 다른 쪽에서는 국민투표 등 좀 더 과격한 캠페인이 필요하다고 주장했다. 개혁의 미래에 대한 환상에서 깨어나 적극적 정치활동을 그만두는 사람도 있었다. 미국이 2002년 이란을 '악의 축'으로 지칭하자 개혁파는 또 다른 타격을 받았다. 이는 개혁파를 침묵시키는 데 이용되었고 부시 대통령이 이란 보수파를 구조한 꼴이 되었다.

이러한 평가는 미국 언론, 영국 정보부, 하타미 대통령이 같은 의견이있으며 미국 국무부도 부시 대통령의 이런 발언에 놀라기는 마찬가지였다. 《뉴욕타임스The New York Times》는 부시 대통령이 미국을 공격하는 국제테러 네트워크의 일부로 이란을 지명하고 난 후 이란 보수파는 힘을 얻었으며, 미국에 대한 혐오감을 국내 개혁파 억압에 이용했다고 보도했다.

결국 보수파의 의회 장악 후 2005년 대선에서 보수파 아흐마디네자드 대통령이 당선됨으로써 이란의 문화정책은 보수화의 길을 공고히 걷게 되었다. 2009년 대선의 부정선거 시비에 따른 소요 사태 이후에는 인문과목으론 『코란』이면 충분하므로 서양 인문과목을 폐지해야 한다는 주장이 힘을 얻고, 대학 수업에선 남녀를 분리해야 한다는 주장이 나오기에 이르렀다.

역사적으로 지그재그식 문화정책의 여정을 겪은 현재의 이란은 혁명 직후와 같은 엄격한 이슬람 문화정책을 적용하는 것은 아니지만, 그렇다고 개혁파 집권 시의 완화된 문화정책을 채택하는 것도 아닌 어정쩡한 상태에 있다.

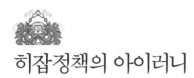

히잡정책의 아이러니

팔레비 왕조를 창건한 레자 팔레비(1925~1941년 재임)는 서구화 정책을 펼치면서 고위직 부인들과 여교사들에게 공공장소에서의 히잡 착용을 금지하는 등 강력한 '히잡 벗기' 캠페인을 벌였다. 그러나 1941년 영국과 러시아에 의해 레자 팔레비가 축출된 후 즉위한 아들 모함마드 팔레비는 반발이 많았던 아버지의 히잡정책을 수정했다. 히잡의 착용을 강제하지 않고, 여성 본인과 가족의 의사에 맡긴 것이다.

그러나 1979년 이슬람혁명 이후 히잡 착용이 다시 의무화되면서 대중들의 불만은 팽배해졌다. 실제로 두바이에는 팔레비 시절 히잡을 벗기 싫어서 이민 온 사람들과 이슬람혁명 후 히잡을 쓰기 싫어서 이민 온 사람들이 공존하고 있는 모습을 볼 수 있다.

벗겨도 씌워도 불만이라면, 터키처럼 자율에 맡기면 되지 않을까? 이란에서 여자아이는 9세가 되면서부터 집 밖 공공장소에서는 반드시 히잡을 착용해야 한다. 자유로운 가정에서는 지키지 않기도 하지만, 집 안에서도 친척 외의 외부인이 방문했을 경우엔 히잡을 쓰는 것이 원칙이다.

히잡은 색상과 관계없이 머리카락이 전혀 보이지 않게 완전히 덮어 써야 한다. 그러나 앞머리가 상당히 노출되어 있거나, 최대한 뒤쪽에 머리핀을 하고 거기에 히잡을 걸쳐서 멋을 내기도 한다. 멋쟁이들은 금발로 염색하고 이를 뽐내기 위해 머리카락을 노출시키는 경우도 많다. 이란의 생산직 평균 월급이 300~400달러인 점을 감안할 때, 현지 머리카락 염색 비용이 100달러라는 것은 매우 비싼 편이다. 그럼에도 테헤란 시내에서는 염색한 여성들을 쉽게 볼 수 있다.

물론 이렇게 규정을 위반한 여성들이 거리를 활보할 수 있는 것은 옛날에 비해 단속이 심하지 않기 때문이다. 그렇다고 완전히 단속을 하지 않는 것은 아니다. 정도가 지나치거나 유행의 광풍이 불면 시내 곳곳에서 단속이 시작된다. 히잡 착용 단속은 개혁파가 집권하면 느슨해졌다가 보수의 물결이 세지면 강해지곤 한다.

자유분방한 옷차림의 여성들

이런 숨바꼭질을 하는 반면에 강제사항이 아닌 검은 차도르로 몸 전체를 휘감고 다니는 전통에 충실한 여성도 많다. 히잡 착용은 여성의 운전 시 안전에 문제가 되기도 한다. 귀를 가려 소리가 잘 들리지 않고 목을 완전히 돌리지 않으면 옆이 보이지 않는 문제가 있는 것이다. 그래서 그런지 이란에서는 여성 운전자를 조심하라는 주의를 자주 듣는다.

이렇게 옷과 머리에 치장하는 것이 제한되다 보니, 이란 여성들은 화장이 짙은 편이다. 대중매체를 통한 화장품 광고를 불허하고 있음에도 위성TV 등을 통해 세계의 화장 경향을 잘 파악하고 있으며, 실제로 이란의 연간 화장품 소비는 세계 7위인 21억 달러에 이른다.

국내 기초화장품 산업은 어느 정도 자리를 잡고 있으나 색조화장품, 향수 등은 수입브랜드 화장품이 압도적인 점유율을 보인다. 물론 50~60%의 높은 관세 탓에 대부분 밀수품이다. 이것 역시 풍선효과의 일종이라고 봐야 할까? 이처럼 예뻐 보이고 싶은 여성의 욕구는 어쩔 수 없는 것인가보다.

◆ 히잡·차도르·아바야·부르카

이란에서 여성의 히잡 착용은 의무지만, 차도르 착용은 의무가 아니다. 그럼 여기선 이슬람 여성들의 복장과 관련된 용어에 대해 알아보자.

• **히잡:** 얼굴이나 가슴을 가리기 위해 머리에 쓰는 가리개를 말한다. 스카프나 두건과 비슷하며, 모양에 따라 얼굴과 가슴까지 가리는 것과 얼굴을 드러내는 것 두 가지로 구분된다. 이란에서는 얼굴을 가리지는 않지만, 머리카락은 전부 가린다.

• **차도르:** 망토 모양의 큰 천을 머리에서부터 전신을 푹 뒤집어 쓰는 것이다. 얼굴을 완전히 가리지는 않는다. 베일이 달린 것과 길이가 짧은 것 등 종류가 다양하다. '차도르'라는 말은 페르시아어인데 파키스탄이나 아프가니스탄에서는 '차도리', 인도에서는 '부르카', 사우디 아라비아에서는 '아바야'라고 한다.

• **부르카:** 아프가니스탄의 거의 대부분의 여성, 인도와 파키스탄의 많은 무슬림 여성들이 착용한다. 부르카는 신체 전 부위를 가리며, 시야확보가 필요한 눈 부위도 망 형태로 되어 있다. 아프가니스탄에서도 탈레반 정권 이전에는 착용자 수가 많지 않았으나, 탈레반 집권 이후 극단적인 원리주의정책에 의해 부르카의 착용이 강제되면서 탈레반의 여성억압정책의 상징이 되었다

• **니캅:** 부르카에서 눈 부분을 개방한 것이다. 파키스탄, 예멘, 모로코에서 사용된다.

여성이 할 수 없는 것들

이란에는 여자가 할 수 없는 것들이 많다. 여성들은 공공장소에서 노래할 수 없고 춤을 출 수도 없다. 따라서 관광객을 대상으로 한 전통음악이나 전통무용 공연도 찾아보기 힘들다. 여성은 남편이나 부친의 동의 없이 해외여행을 할 수 없고, 음식점에서 음식을 가져다주거나 찻집에서 차를 나를 수도 없다. 여성이 접객업소에서 할 수 있는 일은 주문을 받는 일과 돈 계산을 하는 일이다. 이러한 제한은 이슬람혁명 이후 여성을 보호하기 위한 목적으로 부과되었다. 혁명 전 성황했던 카바레는 역사적 유물로만 남을 수밖에 없었다.

축구는 이란의 국기와 같다. 그런데 여성은 축구장에 출입할 수 없다. 한국과 이란의 월드컵 예선전이 테헤란에서 개최되었을 때, 한국 여성들은 당국의 특별허가를 받아 홈 관중으로부터 격리된 원정석에 입장할 수 있었다. 이란 당국으로서는 상당한 배려를 해준 것이었다.

여성은 살갗을 내놓을 수 없고 머리카락도 내놓을 수 없다. 선글라스를 머리에 얹어도 안 되고, 손가락에 매니큐어를 발라도 안 된다. 이러한 금지사항들엔 각각의 벌금들이 정해져 있는데 다 합하면 1,000달러가 넘는다. 벌금보다 더 무서운 것은 거리의 종교경찰들이 여성을 소위 '닭장차'에 태워 유치장에 며칠간 수감하는 것이다. 경찰이 빽빽이 배치되어 있는 불법집회 현장에서 한 여성이 무심코 건물 밖으로 나오다 공포에 찬 눈길로 인근 상점으로 뛰어들어가던 장면은 필자에게 강렬한 충격이었다. 그러나 거리에는 염색한 머리카락이 보이도록 히잡을 느슨하게 덮어쓰는 등 복장규정을 위반하는 여성들이 넘친다. 마치 유신시대 미니스커트 단속 풍경을 보는 것 같다.

헬스클럽은 요일이나 시간대별로 남녀 출입을 구분해 사용한다. 해수욕장도 남녀구역이 나뉘어져 있다, 물론 여성 전용 수영장은 거의 없다. 고등학교까지 남학생과 여학생이 나뉘어 따로 공부하고, 2010년에 보수주의 복고바람이 불면서 대학에서도 남녀별로 교실을 분리하자는 움직임이 있었다.

뿐만 아니라 버스의 앞칸은 남성용, 뒤칸은 여성용으로 구분되어 있다. 그러나 오토바이는 여자가 뒤에서 껴안고 타도 아무도 제지하지 않고, 택시도 남녀 구분 없이 같이 탄다. 그렇지만 택시 합승이 많은 이란에서 남녀가 함께 탑승함으로써 성추행 문제가 잦아 사회문제가 되고 있다. 이에 따라 여성 운전자가 운전하는 여성전용 택시제도가 2009년에 도입되었다.

여성전용 공원도 있다. '어머니들의 낙원'으로 이름이 붙여진 이 공원은 테헤란 외곽 6만여 평에 자전거 전용도로, 헬스클럽, 배구장과 농구장, 사격장 등 다양한 체육시설이 들어섰다. 이곳은 실외에서 여성들이 히잡을 벗을 수 있는 유일한 곳이기도 하다. 이란에서 여성들은 엉덩이를 덮는 옷을 입어야 하는데 이 공원에선 핫팬츠 등 자유로운 복장이 허용된다.

이란 젊은이들이 많이 모여드는 스키장은 남녀가 함께 즐길 수 있으며 모자만 쓰면 히잡을 쓰지 않아도 된다. 그래서 그런지 스키장은 젊은 남녀들의 해방구 같아 보인다.

일상에서 여성들이 활동하는 데 별다른 제약이 없어 보인다. 여성의 기가 죽어 있는 것이 아니라 오히려 여성의 기가 더 센 것처럼 보인다. 사우디아라비아와 달리 여성의 운전에 제약이 없으며 오히려 그녀들이 더 난폭하게 운전하는 것처럼 느낄 때도 많다. 대학생의 64%가 여성이며 산업체 고용인의 34%가 여성으로, 세계에서 5위에 해당하는 수치다. 정부기관에도 여성 근무자가 많으며 의회에도 상당수가 진출해 있다. 이런 것을 볼때, 일반적으로 이란 여성들의 사회활동상의 제약은 여러 엄격한 규정에 비해 많지 않은 편이다.

겉보기와는 다른 여성의 지위

이슬람 율법이 지배하는 이슬람 신정정치체제 하의 이란에서 법적으로는 여성의 법률적 증언의 효력이 남성의 절반이고 일부다처제가 허용되며 여성의 해외여행에 부친이나 남편의 허가가 필요한 것이 사실이다. 그러나 이러한 외형적 사실이 남녀 간의 역학관계를 모두 설명하지는 못한다. 일반적으로 남자들이 여러 명의 여자와 결혼하는 것은 꿈도 꾸지 못하며, 결혼계약서에 약속해 놓은 엄청난 이혼 위자료 금액 때문에 재산이 없으면 이혼을 마음대로 하지 못한다.

이슬람혁명 후 이란 여성들은 억압받고, 순종적이며, 지나치게 전통적인 이미지로 외부세계에 새겨져 있다. 이란 사회는 아직 가부장적인 분위기이긴 하지만 혁명 후 세월이 지나면서 많이 변했다. 또한 사회 계층, 교육 정도, 나이, 도시와 농촌에 따라 여성의 지위에는 많은 차이가 있다. 정부에서는 히잡을 단정하게 쓸 것을 요구하지만 이란 여성들은 단속에도 불구하고 규정을 어긴다.

어떤 여성들은 서방 여성보다 더 현대적이고 페미니스트Feminist적 성향이 강하다. 전통을 존중하는 여성들도 마냥 그들의 남편이나 아버지에게 수동적이거나 순종적이지만은 않다. 이슬람과 이란의 전통문화는 여성들이 남편에게 순종적일 것을 요구하지만 모든 여성이 이들 따르는 것은 아니다. 모든 여성이 남편의 지배를 참지도 않는다. 남녀차별의 분위기가 강한 전통적인 가정에서조차 여성들은 이러한 차별에 교묘히 저항하고 자기에게 유리하게 상황을 바꾸기도 한다. 이란에서 여성의 지위와 남녀관계의 실상은 복잡하고 다양하게 변화하고 있다.

이란 여성 지위의 변화과정

20세기 초만 해도 이란에서 여성은 교육을 받을 수도 없고 보호자 없이 외부 출입을 할 수 없을 정도로 보수적이었으나, 1930년대 팔레비 왕의 현대화 정책이 교육, 사회참여 등 여성해방의 기폭제가 되었다. 팔레비 왕의 공공장소에서의 히잡, 차도르 착용금지 등이 이러한 여성해방과 현대화 정책을 상징적으로 보여준다. 이때부터 잠재되어 있던 이란 여성의 '기氣'가 발산되기 시작했다고 볼 수 있다.

1963년 '백색혁명' 이후에는 여자 국회의원과 장관이 탄생했다. 이는 당시 보수적인 서방국가를 능가하는 획기적인 일이었다. 1967년 가족보호법은 여성의 이혼권리도 보장했다. 이 시기 이란의 여성 지위 향상은 다시 한 번 도약했다. 전통과 현대가 여전히 혼재된 상태였다. 사회생활을 하는 여성이 있는 반면, 집 안에 머물러 있을 수밖에 없는 여성이 있었고, 공개적인 장소에서 데이트하는 부류가 있는가 하면 남녀교제는 부모의 승인 하에 집 안에서만 허용되는 집단이 공존했다.

전통을 고수하는 보수적인 가정에서는 중매로만 결혼했다. 남녀의 역할 구분이 분명해 결혼 후 여자는 가사에만 종사하고 남자는 돈을 벌었다. 가족여행은 오로지 종교적 목적이어야 하고, 자녀들은 남녀가 분리된 학교에서 교육을 받았다. 물론 직업 역시 부모가 선택했다. 반면 서구화된 현대적인 가정에서는 당사자가 결혼을 결정하고, 맞벌이를 했다. 해변이나 리조트로 가족여행을 떠날 뿐만 아니라 해외여행도 자유롭게 다녔다.

그러나 1979년 이슬람혁명과 함께 이란의 문화, 사회, 여성정책의 시계는 거꾸로 돌아가기 시작했다. 단순히 전통으로 돌아간 것이 아니라 이슬람 가치의 극단적 고양으로 이란 사회의 외양은 완전히 변했다. 정부부처에 근무하던 여성은 남성 동료와의 접촉 등 행동에 제한이 가해졌으며, 남성에게 일자리를 주기 위해 사직을 강요당했다. 학교와 정부의 사무실은 다시 남녀가 분리되었고, 여성은 판사와 같은 법률 분야 직업을 가질 수 없게 되었다.

혁명 전 여성의 사회활동과 남성과의 교류는 전통과 종교에 의해 규제되었지만 이제는 엄격한 정부규칙에 의해 규제되기 시작한 것이다. 도덕경찰은 일상생활 속에서 항상 사람들의 머릿속에 자리를 잡고 있었고 행동을 제약했다. 법뿐 아니라 남자들(아버지, 남편, 아들, 친척 외 남자), 종교기관, 정부 공무원마다 이를 다르게 해석하는 것이 더 큰 문제였다.

1980년대 이라크와의 전쟁은 정치적 반대자의 억압뿐 아니라 여성과 사회·문화적 억압정책을 강화하는 데 도움이 되었다. 이 시기 경제적 곤궁은 여성의 취업, 특히 산업체 취업을 현저히 감소시켰다. 전쟁 종료와 함께 전선에서 돌아온 여성활동가들은 종교당국이 약

방문객이 노크하는 문고리: 왼쪽은 여성이, 오른쪽은 남성 방문자가 사용한다. 소리에 따라 안에서 남자나 여자가 나와 손님을 맞이한다

속한 양성평등을 요구했다. 이들은 종교적 전통 내에서의 제한적인 평등과 차별 철폐를 요구했다. 즉 새로운 이슬람 페미니스트들은 공개적인 남녀 간의 교제, 의무적 히잡 착용 철폐, 여성권리의 기반으로서의 샤리아 배제 등을 요구하지는 않았다. 반면에 이들은 진정한 이슬람은 샤리아 해석에 있어 여성권리를 지원하는 것이라 주장했다. 이러한 비非대결적, 내부자적 전략은 전통주의자들이 이슬람법을 거스르지 않는 범위 내에서 여성의 복장, 정치참여, 교육 및 사회 기구 내에서의 활동에 대한 보다 유연한 해석을 허용하도록 만들었다.

또한 이 시기에 1989년부터 8년간 중도파(실용주의), 연이어 1997년부터 8년간 개혁파 정부가 들어서면서 2005년까지 16년간 개방과 통제 완화정책을 펼친 결과 여성의 지위와 자유도가 향상될 수 있는 환경이 조성되었다.

이러한 정세 변화로 인해 1990년 초반 이후 이란 사회의 모습은 극적으로 바뀌었다. 여성의 교육과 취업시장 참여가 늘었고 1980년대에 닫혀 있던 여성의 기술, 엔지니어링 분야 참여가 1993년에 허용되었다. 이후 보다 많은 분야의 전문직이 여성에게 허용되었다. 특히 영화, 문학, 매스미디어 분야로의 여성 진출이 활발했다.

2005년 이후 8년간 보수파 정부가 들어서 사회·문화 정책에 다시 보수화의 바람이 불자 개혁의 물결에 제동이 걸렸다. 그러나 복장 등 풍기단속이 강화된 것 말고는 여성정책의 방향을 바꿀 만한 큰 변화는 없었다.

현재 공공장소는 여성들로 가득 차 있고 여성들의 복장은 혁명 당시보다 화려하고 멋지다. 아직 도덕경찰이 공공장소를 단속하고 다니긴 하지만 젊은 여성들은 부모세대보다 훨씬 자유롭게 이성교제를 할 수 있다. 이제 테헤란에서 18세 소녀가 남자친구를 사귀는 건 일반적인 일이다.

하지만 아직도 지방에서는 가족 내외부의 과도한 요구와 제재로 인한 스트레스로 여성의 자살율이 높다. 근래에는 부모의 행동제한과 육체적 학대로부터 도피하는 가출소녀들이 문제가 되고 있다. 젊은 세대의 교제 제한으로 매춘이 늘어났으며, 평범한 젊은 여성들에게까지 그 마수가 뻗치고 있어 마약에 중독되는 문제도 발생하고 있다. 그렇다고 남성들도 편하지만은 않다. 남자가 유일한 생계유지자로 정의되다 보니, 가족의 생계를 책임지지 못하면 남성성 주장에 큰 위협을 받는다.

여성들의 경제활동이 늘고는 있지만, 높은 교육을 받고 능력이 있어도 남성 우위의 사회에서 제대로 된 직업을 갖는 건 쉽지 않다. 여성이 경영층으로서 활동하는 건 더 어려운 일인데다, 노동법에는 남녀에게 동일한 급여를 지급해야 한다는 규정도 없어 차별을 받을 수밖에 없다. 시골에서는 여자가 가사와 농업에 종사하고 있지만 도시 여성들은 일자리를 구하지 못해 큰 고민을 안아야 한다. 여성 교육 확대, 여성 근로에 대한 대중의 인식 변화, 경제적 필요성, 여성 근로를 지원하는 새로운 법으로 인해 도시에서 여성들이 취업할 수 있는 분야가 늘기는 했지만 아직도 도시 여성들의 일자리는 부족하다.

전통적 여성들은 가사에 전념하는 것에 만족하고 있으나, 고등교육 이상을 받은 대부분의 여성들은 엄마, 부인, 가사 종사자, 양육자로 여성의 역할을 한정시키는 것에 불만을 품는다. 이란 여성들은 보통 자녀 출산 후 돈벌이를 그만둔다. 이란 사회 자체가 여성이 육아에 전념토록 기대하고 있기 때문이다. 물론 소위 '커리어 맘'은 이란에도 있다. 맞벌이 여성들은 자녀양육뿐만 아니라 남편의 요구를 충족시켜 줄 의무가 있으며 동시에 그들의 경력도 관리해야 한다. 때문에 그녀들은 자녀에게 온전히 시간을 투자하지 못한 것에 대해, 또는 자녀양육에 우선순위를 두지 않는다는 타인의 시선에 죄책감을 느끼기도 한다.

이란에는 공처가가 많다?

많은 이란 여성들은 우리가 생각하는 것처럼 수줍어 하지도 않고 기가 죽어 있지도 않다. 오히려 남성들보다 기가 더 세다. 이란 여자들이 히잡만 벗으면, 남자들은 꼼짝 못할 것이라고 농담할 정도다.

이란어 단어 중 'Zamzalil'은 "여성의 노예"란 뜻이다. 한국어로는 '공처가' 정도로 번역할 수 있다. 이 'Zamzalil'은 이란 가정 내에서 여성의 파워를 상징한다. 이란 중상층들이 말하는 집안 내 여성의 파워는 우리의 짐작 이상으로 세다. 특히 자녀가 성장함에 따라 더 강해진다. 여성의 경제적 의사결정권도 상당하다. 겉으로 보기에는 남성들이 이란을 지배하고 있는 것처럼 보이지만, 이들을 조종하는 존재는 여성이었던 것이다.

이란의 여성 지위와 관련된 지표들을 살펴보자. 이란 대학교의 여대생 비율은 64%로 남자들보다 훨씬 많다. UN에서 발표한 자료를 봐도 여학생이 남학생의 1.22배로 여학생 비율이 세계에서 제일 높다. 세이브더칠드런Save the Children이 조사한 여성지수(건강, 교육, 평등, 경제적 자유, 정치적 지위 등) 순위를 보면, 세계 158개국 중 45위로 선진 43개국이 포함되었음을 감안할 때 비선진국 중에서는 최고 수준이다. 세계경제포럼WEF, World Economic Forum의 남녀격차조사에서도 이란은 조사대상 134개국 중 123위였다. 세계은행의 조사결과를 봐도 이란 여성의 활발한 경제활동상을 알 수 있다. 2005년 130개국 대상 조사결과 산업체 여성 고용비율이 34%로 세계 3위고 여성 경제활동 증가율도 29위로 나타났다.

시아파는 수니파에 비해 여성의 상속권을 광범위하게 인정한다. 이란 여성의 정계 진출과 전문적 사회활동이 다른 아랍 지역의 국가들과 비교되지 않을 정도로 활발한 것은 이런 시아파 교리의 영향이 크다. 우리는 언론에 자주 보도되는 사우디아라비아나 아프가니스탄의 암울한 여성의 처지가 이란에서도 비슷할 것이라 짐작할지 모른다. 물론 표면적인 모습들만 놓고 보면 이란 여성들이 처한 현실이 한국보다 못한 것이 사실이다. 그러나 수치로 나타난 이란의 여성 관련 지표와 현지에서 직접 보고 듣고 느끼는 바를 나열해 보면 아마 이란 여성들의 지위가 한국보다 더 나을지도 모르겠다고 생각한다.

『코란』에는 여성 차별을 언급한 적이 없다. 당시 우월적 지위에 있던 남성이 이슬람 세계의 여성 차별적 관습법을 만들었다는 것이 일반적인 평가다. 그렇다면 지금의 이란 여성들은 그저 『코란』에 기반을 둔 지위향상을 도모하고 있는지도 모른다.

약혼하지 않으면 데이트도 못한다?

테헤란과 같은 대도시에서 겉으로 보기에는 남녀 간의 데이트가 자유로운 것처럼 보이지만 그렇지는 않다. 아직도 남녀 간의 데이트는 상당한 제약을 받으며, 신문에는 남녀가 뒤섞인 파티를 열었다가 단속에 적발되었다는 기사도 자주 난다.

자유연애가 성행하는가 하면 결혼하지 않고는 데이트도 못하게 하는 엄격한 집안이 있다. 1979년 회교혁명 후 상당기간 공공장소에서 데이트를 하다 적발이 되면 예외 없이 결혼해야 했던 시절도 있었다. 서구화·현대화로 인한 의식과 행동의 변화, 전통의 고수, 보수적 종교의 틀이 혼합되어 마치 우리의 조선시대와 근현대가 뒤섞여 있는 것 같다.

신앙심이 아주 깊고 전통을 따르는 사람들(10% 정도)은 결혼을 하지 않고는 이성과 데이트도 하지 못한다. 상당한 신앙심이 있는 중간 계층(30% 정도)은 약혼을 해야 서로 사귈 수 있다. 나머지 60%는 별 제약 없이 데이트를 한다. 물론 이러한 비율은 현지인의 추정일 따름이다. 그러나 이 비율은 이란인들의 종교적 성향을 어느 정도 대변하는 것으로 볼 수 있다. 라마단 기간 중 많은 사람들이 낮에도 식사를 하거나, 외부인이 집으로 찾아와도 여자들이 히잡을 벗고 다니는 경우를 어렵지 않게 볼 수 있기 때문이다.

오류의 위험을 무릅쓰고 좀 더 용감하게 해석하면 이러한 구성 비율을 정치적 성향으로까지 확대할 수 있을지도 모른다. 혼인계약서에 이혼 시 남자가 여자에게 얼마를 지불(보통 금화 몇 개로 표시하며 보통 서민들도 수천만 원에서 수억 원까지)한다는 계약을 체결하고 공증하는 이란의 독특한 결혼제도가 있다. 일종의 약속어음을 발행하는 셈이다. 이는 아랍·이슬람 국가에서 결혼 시 신부 아버지나 오빠에게 지참금을 지불하는 것과는 상당히 다른 풍습이다.

그렇다면 결혼계약서상의 이혼 위자료를 안 주면 어떻게 될까? 남자는 바로 감옥행이다. 약속한 돈을 지불할 때까지 감옥에 있어야 한다. 아니면 석방되어 매달 할부 형식으로 갚을 수도 있다. 일종의 가석방이다. 물론 여자가 면제시켜 주면 지불의무가 소멸되지만, 법적으로 남자보다 여자가 제기한 이혼청구가 받아들여지기 어렵고 그 과정 또한 몇 년씩 걸리는 현실이다 보니, 여자가 돈을 포기함으로써 이혼이 쉽게 성사되는 부작용도 있다.

이처럼 이란은 겉으로 보기에 보수적인 가치관과 과거의 전통에 얽매어 있는 것 같지만 현재 이란의 모습은 꼭 그렇지만은 않다. 특히 증가하는 이혼율이 전통적 가치관의 붕괴와 사회의 변화를 보여주는 주요 지표인 것을 감안하면 더욱 그렇다. 이란 현지 언론에서도 이혼율 증가를 심각하게 다루고 있다. 이란 정부 발표에 의하면

2010년 15만 쌍이 이혼함으로써 2000년의 5만 쌍보다 세 배 많은 수치를 기록했다. 이란 전체적으로 7쌍 중 1쌍이, 테헤란에서는 3.76쌍 중 1쌍이 이혼한다는 말이다.

그러나 일부에서는 정부의 이런 발표가 현실보다 상당히 축소된 것이라고 이야기한다. 시골보다는 도시에서, 가난한 사람보다는 부자들의 이혼율이 높다. 테헤란의 상류층을 상대로 하는 예식장에서 조사한 결과 약 80%의 고객이 이혼 경험이 있으며 대부분 여자가 이혼소송을 제기했다고 한다.

일각에서는 요즘 젊은 부부는 결혼 후 30%가 1년 내 이혼하고 50%가 5년 내 이혼한다고 한다. 2009년 이혼은 16%가 늘었는데 결혼은 1%밖에 늘지 않았다는 통계도 있다. 이혼과 결혼 기피가 심각한 사회문제로 제기되고 있다. 정부에서도 결혼을 촉진하기 위해 현금을 지급하는 등 각종 장려책을 펴고 이혼절차를 복잡하게 함으로써 시간을 끄는 등 각종 노력을 기울이고 있지만 사회의 큰 흐름을 돌리기에는 역부족인 것 같다.

한편으로는 결혼 기피 현상을 도시화로 인한 생활비 상승, 실업률 증가(청년실업 30% 이상)와 도시 주택가격 상승 탓으로 돌리고 있다. 보수주의자들은 결혼 기피와 이혼 증가를 신앙심 부족과 서방 풍조의 유입 탓으로 돌리고 있다.

이와 더불어 여성의 경제적 독립도 결혼 기피와 이혼 증가에 기여하고 있는 것 같다. 이슬람혁명 당시 7%에 불과하던 여성취업율이 근래에는 20%에 달했으며, 대학생의 여성비율이 65%를 넘고 있다. 이러한 여성들의 적극적인 사회 진출은 남녀평등에 대한 요구를 강조하고 있다. 때문에 이젠 가부장적 결혼생활에 인내할 필요를 느끼지 않는 여성들이 스스럼없이 이혼을 선택함으로써 과거 전통과 결별하고 있는 것이다.

종교제도적으로는 이혼에 상당한 제약이 있다. 샤리아에 따르면 남성은 마음 내키는 대로 이혼을 요구할 권리가 있지만, 여성은 특정 경우를 제외하면 이혼절차를 시작할 수 없다. 특정 경우란 남편이 성불구, 마약 중독, 무기징역, 또는 이슬람 율법에서 정한 다른 조건들에 해당하는 경우를 말한다. 이슬람혁명 이후 혼인계약서에 이혼절차를 시작할 수 있는 조건을 기재할 수 있도록 했으나, 여러 제약으로 인해 실제론 적용 자체가 매우 어렵다. 또한 여성의 독점적 자녀양육권을 재혼하지 않은 여성의 7세 이하 자녀에게만 주고 있어 이것 역시 상당한 이혼상의 제약이 되고 있다.

1979년 이슬람혁명으로 이슬람 율법인 샤리아가 팔레비 왕 시절의 '가족보호법'을 대체했다. 혼인계약서의 가장 중요한 부분은 '마흐리예Mahriyeh'라 칭하는 신부의 가격이다. 이것은 이론적으로 혼인 중 아무 때나 청구할 수 있지만 관습상 이혼, 또는 남편 사망 시에만 요구할 수 있다. 남편 사망의 경우 이 금액을 제하고 이슬람법에 의한 상속재산 분배가 이루어진다. 어떤 가족들은 이것을 남자가 제멋대로 이혼하는 상황에 대비한 일종의 보험으로 이해해 신랑을 신뢰할 수 없는 경우 높은 금액을 요구한다.

마흐리예 금액은 신부 가족의 사회적 지위를 반영하지만 부부의 사회적 계급, 교육수준, 부족관습, 친족관습, 그리고 지역규범에 따라 달라진다. 요즘은 인플레 때문에 금화 등 가치가 변하지 않는 것으로 정한다.

법적 결혼 가능연령은 이슬람혁명 이전 남자 20세, 여자 18세 이상이던 것이, 혁명 후 남자 14세, 여자 9세로 바뀌었다. 그러나 이런 어린 나이를 결혼 적령으로 생각하는 것은 산간 벽촌 주민과 아주

테헤란 근교 등산로를 거니는 두 여성

가난한 신앙심 깊은 사람들 일부에 불과하다. 실제 결혼 연령은 2004년에 평균 남자 27세, 여자 24세 였으며 높은 실업률 등 경제적인 문제로 인해 점점 더 높아지고 있다. 한편 시골의 교육 수준이 높지 않은 가난한 가정의 평균 결혼 연령은 그렇지 않은 가족에 비해 낮은 편이다.

결혼의 가장 큰 걸림돌은 치솟는 주택 가격이다. 미래의 불확실성과 학습효과가 이란인들로 하여금 부동산, 금, 외화를 선호하게 만들었다. 특히 부모의 도움 없이는 테헤란 등 대도시에서 신혼부부 독자적으로 집을 마련하기 힘들다. 한국이 직면한 상황과 매우 흡사하다.

동성애는 『코란』에서 금지하고 있듯 불법이며 심하게 처벌받는다. 네 명 이상의 증인이 있으면 사형에 처해질 수도 있다. 이슬람혁명 이후 실제로 많은 동성애자들이 처형된 바 있다. 그러나 지금도 이란 내에는 동성애자들이 특정 도시에 많이 모여 살고 있다. 물론 이란 정부에서는 이를 부인한다.

일부다처제는 법으로는 허용되어 있지만 실제로는 드물고 이란 사회에서 일반적으로 용인되지 않는다. 이슬람 율법에 의하면 무슬림 남자는 '성서와 함께하는 종교'인 기독교, 유대교, 조로아스터교 신자인 여자와 결혼할 수 있으나, 무슬림 여자는 비非무슬림 남자와 결혼할 수 없다. 그러나 이슬람혁명 후 300만 명 이상이 이민을 가고 비非무슬림과 결혼하는 경우가 많아져 이 법은 퇴색되고 말았다.

서양과 달리 결혼 후에도 여성이 혼전의 '성姓'을 버리고 남편의 성을 쓰지 않는 것은 우리와 같다. 남자가 고관이거나 유명인인 경우 여성이 남편의 성을 쓰기도 하나, 이는 상징적인 것이며 법적으로 성을 바꾸지는 않는다.

여자는 아이와 마찬가지로 아버지나 남편의 허락 없이 외국으로 나갈 수 없다. 여성도 상속권 등 재산권이 있으며 아이를 낳으면 집 안에서 발언권이 커진다. 아이가 성장하고 유대관계가 커질수록 자식을 지렛대로 남편보다 큰 힘을 갖게 된다. 그러나 자식을 낳지 못하면 이혼을 당하거나, 남편이 둘째 부인과 결혼하는 것에 동의해야 한다.

제6장
이란인들의 삶

바뀐 주소를 집주인도 모른다

어느 날 테헤란 사무실이 입주한 단독건물 대문에 사람들이 숫자를 붙이고 있었다. 알아보니 번지가 바뀌어 숫자판을 교체하는 작업 중이었다. 현지 직원들에게 행정기관으로부터 주소변경 통보를 받은 적이 있는지 알아보았으나 그런 통보는 없었다. 그런데 며칠 뒤 또 다른 숫자가 부착되었다. 그새 주소가 또 변경된 것이다. 이번에도 행정당국의 통보는 없었다. 그러면 건물주에게도 알려주지 않는 이러한 주소변경은 도대체 누구에게 통보되는 것일까? 단독건물에 입주해 있으면 정부당국의 꼼꼼하지 않은 행정처리로 많은 문제가 발생한다.

언제가 수도요금이 엄청 부과된 일이 있었다. 몇 년치 수도요금의 누락분과 오류분을 한꺼번에 정리하고 있다는 설명이 붙어 있었다. 몇 년간의 납부기록을 살펴보니 세 개 수도관 요금의 고지서와 영수증들 중 빠진 것들이 많았다. 고지서가 제대로 배달되지 않았던 것이다. 누락이나 미납이 있었으면 공급을 중단하든가, 독촉을 하든가 했어야 하는 것 아닌가? 수도료 부과체계를 연구하면서까지 아무리 계산해 봐도 이해가 잘 가지 않는 금액이었다. 밀린 요금을 한꺼번에 부과하면서 누진율이 적용된 것 같기도 해 설명을 요구했으나 납득할 만한 설명을 들을 수는 없었다.

후진국들은 대부분 전력을 풍부하게 사용할 수 없기 때문에 과부하 등의 문제로 정전이 잦다. 그러나 이란은 전력예비율이 높은 편인데도 예고 없는 정전이 자주 일어난다. 고급 주택가에서도 예외는 없다. 애써 작업해 놓은 컴퓨터 작업물들이 물거품이 되기도 하고 전기기기들은 충격을 받아 수명이 짧아진다. 주변 지역의 부주의한 공사 때문으로 추정될 뿐이다.

이란의 전화 통화료는 저렴하다. 그러나 서비스와 통화 품질을 고려하면 비싸다는 생각이 들 때도 많다. 사무실 유선전화 회선들이 매우 불안정해 6개월 가까이 업무에 상당한 지장을 받은 적이 있었다. 통화 도중에 끊기고 어떤 때는 전혀 통화가 되지 않기도 한다. 10개 회선 중에서 몇 개 빼고는 문제가 지속되었다. 전화회사에 문의하면 "인근 지역 공사로 그러니 조금만 참아 달라", "협조해 달라(뭘 협조해 달라는 얘기는 없이)" 등 매번 다른 답이 돌아온다. 몇 개월을 '참고', '협조'해도 문제는 해결되지 않았다.

개인통신 서비스회사에 문의한 결과 다른 지역에서도 유사한 현상이 있었고 공유기의 문제일 가능성이 높다는 대답을 들었다. 실제로 중국산 공유기의 품질 하자로 인한 문제였다. 원인만 찾는 데 몇개월을 허비한 것이다. 그러나 문제가 해결된 것은 아니었다. 수요자가 비용을 지불하고 교체하는 것이 허용되지 않아 통신회사측이 해결해 줄 때까지 또 한참을 기다려야 했다. 미안하다는 말 한마디도 들을 수 없었다.

　이처럼 이란의 무책임한 행정의 예를 들자면 끝이 없다. 한국도 한창 발진할 시기에 행정기관의 업무방식과 서비스 정신의 결여로 시민들이 불편함과 답답함을 겪었던 것이 오래되지 않았던 것을 생각하면, 이해 못할 것은 없으나 이란의 경우는 정말 우리의 상상 이상일 때가 많다.

자신들도 혀를 내두르는 운전 습관

이란에 거주하는 외국인들이 혀를 내두르는 것 중 하나가 이들의 운전문화다. '운전문화야 어느 나라야 다 그렇지 뭐'라고 넘길 수준이 아니다.

고속도로에서 거의 90도 각도로 급격히 핸들을 꺾어 출구로 빠져나가는가 하면, 대로에서 2개 차선에 걸쳐 차를 세워 놓고 한참 동안 대화를 하기도 한다. 도로 한가운데 차를 세워 놓고 짐을 내리는 일은 다반사다. 중앙선을 넘어 유턴하는 것은 우리도 흔히 경험할 수 있지만, 길을 잘못 들거나 돌아가는 것이 싫어 수백 미터를 시속 20~30㎞로 후진해 가는 것을 목격하면서 그저 감탄할 수밖에 없었다. 4차선이나 되는 고속도로가 별 이유 없이 막힌 적이 있었다. 한참을 걸려 원인이 된 곳에 당도했더니, 세 개 차선을 출구로 빠져나가는 차들이 꼬리를 물고 서 있었던 것이다.

원형교차로Roundabout에서는 차들이 바깥쪽 갓길을 타고 돌아 혼잡을 유발하지만, 주차위반이나 2부제 위반 딱지 말고는 경찰이 단속하는 것을 보기 힘들다. 경찰차 바로 앞에서도 중앙선을 넘어 유턴을 하거나 신호위반을 하는 것을 보면 납득이 가지 않는다. 특히 비 내리는 날은 택시 잡기가 힘들다 보니, 많은 사람들이 2부제를 무시한 채 차를 갖고 나온다. 그럼 교통체증은 극에 달할 수밖에 없다. 이때 이란인들의 유연성과 창의성을 엿볼 수 있다. 세 개 차선을 너덧 개 차선으로 활용하는 것이다. 이때 차량들이 거의 달라붙어서 움직이게 된다.

세계보건기구WHO, World Health Organization의 2010년 기준 각국 도로교통사고 사망률을 보면, 이란은 인구 10만 명당 34명으로 도미니카, 태국, 베네수엘라에 이어 세계에서 넷째로 사망사고가 많다. 한 해 교통사고로 인한 재산손실만 180억 달러에 달한다. 한국도 경제협력개발기구OECD, Organization for Economic Cooperation and Development 평균 두 배에 달하는 10만 명당 14명을 기록하고 있어 OECD 국가 중 꼴찌 수준이지만 이란과는 비교가 되지 않는다. 한국을 방문한 이란인이 험하게 운전하는 한국 사람을 보고 '저 운전자 이란인 아냐'라고 농담한 적도 있다. 이런 사례들을 보면 이란인들 역시 자국민들의 운전 습관에 대해 냉소적이라는 것을 알 수 있다.

왜 그럴까? 첫째 이유는 좁은 도로 위의 넘치는 차량, 턱없이 부족한 대중교통수단 등으로 인한 극심한 교통체증이다. 테헤란은 차량 2부제를 실시하고 있지만 역부족이다. 둘째는 교통법규 위반 시 제재와 규제가 딱히 효능이 없다는 것이다. 아무리 교통체증이 심하다지만, 서로 질서를 잘 지킬 수 있게 강제력을 동원함으로써 계도하면 좀 더 여유로울 텐데 말이다. 셋째는 이란인 특유의 개인주의에 기인한다. 이러한 개인주의는 이란의 모든 정권의 전제적 통치로 인해 피해를 보다 보니, 자신과 가족의 단기적 이익을 최우선으로 여겨야 하는 역사적인 맥락이 있다. 일부에서는 이런 '페르시아 개인주의'는 '인격적 성실을 결여'하고 있다며, '이기주의'라 표현한다. 쉽게 말해 자신의 단기적 이익이 '최고의 선'이며 타인과 공동체를 위한 배려는 이란인의 의식 속에서 사라졌다는 것이다. 넷째, 일부에서는 이란인들의 무질서가 통제가 심한 이란에서 그나마 스트레스를 풀 수 있는 행동으로 이해하기도 한다.

운전이 아닌 다른 질서의식을 보자. 휴일인 금요일, 스키장에 가기 위해 아침 일찍부터 테헤란 북쪽 끝에 있는 토찰산Tochal Mt. 케이블카 승강장에서 줄을 섰으나 한 시간이 지나도 줄이 줄어들지 않는 것이다. 왜 그런가 살펴보았더니 중간에서 계속 새치기를 하고 있는데 제지는커녕 불평하는 사람이 아무도 없었다. 더 이상 시간을 버릴 수 없어 결국 그날은 그냥 포기하고 돌아올 수밖에 없었다. 그리고 며칠 뒤, 케이블카를 타고 스키장에 갔다. 그런데 이번엔 리프트를 타려고 줄을 서자 중간 지점에서 자꾸 다른 이들이 끼어들었다. 나이가 지긋한 분이 새치기하는 젊은이들에게 그러지 말라고 잔소리를 하지만, 웬 간섭이냐고 되레 핀잔을 주는 상황이 여러 가지 생각을 하게 했다.

또 다른 사례를 보자. 테헤란 시내의 인기 유원지 다라케Darakeh에는 물이 맑고 경치가 좋은 계곡으로서 피크닉이나 등산을 위해 나온 사람들로 붐빈다. 하지만 적당한 거리를 두고 쓰레기통이 설치되어 있는데도 계곡은 이미 쓰레기 천지였다. 반면 얼마 떨어지지 않은 토찰산 등산로에는 쓰레기가 별로 보이지 않았다. 이에 대해 현지인들은 다라케를 방문하는 사람들과 토찰산을 방문하는 사람들의 도덕 수준의 차이로 해석하기도 한다.

돌아보면, 한국 역시 어딜 가나 새치기하는 사람이 있고, 유원지처럼 사람 많은 곳엔 쓰레기가 가득 찼으며, 위협적으로 운전하는 사람을 심심치 않게 볼 수 있다. 자기의 편리함만 추구하는 일부의 행동이 관행이 되고, 공권력과 사회의 제재와 압력의 수위가 낮으면 이러한 경향이 확산될 수밖에 없다. 이란에서는 특히 젊은 세대들에게서 이러한 성향이 더욱 두드러지게 나타나고 있다. 꽉 막힌 이란 사회에서 경험할 만한 자유가 고작 이러한 일탈밖에 없다는 것이 씁쓸함을 더할 뿐이다.

밖에서 기도하고 집에서 술 마신다

이란인들은 외부의 공적 공간에서는 엄숙하게 기도하고, 사적 공간 인 집에서는 공적으로는 금지된 술을 마시기도 한다. 물론 신앙심이 돈독한 이들은 집에서도 술을 마시지 않는다. 그러나 많은 이란인들 은 공적 공간에서의 생활과 사적 공간에서의 생활이 확연히 다르다.

외부의 공적 영역에서는 엄격한 이슬람 규율과 이데올로기로 인 해 옷, 헤어스타일, 남녀 교제, 애정표현, 음악, 춤 등 생활의 모든 부 분이 통제된다. 이슬람혁명 이후 서양 문화를 배격하고 이상적 이슬 람 사회를 만들기 위해 교육과 미디어를 통해 끊임없이 국민들을 세 뇌시키고, 통제와 단속으로 이슬람 규율과 이데올로기를 강요했다. 이에 반발하는 사람들, 특히 젊은이들은 사적 공간이야말로 안과 밖이 다른 이중생활을 할 수 있는 탈출구이자 해방구였다.

젊은 여성들은 집 안에서 미니스커트와 속옷이 비쳐 보이는 옷을 입지만, 학교에서 선생님이 물으면 모범답안으로 답변한다. 선생님이나 학생이나 뻔한 사실을 묻고 뻔한 거짓말을 하고 있는 셈이다.

또한 이들은 인터넷과 SNS를 통해 공적 공간에서는 표현할 수 없는 개인의 생각을 표출하고 자신을 드러내고 있다. 여자들은 집에서 살을 드러내는 옷을 입고 지인들에게 자랑을 한다. 사적인 파티에서는 남녀가 뒤섞여서 춤을 추고 놀기도 한다. 인터넷, 위성TV와 해외여행을 통해 쉽게 접한 자유분방한 서방의 문화를 모방하려는 욕구는 정부의 통제에도 불구하고 막을 수 없는 것이 현실이다.

이란 사회는 전통적으로 공적 공간에서는 절제된 감정표현만을 허용하는 억압된 사회의 특질을 갖고 있다. 그러나 결혼식 후 피로연에서만큼은 여성들이 노출이 심한 파티복을 입고 밤새도록 격렬하게 춤을 춘다. 이슬람혁명 이후 공적 공간에서의 감정 통제가 더욱 강화되다 보니, 사적 공간에서의 감정의 표출이 더 절실해진 것이다.

외국인이 살기 힘든 나라

이란의 기후는 지역별로 천차만별이다. 주요 도시인 테헤란, 이스파한, 쉬라즈, 타브리즈 등은 중동의 다른 도시들보다 훨씬 좋은 기후와 환경을 갖췄다. 테헤란은 사계절이 뚜렷하고 여름에도 습도가 높지 않아 한국의 여름보다 지내기가 수월한 편이다.

그러나 이란에서 외국인으로 산다는 것은 생각처럼 쉽지 않다. 이슬람 국가 중에서 외국인에게도 자국인과 동일한 규정을 적용해 여성에게 히잡을 강제하고 술과 돼지고기를 못 먹게 하는 나라는 사우디아라비아와 이란 두 나라뿐이다. 그러나 사우디아라비아는 '외국인 타운' 내에서만큼은 자유롭게 생활할 수 있도록 허용하지만 이란은 예외가 없다.

이란에는 한국 식당과 일본 식당이 없다. 전 세계 어디에나 흔한 중국 식당도 현지인이 운영하는 식당이 테헤란에 하나 있을 뿐이다.

몇몇 서양 식당들도 주방장들이 이란 사람들인데다 식재료 구하기
도 어려워 정통 서양식을 맛보기란 쉽지 않은 편이다. 테헤란 시내
엔 주인과 주방장이 모두 태국 사람인 태국 식당이 있는데 이는 아
주 예외적인 경우다. 중국인이 경영하는 소규모 중국 식당이 있었으
나 재료 탓인지 맛이 영 별로였고 결국 중국인조차 찾지 않더니 얼
마 있다가 문을 닫았다. 그나마 중동 내에서는 알아주는 편인 레바
논 식당은 몇 개가 있다.

이란 식당 메뉴 중에는 케밥과 양꼬치의 맛이 가장 대중적이다.
음식문화는 한 나라의 역사와 부의 정도에 따른다는데 페르시아 제
국의 영광을 누렸던 이란은 왜 음식문화가 발달하지 않았을까? 이
란 가정에 초대되어 가보면 듣도 보도 못한 맛 있는 음식들이 많이
나온다. 그런데 이러한 음식들은 준비하는 데 엄청난 시간이 걸려 식
당 메뉴로 놓기에는 적합하지 않은 것이다.

이렇다 보니 이란 내 외국인들은 자국 음식도, 제3국 음식도, 이
란 음식도 맘처럼 즐기지 못하고 그저 영양분만 채우는 꼴이다. 수
도인 테헤란이 이 정도라면, 당연히 지방도시들은 더할 것이다. 그렇
다고 케밥만 계속 먹다 보면 질릴 게 분명하다. 이럴 때는 피자가게
를 찾는 것이 그나마 낫다. 유명 브랜드의 체인점은 아니지만 꽤 먹
을 만하다. 집에서 해먹으면 되지 않으냐고 생각할지 모르겠다. 그러
나 이란에는 한국은 물론 아시아 식품점이나 서양 식품점을 찾기 힘
들다.

이처럼 외국인의 이란 생활은 무미건조하고 즐길거리가 없다. 이
란의 이슬람혁명 정신은 서양 문화를 이란인의 정신을 좀먹는 독소
로 인식했고 혁명 초기보다는 완화되었지만 지금도 이러한 경향이
강하다. 근래에도 서양 문화의 침투를 막는다고 TV의 서양 요리 프

로그램을 폐지한 적이 있다. 이러한 분위기 속에서 외국인은 이란에서 소외된 이방인으로 살아갈 수밖에 없다. 외국 영화는 거의 상영하지 않으며, 음악회나 전시회 소식도 접하기 어렵다. 외국 문화행사뿐 아니라 이란 전통무용이나 전통음악 공연도 찾아보기 힘들다.

외국인에게 오락거리나 분위기 전환을 할 수 있는 곳이 없다.
분위기 좋은 커피전문점도 없다. 이란 사람들은 커피보다 홍차를 주로 마시는데, 홍차도 식당이나 사무실에서 주로 마시기 때문에 카페가 흔치 않다. 커피는 주로 네슬레의 인스턴트 커피로 우리 입맛에 맞지도 않는다.

현대식 백화점이나 쇼핑몰도 많지 않아 시내에 돌아다닐 곳도 별반 없다. 대기오염은 세계 최고 수준이라 산책도 상쾌하지 않을 때가 대부분이다. 술도 금지되어 있어 식당에서 무알코올 맥주만 홀짝거릴 뿐이다. 유일한 오락거리는 위성TV인데 이마저도 불법이어서 가끔 단속 시 수신장치를 압수해 가거나, 전파를 방해해 TV 자체를 무용지물로 만들기도 한다.

골프장은 이란 전역을 통틀어 테헤란에 딱 하나 있는데 혁명 전에 만든 것이다. 골프도 서양 문화로 간주되어 이란 사람들은 극히 일부를 제외하고는 치지 않는다. 그런 탓으로 골프장 관리는 엉망이다. 18홀이던 코스가 13홀로 줄어든 것은 그렇다 치더라도, 홀 간 간격이 너무 짧고 티박스와 그린이 붙어 있어 위험한 곳도 많다. 더구나 '노 터치'가 아니라 항상 '터치'를 할 수 있는 로컬 룰이 있다. 페어웨이에 꽃이 많이 피고 잡초가 길어 '나이스샷'인데도 공을 찾을 수 없는 경우가 많기 때문이다. 그러다 보니 퍼팅할 때도 공을 옮겨놓을 수밖에 없다. 클럽하우스나 그늘집도 없다. 이러니 테헤란에서 골프를 친다는 것은 즐긴다기보다, 다른 운동도 마땅한 것이 없어 체력단련 삼아 한다고 여겨야 한다.

자녀교육 여건도 아주 열악한 편이다. 보통 외국인이 많지 않은 나라들의 교육 여건이 좋기가 힘들긴 하지만, 이란의 경우 그 정도가 심하다. 과거에는 초등교육 과정까지 운영되는 영국계 국제학교가 있었으나 2012년 양국 관계가 나빠지면서 폐쇄되었다. 이란 정부가 고등교육 과정까지 운영하고 있는 국제학교가 있지만, 『코란』학습이 의무화되어 있고 교사와 학생 대부분이 이란인이다. 결과적으로 가족들은 본국이나 제3국에 두고 이란에서 혼자 지내는 외국인들이 많은 이유이기도 하다.

인터넷 속도는 정상적 업무가 힘들 정도로 느리다. 영화 한 편 내려받는 데 하루 종일 걸리는 수준이다. 'speedtest.net'에서 조사한 이란 내 인터넷 속도는 181개국 중 174위다. 이러한 실정이니 인터넷으로 게임을 즐기기는커녕 오히려 스트레스만 쌓일 수밖에 없다. '페이스북Facebook'이나 '트위터Twitter' 등 SNS도 당연히 불법이다.

비행기를 타고 지방으로 출장이나 여행을 가는 것은 위험부담이 크다. 2000년대 들어서 거의 매년 중·대형 항공사고가 일어나는데 2001년 29명, 2002년 119명, 2004년 79명, 2005년 128명, 2006년 29명, 2009년 185명, 2011년 70명이 항공기 추락사고로 목숨을 잃었다. 미국의 경제제재로 인해 부품 조달이 여의치 않자 항공기의 유지보수가 어렵게 된데다, 소규모 민간항공사가 난립해 중고 항공기를 무리하게 운항하다 보니 추락사고가 잦은 것이다. 이란 항공기들의 평균 수명은 22년이나 되며, 그것들도 대부분 오래된 저가 러시아 항공기다. 2009년 대형사고 이후 일정 연식 이하의 중고 항공기만 수입할 수 있도록 정부 차원에서 제도를 변경했으나 기존에 운항 중인 항공기에 대해서는 어떻게 한다는 대책은 없다.

그렇다고 기차나 자동차로 이란 전역을 여행하는 것도 쉽지 않다. 이란의 면적은 한국의 16배나 되어서 육로로만 여행하는 것엔 한계가 있다. 항공기의 지연 출발도 잦아 지방 공항에서는 언제 출발할 수 있는지 안

테헤란 골프장에 가득 핀 민들레 꽃

내도 들을 수 없다. 이래저래 이란에서 비행기를 타는 것은 매우 꺼려지는 일이지만, 국내선에는 이란 항공사만 취항하고 있어 선택의 여지가 없는 것이 사실이다. 업무 차 지방 출장을 가야 하는 상황이라면 참 난감할 수밖에 없다.

이슬람 신도가 아닌 외국 여성에게 히잡 착용을 강제하는 것도 이란에서의 생활을 힘들게 한다. 히잡을 쓰고 다니는 것은 매우 거추장스러운 일이다. 더운 여름을 더 덥게 만들고 귀를 가려 소리가 잘 들리지도 않는다. 운전 시에도 고개를 돌리지 않으면 잘 보이지 않아 위험에 노출된다.

테헤란에서는 잠을 충분히 자고 일어나도 왠지 모르게 나른하고 몸이 개운하지 않다. 처음에는 환경이 바뀌어서 그런가 보다 하지만 상당한 시간이 지나도 그 느낌이 지속된다. 유독 외국인들만 그렇게 느낄 것이다. 이는 테헤란이 1,500~1,700m의 고지대에 위치하고 있어 산소가 부족하기 때문이다. 그렇다고 고산증을 호소할 만한 정도는 아니다. 한국 축구팀이 테헤란에만 오면 제대로 실력을 발휘하지 못하는 것도 이러한 이유에서다.

위성TV 시청을 차단하기 위해 발생시키는 강력한 방해전파 때문에 항상 머리가 개운하지 않기도 하다. 이란 현지 신문에서도 방해전파가 건강에 미치는 악영향이 크다는 기사가 나올 정도다. 공기가 나쁜 것도 테헤란에서의 생활을 피곤히게 만든다. 겨울에는 걸핏하면 휴교령이 내려지고 노약자 야외활동 자제 권고가 내려진다. 며칠간 바람이 불지 않는 등 공기오염이 해소되지 않으면 수시로 임시공휴일이 선포된다.

테헤란의 출퇴근 시간 교통체증은 극심하다. 시내 중심가는 2부제를 시행하는데도 평소 20~30분 걸리는 길이 출퇴근 시간에는 두세 시간 걸리는 게 보통이다. 상황이 이렇다 보니 테헤란 택시기사들은 오전 7~10시, 오후 5~7시 사이에는 운행하지 않는 경우도 많다. 이러니 외국인으로서 갈 만한 곳도 별반 없으면서, 겨우 업무차 자동차로 이동하는 것 자체가 스트레스다.

대부분의 국가들이 만들어 보급하는 '외국인 생활 가이드' 자료나 책자도 구할 수 없다. 외국인 각자가 경험을 통해 얻은 단편적인 생활정보들이 구전으로 전달되거나, 시행착오를 겪으면서 살다가 돌아갈 따름이다.

생필품의 품질이 나쁜 것도 이란에서의 생활을 어렵게 만드는 요인이다. 대부분의 이란제 공산품의 품질은 조악하기 그지없다. 일회용 종이컵은 기름 냄새가 나고 심지어 물이 세기도 한다. 염색과 펌 용액은 독성이 강해 머리카락이 손상되기 쉽다. 물론 더 좋은 수입 제품들이 들어오긴 하지만, 높은 관세와 유통마진으로 상당히 비싸다 보니 선뜻 구매하기 어렵다.

이란 정부는 외국인의 이란 체류를 그렇게 반기지 않는 것 같다. 주재원의 노동허가와 갱신을 잘 해주지 않거나 까다로운 조건을 부

전파방해시설

가하는 것을 보면 어느 정도 짐작할 수 있다. 아프가니스탄이나 이라크 난민 이외에 이란에 살고 있는 외국인의 수가 공식적으로 집계된 적은 없으나, 그 수는 아주 적은 것으로 알려져 있다. 한국 교민과 주재원 가족, 유학생의 수도 400여 명에 불과한데, 이 중 절반 정도가 수도인 테헤란에 거주하고 있고 나머지는 대부분 건설현장인 아사루예Asaluyeh에 거주하고 있다. 아마 오늘날 아프리카나 남미의 소국을 제외하고는 교민의 수가 이 정도밖에 되지 않는 나라는 찾아보기 힘들 것이다.

역전된 몽골 후예의 삶

몽골인들은 13세기에서 15세기에 걸쳐 근 300여 년간 현재의 이란 지역을 지배했다. 몽골의 제1차 침입은 1218~1221년에 걸쳐 일어!났다. 이들은 도시 곳곳을 철저히 파괴하고 사람들을 무자비하게 죽였다. 외침이 많았던 이란에게 몽골의 침략은 역사상 가장 치명적이었다. 몽골의 2차 침입은 1253~1258년에 걸쳐 칭기즈 칸Chinggis Khan의 손자 훌라구 칸Hulagu Khan에 의해 행해졌다. 몽골의 지배를 인정하지 않고 반란을 일삼았던 이란을 다시 공격한 것이다. 1258년 그는 바그다드까지 진격해 이슬람 제국의 두 번째 왕조인 압바스 왕조의 마지막 칼리프를 죽이고 제국을 멸망시켰다.

레바논, 시리아, 팔레스타인 지역까지 몽골에 정복당했을 무렵, 형 몽케 칸Mongke Khan의 사망 소식을 들은 훌라구 칸은 왕위계승을 위해 급히 회군해야 했다. 그러나 곧 쿠빌라이 칸Khubilai Khan이 왕위를 계승했다는 소식을 들은 훌라구 칸은 할 수 없이 이란에 정착했다. 원元나라 조정에서는 훌라구 칸에게 이란·이라크 지역의 통치를 맡겼다. 훌라구 칸은 일 한조Il Khanid를 세우고 이란인을 등용해 왕국을 다스렸다. 일 한조 왕조는 자신들의 유목민적인 습관을 버리고 이란의 문화에 동화되었다.

이후 일 한조의 몰락과 사회적 혼란 와중에 몽골 장수의 아들 티무르Tamerlane Timur는 아무다리야Amu Darya 강과 시르다리야Syr Darya 강 사이의 비옥한 트랜스옥시아나Transoxiana 지역(현재의 우즈베키스탄, 키르기스스탄, 타지키스탄 지역)에서 정적들을 차례로 제거하면서 세력을 키웠다. 마침내 사마르칸트Samarkand를 수도로 하는 티무르Timur 왕조(1369~1508년)를 세우고, 왕조의 기틀을 다진 뒤 이란을 정복하며, 중앙아시아, 페르시아, 메소포타미아, 코카서스에 이르는 지역을 통치했다. 티무르의 후계자 샤 루흐Shah Rukh는 호라산Khorasan 지역(이란 북동부)에 오랫동안 정착하면서 이란의 문화에 동화되어, 수도를 헤라트Herat(아프가니스탄의 도시)로 옮기고 예술과 교육의 도시로 발전시켰다.

이상이 몽골인의 이란 지배 역사다. 현재도 이란에는 몽골의 후예들을 많이 볼 수 있다. 그들은 페르시아에 뿌리를 내리고 살던 몽골인이 아니라 아프가니스탄에서 넘어온 몽골인의 후손들이다. 이란에는 약 300만의 아프가니스탄 난민들이 살고 있으며 그 절반은 불법체류자다. 이 중 상당수가 몽골의 후예들로 테헤란 시내 공사장의 열악한 환경에서 일하고 공사장 구석에서 쪽잠을 자며 살고 있다. 300여 년이나 이란을 지배했던 몽골의 후예들의 현재는 이렇게 씁쓸한 모습으로 남았다.

이란에서는 커피 대신 홍차를 마신다

이란에서 사람을 만날 때는 언제나 차茶를 대접하며 이는 환대의 표시로 생각한다. 이란인들은 '처이'라 불리는 홍차를 즐겨 마신다. 차로 하루를 시작해 잠자리에 들기 전까지 차를 마실 정도로 차를 좋아한다. 대부분의 가정엔 차 끓이는 도구가 있고, 직장에는 '차 심부름을 하는 사람'이 따로 있을 정도로 홍차는 이란인들의 생활 필수품이다 이들은 차 중에서도 주로 홍차를 마신다. 근래에는 녹차도 좀 마시기는 하나 일반적이진 않다.

이란에는 커피전문점이 드물다. 카페에서도 에스프레소 커피를 찾아보기 힘들다. 이는 이란 사람들이 커피보다 차를 더 즐겨 마시기 때문이다. 이란의 차 소비량은 1인당 연간 1.2kg으로 세계 5위이나, 커피 소비량은 0.1kg으로 세계 132위다.

국제연합식량농업기구FAO, Food and Agriculture Organization of the United Nations

에 의하면 이란은 연간 7만 5,000톤, 약 2억 8,000만 달러 규모의 차를 수입함으로써, 러시아, UAE, 영국, 미국에 이어 다섯째로 많은 차 수입국이다. 이는 홍차를 즐겨 마시는 영국의 연간 3억 6,000만 달러, 미국의 연간 3억 2,000만 달러와 비교해 보면 이란의 차 수입량이 얼마나 많은지 알 수 있다. 게다가 이란 홍차상인연맹에서는 정식 수입량의 두 배 정도 물량이 밀수로 이란에 들어온다고 주장한다. 이것이 사실이라면 이란은 세계 최고의 홍차 수입국이자 홍차 소비국가이기도 한 것이다.

이란은 자체적으로 차를 재배하고 가공해 완제품을 생산하기도 한다. 이란 북부 카스피해Caspian Sea 남부지방의 강우량이 많은 길란Gilan과 마잔다란Mazandaran 지방의 차 생산량은 연간 약 1만 5,000톤에 달한다.

이러한 점을 감안할 때 이란 비즈니스 파트너를 초청하는 경우 홍차를 미리 준비해 놓는 것이 좋다. 이란 거래처 방문 시, 상대가 어떤 차 마시겠냐고 묻는다면 당연히 홍차라고 말하는 것이 좋다. 이들이 내오는 커피는 보통 인스턴트 커피이기도 하거니와 거래처 사람들에게 친근감을 줄 수 있기 때문이다. 반대로 한국 기업인들이 외국인에게 주로 선물하는 인삼차는 이들의 입맛에 맞지 않아 바람직하지 않다. 인삼차보다는 고급 영국 홍차나, 굳이 한국산으로 선물을 한다면 녹차가 더 낫다.

이란인들은 상담을 시작하기 전에 홍차와 과자, 대추야자 열매 등 단 것을 곁들여 먹으면서 가벼운 이야기를 먼저 꺼낸다. 그렇다 보니 이란에서 비즈니스 정보 등을 얻어내려면 헤아릴 수 없을 정도의 홍차를 함께 마시며 더욱 가까워져야 한다.

이란에도 불었던 한류 열풍

이란에는 한때 한국 드라마 열풍이 거세게 불었다. 2006~2007년에 공중파 TV에서 방영된 〈대장금〉(2003)은 공전의 시청률인 90%를 기록했고, 뒤이어 2008~2009년에 방영된 〈주몽〉(2006)도 최고 85%의 시청률을 기록한 바 있다. 극심한 교통체증으로 몸살을 앓는 테헤란 시내에도, 이 드라마들의 본방 시간만 되면 한산했을 정도였다.

　이처럼 믿기 어려운 시청률을 기록한 가장 큰 이유는 주인공이 불굴의 의지로 역경을 극복해 끝내 성공한다는 사극이라는 점이다. 이런 콘셉트가 이란인들의 정서와 맞아 떨어진데다, 이국적인 한국 문화에 대한 호기심과 매력적인 배우들의 연기가 드라마 몰입도를 한층 높였다. 한편 당시 이란 TV 프로그램들이 시청자들에게 매력적이지 않았던 것도 이유이기도 하다.

　〈주몽〉의 주인공 송일국의 테헤란 방문 시 질서유지를 장담했던 호텔이 밀려드는 팬들을 통제하지 못해 경찰이 대거 투입되기도 했고, 출국일 공항의 저지선이 무너지는 해프닝도 있었다. 당시 LG전자는 재빠르게 송일국을 이란 내 광고모델로 채택해 브랜드 이미지를 높이는 성과를 얻었다. 한편 여주인공 한혜진을 만나기 위해 한국에 오고 싶어 했던 사춘기 소년이 부모님이 여행비를 마련해 주지 않는다며 자살을 기도한 사건은 이란 사회에 큰 충격을 주었다. 이후 이란 정부는 한국 드라마가 이란 문화와 사회에 미친 영향에 대해 면밀히 조사하기도 했다.

당시 많은 이들은 이러한 현상에 고무되어 이란 내 한류가 지속될 것이라 생각했다. 그러나 〈상도〉(2001), 〈해신〉(2004), 〈하얀거탑〉(2007), 〈개와 늑대의 시간〉(2007), 〈하얀 거짓말〉(2008), 〈고맙습니다〉(2007) 등의 드라마들이 잇따라 공중파 TV로 방영되었으나 큰 인기를 끌지 못했다. 한편 〈주몽〉의 인기를 이어가고자 〈주몽 2〉란 제목으로 방영되었던 〈바람의 나라〉(2008)는 애정장면과 배경음악이 많이 삭제되다 보니, 이란인들이 줄거리를 이해하는 데 애로사항이 많아 높은 시청률을 기록하진 못했다. 2006년에는 드라마 〈다모〉(2003)가 "일부 에로틱한 노출 장면이 있다"는 이유로 수입 심의를 통과하지 못하기도 했다. 우리가 보기에는 '무엇이 문제가 되지?'라고 의문을 품을 만하지만 이란의 기준에서 보면 방영할 수 없는 장면들이 포함된 것이다.

이러한 이유로 이란 공중파 TV로 방영할 수 있는 한국 드라마는 한정된다. 방영되는 드라마들도 필요 이상의 편집으로 인해 재미를 반감시키는 경우가 많았다. 또한 이란 정부가 사회문제로까지 번지는 한국 드라마 열풍의 속도를 조절하고자 한 면도 있었다. 결과적으로 최근까지 이란 현지의 한국 드라마 인기는 시들해졌다. 일부

테헤란 시내에 자리 잡은 서울공원

마니아들은 인터넷에서 내려받거나, DVD를 구매해 보는 정도로 한국 드라마 열풍은 가라앉은 상태다.

애초에 이란 내 한류 열풍은 한국 드라마에 국한되었다. 이란의 문화정책상 드라마 외 다른 분야에 한류 붐이 일어날 가능성은 거의 없다. 애니메이션 등 일부 분야를 제외하고는 극장에서 외국 영화가 상영되는 일도 없다. 2004년에 총 6편을 수출한 후 2005~2007년까지 매년 한 편밖에 수출하지 못했다. 외국 영화는 위성TV나 인터넷에서 내려받아 보거나 불법복제 DVD 정도로만 접할 수 있는데, 이 역시 외국어에 능통한 상류층이나 가능하며, 전파방해와 세계 최저 수준의 인터넷 속도로 인해 한계가 있다.

자국 댄스가수들도 심하게 제한받고 있는 이란의 문화정책 하에서 외국 음악이 합법적으로 유통되기 힘든 실정에서 대부분 춤이 어우러져 있는 K-POP에 대한 규제는 말할 나위가 없다. 인터넷이나 지인끼리의 파일 공유를 통해 보고 들을 수밖에 없다.

실제로 국제문화산업교류재단에서 조사한 한국대중문화 접촉 경로를 보면 공중파 방송 57%, 위성 및 케이블 TV 23%, 인터넷 10%, 비디오 녹화기 5%, 극장 3%, CD/테이프, 라디오 각 1%로 나타났다. 이를 보면 80%가 공중파와 위성 TV 등 방송영상매체를 통해 한국 문화를 접하고 있는 셈이다.

이란의 공중파 TV는 최고지도자 직할의 공영방송국이 독점하고 있다. 무분별한 외국 문화의 유입을 국민의 정신을 흐리는 독소로 취급하는 이란의 문화정책으로 볼 때 한류 바람의 지속은 애당초 이루어질 수 없는 꿈이었는지도 모른다

그러나 이란 정부가 외국 대중문화의 수입 및 유통에 대해서 종교적·사회문화적 이유로 통제해 왔다고 해도, 위성TV, 인터넷, DVD 등을 통해 증가하는 외국 대중문화의 유입은 쉽게 막지 못하고 있다. 이에 따라 이란 정부가 극도로 꺼리는 외국 대중문화, 특히 서양 대중문화의 영향력이 점점 커지고 있다.

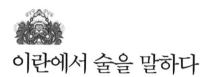

이란에서 술을 말하다

한국의 소주는 페르시아에서 유래되었다고 해도 과언이 아니다. BC 2000년경 바빌로니아에서 향수와 약재를 얻기 위해 시작된 증류기술은 AD 8~9세기에 이르러 페르시아에서 술을 만드는 데 사용되었다. '아락Araq'이라 부른 이러한 증류주는 페르시아를 점령한 몽골을 통해 고려에 전해졌다. 몽골군의 주둔지였던 개성과 안동에서 소주 제조법이 발달한 것도 이 때문이며, 평안북도 지방에서 소주를 '아랑주', 개성에서는 '아락주'라 부르는 것만 봐도 소주의 고향이 페르시아 지역인 것을 유추할 수 있다,

그렇지만 정작 이란에서는 1979년 이슬람혁명 이후 금주령이 내려졌다. 과연 이란에선 술 한 방울 찾을 수 없을까? 그렇지는 않다. 현지 신문에는 밀주를 마시다 사망사고가 일어났다는 기사가 간혹 실린다. 밀주에는 메틸알코올Methyl Alcohol이 남아 있어 밀주를 많이 마

실 경우 실명하기도 한다.

포도주스로 포도주를 만들어 마시기도 한다. 이런 것은 개인 차원의 일이며 암시장에서는 위스키, 맥주 등을 쉽게 구할 수 있다. 확인할 수는 없지만, 이란은 사우디아라비아에 이어 세계 2위 수준의 술 암시장을 형성하고 있다는 말도 있다. 암시장에선 가짜 술도 많이 돌아다닌다.

용감하게 술을 팔다 영업정지 처분을 받은 식당도 있다. 이러한 현상을 두고 이슬람혁명 전에는 '집 밖에서 술 마시고 집에 와서 기도'했으나, 혁명 후에는 '밖에서 기도하고 집에서 술 먹는다'는 냉소적 비판을 하기도 한다. 이렇게 술집도 나이트클럽도 없는 테헤란 시내엔 새벽까지 많은 차량들이 돌아다닌다. 공공장소를 벗어나 사적인 공간에서 파티를 벌이며 돌아다니는 것이다. 현지 언론에도 풍기문란죄에 해당하는 이러한 파티들을 적발했다는 기사도 심심치 않게 나온다. 그러나 음주단속은 없다. 공식적으론 술이 없는데 어떻게 음주단속을 하겠는가?

이런 이란에서 2014년 8월 테헤란 대학교 의과대학에 알코올중독치료센터가 개설되었다. 공식 통계는 없으나 이란 경찰청장은 2013년 알코올 중독자가 약 20만 명이라고 밝혔다. 이슬람 율법에 의한 금주국가에서 어떻게 이런 일이 일어날 수 있겠는가?

알코올중독치료센터 개설은 종교적 규범을 무시하는 사람들이 이란 내에 광범위하게 포진되어 있다는 사실과 함께, 이란인들도 실제로는 상당히 현실적이고 실용적이며, 유연한 사고를 한다는 사실을 외부에 보여주고 있다.

그렇다면 이란에 술을 소지한 채 입국하다 적발되면 어떻게 될까? 실수로 한 번 적발될 경우 공항 화장실에 바로 쏟아버린다. 그러나 상습범이 되면? 그런 경우는 들어보지 못했지만, 외국인의 경우 추방당하거나 입국 불허가 될 것이다.

물론 이란의 모든 사람들이 술을 마시는 것은 아니다. 신앙심 좋은 사람은 술을 입에 대지 않는다. 두 명 이상의 이란 사람들을 접대할 시에는 서로 눈치 볼 수 있으므로 섣부른 술 권유는 조심하는 것이 좋다.

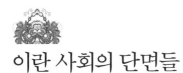

이란 사회의 단면들

가정은 가장 중요한 사회조직이다. 이란에서 연장자는 집안의 중추이며 존경과 권위를 인정받는다. 자녀, 특히 아들은 노년의 부모를 돌보고 보호할 책임이 있다. 부모를 요양원에 모시는 것은 특별한 경우가 아니면 이란에서 용납되지 않는다.

이란에서 가족모임은 매우 중요하다. 신정체제 하에서 엔터테인먼트(오락, 파티)는 엄격히 제한되었기 때문에 가족모임은 가족의례나 식사를 같이하는 의미뿐 아니라 가장 안전하고 보호받는 파티와 오락의 장소인 셈이다.

이란 가정은 다른 중동 가정과 같이 대가족제도를 유지하고 있었다. 이전에는 신혼부부는 보통 부모와 같이 살거나 근처에서 살았다. 그러나 도시화에 따라 대가족(가족이 모여 사는 것) 형태는 감소하고 있는 추세다. 요즘은 대부분의 신혼부부들이 부모에게서 독립해 둘이서 살림을 차린다.

혁명 후 서양 음악은 금지되었고 이란 전통음악도 제한되었다. 이슬람 정신에 부합하는 음악만 허용된 것이다. 한때 이란인들이 많이 거주하는 LA에서 유지·계승된 이란 전통음악이 이란에 역수입이 되어 광범위하게 확산된 적이 있으나 단속으로 인해 자취를 감추었다. 춤은 혁명 이후 거의 금지된 것이나 마찬가지다. 그러나 이란인들이 워낙 '가무歌舞'를 좋아하다 보니, 생일파티나 결혼식이 있는 날이면 새벽 2~3시까지 춤을 춘다. 물론 공공장소가 아닌 집 안이나 사적인 공간에서다. 가끔 젊은이들이 유원지 으슥한 곳에서 춤을 추며 여흥을 즐기는 경우도 종종 목격할 수 있다.

이란의 물가는 저렴하기도 하지만 말도 안 되게 비싼 것들도 혼재한다. 농산물과 식료품은 비교적 저렴한 편이나, 음식점의 음식가격은 서비스나 맛을 고려하면 오히려 비싸게 느껴진다. 미용실과 이발소 가격도 이란인들의 소득수준에 비해 상당히 비싸다. 테헤란에서 염색과 펌은 100달러나 하며 남성 커트비용도 20~30달러나 한다. 이란 약국에서 국산 약품의 가격은 매우 저렴한 편이나 수입 약품 가격은 상당한 고가가 책정되어 있다.

이란산 제품들은 품질이 떨어지며 수입품은 높은 관세 때문에 비싸다. 승용차는 90%의 관세가 매겨지다 보니 판매가격은 한국의 두 배 정도며, 가전제품 역시 관세가 40% 내외로 매겨져 판매가격이 한국보다 비쌀 수밖에 없다. 현재 기아 '프라이드'가 이란의 국민차 역할을 하고 있는데, 오래된 모델이 최신 모델보다 오히려 더 비싼 경우도 있다. 최신 모델은 국산화가 많이 진전되어 품질이 좋지 않다는 이유에서다.

그래도 이란인들은 중국산보다는 이란산이 그나마 품질이 좋다고 여긴다. 수입되는 중국산 제품들이 워낙 저가제품들이어서 그렇게 인식하는 듯하지만, 가격경쟁력으론 중국산을 쉽게 이길 수 없다.

반면 한국산은 품질이 아주 좋은 것으로 이들에게 각인되어 있다. 전시회에서는 'Made in Korea'를 부각시키는 것은 일반적이며 대리 참가한 수입상이 심지어 전시부스에 태극기로 도배해 놓는 경우도 있다. 특히 승용차와 가전제품에서 한국 제품들이 압도적인 시장 점유율을 차지하고 있다. 한때 불었던 한국 드라마 붐으로 인해 한국의 이미지가 높아진 것도 큰 영향을 미쳤다.

이란 젊은이들 네 명 중 한 명은 마약을 한다고 추정될 정도로 마약이 광범위하게 확산되어 있다. 1999년 UN 조사에서도 인구의 2.8%가 아편에 중독되어 세계 1위, 4.8%가 마리화나에 중독되어 조사대상 67개국 중 31위를 기록했다. 아프가니스탄에서 밀수입된 아편과 마리화나가 이들이 애용하는 마약의 주류이나 근래에는 인공제조 마약의 사용도 늘고 있다. 마약 매매상 단속과 처벌은 엄하게 하는 편이나 소비자에 대해서는 관대한 편이다. 이러한 젊은 층 사이에서의 마약 사용은 이들의 현실이 암울하고 비전이 보이지 않으며 통제사회로 인한 스트레스를 해소할 마땅한 방법이 없기 때문에 그 속도가 더 빠르게 확산되고 있다.

30% 이상의 높은 청년실업률은 청년들을 무기력하게 만들고, 부동산의 고공행진 때문에 집을 못 구해 결혼하지 못하거나 결혼식을 올리고도 신혼살림을 차리지 못하는 일도 비일비재하다. 결과적으로 이러한 문제들은 출산율 저하의 주요한 요인이 되고 있다. 이란에도 한국 젊은이들과 동일한 고민을 하고 있다. 이란판 '3포 세대'인 셈이다.

이러한 이란 젊은이들에게 홈파티는 가장 일반적인 스트레스 해소 방법 중 하나다. 덩달아 파티 단속은 혁명 직후보단 나아졌지만, 지금도 현지 언론에서 남녀가 함께 뒤섞인 파티현장을 급습해 단속 했다는 기사를 가끔 볼 수 있다. 심야의 자동차 질주도 젊은이들의 스트레스 해소법이다. 스키 모자만 쓰면 히잡을 쓰지 않아도 되는 스키장도 젊은이들의 해방구다. 젊은 남녀들은 공공장소에서 '디스 코'를 한다. 춤 추는 것이 아니라 휴대폰 번호가 적힌 쪽지를 주고 받는 것을 '디스코'라고 한다. 남녀의 만남이 허용된 자리가 많지 않 기 때문에 차를 타고 가다가도 마음에 드는 사람이 있으면 창 밖으 로 쪽지를 던져 '작업'하는 것이다.

이란에선 연간 20만 명가량이 해외 취업을 하고 있다. 국내에 마 땅한 일자리가 없기도 하지만, 외국에 대한 동경을 바탕으로 답답한 현실에서 탈출하고 하는 마음도 이들의 결정을 도왔을 것이다. 이란 에서는 채용면접 시 지원 동기를 물어보면 "외국기관이어서 배울 것 이 많을 것 같다", "이란 기업과는 다른 경험을 하고 싶다" 등의 답 변을 많이 듣는다. 현재 이란 기업에서 받는 급여보다 조금 낮은 수 준의 월급을 받더라도 외국 기업에서 일을 하겠다는 지원자들도 있 을 정도다.

언뜻 납득이 잘 가지 않지만 이란의 매춘도 사회문제가 되고 있 다. 이란의 영문판 신문 《이란 뉴스Iran News》는 2011년 8월 8일자에서 "이란의 가난한 여성들이 거리 매춘으로 몰리고 있다. 경찰은 최근 거리 매춘부 2,000명을 검거했는데, 이 중 600명은 생계유지를 위해 매춘을 했다고 자백했다. 구금된 매춘부 중 84%는 미혼이며, 13%는 유부녀였다. 더욱 놀라운 것은 이들의 27.7%는 대졸자라는 사실이 다"라고 보도했다.

이란에는 '시게Sigheh'라는 계약결혼, 또는 임시결혼이라 부를 수 있는 독특한 법이 있다. 계약기간은 자유롭게 선택할 수가 있어 몇 시간도 될 수 있고 몇 년이 될수도 있다. 계약조건에 여성에게 경제적 지원조항이 들어가는 경우가 많아 합법적 성매매로 비난받기도 한다. 여성은 무슬림 신자이거나 '성서의 사람(기독교·유대교 신자)'이어야 하며 젊은 처녀가 아니어야 한다(특히 아버지가 없거나 승낙할 수 없을 경우). 이슬람 성직자에게 인정만 받으면 바로 결혼이 인정돼 지참금 등 돈이 많이 필요한 정식결혼 절차를 피할 수 있다는 장점이 있다.

이 풍습은 마호메트 시절부터 존재했던 제도였으나 수니파가 불법으로 간주하고 있어 시아파에서만 현재까지 인정되고 있다. 역사적으로 순례자들이 성지인 마샤드Mashad와 콤Qom 같은 도시로 성지순례할 때 성적 욕구를 해결하기 위한 제도였다. 이러한 계약결혼은 종교적으로 인정되기는 하지만 이란에서 일반화된 적은 없다. 많은 이란인들은 이를 합법적 매춘에 불과하다고 생각한다.

그러나 근래 페미니스트, 성직자, 정부 관리들이 시게를 사회 '문제' 해결 방안으로 논의하고 있다. '문제'란 청년들 중 상당수가 이란의 높은 실업률과 낮은 경제력 때문에 결혼을 미루거나 하지 않는 것이다. 이런 상황에서 이란 내무부 장관은 한 행사에서 "신이 욕구에 빠지게 한 15세 젊은이를 이슬람이 모른 척할 수 있느냐"고 발언하며, 미혼자들의 욕구를 충족하기 위해 계약결혼 풍습을 옹호하는 발언을 해 논란이 된 적이 있다. 한 페미니스트는 계약결혼의 효용을 다음과 같이 옹호했다 "젊은이들의 남녀관계가 보다 자유로워질 것이며, 그들의 성적 욕구를 만족시키고, '성性'의 비정치화와 이란 사회의 처녀성에 대한 강박관념에서의 탈출을 가져올 것이다." 이방인의 입장에서, 종교적으로 엄격한 남녀관계를 요구하는 이란에서

이란에서는 건축공사 시 나무 보존을 최우선으로 삼는다.

종교적·합법적으로 허용되는 이러한 제도를 운용하는 융통성을 발
휘하는 것은 매우 신기할 따름이다.

절반 이상의 이란 가정이 위성TV를 시청하고 있는 것으로 추
정되고 있다. 이란 정부는 바람직하지 않은 외국 문화의 유입과
《BBC》 등의 뉴스를 차단하기 위해 방해전파를 발사하고 있다. 가끔
위성수신장치 단속을 하지만 철거된 수신장치가 재판매되기도 한
다. 특히 많은 대중에게 영향을 미칠 수 있는 이란어 방송에 대한 방
해전파를 주로 발사하며 심지어 채널을 강제로 변경시켜 버리기도
한다. 그러나 시민들은 유튜브YouTube 등을 통해 시청한다. 2009년 대
선 부정시비에 따른 데모 이후 유튜브, 트위터 등은 불법이 되었고
많은 외국 계정의 인터넷 사이트가 차단되었으나, 여전히 많은 사람
들이 차단해제 프로그램를 설치해 시청하고 있다. 정부당국과 시민
들이 끝없는 숨바꼭질을 하고 있는 것이다. 때문에 이란 정부에서는
인터넷 속도를 정책적으로 낮게 유지하는 바람에 다른 업무효율을

떨어뜨린다. 특히 정보통신산업들의 실행을 불가능하게 만드는 부작용을 야기하고 있다.

국제투명성기구TI, Transparency International의 2012년 부패인식지수CPI, Corruption Perceptions Index에 의하면, 이란은 100점 만점에 28점으로 176개국 중 133위였다. 중동의 다른 나라와 비교해 보면, 카타르 27위(68점), UAE 27위(68점), 터키 54위(49점), 요르단 58위(48점), 쿠웨이트 66위(44점), 사우디아라비아 66위(44점), 이집트 118위(32점), 시리아 144위(26점), 예멘 156위(23점), 리비아 160위(21점), 이라크 169위(18점)로 이란의 부패 정도가 어느 정도인지 가늠할 수 있다. 같은 조사에서 한국 45위(56점), 중국 80위(39점), 인도 94위(36점), 북한 174위(8점)였다.

이를 볼 때, 이란인들이 부패에 무감각해져 있는 상황임을 알 수 있다. 세계은행이 발표한 각국의 '부패관리 상황'에서도 이란은 하위 19%에 속해 있어 중동의 요르단, 사우디아라비아, 이집트보다 상당히 낮은 수준이며, 이라크와 리비아보다는 높은 수준이다. 이러한 수치들이 보여주듯 이란에서 부패는 만연해 있다.

관료의 부패는 거의 제도화되다시피 고착되어 있다. 공무원이 민간기업이나 컨설팅회사 명함을 건네기도 하며, 고위직의 경우 고문Adviser이 창구가 되기도 한다. 특히 이란에서는 대부분의 대기업과 규모가 있는 산업들은 공공 부문이 장악하고 있어 부패의 자양분이 될 수밖에 없다. 정치인 등 힘 있는 지도층의 부패도 만연해 있어 언론 등에서 꾸준히 문제제기를 하고는 있으나, 이것들이 사회이슈화되고 이로 인해 정치적인 타격을 받은 적은 없다. 오죽했으면 최고지도자가 부패 척결을 국가의 가장 중요한 문제로 언급했겠는가?

상식적으로는 이해가 잘 되지 않지만, 이렇게 국가통제가 심한 이란에는 이중국적자가 많다. 그렇다고 현재 이란 헌법이 이중국적을 허용하는 것은 아니다. 그러나 이중국적자들은 별다른 거리낌 없이 자신이 이중국적자라고 말한다. 이들은 주로 미국, 캐나다, 영국 등 선진국 국적을 가지고 있는 상류층들이다. 북미에는 이민자 및 이중국적자 등 약 250만 명의 이란인이 거주하고 있으며, 역사적으로 관계가 많았던 영국 이중국적자도 많다. 이들은 외국과 이란을 수시로 들락거리며 양국의 이점을 잘 활용하고 있다.

이란 정부의 나무 사랑은 각별하다. 시내에 있는 나무는 정부허가 없이는 한 그루도 베지 못한다. 개인 소유 토지 안에 있는 나무도 마찬가지다. 일본 정부의 경우 오래전에 대사관 부지를 확보해 놓았지만, 그 자리에 많이 자란 나무들을 모두 베고 건물을 지으려면 규정상 엄청난 돈이 들어 포기하기도 했다. 허가를 받더라도 건축을 할 때 나무를 최대한 보존하는 공법으로 작업해야 한다. 시간이 더 걸리고 손이 많이 가기는 하지만, 막상 건물이 완성되고 나면 꽤 운치 있고 아름답다. 테헤란 외곽의 등산로 주변에는 나무 하나, 하나에 물길을 내어놓거나 고무호스를 연결해 물을 공급하는 시설을 만들어 놓는다.

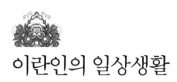

이란인의 일상생활

타국 사람들과 친밀한 관계를 구축하기 위해선 그들의 일상을 잘 이해해야 한다. 특히 비즈니스 상대와 대화하거나 선물을 주고받을 때 그들의 문화를 이해하지 못한다면 낭패를 볼 수 있다. 때문에 이란인들을 상대할 땐 보다 면밀히 준비해야 한다.

사람 사는 게 다 똑같듯 이란인들의 일상도 우리와 크게 다르지 않다. 다만 지리적으로 동서양의 중간에 위치하고 있다 보니 동서양의 문화를 자연스럽게 받아들인 탓에 이들의 생활엔 동서양이 혼재되어 있다. 이들의 생활방식은 상당히 서양적이고 이슬람적이면서도 어떤 측면에서는 우리와 매우 흡사하다.

이란인들은 이슬람의 엄격한 규율로 인해 일정한 제약이 있는 생활을 하지만, 시간이 흐르면 분명 더 편하고, 더 효율적인 사회로 발전해 갈 것이다. 특히 인구의 60% 이상을 차지하는 30세 이하 젊은 세대의 생활 패턴은 장년층과 상당히 다른 모습을 보이고 있어 주목할 필요가 있다.

의생활

이란 사람들은 일반적으로 정장보다 평상복을 주로 입는다. 다만 이슬람 율법에 의거해 여성들은 얼굴과 손을 제외한 신체가 드러나면 안 되며 몸의 곡선이 드러나도 안 된다. 반소매 상의는 여성에게 허용되지 않고 하의는 발목까지 가려야 한다. 경찰들은 주기적으로 복장단속을 나선다. 특히 여름이 시작되는 시기엔 집중단속에 들어간다. 심지어 옷가게에 직접 방문해 걸려 있는 코트들의 표준 길이를 확인하기까지 한다. 그렇기 때문에 이란 여성들은 최신 패션 경향을 인터넷이나 위성TV 등에서 찾아보며 서양 패션을 추종하지만, 공공장소에서는 입을 수가 없고 보통 집이나 홈파티에서 입는다.

남성들은 바지 위에 긴소매 셔츠를 입는다. 종교적으로 신실한 남성의 경우 높은 카라의 셔츠를 단추 끝까지 채우고 바지 밖으로 셔츠를 내어 입는다. 여름에는 반소매 셔츠를 입긴 하지만, 긴소매 셔츠를 접어 입는 경우가 많다. 회색이나 감청색 등의 어두운 색을 선호하며, 더운 날에는 베이지색, 크림색 등의 밝은 색 옷도 입는다. 검정색 정장은 행사, 결혼식, 장례식처럼 매우 공적인 자리에서만 착용한다. 남성들도 공공장소에서는 반바지를 입으면 안 된다.

넥타이는 공공장소에서 허용되지 않는다. 특히 관공서에는 착용하지 않는 것이 좋다. 이슬람혁명 후 넥타이를 서구 문화의 잔재로 치부하면서 착용을 금지한 것이다. 혁명 후 상당한 시일까지는 관공서 출입 시 외국인이라도 넥타이를 풀 것을 요구했다. 지금은 외국인에게 그렇게까지 요구하지는 않지만 아직 테헤란 시내에서 넥타이를 착용하는 건 어색한 모습이다. 그러나 요즘에는 사업상 미팅이나 전시회 같은 이벤트, 파티나 결혼식에 넥타이를 매는 사람이 늘고 있다. 넥타이를 매고 오는 이란 바이어들도 쉽게 볼 수 있다.

공공장소에서 여성은 몸매가 드러나지 않도록 망토를 착용해야 한다. 이것도 혁명 직후에는 길이가 길고 폭이 넓으며 검정색 또는 어두운 색상이어야 했으나, 요즘은 짧아지고 몸에 더욱 밀착되어 나름 감각적으로 변하고 있다. 여성들은 대개 차도르 안에 청바지를 입는다. 스커트의 경우 발목까지 덮어야 해서 불편하기 때문이다. 서구 문물의 상징이라 볼 수 있는 청바지를 평상복으로 애용한다는 사실이 아이러니다. 그렇다고 직장 내에 청바지를 입고 출근하는 것은 용인되지 않는다.

히잡에도 패션이 있다. 꽃무늬가 인쇄되어 있는 다양한 색상의 히잡이 판매되고 있으며, 요즘엔 버버리BURBERRY, 구찌GUCCI, 루이비통 LOUIS VUITTON 등 명품 브랜드의 패턴 디자인이 인쇄된 히잡이 인기다. 대부분의 디자인은 유럽과 터키 디자인을 모방한 것이다. 이란 쇼핑센터에는 여성 파티복 매장들을 쉽게 볼 수 있지만, 매장 밖에서 파티복을 입은 여성들은 볼 수 없다. 파티복은 결혼식 피로연이나 홈파티에서 입는다. 여성들은 가슴과 허벅지가 훤히 드러나는 파티복을 입고 밤새 춤을 춘다. 물론 여자들이 춤추는 방에 남자들은 출입금지다. 신랑은 여성 하객에게 소개될 때 여성전용구역에 들어가지만, 신부는 남자 하객들이 모인 방에 인사하러 오지 않는다.

도로포장 상태가 좋지 않기 때문에 이란인들은 어두운 색의 튼튼한 신발을 선호한다. 젊은 여성들은 여름에 발가락이 노출되는 샌들을 주로 신고 페디큐어를 한 발톱을 자랑한다. 그러나 페디큐어는 경찰의 단속대상이다. 뿐만 아니라 겨울에 부츠 안으로 바지를 집어넣어 신는 것도 단속대상이라 적발 시 구금되고 벌금을 물게 된다. 집에서는 위생상 외출용 신발을 벗고 슬리퍼나 실내용 신발을 신는다.

이란 여성들은 각종 보석으로 된 액세서리를 몸에 걸치고 다닌다. 금과 보석은 장식물일 뿐 아니라 투자 대상물이다. 보석은 신부에게 하는 결혼선물이기도 하다. 결혼식에서는 신부에게 보석과 다이아몬드가 박혀 있는 금 장신구 세트를 선물한다. 이러한 결혼예물의 가격은 가족들에게 공개되며 비싼 예물일수록 위신을 세워주는 일이라 여긴다. 보통 기념일과 생일에 다이아몬드, 루비, 터키석 등 선호하는 보석이나 시계를 선물한다.

몇 년 전부터 명품 브랜드들이 이란에 들어오기 시작했다. 이제는 세계적인 브랜드들 대부분은 테헤란에서 찾아볼 수 있다. 테헤란의 고급 주택가에 있는 '삼 센터Sam Center'는 새로운 명품 판매 명소가 되었고, '페르시안 럭셔리Persian Luxury'라는 온라인 명품 쇼핑몰도 생겨났다. 뿐만 아니라 고급 스포츠클럽도 많이 운영되고 있다. 물론 남성 전용이 대부분이며 각종 운동시설과 수영장을 갖춘 이들 클럽의 회비는 고가로 알려져 있다.

미용·위생 용품의 소비는 사회적 지위에 따라 다르다. 상류 계층으로 갈수록 이들 용품의 소비가 늘어난다. 프록터 앤드 갬블P&G, Procter & Gamble이 대대적인 광고를 시행한 후 미용·위생 용품의 소비가 늘어났으며 브랜드에 대한 의존도도 높아졌다.

이란인들은 미용에 대한 관심이 높다. 이는 되도록 뛰어난 미모의 신부감을 선택하는 전통을 바탕으로, 지금 젊은 세대는 개인의 만족을 위한 관심이 높아지고 있는 추세에 기인한다. 젊은 세대는 서양 모델처럼 보이기 위해 성형수술이나 지방제거 등 극단적 방법을 택하기도 한다.

이란 여성들의 코 성형수술은 세계에서 알아줄 정도다. 이란은 연간 20만 건의 코 성형수술이 이뤄진다. 성형대국으로 알려진 브라질(8만 건), 미국(4만 6,000건), 한국(3만 2,000건)보다 몇 배나 많은 수치다. 여성들은 고등학교 졸업 직후, 또는 20대 초반에 코뼈를 깎아 콧대를 낮추는 수술을 한다. 한국처럼 코를 높이기 위한 수술이 아니라, 너무 높은 코를 낮춰 보다 자연스러운 형태를 만들기 위함이다. 한편 테헤란 거리를 다니다 보면 코에 밴드를 붙이고 자랑스럽게 거리를 활보하는 여성들을 많이 볼 수 있다. 이들에게 수술 부위에 붙이는 밴드는 고급 액세서리를 달고 다니는 것과 같은 '부富'의 상징이다. 이란에서 코 성형수술의 평균비용은 한화로 200만~400만 원 수준이며, 이는 도시 근로자 평균 월수입의 약 4~8배에 달하니 그럴 만도 하다. 중년 여성들은 지방흡입, 주름살제거, 유방확대 수술을 많이 한다. 요즘에는 보톡스, 치아미백, 피하지방제거 시술도 인기를 끌고 있다.

이란 남성들도 예전보다 외모에 더 많은 관심을 기울이고 있다. 외모에 관심이 많은 20~30대 도시 남성이 늘어나고 있는데 이들은 서양 모델처럼 보이기 위해 눈썹을 관리하거나 머리 염색을 하며 체모를 제거하기까지 한다. 남성들은 상喪을 당한 경우 탈상脫喪을 하는 40일까지 면도를 하지 않는 경우를 제외하면 보통 매일 면도를 한다. 다만 종교 관련 직종에 종사하는 사람들은 면도를 하지 않고 수염을 기른다.

식생활

이란에서는 먹는 것을 중요시한다. 이란인들은 아침으로 홍차에 설탕을 타서 마시고, 갓 구운 빵에다 버터와 잼 또는 치즈를 발라서 먹는다. 점심은 쌀밥에 스튜나 케밥을 곁들여 먹고, 저녁에는 점심에 비해 가볍게 먹는다. 모든 식사엔 보통 샐러드, 요구르트, 신선한 허브와 피클이 함께 나온다. 쌀은 카스피해 해안지대에서 생산되는 국산 쌀과 인도에서 수입되는 쌀이 있는데, 국산 쌀이 맛과 향 면에서 훨씬 좋다. 사프란Saffron은 '붉은 금'으로 불릴 정도로 비싼 편이지만 대부분의 음식에 사용하고 있다. 이란에서 흔히 볼 수 있는 노란빛의 밥이 바로 사프란을 넣은 밥이다.

이란 가정에서는 큰 접시에 음식을 담아 차례대로 조금씩 덜어서 먹는다. 집주인은 손님의 접시가 휑하지 않도록 수시로 음식을 더 담길 권유한다. 관례상 주인이 손님에게 음식을 강권하지 않는 것도 결례가 되기 때문이다. 이에 따라 파티나 식사에 초대되어 가면 주인의 호의를 무시할 수 없어 과식을 하게 되는 경우가 많다. 이럴 때는 남김 없이 다 먹으려 하지 말고 조금 남김으로써 배부르게 잘 먹었음을 나타내야 한다.

엄격한 이슬람 규율로 인한 딱딱한 분위기 때문에 외부보다는 집으로 손님을 초대하는 경우가 많다. 초면에 초대하는 것은 예의상 하는 것이므로 잘 살펴서 판단해야 하지만, 사업상 관계가 있거나 몇 번 만난 사이인 경우 집으로 초대 하는 것은 호의와 친근함을 보이는 것이므로 응하는 것이 좋다. 이때는 한국의 공예품 등 한국적 특색이 들어간 선물이나, 꽃바구니를 준비해 가는 것이 좋다.

가족모임이나 외부행사 및 파티에는 모두 식사가 뒤따른다. 다양한 음식뿐만 아니라 케이터링Catering 서비스도 발달되어 있으며 암시장에서 구한 술이 준비되기도 한다. 결혼식 식사는 밤 9시가 넘어야 나오기 때문에 참석 전에 가볍게 식사하고 가는 것이 좋다. 이후 파티는 새벽까지 계속되는 경우가 많다.

이란의 젊은 세대는 부모세대와는 다르게 외식이 보편화되어 있다. '피딜리오Fidilio'라는 온라인 서비스는 식당 및 카페 정보 등을 수시로 보급하고 있으며, 스마트폰 어플을 이용해 정보를 제공하기도 한다.

맥도날드McDonald's, KFCKentucky Fried Chicken, 버거킹Burger King과 같은 패스트푸드 체인의 개념과 메뉴를 본뜬 패스트푸드점들이 확산되고 있다. 이들 체인들은 미국의 경제제재로 인해 이란에 들어오지 못하고 있으나, 이들의 이름을 도용하거나 변형시킨 짝퉁들이 성업하고 있다. 그중에서도 'Super Star', 'Boof'와 같이 성공한 토종 브랜드들도 점점 나오고 있다.

젊은 세대의 서구화에 따라 서양 음식점에 대한 수요도 폭발적으로 늘어나고 있다. 공급이 수요를 따라가지 못해 서양 음식점들은 늘 손님들로 북적인다. 그러나 음식의 질과 서비스에 비해 가격은 매우 높은 편이다.

이란 음식에는 전채요리가 없으며, 보통 음식이 빨리 나오는 편이다. 그러다 보니 식사 속도도 빠르다. 또한 식사 중에는 보통 말을 자제하며 먹는 데 집중한다. 이런 습관은 한국과 닮았다. 이란인들이 즐겨 먹는 음식 중 하나는 헝가리 음식 '굴라쉬Gulyas'와 비슷한 '압구쉬트Abgoosht'다. 이는 '디지Dizzi'라고도 불리는 스튜로서 우리의 입맛에도 꽤 잘 맞는 편이다.

식사 중간에는 간식을 즐긴다. 과일, 견과류, 혹은 달거나 짭짤한 스낵을 간식으로 먹는다. 이들이 간식으로 먹는 과일의 양은 엄

이란식 케밥

청나서 하루에 두세 접시의 과일을 먹는 것은 보통이다. 재미있는 것은 이란에서는 오이를 과일로 취급한다. 미팅 시 오이를 간식으로 내놓더라도 이상하게 생각하지 않는 것이 좋다.

이란인들 대부분이 홍차를 마시지만, 최근 젊은 층이 커피를 마시기 시작했다. 이러한 수요 증가의 영향으로 커피전문점들이 조금씩 생겨나고 있다. 이에 맞춰 요즘 테헤란의 커피전문점들은 무료 와이파이Wifi를 기본으로 제공하고 있다.

암시장에서는 술을 쉽게 구할 수 있다. 젊은 세대들, 특히 서구화되고 부유하며 이슬람 율법에 구속받지 않는 사람들의 술 소비가 늘고 있다. 주로 위스키, 보드카, 데킬라 등 독주가 많이 소비된다. 국내에서 제조된 밀주를 유명 브랜드 병에 넣어 판매하는 가짜 양주들이 성행하고 있으나, 이는 질병을 유발하고 심지어 사망사고를 일으키기도 한다. 암시장에서 산 술은 정품과 가짜가 섞여 있어 항상 위험에 노출되어 있다. 젊은이들의 음주 확산은 많은 문제를 야기하고 있으며, 음주운전 단속도 없어 치명적 사고를 초래하기도 한다. 알코올 소비나 거래에 대한 처벌은 태형과 구금 및 벌금뿐이다.

수돗물은 일반적으로 마실 수 있는 물이다. 그러나 근래에 테헤란 등 몇몇 도시에서는 석회 성분이 증가해 생수 소비가 늘고 있다. 이와 함께 정수기의 수요도 함께 늘어나고 있다.

교육

이란의 교육열은 한국만큼이나 높다. 대학입학자격시험은 한국의 수능시험의 열기 못지 않을 정도다. 특히 요즘 젊은 부부들은 한두 자녀 가정이 많아 자녀들에게 과할 정도로 신경을 쓰는 편이다.

아이가 6세가 되면 초등학교에 입학하는데 그전 유치원 1년은 필수 코스다. 유치원까지는 남녀가 같이 다닌다. 부유층은 사립대학 수업료와 같거나 더 비싼 사립 유치원에 자녀들을 보내고, 이곳에서 다국어 교육을 받게 한다. 사립 유치원의 일부는 외국 대사관과 연계되어 있으며, 이태리 대사관과 연계된 유치원이 테헤란에서 가장 인기 있다. 이러한 인기 유치원에선 대개 영어, 프랑스어, 독일어 등을 동시에 배울 수 있고 예술 및 스포츠 교육도 경험할 수 있다. 때문에 항상 입학 대기자들이 많을 수밖에 없다. 여러모로 강남의 사립 유치원 뺨칠 수준이다.

초등학교는 만 6세가 되어야 입학이 가능하며 남녀 학교가 구분되어 있다. 다만 시골마을에 학교가 하나밖에 없는 경우에는 남녀공학으로 운영된다. 초등학교 수업은 오전 7시 30분에 시작해 오후 2시에 종료되며 토요일부터 수요일까지 주 5일 수업제다. 학제는 초등 6년, 중등 6년제이며, 사립 중등학교의 학비는 정부에서 규제하긴 하지만 실제로는 학교에서 정부 가이드라인보다 더 많은 돈을 각종 명목으로 요구하기도 한다. 인터넷을 포함한 컴퓨터 교육은 일반적으로 도시의 사립학교에서만 하고 있다. 중등학교는 토요일부터 목요일까지 주 6일 수업이며 등교시간은 초등학교와 같으나 하교시간은 조금 늦다. 사립학교 수업시간은 공립보다 더 많다. 모든 여학교는 교복이 의무지만 남학교는 의무가 아닌 곳도 많다. 교복이 의무가 아닌 학교도 복장규정은 엄격해 밝은 색이나 글자나 그림이 새겨진 옷은 허용되지 않는다. 학기 시작은 서양과 같은 가을이다.

국립대학 입학을 위해서는 '콩쿠르Concours'라는 대학입학자격시험을 통과해야 한다. 이슬라믹 아자드 대학교Islamic Azad University와 같은 전국의 사립학교들은 별도의 입학시험을 치러야 하며, 그 성적에 따라 원하는 학과에 응시할 수 있다. 그러나 이러한 대입시험에 대한 비판이 많아 내신성적으로 선발해야 한다는 주장이 제기되고 있다.

이란의 중산층 부모들은 자녀를 영어학원에 보내거나 과외를 받게 하는 것이 일반화되어 있어 사교육비에 대한 부담이 클 수밖에 없다. 좋은 대학에 보내기 위해서는 과외 외에도 사립학교에 취학시키는 경우도 많은데 그 부담 또한 엄청나다. 이렇게 투자하고 성적이 좋아도 좋은 대학에 입학된다는 보장 역시 없다. 국립대학에는 보통 유공자 자녀에게 일정 비율이 할당되어 있으며 성적이 좋지 않은 부유층 자녀도 이에 해당하면 쉽게 입학할 수 있다. 한편 교수들도 실력 외에 정치적 충성도가 많이 고려되어 임용 여부가 결정난다고 한다.

좋은 대학을 나온다고 해서 반드시 좋은 직장에 취직되진 않는다. 이란의 대기업들은 대부분 국영으로 운영되기 때문에 입사를 위해선 어느 정도의 연줄이 있어야 한다. 안타까운 현실이지만, 이란에서 연줄이 없으면 하고 싶은 일을 맘껏 하기 어렵다.

2012년에 약 100만 명이 국립대학 입학시험을 보았으며, 이 중 60%가 여학생이었다. 혁명 후 1982년에 설립된 이슬라믹 아자드 대학교는 지방과 외국에 분교를 갖고 있으며 기본적으로 발생하는 학비가 매우 비싼 편이다.

1987년에 설립된 파야미 누르 대학교Payame Noor University는 원격교육 대학으로서, 공무원과 교사들을 대상으로 TV와 통신을 통해 수업을 진행한다. 몇몇 대학과 고등교육기관이 온라인 강좌를 개설하고 있으며 대부분은 경영학과 회계학 단기코스다. 재학생들은 보통 엔지니어링 학과를 선호하고 있다. 2012년 졸업자 중 32만 명은 이과, 20만 명은 문과였으며, 문과 중에서는 경영학과의 인기가 높은데 이는 취업에 유리하기 때문이다.

MBAMaster of Business Administration 프로그램 개설도 유행이다. 대부분의 대학이 영국과 캐나다 등 외국 대학과의 협력 하에 MBA 강좌를 개설하고 있다. 샤리프 공과대학교Sharif University of Technology의 MBA 코스를 최고로 치며 독일 상공회의소도 MBA 프로그램을 제공하고 있다.

대부분의 대학생들이 부모의 재정지원을 받고 있다. 부모의 재정지원이 없거나 불충분해 돈이 필요한 학생들은 과외, 호텔, 식당에서 파트타임 등으로 돈을 번다. 기숙사가 있기는 하나 서비스 수준이 열악해 친척집에 기거하거나 친구들과 함께 방을 빌려 생활한다.

이란 정부는 2012년 해외유학생의 수가 3만 5,000여 명이라고 발표했다. 그러나 실제로는 훨씬 많은 수의 학생들이 외국에서 공부하고 있다. 이란 젊은이들은 재정적 여력만 감당할 수 있다면 외국 유학을 선호하는 추세다. 이는 귀국 후 보다 훨씬 나은 일자리를 구할 수 있기 때문이다.

직장생활

이란의 노동법은 우리의 노동법과 크게 다르지 않다. 노동법상 이란의 근로시간은 평일 8시간, 주말인 목요일 4시간으로 주 44시간으로 제한한다. 일반적으로 평일에는 오전 8시에 시작해서 오후 4시에 일이 끝나며 목요일에는 보통 12시 30분에 일을 마친다. 금요일은 다른 이슬람 국가들처럼 쉰다. 이란에 상주해 있는 외국 기업, 대사관, 외국 기업과 일하는 이란 기업은 본국 또는 외국과의 실시간 연락을 위해 목요일 전일 근무를 하고 토요일은 일하지 않는다. 공공 부문은 급여는 적지만 상대적으로 업무부담이 덜하고 평생직장으로서 고용이 안정되어 있다. 민간 부문은 공공 부문보다 급여는 많지만 일의 강도가 훨씬 강하며 노동법상의 근로시간도 잘 지켜지지 않는다.

점심시간은 보통 30분이며 큰 회사나 공장들은 구내식당을 갖추고 있어 식사를 제공하며, 일반 회사들은 도시락 등으로 개인이 해결해야 한다. 휴가는 근로자의 기본 권리지만 고용주의 허가가 있어야 하기 때문에, 근로자 마음대로 날짜나 기간을 선택할 수는 없다. 출산휴가는 일반적으로 90일이 주어지며 산모에게는 2년간의 모유 수유 편의를 제공한다. 산모는 이 기간에는 한 시간 일찍 퇴근할 수 있다. 이란의 많은 여성들은 출산을 하게 되면 만만치 않은 보모 비용 때문에 회사를 그만둘 수밖에 없다.

이란에서는 아직도 남성이 생계를 책임지고 여성은 가사와 양육을 담당해야 한다는 인식이 강하다. 그러나 시골에서는 여성의 노동 강도가 매우 강하고 농사뿐 아니라 가정까지 돌봐야 한다. 특히 여성 임금 근로자 중에는 공식 통계에는 잡히지 않는 가정부나 가정 요리사 등 비공식 영역의 근로자가 많다. 그렇기 때문에 이란 전체 근로자 중 남성 근로자가 여성 근로자보다 네 배 정도 많다고 해서 여성들이 일을 하지 않는 것은 아니다. 그럼에도 불구하고 남성이 여성보다 출세도 빠르고 경영진 대부분을 차지하고 있다.

이란에서 취업은 능력보다는 연줄이 결정적으로 작용한다. 공공 부문에서는 직원 채용 시 신앙심과 종교의무 실천 정도, 가족배경

등을 살피며 응시자에 대한 이웃들의 평판과 생활태도도 점검한다. 민간 부문에서는 교육과 경험을 가장 중시한다. 보통 신문광고를 통해 모집하는데, '이란탤런트IranTalent'와 '아리아잡AriaJob'은 근래 론칭한 인재주선회사로 대기업과 외국 기업들이 주로 위탁해 이용하고 있다.

여성 고용률은 늘어나고 있으나 아직도 낮은 수준으로 2012년엔 12%에 불과했다. 그러나 시골처럼 통계에 잡히지 않는 여성 노동력이 사회 곳곳에 많이 숨어 있다. 여성 근로자는 가사와 사회생활 모두에 충실해야 하는 부담이 있다. 물가가 점점 오르다 보니 중산층 가정에서는 맞벌이 부부가 늘고 있다. 고용주들은 여성들의 결혼이나 출산으로 인해 퇴사할 것을 고려해 여성보다 남성을 선호하는 편이다. 일부 남편들은 배우자가 밖에서 일하는 것을 허용하지 않는다.

이란 여성들은 급여가 적더라도 여성 친화적이고 안전한 분위기의 직장을 선호한다. 도시 여성들은 개인교사, 미용사로 일하거나 집으로 사람들을 불러모아 물건을 판매하는 일을 하기도 한다.

이란에서 파트타임 업무는 흔치 않다. 고용주들은 직장에서 시간만 채우고 퇴근하는 파트타임 근로자를 굳이 선호하지 않는다. 반대로 구직자들도 기본적인 사회보험에도 가입할 수 없는 파트타임 업무를 꺼린다. 그런 이유에서 이란의 파트타임 근로자는 대부분 학생들이다.

은퇴

은퇴자들은 대부분 자식들에게 생활비를 의존한다. 이란에도 국립과 사립 요양원이 있긴 하지만 요양원은 보통 가족이나 친척이 없는 이들을 위한 시설로 인식되고 있다. 정서상 부모를 요양원에 보내는 것은 용납되지 않는다. 그러나 바쁜 도시생활과 맞벌이 가정이 늘고 있어 젊은 세대에게 부모까지 돌보는 일은 점점 더 부담이 되고 있다. 재정적 능력이 되는 사람들은 간호사나 간병인을 고용해 집에서 부모를 돌보기도 한다. 노인들에게 위성TV는 매우 큰 여흥거리다. 이란어로 더빙한 남미나 터키 프로그램을 방영하고 있는 'Farsi 1', 'Gem', 'Zemzemeh', 'PMC Family' 등과 같은 채널들이 인기가 높다.

보건

이란의 민간 보험회사는 사고보험만 취급하고 의료보험은 사회보험공단에서만 취급한다. 민간 회사는 사회보험공단에 종업원을 등록해야 한다. 병원은 매우 붐비고 대기자 리스트가 길어서 부자들은 개인 병원과 개인 의원을 선호한다.

이란인들은 탄수화물이 많고 기름에 튀긴 음식들을 주식으로 먹다 보니 영양상태가 불균형하고, 운동량도 많지 않다 보니 비만을 포함한 건강상의 문제를 안고 있는 사람들이 많다. 여기에 지독한 대기오염과 스트레스도 건강을 해치고 있다. 이처럼 건강하지 못한 생활습관으로 인해 콜레스테롤과 혈당 수치가 높아 관상동맥과 심혈관 질환이 만연한다. 때문에 이란인의 사망 원인은 심혈관 질환, 암, 사고(자동차 등) 순으로 많다.

인구가 밀집되어 있고 버스, 상점 등 한꺼번에 많은 사람들이 몰리는 곳에서 생활하다 보니 독감이 급속도로 유행하기도 한다. 인사할 때 악수를 하고 볼에 키스를 하는 습관도 병균을 확산시키는 원인이다. 특히 메카 성지순례 이후 순례자들이 바이러스를 퍼트려 독감이 유행하기도 했다.

이란식품연구소의 2006년 조사에 의하면 5,800만 명이 칼슘 부족, 4,600만 명이 비타민K 부족, 4,100만 명이 비타민B2 부족, 3,500만 명이 비타민A 부족 상태라고 발표했다. 이러한 영양소 결핍은 비타민과 미네랄이 필수 영양소인 것을 잘 모르는 상태에서 어떤 음식을 잘 섭취해야 할지 몰랐던 사람들이 많았기 때문이었다.

최근 이란에선 비만이 사회문제로 대두되고 있다. 2011년 조사에 의하면 국민의 35%가 과체중이고 20%가 비만이었다. 국민의 절반이 체중에 문제가 있는 것이다. 비만의 증가속도도 문제인데 지난 10년간 세 배나 늘어났다. 비만의 주요 원인은 쌀, 빵, 감자 등 전분이 많은 음식과 기름에 튀긴 음식을 많이 먹기 때문이다. 늘어나는 패스트푸드 소비와 부족한 운동도 문제를 가중시키고 있다. 스낵을 자주 접하고 운동은 하지 않은 채 장시간 TV 시청과 컴퓨터 게임을 하는 10대들의 비만도 심각한 문제다. 문제의 심각성을 인지한 이란 정부에서도 정크푸드와 스낵의 광고를 금지하고 스포츠센터를 건립해 운동을 장려하는 등 대책 마련에 나서고 있다.

이에 따라 많은 양의 다이어트 약이 시중에 유통되고 있다. 정부의 엄격한 불법 약품 수입, 판매금지 규정에도 불구하고, 불법 수입된 다이어트 알약들은 불티나게 팔리고 있다. 이 약들은 대부분 위성TV 광고를 통해 광고하는 제품들이다.

이란인들은 의사의 진료보다 자기 판단으로 약을 복용하는 등

의약품 남용이 심한 편이다. 다양한 약들, 특히 진통제와 감기와 독감 약은 이란 가정에서 쉽게 발견할 수 있다. 이란에서 대부분의 약은 처방 없이도 약국에서 구할 수 있으며, 의약품 암시장도 형성되어 있다.

항생제는 감기와 독감 환자에게도 광범위하게 처방되고 있다. 아플 때 항생제, 또는 비타민 주사를 맞는 것이 일반적이다. 이란인들은 약의 부작용은 별반 생각하지 않는 것 같다. 이들은 의사처방 없이 경험에 의거해 스스로 처방하거나, 가족이나 친구들의 말을 듣고 약을 복용한다. 이들은 쇼핑하듯 두세 명의 의사에게 진료를 받고 비교해 처방을 받는다. 진료의 효능보다 보다 많은 약을 처방하는 의사를 좋은 의사로 평가할 정도다.

스포츠와 신체단련

축구는 이란에서 가장 인기 있는 스포츠다. 월드컵 예선전 같은 큰 경기가 있을 때마다 이란 전역은 뜨거운 열기로 가득 찬다. 테헤란시의 '에스테그랄 FCEsteghlal FC'와 '페르세폴리스 FCPersepolis FC'가 가장 인기 있는 프로축구팀으로 두 팀 간의 경기는 수백만 명이 본다.

해외축구리그도 인기가 많다. 주로 독일 분데스리가, 스페인 프리메라리가, 잉글랜드 프리미어리그 팀의 팬들이 많다. 특히 '맨체스터 유나이티드 FCManchester United FC'와 '첼시 FCChelsea FC'처럼 인기가 많은 팀 간의 경기는 국영방송으로 생중계될 정도다.

태권도는 축구 다음으로 인기 있는 스포츠다. 이란의 태권도 수련 인구는 약 180만 명이나 되며 수련 도장이 3,800여 곳이나 된다. 이러한 이란의 태권도 인구는 한국에 이어 세계에서 둘째로 많은 것

한국과 이란의 월드컵 축구예선경기(테헤란 아자디 스타디움)

이다. 한국 드라마처럼 이란 사회에 짧고 굵게 영향을 미친 것은 아니지만, 1970년대에 처음 소개된 이후 꾸준히 발전하면서 이란 현지에 튼튼한 뿌리를 내린 또 하나의 한류다.

자유형 레슬링과 역도도 오랜 전통을 가진 국민스포츠다. 올림픽에서 매번 신기록을 경신하고 메달을 많이 획득함으로써 이란 국민들의 자존심을 드높여 준다. 산악지형이 많은 이란에서 하이킹과 스키는 이란인들이 즐기는 대표적인 스포츠다. 젊은이들에게 스키장은 사교의 장이고 해방구이기도 하다. 수영도 흔한 생활체육 중 하나다. 대부분의 수영장과 헬스장은 오전에는 여성, 오후와 저녁은 남성이 사용하는 2부제로 운영된다. 요즘엔 요가와 필라테스도 여성들 사이에 점차 인기를 끌고 있고 에어로빅, 줌바(라틴댄스와 에어로빅 동작을 결합한 댄스)와 바디펌프도 인기 피트니스 과정으로 등장했다.

이란인들은 평균적으로 운동량이 부족한 편이다. 이란 보건당국에 의하면, 이란인들 중에서 규칙적으로 운동을 하는 비율은 10% 정

공원의 운동시설

도밖에 되지 않는다. 독일의 50%, 한국의 40%에 비하면 현저히 낮은 비율이다. 때문에 금주 국가임에도 불구하고 지방간 보유인구 비율이 30%로, 세계 최대 술 소비국인 한국보다 약간 높다. 심장병과 고혈압으로 인한 사망률이 높은 것도 이러한 생활습관의 영향이 큰 것으로 보인다

국민들의 운동부족 문제가 사회적 이슈가 되자 정부도 국민들의 운동장려정책을 펼치기 시작했다. 동네 공원에는 다양한 운동기구들이 설치되고 전국에는 정부에서 운영하는 스포츠클럽들이 설립되고 있다. 스포츠용품 전문점뿐만 아니라 홈쇼핑 채널과 위성TV에서도 가정용 운동기구들은 끊임없이 판매되고 있다.

테헤란 시내는 공기오염도 문제지만 인도가 제대로 정비되어 있지 않기 때문에 시민들은 주로 공원에서 걷기운동을 한다. 한편 이러한 현지인의 생활습관을 비즈니스에 적절히 활용한 사례도 있다. 한 종합상사 주재원은 매일 아침과 저녁에 공원에서 산책을 하며 이란 국영기업 간부와 자연스럽게 친분을 쌓아 대규모 수주를 받은 바 있다.

흡연

이란 성인의 약 20%가 담배를 피우는데 주로 남성들이다. 이렇게 흡연 인구가 적은 것은 옛날부터 흡연을 매우 나쁜 습관이라 여겼기 때문이다. 그러나 오늘날엔 이러한 관점이 많이 바뀌었다. 여성의 흡

연은 아예 금기시되어 왔지만, 근래 대도시 일부 젊은 여성들을 중심으로 흡연을 사회적 지위와 멋의 상징이라 여기는 분위기가 퍼지고 있다. 여성 애연가들이 늘면서 이제는 공공장소에서 여성들이 모여 함께 흡연하기도 한다.

이란은 2006년에 금연법을 제정하고 종교시설, 호텔, 사무실, 식당, 공항, 극장, 스포츠클럽과 같은 공공장소에서의 흡연을 금지했으며 2008년에는 커피숍과 밀폐된 공공장소로 금연지역을 확대했다. 금연법은 특히 식당과 커피숍에 매우 엄격하게 적용되며 이를 준수하지 않는 시설은 폐쇄된다. 그러나 실제 법 집행은 느슨하다. 회사 사무실 내에서는 업무 중 담배를 피우거나 식당에선 흡연구역을 따로 두고 있다.

KT&G는 2008년 이란담배공사와의 협력 하에 테헤란에 생산공장을 설립해 담배를 제조하고 이란 현지와 인근 국가에 판매하고 있다. 특히 '에세'는 이란 내 시장점유율이 30%에 이를 정도로 인기를 끌고 있다.

이란인들의 다수가 가정에 물담배를 보유하고 있으며 모임이나 파티가 있을 때 피운다. 물담배에 쓰이는 향을 가미한 담배와 숯은 대부분의 동네 상점에서 쉽게 구할 수 있다. 한때 전통찻집에서의 물담배도 금지되었으나, 나중에 특정 찻집과 식당에서는 허용하는 것으로 완화되기도 했다. 한편 2011년에 정부는 공공장소에서 여성의 물담배 흡연을 다시 한 번 금지했다.

법적으로 만 18세 이하에게 담배 판매를 금지하고 있으나, 이를 지키지 않아도 크게 처벌받지는 않는다. 이에 따라 이란의 평균 흡연 시작 연령은 지난 수년간 현저히 낮아졌다. 보건당국에 의하면 흡연자의 80%가 15세 이전에 흡연을 시작한 것으로 조사되었다. 이란에도 금연크리닉이 활발히 활동하고 있으며 금연패치를 위주로 금연 보조제품들이 수입되어 시중에 판매되고 있다.

쇼핑

이란에는 특별한 유흥거리가 없어 쇼핑이 그 대안이 되고 있다. 이란 인들은 과시욕이 많은 편이라 과소비에 해당할 만큼 소비력이 높다. 체면을 중시하는 부유층은 물론이고 중산층도 고급 브랜드를 많이 선호한다. 단편적으로 이란은 '프리미엄 제품'에 대한 소비가 중동·아프리카 지역을 통틀어 가장 많다. 중산층 이하에서는 비교적 저렴한 중국, 대만, 터키, 이란 제품을 주로 구매한다. 중산층 이하는 생활비의 70%를 식비와 집세로 사용하므로 외제 가전제품 구입이 어려운 실정임에도 중산층의 외제 가전제품과 외제 자동차 구입 욕구는 줄지 않는다. 또한 손님을 집에 초대해 즐기는 문화가 발달되어 있어 가구, 장식품, 식기 등에 많은 신경을 쓰는 편이다.

이란 사람들은 충동구매를 하지 않는다. 이들은 많은 상점을 둘러보고 구매를 결정한다. 정찰제가 아닌 전통 소매상점에선 흥정 정도에 따라 가격이 결정된다. 특히 몇 명씩 모여 쇼핑을 즐기는 이란 여성들은 여러 상점에 들러 가격을 꼼꼼히 비교한 다음 구매한다. 이란은 입소문 마케팅에 적합한 나라다. 이들은 구매경험을 가족과 지인들과 공유하기 때문이다.

식재료와 생활용품들은 동네 구멍가게에서 구입한다. 보통 '슈퍼마켓'이라 부르지만 대부분 매우 협소한 소규모 가게들이다. 이러한 가게들에선 물건을 찾는 것조차 힘들지만 친절한 점원에게 말하면 필요한 물건을 찾아주고 원하는 곳까지 배달까지 맡아준다. 보통 같은 동네에서 오랫동안 영업하고 있는 가게들이 많아서 동네 사람들의 외상이나 전화주문과 배달도 기꺼이 받아주기도 한다.

채소가게에서는 주인이 직접 과일과 채소를 골라준다. 이 경우 싱싱한 것과 그렇지 않은 것을 적당히 섞어서 주게 마련이다. 또 그들은 손님이 요청한 것보다 더 많은 양을 담아 저울에 올리기도 한다. 2kg을 요청하면 3kg을 담아 파는 식이다. 그러나 손님들은 대체로 불평하지 않고 그 돈을 지불한다. 이러한 관습은 사업에서도 나타날 때가 있으므로 계약 시 꼼꼼하게 검토해야 한다.

이란 토종 슈퍼마켓 체인인 '샤르반드Shahrvand Chain Store', '레파Refah Chain Stores', '야스Yas Supermarket', '프로마Proma Hypermarket' 등이 있고 현대적인 까르푸 계열의 '하이퍼스타Hyper Star Market'는 테헤란, 쉬라즈, 이스파한에 점포를 개설해서 이란의 쇼핑문화를 변화시키고 있다.

한국처럼 이란에서도 신부가 가구, 생활용품, 가전제품 등을 혼수로 장만하고, 신랑이 신혼 집 등을 준비하는 편이다. 이때가 이란인들이 가장 큰 소비를 하는 시기다. 한국 가전제품은 이란에서 최고의 혼수 브랜드로 인기가 많다. 특히 혼수로 준비한 물품들은 친척들에게 공개하는데, 이로써 혼수는 개인적인 예물을 벗어나 사회에 공개되는 것이다. 때문에 혼수가 사회적 체면과 직결됨으로써 과다한 혼수를 주고받는 풍습이 자리 잡았다.

이란인들은 이사를 하거나 사회적 신분이 상승해 수입이 늘어났을 때도 고가 제품을 구입하는 편이다. 또한 새해에 가구 같은 가정용품을 교체하는 경우도 많다. 특히 새해에는 옷과 신발을 많이 구입하는데, 이미 새해 한 달 전부터 쇼핑이 시작된다. 이러한 고가 제품을 구매할 때는 면밀한 조사를 하고 가족이나 지인들과 상의한 다음 결정하는데, 가격이 최우선적으로 고려되며 브랜드, 원산지와 보증서도 따져 본다. 같은 브랜드라도 중국에서 생산된 것보다 한국에서 생산된 것을 선호한다. 이러한 소비 행태는 상대적으로 고가인 한국 가전제품이 이란 가전제품시장의 70%가량을 차지하는 데 결정적 기여를 했다.

이란인들은 흥정에 익숙하다. 가격을 깎기 위해 판매자와 장시간 이야기하며 다른 것을 끼워줄 것을 기대한다. 그래서 애초에 소매상들은 할인을 감안한 가격을 부른다. 이러한 습성은 사업상에서도 적용된다. 바이어와의 구매협상에서 적정가격을 탐색하기 위해 끝없는 가격인하를 요구한다. 근래에는 일부 상점에서는 아예 할인을 해주지 않는다고 명시적으로 고지해 놓거나 정찰제를 운용함으로써 흥정의 여지를 주지 않는 추세다.

전자상거래

이란은 중동에서 두 번째인 1993년에 인터넷을 개통한 국가다. 인터넷 사용자는 2006년에 인구의 9%에 불과했으나 2011년에는 21%, 2012년에는 23%로 늘어났다. 주요 도시에서는 광대역 통신도 가능하다. 식당과 카페에선 무료 와이파이를 제공하는 등 무선 인터넷 보급도 확대되고 있다.

온라인 지불여건이 마련되어 있기는 하나 낮은 신용카드 보급률이 장애가 되고 있다. 신용카드는 몇몇 민간은행에서 계좌가 있는 고객에게만 발급하고 있고, 많은 온라인 쇼핑몰들이 민간은행인 '사만 은행Saman Bank', '파르시안 은행Parsian Bank'과 국영은행인 '멜라트 은행Bank Mellat'과 협약하고 있어 해당 은행을 통해서만 결제해야 하는 방식을 취하고 있다.

젊은 세대의 전자상거래 시스템에 대한 신뢰는 중·장년층보다 높아 온라인 금융거래를 받아들이는 데 좀 더 적극적이다. 그러나 아직 전자상거래와 온라인 금융거래가 활성화되기에는 시간이 더 필요하다. 많은 이란인들은 거래의 안전성에 대한 우려로 전자상거래와 온라인 금융거래를 망설이고 있으며, 아직 '컴맹'이 많은 것도 큰 장애요인 중 하나다.

이란의 온라인 쇼핑몰에서 주로 판매하는 상품은 포장식품, 가정용품, 전자제품, 책, 입장권 등이다. 신발과 옷 등 의류품목에 대한 온라인 판매는 아직 보편화되지 않았다. 샤르반드와 같은 슈퍼마켓 체인에서는 온라인으로 주문한 제품을 가정까지 배달해 주는 서비스를 하고 있다. 영화와 음악회 입장권의 온라인 구매도 가능하다.

그러나 아직 대부분의 거래는 100% 온라인으로 처리되지 못하고 수작업이 필요하다. 가령 결제 시스템이 불완전해 온라인으로 주문한 상품을 고객이 받을 때 착불로 지불하는 곳도 있다.

이란의 M-커머스M-Commerce 시장은 아직 갈 길이 멀다. 이제 막 공공기관에서 종교행사 등 중요한 일정을 SMS 메시지로 알리거나, 상업적 목적의 SMS 광고를 보내는 것은 증가하고 있다. 최근 스마트폰 보급의 확대로 간단한 메시지 전송과 이메일 확인, 애플리케이션을 통한 국제전화 등 점차 다양한 기능의 운용이 가능하기 시작했다. 한편 신용카드 보유자가 많지 않기 때문에 아이폰iPhone의 경우 '앱스토어App Store'나 '아이튠즈 스토어iTunes Store'를 통한 다운로드가 불가능할 때가 많다. 이때는 휴대폰대리점에서 수수료를 받고 필요한 애플리케이션을 설치해 주고 있다. 물론 이란 정부의 애플리케이션 검열도 존재한다.

여가시간

이란에는 즐길 만한 대중문화나 놀거리가 많은 편은 아니다. 방송은 엄격한 검열로 인해 프로그램 제작에 많은 제약을 받는다. 근래에는 국영방송에서 한국이나 터키 드라마와 영화를 방영하긴 하지만, 중산층 이상의 가정에서는 아랍이나 유럽, 미국에서 송신되는 위성방송을 즐겨 본다. 특히 외국에서 송신되는 페르시아어 방송들을 통해 새로운 대중문화가 형성되기도 한다. 페르시아어 방송을 통해 유입되는 교포가수들의 노래는 금세 유행가가 되기도 한다. 이처럼 이란인들은 위성TV를 통해 새로운 문화를 접하고 있다. 물론 지적재산권 개념이 확립되어 있지 않아 이러한 콘텐츠들은 불법 생산 및 유통되고 있는 실정이다.

평일 밤 이란 가정에선 TV를 시청한다. TV는 온가족이 함께 시간을 소비할 수 있도록 거실의 중심에 자리 잡는다. 특히 위성TV를 통해서 이란어로 더빙된 터키 및 아시아 드라마를 시청하는 것이 일상이며, 영국에서 송출되는 이란어 위성채널인 '마노토1Manoto1'도 인기 채널이다. 불법복제된 외국 영화나 드라마는 길거리 노점에서 저렴한 가격에 구입할 수 있다. 〈로스트Lost〉(2004), 〈24〉(2001) 등 '미드'나 미국의 쇼프로그램이 가장 잘 팔린다.

주말인 목요일 오후엔 대개 나들이를 한다. 이때 쇼핑이나 외식을 하거나, 영화를 본다. 젊은이들은 자가용을 끌고 나와 이리저리 드라이브를 즐긴다. 그러다 보면 길거리의 마음에 드는 이성과 데이트할 수 있는 기회가 생기기 때문이다. 특히 여름에는 하루 종일 여기저기 돌아다니다 짝을 찾고 해가 지기 시작하는 밤 9시경 저녁식사를 하면서 데이트를 즐긴다.

휴일인 금요일에는 가족이나 친구들과 집 안에서 식사를 하거나 차를 마시며 시간을 보낸다. 테헤란에서는 많은 사람들이 인근 산으로 하이킹을 가서 아침이나 점심 식사를 해결하고 내려오기도 한다. 테헤란 외 다른 대도시에서는 금요일이나 공휴일엔 주로 교외로 많이 나간다.

공휴일

이란에는 1년에 25일의 공휴일이 있는데 종교휴일이 대부분으로 시아파 종교지도자인 이맘들과 선지자 마호메트의 생일이나 사망일이다. 이러한 종교휴일들은 이슬람력을 기준으로 하기 때문에 서양 달력 기준으로 했을 때 매년 날짜가 바뀐다. 그러나 2월 1일, 2월 11일과 같은 혁명기념일이나 노동절, 전통 설날인 노르쥬(3월 21일) 등은 서양 달력으로도 매년 같은 날이다. 이란을 방문할 예정이라면 라마단을 피해서 가는 것은 물론, 노르쥬나 각종 종교휴일도 고려해야 한다. 더구나 시아파 종교지도자 사망일에는 하루 종일 문을 열지 않는 상점과 식당들이 많아 낭패를 당할 수 있다.

가장 큰 명절은 역시 노르쥬다. 노르쥬에 해당하는 공휴일은 며칠 안 되지만, 학교의 경우 2주간 쉬며 관공서나 회사들도 실제로는 2주에서 3주간 거의 휴업을 한다. 노르쥬 당일엔 온가족이 모여 '하프트 신Haft Sin'이라는 일종의 차례상을 차린다. '하프트'는 페르시아에서 행운의 숫자로 통하는 '7'을, '신'은 페르시아어 알파벳 'S'를 의미하는 것으로 일곱 가지 음식과 『코란』을 차려 놓는다는 의미다. 재미있는 점은 이날 부모를 포함한 연장자들은 아이들에게 한국의 세뱃돈처럼 돈을 주는 관습이 있다.

노르쥬 축제는 13일간 계속되는데 마지막 날은 '자연의 날'로 불리는 공휴일이다. 이날만큼은 낮에 집 안에만 있으면 악운이 온다고 믿어 보통 공원이나 야외로 피크닉을 즐기거나 산책을 한다. 해가 지면 그때서야 집으로 들어간다. 한편 숫자 '13'은 기독교 문화에서는 불길한 숫자지만 페르시아 문화에서는 악운을 없애는 행운의 숫자다.

노르쥬에 친척이나 친구 집에 방문할 때는 꽃이나 과자 등을 선물로 들고 간다. 상(喪)을 당한 가족은 다음 해 노르쥬 축하행사를 생략하고 검정색 옷을 입고 애도를 계속한다. 보통 노르쥬 전엔 보너스나 새해선물을 지급하기 때문에 이때 소비를 많이 하는 편이고, 특히 사업을 하는 사람들은 연하장을 많이 보낸다.

휴가

이란의 최대 휴가 시즌은 노르쥬다. 새해 휴가를 길게 즐기는 반면 여름휴가는 그리 길지 않는 편이다. 대신 공휴일과 주말을 끼고 며칠간 휴가를 받아 국내여행을 하는 것이 일반적이다. 때문에 여름휴가 시즌이 따로 없고 업무에 큰 지장을 받지도 않는다. 라마단이나 다른 큰 이벤트가 없다면 한여름에 이란으로 출장일정을 잡아도 무방하다.

이란 북동부 도시 마샤드는 시아파의 여덟 번째 이맘인 이맘 레자를 기리는 모스크가 있는 곳으로, 매년 2,500만 명의 시아파 순례자들이 방문한다. 이란인들에게 가장 인기 있는 관광지다. 수도권 사람들에게는 카스피해안이 가장 인기 있는 휴양지다. 부자들은 이곳에 별장을 갖고 있다. 역사 유적이 많은 이스파한, 쉬라즈, 케르만도 인기 관광지며, 페르시아만의 자유무역지대인 키시섬Kish Island에는 쇼핑과 레저스포츠 등을 즐기는 관광객들이 몰려든다.

두바이는 이란인들이 가장 선호하는 해외여행지로 쇼핑과 밤문화, 해변에서의 휴양을 즐길 수 있다. 또한 두바이에선 망명한 이란 예술가들의 음악회나 전시회들이 많이 열려 많은 이란인들이 찾아온다. 터키 역시 두바이 못지않게 이란인들이 선호하는 해외여행지다. 터키는 따뜻한 날씨와 바다, 음식과 밤문화를 즐기기 좋다. 이외에는 태국, 말레이지아, 중국 등을 많이 찾는 추세다. 유럽여행은 까다로운 비자 발급 절차로 인해 소수 사람들만 누릴 수 있는 특권에 가깝다. 유럽이나 미국의 영주권을 갖고 있는 부유층들은 매년 몇개월씩 머물다 돌아오기도 한다.

교통

이란의 주요 도시는 포장도로로 연결되어 있으며, 대도시 간에는 고속도로로 연결되어 있어 자동차 여행에 큰 장애물은 없다. 장거리버스 노선과 야간버스 노선도 잘 갖춰져 있다. 그러나 한국의 16배가 넘는 국토면적을 자랑하다 보니 자동차만으로 전국을 여행하는 데는 한계가 있다. 특히 극심한 교통체증과 주차공간 부족, 2부제 운영 등 대도시 내에서의 자동차 운행은 운전자의 불쾌지수를 현저히 높인다.

2012년 말 테헤란시정부 조사에 의하면 400만 가구 중 1/3은 차량을 보유할 경제적 능력이 없는데도 불구하고, 시에 등록되어 있는 민간 차량은 400만 대를 웃돌고 있다. 이 결과는 고소득층 가구들이 한 대 이상의 차량을 보유한 것을 말해준다. 또한 테헤란 시민의 약 5%는 외제차를 보유하고 있다. 이란의 자동차들은 매년 안전검사를 받아야 한다. 그러나 좀처럼 차량 부실과 고장으로 인한 사고는 줄어들지 않고 있다.

테헤란에는 도심을 관통하는 지하철이 있으나 노선이 짧고 한정되어 있어 교통난을 해소하는 데 큰 영향을 미치지 못한다. '모스타 킴'이라는 개인영업 자동차들이 시민들을 실어 나르고 있다. 모스타 킴은 직선으로만 운행하며 합승이 허용되기 때문에 요금이 저렴하다. 그렇지만 노선을 알리는 표시가 없어 말이 잘 통하지 않는 외국인이 이용하기는 어렵다. 자전거는 레저 용도 외에 출퇴근 등 생활용으로는 거의 사용되지 않는다.

땅이 넓은 관계로 이란에서는 국내 항공여행이 보편적이다. 2011년에 15만 편의 이란 국적기를 이용해 1,650만 명이 국내여행을 했으며, 3만 6,000편의 이란 국적기로 500만 명이 해외여행을 다녀왔다. 외국 항공사를 포함한 취항편수는 연간 31만 편 정도로 약 4,000만 명이 항공기를 타고 여행하고 있다.

미국의 경제제재로 인해 이란은 신형 항공기 도입과 구형 항공기의 부품 조달이 어려운 실정이었으나 제3국을 통해 어렵게나마 해결해 왔다. 그러나 2010년부터 한층 강화된 경제제재는 제3국을 통한 우회 수입도 어렵게 만들었다. 이란 국적 항공기의 평균 연령은 23년 정도인데, 무엇보다 부품 조달이 어려워 정비를 제대로 할 수 없는 현실이 심각한 문제다. 여기에다 난립한 민간 소형 항공사들은 구소련제 낡은 항공기들을 보유하고 있어 항공사고를 염려하지 않을 수 없는 실정이다. 이란인들조차 자국 항공기의 안전에 대해 우려하고 있으며 해외여행 시 가급적 외국 항공사를 이용하고자 한다.

그나마 '마한항공Mahan Air'이 비교적 신형 기종을 보유하고 있어 좀 더 안전한 것으로 평가받고 있다. 반면 이란에서 전세항공기로 애용되는 구소련제 항공기 '투포레프Tupolev'는 사고가 잦아 비난의 대상이 되고 있다. 이런 점들을 고려할 때 이란 국내선을 탈 일이 생기면 항공기 기종을 확인하는 것이 좋다.

축일과 선물

이란 생일 축하행사는 가족과 친구들을 모아 파티를 열고 케이크와 선물을 준비한다. 보통 옷(특히 티셔츠) 과 스카프(히잡)를 생일선물로 많이 준비하고, 향수, 화장품, 액세서리 등도 선호하는 선물들이다. 요즘에는 상대방의 취향을 잘 모를 때 현금을 주기도 한다. 보통 축하용 선물은 시기, 관계, 나이, 사회적 지위 등에 따라 준비한다. 젊은 세대는 스마트폰, 노트북, 태블릿PC, 카메라, 만년필, 시계, 보석 등 고가품에서부터 모조장신구, 신발, 초콜릿, 책, 케이크 등 받는 이의 취향을 고려해 선물을 고른다.

이란인들에게 선물은 자신을 표현하는 방식이라고 할 정도로 중요하다. 그러면서 선물을 건넬 때는 항상 약소하다고 준비한 선물을 낮춰 말하는 것이 관례다. 경제적 여건에 비해 다소 과한 선물을 주고받는 과시욕과 체면문화 때문이다. 이러한 경향은 주고받은 선물을 보다 많은 사람들에게 알리는 풍습과 관련이 있다. 심지어 결혼식 중간에 신랑과 신부가 주고받은 선물을 소개하는 시간이 따로 준비되어 있을 정도다. 물론 생일파티에서도 참석자들이 둘러앉은 가운데 각종 선물을 공개한다.

선물은 곱게 포장해서 건네고, 현금으로 준비한 경우에는 봉투에 넣어 건넨다. 이때 웬만하면 은행에서 막 바꾼 빳빳한 새 지폐로 준비하는 것이 좋다. 노르쥬 때는 합법적으로 고가의 금화를 선물할 수 있다. 선물은 축하인사가 담긴 카드와 함께 건네는 것이 관례다. 말린 견과류와 과일도 선물로 무난하다. 타바조Tavazo처럼 유명 견과류 가게에서 여러 종류를 섞어 예쁘게 포장해 준비하면 된다.

마호메트의 동생이자 4대 정통 칼리프인 이맘 알리의 생일은 '아버지날Father's Day', 그의 부인이자 선지자 마호메트의 딸인 파티마의 생일은 '어머니날Mother's Day'로 지정되어 있다. 이날은 꽃과 옷을 선물하는 것이 일반적이다. 아버지날에는 시계, 신발, 벨트 등을, 어머니날에는 가정용 전기제품, 장신구, 향수 등을 주로 선물한다.

2000년대 들어 밸런타인데이가 젊은이들 사이에서 유행하기 시작했다. 신세대들은 연인끼리 밸런타인데이 선물을 주고받는 데 높은 관심을 보였다. 그러나 몇 년 전부터 이란 정부는 서양 문물이 사회를 오염시키고 있다는 이유로 상점들이 '밸런타인데이'라는 단어를 사용하지 못하도록 조치했다.

이란의 기독교인들은 소수의 아르메니아인들이 대부분이다. 그러나 많은 상류층 이란인, 특히 외국생활 경험이 있는 사람들은 크리스마스와 서양력상의 새해(1월 1일)를 의미 있게 보내려 한다. 테헤란 시내 상점에서 크리스마스 트리와 각종 장식품을 판매하고 있는 것도 이러한 수요가 있기 때문이다. 결혼기념일은 따로 챙기지 않는다.

문화예술

페르시아 시詩는 세계적으로 유명하다. 역사적으로 인접해 있는 국가들의 문학에 많은 영향을 끼쳤다. 하페즈Hafez, 사아디Saadi, 페르도시Ferdowsi와 같은 저명한 시인들의 고전시는 지금까지 이란인들에 의

쉬라즈에 위치한 하페즈의 묘지

해 암송된다. 페르시아 문학은 필수과목으로서 학생들은 이러한 시들을 읽고 배우며 자란다. 이처럼 이란인들의 DNA에는 낭만이 자리잡고 있다. 때문에 이란인과 미팅 시 유명 시인의 시를 몇 구절 인용한다면 이들의 문화를 존중하고 있다는 표시로 받아들여질 수 있어 보다 가까워질 수 있는 계기가 될 것이다.

서예는 이란의 전통 예술이다. 지금도 서예가는 대중들의 존경을 받는다. 이란 영화는 여러 제약 하에서도 세계 유수의 영화제에서 수상을 하는 등 국제적으로도 많이 알려져 있다. 특히 압바스 키아로스타미Abbas Kiarostami 감독을 필두로, 자파르 파나히Jafar Panahi, 하나 마흐말바프Hana Makhmalbaf 감독 등의 현실주의적이고, 시적인 예술영화들은 세계적으로 각광을 받고 있다.

금융

이란에서는 거래 시 현금 지불을 우선으로 하고, 은행 수표는 대규모 거래에만 사용된다. 2002년 'Shetab Banking System'이라는 은행간 전자정보교환 시스템이 도입된 후 모든 은행 간의 전자금융 인프라가 구축되었고, UAE, 쿠웨이트, 중국 등의 은행과도 연결되었다. 시스템 도입 이후 각 은행에선 직불카드와 신용카드(국내용)를 발급하기 시작하고, 건강보험료 납부에 직불카드 사용을 의무화하는 등 정부에서도 전자금융 확대정책을 쓰고 있다. 때문에 신용카드보다는 직불카드가 광범위하게 사용되고 있다.

지난 몇 년간 출금은 물론 휴대폰 요금 납부, 공과금 납부, 타계좌 이체거래 등이 가능한 현금자동입출금기ATM, Automated Teller Machine의 사용이 급격히 증가했다. 이런 추세에 따라 대다수 상점들은 판매시점단말기POS, Point of Sale를 설치해 현금거래 비중을 줄이고 있다. 덕분에 소비자들은 무거운 지갑을 들고 다닐 필요가 없어진 셈이다. 덩달아 각 은행에서 발행하는 전자선물카드가 인기를 끌고 있다. 물론 그렇다고 은행이 한산해진 것은 아니다. 아직 은행 창구에는 전자금융에 익숙지 않은 사람들로 붐빈다.

이란인들은 과거 고난의 경험 때문에 저축을 많이 하는 편이다. 이란의 2012년 가처분소득 대비 저축률은 17.7%로, 낮은 소득에도 불구하고 높은 저축 성향을 보이고 있다. 이는 중동에서 가장 높은 수준이다. 과거 20~30%에 달하던 한국의 저축률이 최근 3~4%에 불과해진 것과 비교된다.

이란에선 이슬람 율법에 의해 이자가 금지되어 있다. 형식상 주주에게 배당액을 지급하는 방식을 취하지만 실질적으로는 고정된

이자를 지급하고 있다. 단기 예금 6%, 1년 정기예금 14.5%, 5년 정기
예금 17%의 배당액을 지급한다. 그러나 자유시장 이자율은 이보다
훨씬 높고 화폐가치에 대한 신뢰가 부족해 부동산, 금 등 실물자산
에 투자하는 편이다.

　　주택융자는 특수은행인 주택은행Bank Maskan에서만 할 수 있다. 이
는 과열된 주택매매시장에서 인플레를 감소시키기 위한 조치다. 주
택난이 심각해지자 이란 정부는 2011년부터 부동산 개발자에게 무료
로 땅을 제공하고, 개발자는 생애 최초 주택 구입자에게 99년 임대조
건으로 저렴한 주택을 공급하는 주택계획Mehr Housing Plan을 실시했다.
최소 60만 호 공급을 목표로 하는 이 계획에 370만 명이 가입했다.

제7장
이란인과의 대화와 협상

이란인을 말하다

이란에 잠시 다녀온 사람들은 현지 사람들이 외국인에게 호의적이고 친절하다며 이구동성으로 말한다. 하지만 이란에 거주하거나 비즈니스를 하는 등 이란인과 접촉이 잦은 사람들은 그들의 독특한 의식구조, 행태를 이해하지 못해 황당할 때가 많다고 말한다. 물론 모두가 그런 것은 아니다. 한국인의 특성과 다른 것일 뿐 그들을 이해하려는 노력이 수반되어야 한다.

이란 거주 한국인들 사이에서는 "인저 이란('여기는 이란'이란 뜻의 이란어)"라는 말이 유행한다. 상식수준을 벗어난 어처구니 없는 일을 당하거나 이해하기 힘든 일을 겪었을 때 '역시 그렇지, 어쩔 수 있나'라는 뉘앙스로 통한다. 다국적 기업 네슬레Nestle의 이란 법인 CEO에게 외국인투자기업으로서의 애로사항을 물은 적이 있다. 그는 현지 직원들을 다루는 일이 가장 힘들다며 금세 머리를 절레절레

흔들었다. 깊이 얘기하고 싶지 않다는 투다. 그가 비즈니스 상대로서 까다롭기로 소문난 인도인인데도 말이다.

문화가 다른 상대와의 커뮤니케이션에는 항상 어려움이 따른다. 하지만 이란인의 사고방식은 한국인과 차이가 워낙 커 상식적인 수준이나 일반적으로 짐작하는 수준을 훨씬 뛰어넘을 때가 많다. 필자 역시 유럽과 동남아 지역에서 각각 7년 이상 거주하면서 어느 정도 문화 차이는 충분히 이해하고 적응할 수 있다고 여겼다. 하지만 이란인들의 생각을 읽는 것은 쉽지 않았다.

다른 국적의 지인들과 이란의 이러한 모습에 대해 많은 얘기를 해봐도 알 듯 말 듯했다. 결국 이란 문화의 특징과 이란인들의 의식 구조에 대한 외국자료를 구해 공부를 시작했다. 그제야 퍼즐 조각들이 어느 정도 맞추어지기 시작한 것이다.

지금부터 밝힐 이란인에 대한 필자의 이해가 이란과 사업을 준비 중인 비즈니스맨, 협력 사업을 추진하는 공공기관 인사, 이란 거주를 준비하는 이들에게 조금이나마 도움이 되었으면 한다.

이란인의 특질과 가치관

민족적 특질을 다루는 것은 자칫 획일적이고 편협한 사고를 고착시킬 수 있어 매우 조심스러울 수밖에 없다. 따라서 다음에 열거하는 특질들은 오류의 가능성을 떠나, 이란 민족에 대한 많은 연구와 관찰에서 나타난 공통분모에서 추출한 내용이라는 측면에서 이해하면 될 것이다.

문화원형에 바탕을 두고 있는 민족적 특질들은 이란인에 대한 통찰력과 이란 사회에서 나타나는 현상에 대한 이해에 도움을 줄 것이다. 그러나 전통을 고수하고자 하는 보수주의자와 그 반대편의 현대주의자, 이념주의자와 실용주의자, 도시 사람과 시골 사람, 일반인과 엘리트, 남성과 여성, 출신지역별 편차, 연령대 간의 차이는 물론 개인의 가치관과 개성에 따른 엄청난 간극이 있다는 것을 염두에 두어야 할 것이다.

이란은 한국과 달리 남한의 16배에 해당하는 국토에 다양한 민족들이 어울려 살고 있다. 사막과 황무지가 있는가 하면 다습한 기후 덕분에 논농사와 오렌지 재배가 가능한 지역도 있다. 페르시아만 지역이 여름기후일 때 북부 산악지역에서는 스키와 온천을 즐길 정도로 지역에 따라 기후 편차가 큰 편이다.

테헤란 고급 주택가에는 외제차가 즐비하고, 다른 한편에선 유목 생활을 하는 시골 사람도 많다. 이를 보면 그야말로 천차만별의 환경에서 다양한 사람들이 같은 시간을 살고 있다는 것을 알 수 있다.

개인주의

이란인은 보통 지모智謀가 풍부하고, 영리하며, 아주 어려운 상황도 극복할 수 있는 성향이 있다. 그러다 보니 이란인들 사이에선 개인주의가 발달했다. 이들의 개인주의는 외국인만 지적하는 게 아니다. 자신들도 이를 인정하며 가치 있고 장려해야 할 사회적 행동으로 생각한다.

이란 개인주의는 강한 유대감을 통해 네트워크를 맺고 있는 연고집단이 하나의 단위가 되어 다른 집단과 작용하는 연고집단주의적인 측면이 강하다. 이란 특권계층은 보통 잘 짜인 연고주의(군대동료, 바자르 상인 대가족, 지도부에 광범위한 연계를 가진 성직자)로 구성되어 있다.

이러한 네크워크는 사업의 성공, 정권으로부터의 보호 등을 제공한다. 이렇다 보니 일반인들에게도 연고, 연줄은 굉장히 중요하며 이란에서 이것 없이 무엇을 성취하는 것은 매우 어렵다.

왜 이런 성향이 형성되었을까?

이란인들의 개인주의적 기질을 지리적 조건(경작단위가 서로 멀리 떨어져 있는 생계형 농업 기반의 농업경제), 가족 위주 생활양식, 자신과 가족의 자활과 친밀한 집단 이외의 누구도 신뢰하지 않도록 몰아간 과거 모든 정권의 전제적 정치의 결과로 보기도 한다. 무슨 수를 쓰든 스스로 자구책을 구해야 했던 환경과 가족과 지인들을 보호하는 능력을 높게 샀던 풍조風潮는, 수세기에 걸친 외세의 침략과 지배 및 무정부상태로 인해 국가로부터 보호를 받지 못한 채 개인의 생존을 스스로 꾸려가도록 방치되었던 탓으로 보는 것이다.

이란 개인주의는 모든 사람이 개인 이익만을 추구한다는 가정에 기초한 불신이 저변에 흐른다는 점에서 개개인의 인격을 존중하는 서양 개인주의와 다르다. 이란 개인주의는 '인격적 성실과 개인의 가치에 대한 중요성이 결여'되어 있다. "페르시아인들은 자신과 가족을 먼저 생각하고 다음에 친족과 부족, 마지막으로 민족(국가)를 생각한다"는 주장이 있는가 하면, 대조적으로 "중세 페르시아 사회는 본질적으로 집단적 토대를 가지고 있다. 개인은 직업적 또는 종교 집단의 일원, 부족 혹은 지방의 구성원으로서만 지위를 갖는다"는 입장을 견지하는 사람도 있다.

개인과 가족을 먼저 생각하는 것은 정도의 차이가 있을지는 몰라도 어느 민족에게서나 볼 수 있는 인간의 본성이다. 개인과 가족 등 연고집단의 이익추구도 정도의 문제이며 그 사회가 어느 정도 용인하느냐의 문제다. 고로 사회가 지나친 개인주의를 경계하고 통제하는 전통, 교육, 제재 등의 시스템을 갖추고 있는지 여부로 설명하는 것이 합리적일 것이다. 허나 이란은 이런 시스템이 잘 작동하지 않는다. 어떤 사람들은 이란 개인주의를 '이기주의'라고 직설적으로 표현한다. 이러한 해석에 따르면 개인이나 그가 대표하는 집단의 이해가 최고이기 때문에 상대방의 입장이나 곤궁은 전혀 고려할 필요가 없다는 것이다.

한편 이란인의 개인주의적 성향은 이들이 올림픽의 단체종목보다 개인종목에서 월등한 성적을 나타내는 것으로 설명하기도 한다. 이란과의 경기 경험이 많은 한국의 한 배구 감독도 이러한 이란인들의 성향을 간파하고 이들의 단합을 무너뜨리는 전술을 구사해 승리했다고 얘기한 적이 있을 정도다. 이란인들이 동포사회의 도움 없이 불모지나 다름없는 해외 지역에 비교적 쉽게 정착하는 것만 봐도 이들의 성향을 알 수 있다.

이를 토대로 봤을 때 이란인 특유의 개인주의는 상담이나 협상에서 이익의 초점을 어디에 둘 것이냐를 다시 한번 생각하게 한다. 민간기업의 소유주와 상담하는 것이 아니라면, 협상자는 자신이 속한 조직의 이해보다 개인의 이익이 더 중요하다 판단할 수도 있기 때문이다.

불신

이란 개인주의는 불신과 깊이 연관되어 있다. 즉 연고집단 밖의 사람에 대해 의심하고 불신하는 이란인의 성향은 이란 특유의 개인주의에서 발생한 것이다. '사람의 모습을 한 많은 악마가 존재한다 따

◎ 2012 런던올림픽에서 이란은 레슬링으로 금 3개, 은 1개, 동 2개의 메달을, 역도로 금 1개, 은 2개, 동 1개의 메달과 태권도, 육상으로 각 1개의 은메달을 획득했으나 단체종목에서는 전혀 메달을 따지 못했다.

라서 네가 누구의 손을 잡고 있는지 조심해라'는 이란의 유명한 격언처럼 이란인들의 불신 경향은 오래전부터 뿌리를 박고 있다. 이러한 세상에 대한 경계는 진짜 생각과 의도를 감추는 '타끼야Ŧtaqiya(숨김, 은폐라는 뜻을 갖고 있으며, '당신의 금, 의도, 종교를 감춰라'는 충고로 해석할 수 있다)'를 합리화한다.

이러한 이란인의 타끼야는 일본인이 본심本音을 감추는 습관과 비슷하다. 이란인에게 인생이라는 것은 우연으로 가득 찬 모험의 게임이다. 이러한 게임이론적 인생관 하에서는 지켜야 할 가치나 의미 있는 것은 없으며 생존을 위해 위험을 피하고 기회를 적극 활용하는 기회주의가 만연하게 된다.

많은 사람들은 수세기 동안의 군사적 실패를 페르시아 장군들의 개인주의에 의해 야기된 불신과 팀워크 발휘 불능 탓으로 돌리고 있

◎ 사회학자 레이먼드 D. 가스틸Raymond D. Gastil은 이란인의 특질을 묘사하는 열 가지 "믿음, 태도, 기질"을 정리했다. 이와 같은 믿음의 대부분은 불신을 표현하는 것이다; 사람은 본질적으로 악하며/권력추구적이고 비합리적(인간의 동기부여에 대한 불신)/모든 것은 변함(안정에 대한 불신)/구두 커뮤니케이션의 과장에 대한 수용(따라서 다른 사람의 구두 메시지에 대한 불신)/개인 간의 관계에 대한 불신/삶을 위한 투쟁에서 속임수의 필요성(따라서 다른 사람도 속임수를 쓸 거라는 예상)/이타주의의 존재를 믿지 않음/착취하는 적으로서의 정부에 대한 적개심/아무것도 개선시킬 수 없다는 믿음.

◎ 역사학자와 사회비평가들은 이란 역사상의 극단적 불확실성의 경험을 불신의 원인으로 지적한다; 지배권력이나 왕조의 빈번한 교체, 엘리트 운명의 역전, 개인 부의 자식과 손자에 대한 상속의 불확실성이 이란인 무의식의 본질적 요소이며/우연적 요소가 세상을 지배하므로 행운의 이점을 극대화하고 불운으로 인한 장래의 위험을 최소화하기 위해 기술이 요구된다/실제로 이란인들은 교활함, 약삭빠름, 적극적 기회주의, 자발적 게임에의 참여, 즉 이득을 위해 잘 계산된 위험의 감수를 통해 목표를 달성한다.

다. 또한 이란 범죄자들은 너무 개인주의적이어서 범죄집단을 조직하지 못하고, 높은 수준의 믿음과 협력이 필요한 은행털이처럼 복잡한 범죄를 저지르지 못한다고 주장하는 사람도 있다. 더불어 모든 것을 음모적 시각에서 보는 습관도 다른 사람의 진정한 의도에 대해 의심을 품게 한다.

이러한 뿌리 깊은 불신 습관은 비즈니스 파트너나 직장 동료로서 같이 일하기 매우 힘들게 만들고, 비즈니스나 정치 협상을 지루하게 끌어 상대방을 피곤하게 만들기도 한다. 때문에 이란인들과 협상할 때 가장 중요한 덕목은 인내이고, 시간에 쫓기지 않는 느긋함도 필요하다. 성질 급한 사람은 지거나 협상 자체를 무산시킬 확률이 높다.

음모설의 수용

이란인들은 음모설을 쉽게 받아들이는 경향이 있다. 다양한 분야의 수많은 사건들을 음모설의 관점에서 해석하다 보니, 사실과 다른 부적절한 이슈에 휘둘린다. 이러한 기질은 외부인의 말과 동기의 진실성을 믿지 않고 의심함으로써, 잠재적 위협을 실제보다 더 심각하게 받아들이게 만든다.

이는 조로아스터교의 선과 악의 투쟁이라는 이원론적 믿음, 시아파의 사전예정설에 대한 믿음, 외적 타락zaher, 내적 순수성baten, 은폐taqiya 간의 모순 등 이란인의 심층에 자리 잡고 있는 문화, 종교, 심리적 요소의 영향을 받았다.

잘못된 것들은 외세의 음모로 치부하며 비난했던 습성이 지금처럼 심한 수준으로 발전된 것은 19세기 중반 이후다. 근현대 이란 역사에서 외부세력은 단독으로, 또는 내부세력과 연합해 마키아벨리즘Machiavellism 방식의 책략과 음모를 펼쳤다. 특히 19~20세기 영국, 러시아, 미국의 간섭과 음모가 유독 심했다. 이러한 역사적 사실이 이란인들로 하여금 음모설을 쉽게 받아들일 수밖에 없는 주요 원인으로 작용했다.

영리함

'영리함'은 전형적인 이란인의 특질로 감탄을 받는 특성이다. 예로부터 영리한 주인공이 높은 지위에 있는 자를 속여먹고 그에게 영리함zerangi을 인정받으며 의도대로 성공한다는 서사의 이야기들이 많다.

『아라비안 나이트』의 '왕은 왕비의 부정에 충격을 받아 매일 밤 처녀와 잠자리를 하고 날이 밝으면 죽였으나, 세헤라자데Scheherazade는 밤마다 왕에게 재미있는 이야기를 들려주는 꾀로 죽음을 면하면서 왕의 자녀 세 명을 낳고는 결국 사면을 받아, 여동생을 왕의 형제와 결혼시킨다'는 이야기가 이러한 영리함을 상징적으로 보여준다. 이처럼 이란의 아동문학에는 속임수로 적을 속이는 영웅들이 많이

◎ 『아라비안 나이트』는 850년경에 아랍어로 번역된 『Hazar Afsanah(A Thousand Legends)』라는 페르시아 서적에서 유래되었다는 설이 있다.

◎ 억압받는 자가 기지를 발휘해 위기를 극복한 이야기 한 대목; 이스파한 주지사는 세금을 납부하지 않은 죄로 상인에게 쉬라즈로의 추방령을 내렸다. 상인은 쉬라즈 주지사가 이스파한 주지사의 형제임을 틀어 저항을 했다. 이에 주지사는 커션Kashan으로 갈 것을 제안했더니 상인은 켸션의 수령이 주지사의 다른 형제임을 틀어 반발했다. 주지사는 상인에게 "그러면 지옥으로 가라"라고 말했다. 그러자 상인은 "당신의 돌아가신 부친이 아마도 지옥의 주지사일지 모른다"고 반박했다. 결국 주지사는 상인을 놓아주고 그의 세금도 내주었다.

등장한다.

근현대의 정치적 사건에서도 이러한 영리함을 실행한 사례들이 많다. 이란 정치계에서 통상적으로 사용하고 있는 루머 공작과 뒷공론은 이란 국내정치의 주된 요소이며 국내 여론에도 많은 영향력을 미친다. 이처럼 '영리함'은 비난을 받기보다는 감탄하는 분위기가 있다. 그만큼 그들에게 생활화되어 있다는 말이다. 때문에 이란인들은 비즈니스 자리에서도 거리낌없이 책략을 구사할 수 있다. 당연히 그들의 능력을 얕잡아 보면 큰코 다칠 수 있다.

실용주의

자살폭탄테러와 같은 영웅적·자멸적 교조주의는 이란 문화의 특성이 아니다. 오히려 실용주의적 정치가 이란인의 세계관과 일맥상통하며 전통 시아파 교리에 부합한다. 국가로서의 이란은 외부의 위협에 대해 냉정하게 상황을 읽고 대응하는 실용주의적 방법을 고수해왔다. 1950년대의 한 사회인류학자는 다음과 같이 주장했다.

"이란인은 외부인이 볼 수 있도록 체면을 보존해야 하므로 명예를 위해 싸울 것이다. 그러나 승리의 가능성이 있을 때만 그렇게 할 것이다. 그리고 페르시아인은 사망한 영웅을 찬양하나 자신이 그런 영웅이 될 생각은 없다."

이는 시아파의 중요한 역사적 사건과 연관되어 있다. 시아파 설화에 의하면 이맘 알리는 무슬림의 단합을 보존하기 위해 칼리프에게 권력을 양도했으며 그가 네 번째 칼리프가 되었을 때 더 이상의 유혈을 피하기 위해 무아위야와 협상을 시작한다. 이후 그의 자리를 승계한 아들 핫산은 1년 뒤 무아위야에게 권력을 양도하고 만다. 두 사건 모두 참사로 끝났다고 해도 분쟁의 실용주의적 협상원칙을 버린 것은 아니다.

그러나 알리의 차남 후세인은 영웅적 자기희생을 상징한다. 그는 봉기를 주도했으며 이라크 카르발라에서 처형당했다. 호메이니는 이러한 시아파의 이중성을 인용하면서 그 자신은 "후세인 같은 존재이지 핫산과 같은 사람은 아니다"고 밝혔다. 그러나 호메이니가 독배를 마시기로 선언하면서 이라크와의 종전에 동의했을 때는 핫산식의 실용주의를 채택한 것이다.

대부분의 역사에서 시아파는 억압받는 소수였다. 이러한 역사가 이들로 하여금 생존을 위해 개발한 방어 메커니즘을 통해 실용주의를 채택하고 종교적 정당성을 부여 받도록 만들었다. 정치적 상황의 수동적 수용 및 박해를 피하기 위한 종교적 정체성의 은폐가 허용되었다(생존을 위해 시아파 교인임을 부정하는 것을 허용, 비非토착 관습에의 동화를 허용). 이러한 방어 메커니즘 중 가장 중요한 것은 수니파와 같이 순나Sunnah(선례)를 따르는 것이 아니라 『코란』에 대한 독자적 해석에 기초해서 혁신적이고 전략적인 종교적 결정을 할 수 있는 '이즈티하드ijtihad'다.

상급 법학자의 권한인 이즈티하드의 실행은 공동체에 중대한 위험이 닥칠 경우 화석화된 선례 통치로 위험에 빠지지 않기 위해 시아파 주요 지도자가 비용 및 편익 분석을 통해 최적의 방안을 찾아 수

◎ 이즈티하드는 시아파만의 개념이 아니다. 수니파에도 이런 개념이 있었으나 10세기 이후 허용되지 않았다. 이는 『코란』과 하디스에서 유추한 것을 적용하는 교의결정 및 입법행위다. 정통 수니파에서는 10세기에 "이즈티하드의 문은 닫혔다"고 말했다. 그 후의 법학자는 선인의 의견을 따라야 했고 독자적 해석은 금지되었다. 다만 수니파 내에서도 개혁파는 아직도 이즈티하드를 실행해야 한다고 주장한다.

행하는 실용적 메커니즘이다. 시아파 법사상은 전통적 원천인『코란』, 순나, 유추, 컨센서스 등과 함께 공공이익Maslahat, 또는 필요Darurat를 법의 원천 중 하나로 본다. 공공이익 개념은 공동체에 초래될 심각한 손해의 평가에 기초한 의사결정을 허용한다. 종교적 해석도 변화된 현실 여건에 맞게 변경할 수 있는 것이다.

이란인들이 이처럼 다양한 상황에서 선택 가능 옵션을 열어두는 경향은 기본적으로 실용주의에서 유래한다. 덩달아 해당 옵션을 조작하고 여러 소문을 퍼트려 놓는 능력 역시 뛰어나다. 그리고 종교적 명령에 대한 태도로까지 확대된다. 종교적으로 명백하게 금지된 사항을 우회해 방법을 찾아내는 능력은 상상을 초월한다.

결과적으로 이란이 신정정치를 한다고 해서 이슬람 원리주의에 입각한 경직된 외교와 정치를 하는 것은 아니다. 이란인들은 위에서 다뤘던 것처럼 타협의 문을 항상 열어 놓고 있다. 이들은 우리가 상식적으로 생각하는 것과는 다르게 확고한 이념을 추구하는 것보다 안전과 이해관계에 민감한 현실주의자들이다.

한편 이란인들은 실용주의적인 특질을 가진 동시에 현실과 타협하지 않고 완고한 고집을 피우는 성향도 있다. 때문에 특정 상황에서 예상치 못한 주장을 펼쳐 상대방을 당혹스럽게 만들기도 한다.

탐미주의

페르시아 예술은 이슬람에 정복된 이후에도 민족유산으로서 잘 보존되어 왔다. 이란이 중동에서 가장 심미적인 문화를 꽃피웠다는 것은 논쟁의 여지가 없다. 이처럼 뛰어난 예술적 기반으로 발달한 예술 분야 중에서 시문학의 발달은 가히 눈에 띄었다. 덕분에 표현의 종교적 제한을 극복한 위대한 이란 시인들(페르도시Ferdowsi, 루미Rumi, 오마르 하이얌Omar Khayyam, 하페즈Hafez 등)과 예술가들은 아직까지 이란 국민들의 칭송을 받고 있다.

결과적으로 창조적 개성을 북돋웠던 개인주의는 페르시아인들의 예술적·과학적 성취의 원천이었다. 태초부터 자기 땅에 정주하며 자신들의 기반을 닦아온 페르시아인들은 조국의 아름다움에 자부심을 가지게 되었고, 특정 지역의 온화한 기후와 부드러운 풍경은 이들에게 시적 영감을 주었다. 험한 사막으로부터의 탈출구로서 파라다이스를 창조해야 했던 아랍인들과 달리 페르시아인들은 자신들이 살고있는 땅에서 실재하는 파라다이스의 이미지를 볼 수 있었다.

이란인들은 이란 거주 외국인에게 곳곳의 아름다움을 강조한다. 때론 평범한 숲을 정글이라고 과장하면서까지 자연에 대한 자부심을 강조한다. 학교에서는 이란 문화가 외국에 끼친 영향을 학생들에게 가르치며 조국에 대한 자부심을 고취한다.

요즘에도 테헤란의 토찰산 등산로와 이스파한의 시오세 다리Sio-She-Pol Bridges에서도 유명 시인들의 고전시를 암송하는 사람들을 심심찮게 볼 수 있다. 연인끼리도 서로 지은 시를 교환하는 낭만을 즐긴다. 외국인으로서 유명 시인들의 시를 함께 칭송하고 이란의 아름다운 자연을 칭찬함으로써 이란인들의 자존심을 높여줄 수 있다면 보다 부드러운 분위기를 이끌 수 있을 것이다. 때문에 이란인에 대한 칭찬에 인색할 이유는 없다.

모호함

1970년대 주이란 영국대사 데니스 라이트 경Sir Dennis Wright은 다음과 같이 언급했다.

"이란인들은 생각하는 것과 반대로 말하고 말한 것과 반대로 행한다. 하지만 이러한 사실이 그들의 생각과 행동이 반드시 일치하지 않는다는 것을 의미하는 것은 아니다."

이란인들의 언어는 우회적이며 생각을 그대로 드러내지 않고 숨기기 때문에 매우 모호하다. 자국인들뿐만 아니라 외국인 입장에서 이들과의 대화는 매우 모호해 도대체 진정한 의도가 무엇인지 알기가 매우 어렵다.

기사도정신과 정신적인 인간

지금까지 살펴본 개인주의, 불신, 음모론, 영리함 등의 키워드와 상반된 이란인의 특질이 하나 더 있다. 외부인이 어떻게 이들을 바라보던 이란인들은 자신들이 서방이나 아랍의 물질주의자들과 달리 '정신적인 인간'이라고 여긴다. 이들 스스로 친절하고, 감수성이 높으며, 사회적으로 헌신한다고 생각한다. 또한 인색하지 않고, 겸손하며, 충성스럽고 고상한 사람으로 생각한다. 이러한 성정性情들은 이슬람화되기 전 조로아스터교의 가르침과 기사도정신(신용할 수 있는, 사업에서의 성실, 정직, 인내력, 개인적 용기, 순수 등)과 연결된다.

이란인들이 생각하는 '정신적인 인간'은 고행이 아니다. 시아파 수피즘은 금욕적이지 않다. 이란인이 존경하는 페르시아 시인들은 세상이 덧없을지라도 인생을 즐길 것을 권장했다. 현대 이란에서 '정신적인 인간'은 물질적 삶의 무상함을 깨달았으나 물질적 삶을 멀리하지 않고 즐기되 물질의 노예가 되지 않는 사람이다. 그들은 정신적 행복을 물질적 성공에 따라오는 부수적인 것으로 생각한다. 이란적 개념의 '정신적인 인간'은 서방이나 동아시아적 의미의 은둔자나 고행자가 아니고 지극히 현실적인 사람이다.

기사도정신에 투철한 사람은 손해를 보더라도 원칙을 지키고, 불의에 두려움 없이 맞서고, 약자를 변호한다. 이맘 알리는 기사도정신의 전형으로 간주된다. 이란 현대 정치사의 한 획을 그은 민족주의자 모사데크는 자신이 기사도정신의 모범을 보여준 것으로 생각했다. 기사도정신의 일면은 사나이다운 성격을 의미하는 루티Luti다. 루티들은 독특한 방식으로 행동하며, 기사도정신의 원칙을 지키고, 체육관에서 신체훈련을 했다. 루티는 지도자 지위를 추구하거나 선행에 대한 보상을 요구하지 않는다. 그들은 성실하고 건장한 육체를 가지고 있어 공동체의 민간 파수꾼이 되어 거리를 순찰하고 궁핍한 사람을 지원했다. 오늘날 루티 타입은 지방에서 정의를 집행하는 이웃의 터프가이로서, 현대 이란 영화에서 인기 있는 영웅 캐릭터로 그려질 정도다.

실존주의적 성향

사회문제에 대한 관심과 다정함은 요즘의 젊은 세대가 가지고 있는 특징이다. 오늘날 이란의 많은 영화, 잡지, 인기 있는 소설은 이데올로기에 대한 혐오와 지역문제와 사회적 병리현상에 대한 높은 관심이 표현되고 있다. 이러한 대중매체들과 젊은 세대의 사회문제에 대한 관심은 좌절된 정치 참여와 삶의 세세한 부분까지 관여하는 종교와 이데올로기적 규제로 인한 무기력한 상황에서의 탈출구인지도 모른다. 이들은 평화를 추구하며, 사랑, 열정, 좋은 음식과 음악을 즐기고 '여기에서 현재'를 살아가기를 원하는 실존주의적 경향을 보인다.

미신적 관습과 종교적인 인간

신정체제에 대한 넓고 깊은 불신에도 불구하고 이란 사회는 종교적인 것이 사실이다. 개혁주의자들도 종교지도자들이며 대부분은 종교와 국가의 완전한 분리를 요구하지 않는다.

이란에는 시아 이슬람과 함께 오랜 미신적 관습과 믿음이 널리 퍼져 있다. 시아파 이슬람의 관습과 믿음은 고대 페르시아의 조로아스터교에 그 기원을 두고 있다. 리더십에 대한 개념에서 특히 그런데, 이란의 시아 이슬람은 페르시아의 조로아스터교로부터 환생에 대한 믿음을 유산으로 물려받았다. 다리우스 왕이 자신을 신화적 영웅 페레이둔Fereydun의 환생이라고 주장한 것과 같이, 은폐한 이맘을 대신해 이란을 이끈다는 호메이니의 주장은 이란 대중에게 은폐한 이맘의 환생으로 해석되었다. 혁명의 막바지에 귀국한 호메이니가 비행기(하늘)에서 내리는 모습과 이를 열렬히 환영하는 군중의 모습은 환생한 구세주 이맘을 영접하는 것과 다름 없었다.

"지구에서의 모든 사건들은 하늘에서 일어난 사건의 그림자다"라는 고대 페르시아의 믿음이 있다. 혁명 후 "아야톨라 호메이니의 얼굴이 보름달에 나타났다는 소문(전통적으로 지도자로 선정되었다는 증거)"이 퍼진 것은 이러한 미신적 믿음을 활용한 것이었다. 이란인들은 인간사에 신의 손이 미치는 것을 믿는다. 따라서 인간의 작위로 일어난 것이 아닌 사건들은 신성한 신의 작용으로 여긴다. 이로써 이란-이라크 전쟁의 과정들은 대중에게 신의 작용으로 설명되었으며, 미국 인질구조팀의 실패를 가져온 사막에서의 사고는 '알라의 손'의 작용이었다고 이란인들은 믿게 되었다.

지극히 현실주의자이자, 실용주의자인 이란인들의 깊숙한 내면에는 종교적 신앙심과 미신이 뿌리 깊이 자리 잡고 있는 것이다.

복종과 혁명 기질의 공존

이란인의 몸에는 권위에 복종하는 성향과 혁명적 기질이라는 모순된 피가 함께 흐른다. 이러한 기질은 "이란인은 권력을 존중한다. 그러나 존중은 지배자가 강할 때까지만 지속된다. 지배자가 약한 것이 드러났을 때 신속히 그를 몰아내고 숭배할 다른 지배자를 찾는다"고 해석하기도 한다. 이러한 해석은 "팔레비 왕 부부와 찍은 사진을 거실에 걸어 놓았던 테헤란의 유력인사가 정권이 교체되자마자 이 사진을 치우고 10년 전에 고위 성직자와 찍은 사진을 거실에 걸어 놓았다"는 이야기로 뒷받침된다. 이와 같은 기질은 일면 '힘에 대한 숭배'이고 한편으로는 '자기와 가족을 지키고 재산을 보전'하기 위해서다.

이란 사회는 위계질서가 분명하며 대개 권위에 복종한다. 이란인 두 사람이 만나고 있는 것을 보면 누가 연장자, 또는 상급자인지 쉽게 알 수 있다. 상사와 부하의 관계는 아버지와 자식 관계와 같다. 조직에서 의사결정은 하향식Top-Down으로 한다. 비교적 현대화된 이란 가정에서도 아버지와 장남은 권위의 가부장적 원천으로 남아 있다. 엄격한 상하관계의 틀은 시아파 신학에서 부여한 이맘의 절대적인 정치, 종교적 지위와 페르시아 문명의 절대적 왕권으로부터 나온 것이다. 두 경우 모두 권위는 절대적이고 의문의 여지가 없는 것이다.

한편 이란인들은 정의롭지 못하다고 판단될 경우 기존 권력을 부정하는 혁명적 기질이 강하다. 역사적으로 아랍 지배에 대한 페르시아 지식인의 반란은 회교도의 이란 정복 초기부터 시문학을 통해 지속되었다. 기존 질서에 반대하는 정치운동은 조로아스터교의 행동주의와 맹자孟子의 가르침과 비슷한 페르시아 왕권 개념의 정치문화에서 기인한다.

이러한 상반되는 기질은 역사를 통해서 볼 수 있다. 이들은 1905년 중동 지역에서 처음으로 입헌군주제 혁명을 일으켰으나 뒤이은 혼란의 시기가 있은 지 몇 년 후 팔레비 왕의 전제정치를 받아들였다. 그러나 팔레비 왕의 폭정에 항거해 시민혁명을 일으켰고 혁명 후 권력을 장악한 시아파 종교지도자의 권위에 복종하고 있다.

◎ 루스톰 마사니 경Sir Rustom Pestonji Masani은 1948년에 출간한 책에서 페르시아인의 시간엄수에 대한 태도를 다음과 같이 묘사한다.

"페르시아인은 확실히 시계의 노예가 아니며 시작을 서두르지 않는다. 미팅시간이 5시일 경우 거래는 6시까지 시작도 못할 수 있으며, 8시에 만찬에 초대된 경우 식사는 10시까지도 나오지 않을 수 있다. 당신은 일련의 인사말, 재치 있는 가시 돋친 말과 계속되는 홍차의 제공이 끝이 있는지 의문이 들 것이다. 또한 당신은 배고픔으로 괴롭힘을 당해 앞에 놓인 홍차를 홀짝이거나 말린 과일이나 과자를 씹고 있을지도 모른다."

◎ A는 1970년대 후반 유럽에서 팔레비 왕과 만날 약속이 있었으나 교통 때문에 한 시간 늦게 도착했다. 그러나 왕은 늦게 도착한 것에 대해 물어보지도 않았다. 이란에선 약속시간에 왜 늦었는지 질문하는 자체가 손님을 모욕하는 것이기 때문이다.

느긋한 시간 관념

이란에 살다 보면 이들의 시간 관념은 예전 한국의 '코리안타임'과
비견될 정도다. 사실 약속시간 엄수는 이란인들이 가치 있게 생각하
는 에티켓은 아니다. 약속시간을 지키지 않는 것은 꼭 상대방에 대
한 존중이 결여된 것은 아니며 시간을 지키지 않았다고 지적하는 것
역시 옳은 일이 아니라고 생각한다.

때문에 이란인과의 상담약속이 정시에 시작되거나, 약속된 시간
내에 마칠 것을 기대해서는 안 된다. 이들과 약속할 때는 약속시간
외에 추가로 여분의 시간을 두어야 한다. 약속한 시간이 다 지났다
고 얘기를 중단하고 일어서는 것은 이란인에게는 무례한 일이다.

또한 세계 최고 수준의 교통혼잡으로 인해 약속시간을 지키고
싶어도 지킬 수 없는 상황이 발생하기도 한다. 물론 이들이 약속시
간을 잘 안 지킨다고 해서 먼저 안 지켜버리면 안 된다. 오히려 제 시
간에 나타난다면 지각이 일상인 이란인들에게 뜻밖의 신뢰를 얻을
수 있을 것이다.

이란인의 자아상과 고정관념

민족자아상

이란의 민족자아상에는 긍정과 부정적 요소가 뒤섞여 있고, 이슬람적 정체성과 페르시아적 정체성이 긴장관계를 형성하고 있다. 이란인들에게는 아케메네스 왕조가 중동 전역과 이집트, 터키에 이르는 제국을 건설한 BC 559년에서 AD 651년 아랍에 멸망하기까지 약 1200년간 중동의 지배자였으며(알렉산더 대왕과 후계 장군에 의한 80여 년을 제외하고), 단순히 힘에 의한 지배자만이 아니라 이 시기 문화, 과학, 행정 등 모든 면에서 우월했다는 자부심이 있다.

그 후 아랍인의 지배를 받았으나 이슬람 이전 "유목생활"을 하던 "야만적" 아랍인에 비해 아리안 "정주문명"의 우월의식을 가지고 있고, 이슬람 또는 아랍 문화의 위대성으로 간주되는 것들을 이란인들은 실제로는 자기들의 것이었다고 생각한다. 이러한 인식은 단순한 주장이 아니라 압바스 왕조의 이슬람제국을 이란인이 만들었고, 유목민으로서 국가경영 경험이 없던 아랍인을 위해 많은 이란인들이 전문 경영인으로 제국 경영에 참여했으며, 아랍인이 지배한 이슬람 제국 시기에 신학, 문학, 과학 등 많은 분야에서 괄목할 만한 업적을 이룬 이란인들이 많았다는 사실이 이들의 주장을 뒷받침한다. 또한 이러한 자긍심은 아랍어화된 이란어를 페르시아 고유의 단어로 교체하려는 끈질긴 노력에서도 나타난다.

그러나 이란 민족은 아랍 민족에게 정복당하고 굴욕을 받았으며 이들이 창시한 이슬람을 믿고 있다. 비록 시아 이슬람이긴 하지만, 정치 이념과 가치는 물론 일상생활 깊이 영향을 미치는 이슬람을 떨쳐버릴 수 없다. 특히 현재의 이슬람공화국체제 하에서는 모순된 자아상을 가지고 있을 수밖에 없다. 이란인들은 이러한 자부심으로 인해 서구 문명의 기술적 우월성과 문화적 우수성에 대한 주장을 이슬람 문명이 서구 르네상스의 기반이 되었으며 이슬람 문명의 주역이 페르시아인이었다는 논리로 대응한다. 그렇지만 한편으로는 자력으로 현대기술 문명을 따라잡을 수 없다는 사실을 괴로워한다.

이란인들의 자부심은 아름다운 자연, 문화유산의 풍부함, 다양한 천연자원과 농산물로까지 확대된다. 외국인으로선 이들이 '지구가, 어쩌면 우주가, 자신들을 중심으로 돌고 있다고 생각하는 건 아닐까' 의문이 들 때도 있다.

과거의 영광에서 비롯된 자부심이 이란인 민족자아상의 한 축이라면 또 하나의 축은 '부당한 희생양, 피압박, 외부 세력에 정복되고 유린되어 굴욕을 당한' 등의 개념으로 특징지을 수 있는 이들의 부정적 자아상이다. 이러한 '억압받는 자' 의식은 아랍인에게 정복당한 이후 몽골에 의한 극심한 유린, 근대부터 현재까지 이어지는 강대국에 의한 착취와 굴욕 등 역사적 경험에 의해 강화되고 내재화되었으며 시아파의 '부당하게 억압받는 자'란 역사적 경험 및 의식과 일체화된다.

또 하나의 이란인의 자아상은 이란 문화의 특징이자 시아파적 특성인 '내적baten 자아의 순수성'과 '외적zaher 자아의 타락' 간 구별이다. 내적 자아의 순수성은 겸손, 동정심, 아량, 그리고 신에 대한 믿음 등이다. 외적 자아의 타락은 의심, 냉소, 염세사상의 원천이며 유물주의적 개인 특성인 약삭빠름, 기회주의, 위선, 아부, 불성실이다.

이란 문학, 영화, 연극의 주요한 주제 중 하나는 주인공의 내적 도덕성과 타락한 외부세계의 유혹 간 긴장이다. 이론적으로는 외적 타락과 싸워야 하며 엄격한 신에게 복종함으로써 내적·외적 자아가 조화를 이루어야 한다. 그러나 현실 생활에 있어 외적 타락은 외부 세력의 타락 탓으로 돌림으로써 합리화된다. 따라서 '도덕적 이란인'은 외부 세력과 게임을 해야 하므로 어쩔 수 없이 외적 타락을 활용할 수밖에 없다는 게임의 법칙으로 합리화한다.

실제로 이란인들에게 본인들의 성격적 결함을 묘사해 보라고 요구하면 스스로를(정확히는 테헤란, 이스파한 등의 도시 엘리트) 속임수를 잘 쓰고, 타산적, 기회주의적, 위선적, 이중적, 부정적이라고 표현한다. 또한 교활하고 아부를 잘하며 어떤 일이든 대가를 요구하는 특성도 빼놓지 않는다. 실제로 국가 간 사업 거래에서도 뇌물을 주고받거나 커미션을 요구하는 관행이 광범위하게 퍼져 있다.

이러한 이란 사회의 특성은 많은 개혁주의자의 정치·경제 의제의 초점이 되어 왔으나 소용이 없었다. 그렇다고 이런 관행들이 꼭 사회·도덕적으로도 용인되는 것은 아니다.

사회적 고정관념

이란에선 성직자인 물라Mullah와 바자르 상인에 대한 고정관념이 있다. 이란인들은 물라가 부패, 위선, 탐욕, 음탕, 부도덕한 사람이라는 인식이 고착되어 있다. 격언과 속담에도 물라를 조심하고 어떤 상황에서도 믿지 말라는 충고들로 가득 차 있을 정도다. 14세기에 살았던 페르시아의 가장 유명한 시인 하페즈의 시에도 다음과 같이 묘사되어 있다.

"목사와 설교자에게 관용을 베풀어라/그러나 사적으로는 그들은 다른 버릇을 가지고 있다. 식자에게 묻노니/회개 성직자들은 왜 자신의 회개는 미루는가/아마도 그들은 심판의 날을 믿지 않는가보다/그들은 속인다, 그리고 신을 달래기 위해 기도한다."

이처럼 물라는 겉으로 금욕주의를 표방하지만 철저한 물질의 노예라는 이미지를 지울 수 없었다. 팔레비 왕의 수상이었던 호베이다 Abbas Hoveyda는 1975년 영국대사에게 다음과 같이 경고한다.

"팔레비가 저지른 최악의 실수는 정부 재정 절약을 위해 내가 물라들에게 지불해 왔던 대규모 보조금을 끊은 것이다."

바자르 상인에 대한 부정적 인식 역시 물라보다 더하면 더했지 덜하진 않았다. 이들은 서로 간의 신뢰에서 파생되는 장기적 이익보다 단기이익을 선호한다. 또한 에스키모에게 얼음을 팔 수 있을 정도로 뛰어난 수완가로 여겨진다. 심지어 이란어 동의어사전에서는 '위선', '거짓말', '신뢰할 수 없음'과 관련된 해석들이 바자르 상인을 바탕으로 하고 있을 정도다.

이란인들은 출신지역에 따른 고정관념을 가지고 있다. 보통 이스파한 사람은 영리하나 교활하고, 약삭빠르나 인색한 이미지다. 반면 라슈트 사람은 무뚝뚝하고, 열정적이면서 성적 기능 장애가 있을

법하고 우둔한 사람으로 알려져 있다. 이외에 야성적인 박티아리 사람과 로르 사람, 완고한 가즈빈 사람, 열심히 일하고 멍청한 아자르 사람, 허풍쟁이 야즈드 사람, 똑똑하나 겁 많은 케르만 사람, 겁쟁이 커쉬 사람, 낭만적이고 쾌락적이지만 게으른 쉬라즈 사람, 무례하고 불친절한 레이와 콤 사람처럼 지역마다 고정관념에 갇힌 이미지가 형성되어 있다.

각 지역 사람들의 보편적인 성향은 근대 이란 유머의 단골소재로 활용되어 왔다. 대부분 극단적인 비하, 또는 인종차별, 및 지역차별에 해당하는 내용이 포함되어 있다. 보통 조롱의 대상이 되는 이들은 소박하고 교육수준이 낮으며 시골 촌뜨기로 묘사된 라쉬트, 아자르, 튀르크, 카즈빈 지역 사람들이다.

이스파한 사람과 연관된 푸줄Fuzul은 이란의 폴스타프Falstaff(셰익스피어 희극에 나오는 천진난만한 뚱보 기사)다. 주변의 모든 사람의 일에 관여해 이용하고, 개인적 이득의 기회를 노리는 사람을 가리켜 푸줄이라고 한다. 이들은 양심의 가책을 받지 않으며 "good"이란 단어를 자신의 개인적 이해와 동의어로 정의한다. 그렇다고 부정적 성격의 소유자는 아니다. 이러한 타입을 문학적으로 가장 잘 해석한 것은 1824년에 페르시아 궁정에 영국 대표로 파견된 제임스 모리얼James Morier의 소설 《이스파한의 하지 바바의 모험The Adventures of Hajji Baba of Ispahan》이다.

◎ 우물에 빠진 물라가 그를 구하러 온 마을 사람에게 "손 건네기give his hand"를 거부한 일화는 유명하다. 물라는 마을 사람이 "내 손을 잡으세요take my hand"라고 했을 때 비로소 손을 뻗었다고 한다. 물라는 자신의 어떤 것도 "주는give"법이 없기 때문이다.

◎ 페르시아 속담 ; "아무도 개미의 눈, 뱀의 발 또는 물라의 자선을 보지 못했다."

이 책은 페르시아어로 번역되었으며 번역물임에도 불구하고 19세기 페르시아 문학의 걸작으로 칭송받으며, 많은 이란인들에 의해 필수 편람으로 추천된다. 책 속에서 하지 바바Hajji Baba는 "그와 관계 없는 일에 항상 끼어들며, 항상 의기양양하게 펼친 기지와 책략으로 그 자신을 곤경에서 구출한다. 그는 사람을 차별하지 않는다. 그는 여자, 지주, 고관과 얘기할 때 하듯이 왕에게도 무례하고 거만하게 얘기한다. 그는 사교적이고 붙임성이 있으며 마지막에 웃는다"라고 말한다. 물론 이런 사람이 책 속에만, 과거에만 있던 것은 아니다. 지금도 이러한 유형의 이란인들을 볼 수 있다.

인종과 민족에 대한 편견

19세기 이후 서양과의 밀접한 관계는 이란의 서양 문화에 대한 접근과 회피라는 이중적인 태도를 가져왔다. 서방(특히 미국)의 경제적 성공과 가치에 대한 감탄은 혁명 후 36년이 지난 지금도 도시의 경제·지식 엘리트에 의해 지속되고 있다. 그러나 이란 민족주의 지식인들은 현대 이란 문명을 서양의 독에 중독되고 바이러스에 감염된 Westoxicated(팔레비 시절 서양화에 대한 거부감을 나타내는 표현으로 1960년대에 만들어진 개념이다) 육체에 비유한다.

◎ 이러한 서양 문화에 의한 오염의 개념은 이란 지식인 파르디드Ahmad Fardid가 창안했으며, 작가이자 사회비평가인 아흐마드Jalal Al-e Ahmad에 의해 유명해졌다. 그는 동명의 책(『서방에 중독된Westoxicated』, 1962)에서 당시 이란의 사회적 상황을 다뤘다. 그는 19세기 이후 이란 왕조들은 서양 문화와 서양 기술을 추종하고 완전한 복종의 모습을 보여왔으며, 목표와 정체성 없이 서양의 영향력을 확산하는 중개업무만을 했다고 비판했다.

이란 민족주의는 배타적이며 외국인에 대한 심한 공포와 혐오증을 가지고 있다. 이는 7세기 이후 지속적인 외세의 지배를 받았던 이란의 역사적 경험에서 유래한다. 팔레비 국왕이 강력한 서구화 정책을 펴고 있던 시기인 1964년 주이란 영국대사는 보고서에서 "이란에서 외국인 혐오증은 쉽게 표면화된다. 신세대들은 비록 외국에서 교육을 받았더라도 그들의 가슴은 아버지세대보다 더 민족적이고 중립적이다"라고 말할 정도였다. 외세 배격과 반反서방의 기치를 내걸고 성취한 이슬람혁명 세대들이 아직도 통치중심세력인 지금은 더 말할 필요가 없다.

이란인들은 자신들을 다른 민족과 유사성이 없는, 독특한 민족 정체성을 가지고 있다고 여긴다. 이는 유구한 이란 역사의 연속성, 고대 통치자의 위대성, 유일한 시아파 국가로서의 독특성, 오랜 세월 동안 점령당했음에도 불구하고 유지해온 이란 고유 문화의 탓으로 해석하기도 한다. 다른 민족들도 어느 정도 배타적인 민족정체성을 가지고는 있지만 그들은 보통 자신들을 더 넓은 가족의 일원이라고 생각한다. 이러한 '국경을 초월한' 개념은 페르시아 문화에서 찾아보기 힘들다. 다만 이슬람, 특히 시아파 측면에서는 어느 정도 국경을 넘어선 관념이 존재한다. 마치 유일무이한 민족이라는 배타적 민족 정체성을 가지고 있는 것은 한국과 비슷하다고 할 수 있다.

그들은 형식적으로 무슬림, 특히 시아파와 페르시아어를 사용하는 인근 국가 국민과 동일시되지만, 이란 민족정체성의 범위는 이란 국경 안에 있는 페르시아어를 쓰는 시아파와 이란인 국외 이주자에 머문다. 한편 아들 팔레비 왕의 민족주의 페르시아 정책은 비非페르시아 소수민족(아랍, 튀르크, 발루치, 아자리, 쿠르드)의 완전한 동화를 목표로 했다. 이러한 정책에도 불구하고 이들 지역의 거주자들은 페르시아어를 유창하게 사용하지 못했고 이란 사회 내에서 차별을 받아야 했다.

비非페르시아계 이란 고위 장교는 극히 소수다. 비페르시아계 정치엘리트 역시 드물다. 아랍계 페르시아인들은 특히 더하다. 이들은 주로 이라크 나자프에서 온 페르시아화된 아랍인들(샤루디Ayatollah Shahroudi와 같은)이다.

이란인의 이스라엘과 유대인에 대한 태도는 종교적·인종적 증오와 감탄이 복합되어 있다. 그러나 여기에도 이란인의 실용주의가 작동하고 있다. 이란의 이스라엘에 대한 공개적인 증오심 표현에도 불구하고 아랍인들(이스라엘-아랍 평화조약시대 이전)과 달리 이란인들은 이스라엘 사람들이 참석한 회의장을 떠나지 않는다. 또한 이스라엘에 대한 공개적 증오심을 표출하지만, 공식적인 자리에서 이스라엘 사람을 만날 때 이란인들은 공손하게 행동한다.

◎ 이란 정부 고위인사가 국제학술대회에서 이스라엘 사람을 만났다. 주최자 측의 소개를 받은 이 인사는 공손하게 이스라엘인과 대화를 나누었다. 그러나 그날 그의 연설은 이스라엘은 존재할 권리가 없다는 내용이었다.

이란인과의 커뮤니케이션

이란인과의 커뮤니케이션은 매우 힘든 편이다. 동양도 서양도 아닌 '이란식' 문화와 의식구조, 커뮤니케이션 방식을 이해해야만 이들과 원활히 소통할 수 있다.

이란은 동서양의 길목에 자리하고 있는 만큼 동서양적 요소들이 혼재한다. 또한 실크로드의 길목에서 오랫동안 장사를 해온 '바자르 상인'의 피는 지금도 이란인들의 몸 속에 흐르고 있다. 때문에 외국인으로서 쉽게 이해하지 못할 사고방식과 행동양식들이 많다.

이란인의 미사여구 구사와 언어적 모호성으로 볼 때 이란 문화는 한마디로 '고 맥락' 문화를 갖고 있다. 이란인은 의사소통에 있어 맥락에 큰 의미를 부여한다. 가령 외국인과의 대화에서도 상대의 말을 액면 그대로 받아들이지 않고, 행간의 의미를 읽으려는 경향이 있다.

또 다른 측면에서는 이란 문화가 동아시아와 아랍 문화보다는 실용적이고 이성적인 '저 맥락' 문화에 가까운 부분도 갖고 있다. 모든 일에 명예가 작용하기는 하지만 합리적 계산을 대체하는 것은 아니며, 장기적 신뢰구축과 미래의 신용보다는 당장의 손익이 우선이다. 장기적 신뢰구축을 중요시하는 정도로 보면 '동아시아 〉 서양 〉 이란'의 도식이, 체면을 중요시하는 측면에서는 '동아시아 〉 이란 〉 서양'의 도식이 성립한다고 할 수 있다.

이란인의 협상방식은 동아시아, 서양 사람들과 다른 측면이 있다.

서양식 협상방식은 주고받는 타협Give-and-Take을 통해 서로가 수용가능한 해결책을 만들어 내는 것이다. 그러므로 서양에선 협상의 한 과정으로 위기를 조성하는 것을 마다하지 않는다. 서양에서 허세와 역정보는 운동경기의 페인트모션Feint Motion과 같이 협상의 정당한 도구이기는 하나, 장기적 신뢰를 깨거나 협상 이후의 관계를 위태롭게 하지 않을 정도로만 사용한다.

동아시아식 협상방식은 이러한 전술의 허용범위가 서양보다 훨씬 작으며 서양에서 용인되는 전술이 신뢰에 손상을 주어 장기적으로 역효과를 낼 수 있다. 따라서 동아시아 사람은 협상 중에 발생할 수 있는 파국의 위험을 배제하기 위해 사전협상에 많은 공을 들인다.

◎ 문화차이를 비교하는 방법 중에 홀Edward Hall이 고안한 '고 맥락high context'과 '저 맥락low context' 사회구분법이 있다. 이러한 패러다임은 주로 '고 맥락' 동아시아(특히 중국과 일본) 문화와 '저 맥락' 서양 문화(특히 이러한 유형의 전형인 미국) 간의 차이로부터 도출되었다. 동아시아 문화는 언어적 표현의 모호함 때문에 진정한 의미 전달을 위해 언어 이외 수단에 의존하는 반면, 서양 문화는 메시지 전달자를 통해 명확한 언어를 사용하며 언어 이외의 모호한 수단의 사용을 피한다. 또한 동아시아 문화는 체면, 평판, 명예를 중요시한다.

이란인은 허세와 역정보 등의 전술 구사가 서양인보다 심하다. 이런 측면에서 이란은 협상방식에 있어서 동아시아식 협상방식과 아주 멀다. 때문에 이들이 이해하기 힘들거나 참을 수 없는 전술 구사를 마다하지 않는다는 것을 인지하고 협상에 임해야 한다. 이러한 성향은 바자르 상인으로부터 물려받은 비즈니스 문화의 영향이 크다. 이란인들은 협상테이블에서 갑작스러운 협상진로 이탈, 은근한 협박, 허세와 역정보 등의 전술을 거리낌 없이 사용한다. 외국인이 이런 테크닉을 구사하면 기분 나빠하지 않을 뿐 아니라 오히려 상대방의 영리함에 감탄하기까지 한다. 이런 점을 볼 때 경험상 책략 구사 측면에서 '이란 〉 서양 〉 동아시아'로 도식화할 수 있다.

우회적으로 표현하는 습관

이란어는 이란 민족정체성의 정수로 간주된다. 이란어는 미사여구를 많이 사용하는 편이어서 우회적인 표현이 많다. 또한 말하는 사람의 진정한 의도를 완전히 이해하기 위해서는 해독이 필요한 암시, 은유, 함축성 등을 간파해야 한다. 영어의 80%가 지시적 표현이라면, 이란어의 80%는 암시적 표현일 정도다. 이러한 언어 습관은 상당 부분 혼란스러웠던 역사의 영향 때문이다. 즉 7세기 이후 이슬람, 투르크족, 몽골의 연이은 침략과 지배, 그리고 잠깐의 옛 영광 재현(사파비 왕조) 이후 서양 세력의 간섭으로 인해 이란인들은 언제 목숨과 재산을 잃을지 모른다는 두려움을 가득 안고 있었다. 때문에 속마음을 직접 표현하기보다는 우회적 표현을 쓰는 데 익숙해진 것이다.

이러한 우회적·비유적 표현은 대화할 때 체면을 지켜주고 상대방의 명예를 손상시키지 않는 수단이다. 비즈니스 상담에서도 이러한 이란인의 언어문화를 잘 알고 존중하는 것이 필요하다. 직설적 거절은 이란인들에게 무례하고 교양이 없는 것으로 해석될 수 있으며 장래의 비즈니스 기회를 박탈당할 수도 있다.

이란인은 단어의 선택뿐 아니라 메시지의 문맥상 해석에 있어서도 암시적이며 간접적인 표현을 두루 사용한다. 또한 이란에서는 "메시지 전달자가 곧 메시지다"라고 말할 정도로 전달자의 역할이 중요하다. 표현의 모호성이 용납되기만 하는 것이 아니라, 모호한 표현으로 상대방을 혼란스럽게 만드는 언어능력도 존경의 대상이 된다. 이는 양측이 모두 명확하게 이해하는 공통분모적 단어와 표현방식을 사용하고 요점에 바로 접근하는 미국식 대화방식과 극명하게 대비된다.

이란인의 언어습관과 협상전술은 직설적으로 접근하는 한국의 방식과 상당히 다르다. 한국은 20세기 중반 이후 미국식 대화방식의 영향을 많이 받았다. 특히 서양인과의 대화처럼 요점에 바로 접근하는 직선적 방식에 익숙해 있다. 때문에 이란인과의 대화 중 무의식적으로 서양인을 대하듯 직선적인 접근은 바람직하지 않다. 이들은 예의 바르고, 따뜻하며, 상대를 즐겁게 하는 말을 자주 할 것이다. 그러나 그들의 말이 아니라 행동으로 판단해야 한다. 이들의 모호한

◎ '영리함Zeroengi'은 사회-언어학적 용어로 '자기는 타인의 행동을 성공적으로 해석하면서 타인은 자기의 행동을 잘못 해석하게 의도적으로 유도하는, 솜씨 좋은 사람의 작업'으로 정의된다. '영리함'의 핵심은 타인과의 관계와 커뮤니케이션을 조종하는 능력이다. 이란 문학과 영화에서 이러한 조종에 실패하는 사람은 비극적 인물로, 조종(극단적 속임수와 공갈을 포함하더라도)에 성공하는 사람은 긍정적 인물로 묘사된다. 담화 조작에 숙련된 사람은 이란에서 매우 존경 받는다. 상대방도 영리한 조작을 시도할 것으로 생각하기 때문에 어떤 일이든 액면 그대로 받아들이지 않고 일단은 불신하게 되는 것이다.

표현은 진정한 의도의 확인에 많은 시간을 소모케 하며 파악이 어려운 경우도 많다. 지루한 협상은 피할 길이 없으므로 서두르지 말고 상황에 맞추어 속내를 천천히 조금씩 드러내는 것이 좋다.

언어를 사용하는 것을 보면 개개인의 정치관이 내비쳐지기도 한다. 보수주의자는 아랍어에서 차용한 단어를 많이 사용하며 아랍어가 제2의 국어인 성직자들은 수사적 스타일로 둘둘 말아 전형적인 종교적 설교를 한다. 반면 개혁주의자들은 명백한 구어체와 솔직한 스타일을 선호하며 수입된 아랍어 단어보다 순수 페르시아 단어를 선호한다. 이런 차이는 번역이나 외국어로 이야기할 때도 나타난다. 따라서 이란인의 언어습관을 유심히 관찰하는 것은 이들이 어떤 정치적 성향을 가지고 있는지 판단하는 데 도움이 된다.

이란 통역들은 번역 내용을 자주 조작하며 심지어 이란 측의 입맛에 맞게 전달하는 것으로 잘 알려져 있다. 통역원이 협상팀의 일원이거나, 전문통역원이 아닐 경우 임의로 내용을 조작하는 경우도 빈번하니 조심해야 한다.

비非언어 커뮤니케이션(몸짓과 손짓)

서양인과 자주 접촉하는 이란인들은 '저 맥락' 특성을 가진 외국(특히 미국)의 커뮤니케이션 방식을 알고 있으면서도, 이란 기준으로 상대방의 행동에서 비非언어적 단서를 추론하는 경향이 있다. 이란인의

◎ 이러한 관습은 호메이니의 파리 체재기간 중 관찰되었다. 그의 통역원은 야즈디 Dr.Ibrahim Yazdi(영어통역 담당, 혁명 후 초대 외무장관)와 바니사드르Abolhassan Banisadr (프랑스어통역 담당, 혁명 후 초대 대통령)였다. 둘 다 호메이니가 격노하지 않을 만한 질문만 통역하는 배려를 보였으며, 호메이니의 답변은 "정치적으로 옳은" 내용으로 번역되었다.

비非언어적 커뮤니케이션 영역은 매우 넓고 복잡하다. 이것은 손과 몸 동작, 시선의 마주침 등을 포함하며 두 사람 간의 친밀함, 또는 각자의 서열에 대한 인식을 표시한다.

이란에서 좌석 배치는 큰 의미를 가진다. 손님 자리를 출구 쪽에 배치하는 것은 낮은 서열, 또는 낮은 수준의 환영을 한다는 표시다. 존경 받는 손님은 주인의 오른쪽 옆자리에 마련된다. 한편 이란 의회에서는 소속된 당이 아니라 서열에 따라 의원들의 자리가 배치된다.

이란 문화에서 친근함을 유도하는 신체접촉과 행동은 실마리를 여는 수단이 아니라 친밀함, 그 자체로만 인식된다. 따라서 친밀한 관계가 아닌 사람에게 서먹함을 해소하기 위해 경쾌하고 사교적인 행동을 하는 것은 이란인(특히 여러 명이 같이 있을 때)에게 효과적이지 않다. 등을 두드리거나 경솔한 행동은 건방지다는 인식을 줄 수 있다. 특히 부하들과 같이 있는 상급자에게 이런 행동을 하는 것은 상급자의 품위를 떨어뜨리는 것으로 절대로 삼가야 한다.

이란인의 머리와 손 동작은 한국이나 서양과 다르다. 예를 들어 머리를 쳐드는 것(반 끄덕임)은 동의하지 않는다는 표현, 또는 불만족을 의미한다. 그러나 머리를 숙이는 것과 한쪽 옆으로 까딱까딱하는 것은 확인(긍정)을 표시한다. 엄지를 세우는 것은 두 손가락 사이에 엄지 손가락을 끼우는 것처럼 외설적인 욕이므로 절대로 하면 안 된다. 머리를 숙이고 손을 가슴에 얹은 후 약간 절을 하는 것은 상대방의 사회적 우위를 인정하는 것이다. 그러나 이란인들은 외국인에게 이러한 에티켓까지 기대하지는 않는다.

◎ 상중喪中에도 이란인들은 서양인들과 달리 껴안기 등 애도의 신체적 행동을 하지 않고 엄숙한 표정을 유지한다.

엄격한 위계질서

이란인들은 사회 내의 위계에 대해서 민감하며 외국인이 그들의 계급제도를 수용하고 존중해줄 것과 계급에 합당한 대우를 해줄 것을 기대하고, 외국인의 계급도 존중하는 경향이 있다. 사회적 지위에 따른 구분 내지 차별대우는 언어적·비非언어적(자세, 눈 마주침 등) 소통수단을 통해 분명히 나타난다. 계급과 사회적 지위에 따라 말과 행동이 달라지는 아부를 하거나, 부하들이 상사에게 반대의사를 표시하는(또는 상사의 말과 의사결정의 실수를 지적하는) 것을 좋아하지 않는 것으로 보인다. 상급자의 눈치를 보는 경향이 있는 것이다. 한창 대화 중에도 상급자가 나타나면 행동을 멈출 때도 많다. 이런 점을 감안했을 때 상급자를 제치고 부하에게 먼저 문의하는 것은 이들에게는 심각한 의전 위반으로 이해되므로 절대로 삼가야 한다.

이란 관료주의는 행정서비스의 종사자가 시스템에 충성해야 하는 것이지, 그의 상사에게 충성하는 것이 아니라는 개념을 발달시키지 못했다. 이러한 상급자에 대한 충성은 자주 공적 업무 관계가 종료된 이후에도 지속되기도 한다. 이런 관습은 전직 고위관료를 통한 로비를 가능하게 하는 환경으로 발전해 왔다.

연장자 대우

이란인의 마음속에 권위는, 특히 도덕적 권위는 연령과 연계되어 있다. 다만 국가와 국가의 만남일 때는 외국 사신의 나이, 개인이력, 국가최고권력자와의 관계(개인적 영향력으로 간주)가 그 국가의 이란에 대한 예우의 지표로 해석된다.

이슬람혁명은 이런 이란의 일반적 사회관념에 맞지 않는 결과를 가져왔다. 혁명으로 인해 당시 30~40세였던 젊은 지도자들이 권력을 잡은 것이다. 또한 하메네이는 약관 50세에 호메이니에 이어 최고지도자로 선출되어, 이란에서 가장 높은 위치에 앉았다. 그러나 이러한 사건이 연장자에 대한 공경의식을 완전히 바꾼 것은 아니었다. 한국에서 5·16 이후 젊은 세대가 권력을 잡았다고 연장자에 대한 공경의식이 한꺼번에 없어지지 않은 것과 같다.

그러나 한국보다 정도와 속도가 느리게 진행되기는 하나 이란에서도 연장자 공경의식은 점점 엷어지고 있다. 이러한 경향은 특히 젊은 세대에서 더욱 현저히 나타난다.

민족의식

이란인의 뼛속 깊이 박힌 민족주의 의식에 비춰볼 때 이들이 협상 상대방의 대리인으로서 이란인을 받아들이는 것은 쉽지 않다. 따라서 이란인과의 협상에 이란인을 대리인으로 내세우는 것은 바람직하지 않다. 의사소통에 다소의 문제가 있고 돈과 시간이 들더라도 한국 사람이 직접 협상해야 한다. 이란인들은 비非백인(아프리카, 아시아 인종)은 서방 국가의 대리인으로서 신뢰도가 덜한 것으로 여긴다. 따라서 한국 회사의 대리인으로 피부색이 다른 민족을 내세우는 것은 바람직하지 않다.

또한 이란인들은 자신들의 지역주의를 외국인에게도 투영하는 경향이 있다. 예를 들어 외국의 특정 지역 출신의 협상대표는 그 지역 출신 대통령의 믿을 수 있는 대리인으로 인식되며, 그의 말에 더 정치적 무게가 있는 것으로 간주한다.

명예

명예 또는 남자다움은 이란인과의 접촉에서 중요한 부분이다. 부당하게 비난당하거나 모욕당할 경우 그의 명예가 훼손당한 것으로 여긴다. 이 경우 명예를 훼손당한 사람은 분노를 분명하고 공개적인 방식으로 표현해야 한다. 이란인들은 개인적인 명예훼손을 국가적 모욕으로까지 확대하기도 한다. 이란인에게 있어 이란 민족주의에 대한 모욕은 단호하고 공개적으로 반박되어야 하기 때문이다.

그러나 이란인의 명예에 대한 개념은 일본인이나 아랍인들의 그것과 다르다. 남자다움의 다른 측면은 체면을 세워주는 행위다. 이란인과의 대화에서 체면을 세워주는 것은 극단적 상황을 막아준다. 이란인은 모독으로 체면이 깎이더라도 자살이나 살인 같은 극단적인 대응을 하진 않는다. 대부분의 경우 대화로 풀 수 있으며 모욕을 준 자와 받은 자 간의 향후 접촉이 단절되지는 않는다.

본심 숨기기, 또는 위장

이란인의 진심은 까도 까도 끝이 없는 양파의 중심부와 같다. 이들은 숨기기, 또는 위장을 거짓말이라고 생각하지 않는다. 이는 생존을 위한 기술일 뿐이다.

이란인들은 대화에서 솔직함과 완전한 정직은 옳은 것이 아니며, 모든 것을 테이블 위에 올려놓고 얘기하는 것은 이득이 되지 않는다고 여긴다. 이는 위험한 바깥 세계와 자신을 구별해 이분법적으로 사고하는 이란의 문화적 특질에서 파생된 것이다.

이들은 진짜 생각을 드러내는 것은 위험하며 항상 조심해야 한다고 생각한다. 이는 이슬람 내 비주류인 시아파로서 자기를 지키기 위한 오랜 습관에 그 뿌리를 두고 있다. 수니파가 주류인 국가에서 자기의 목숨을 지키기 위해 시아파임을 감추는 타기예의 허용도 이러한 숨기기의 습관을 강화해 왔다. 이처럼 양파 껍질 까듯 하나씩 공개하는 이란인과의 협상은 시간이 많이 소모되고 익숙지 않은 상대방은 완전히 지친다. 때문에 협상에서는 서두르지 않고 인내심을 갖고 대하는 것이 필수적이다.

이란인의 진심을 아는 것은 불가능에 가깝다고들 말한다. 심지어 자신들도 본인들의 진심을 모르겠다고 말한다. 보통 몇몇 이란인들은 앞에서 말한 직후, 돌아서서 아무렇지 않게 말과 반대로 행동하기도 한다. 게다가 자신보다 높은 지위에 있는 사람에겐 듣기 좋은 말만 골라서 하기도 한다. 때문인지 통치자들도 민심과 여론의 파악을 잘 못하고 있으며, 시장조사나 설문조사도 신빙성이 떨어질 수밖에 없다. 그렇다고 이들이 무조건 진심을 숨기는 것은 아니다. 보통 진심은 언어 이외의 수단이나 맹세를 통해 전달되기도 하니 잘 지켜봐야 할 것이다.

영리함과 속임수 능력은 지도자들의 덕목으로 높이 평가되며 사람을 상대로 벌이는 심리전으로 증명된다. "이익을 가져다 주는 거짓말은 손해를 야기하는 진실보다 낫다"는 페르시아 격언에서 보듯 이들은 뻔뻔한 속임수를 아무렇지 않게 쓴다. 이란인들 간에는 속임수가 들통났다고 하더라도 둘 사이의 신용도에 의문이 제기되거나

◎ 이란인들은 진심을 강조할 때 펼친 손을 가슴에 대는 제스처를 취한다. 이 들은 '내 가족에 맹세하건대', '내 맏아들에 맹세코', '마호메트(또는 알리)에 맹세하건 대', '모든 예언자에게 맹세하건대' 등의 맹세를 잘한다. "hazrat-e Abbas(on the name of a non-existent prophet)"와 같은 거짓말을 의미하는 가짜 맹세도 있다. 이러한 책략은 상대방이 진심을 의심하는 것이 확실할 때 쓰인다.

지위가 손상되지 않는다. 그렇기 때문에 바로 눈앞의 상대방을 속이는 데 거리낌이 없을 수도 있을 것이다.

둘러대기, 또는 거짓말

숨기기와 일맥상통하지만 조금 다른 이란인들의 둘러대기는 잠시의 주춤거림도 없이 즉각적이다. 특히 망설임 없고 자연스러운 둘러대기는 듣는 사람으로 하여금 사실이라 착각하게 만든다. 이란인들과 대화하다 보면 둘러댄 내용과 사실이 뒤섞여 있는 경우가 많아 종종 혼란에 빠지는 경우가 있다.

사람은 매일 거짓말을 하고 산다. 동물도 거짓말을 한다. 여우가 음식을 먹다가 동료가 오면 적이 나타났다는 신호로 하늘을 쳐다보고 울부짖는다. 학자들은 진화와 학습의 결과 생존을 위해 본능적으로 거짓말을 하며 뇌가 발달할수록 거짓말이 늘어난다는 것을 밝혀냈다.

거짓말에는 여러 가지 유형이 있다. 위기모면, 생존목적, 손해의 회피, 이익 취하기, 분위기 쇄신, 어쩔 수 없이 등등 여러 가지가 있다. 이란인들의 둘러대기와 거짓말은 숨기기처럼 오랜 세월 피정복과 외세의 개입 등 혼란의 세월을 살아오면서 위험회피와 생존을 위해 조건반사적으로 익숙해져 왔으며, 습관으로 고착된 것으로 보인다.

◎ 이란–이라크 전쟁 발발 직후 UN주재 이란 대사는 미국 TV 대담에서 이라크가 이란을 침범함으로써 국제법을 위반했다고 비난했다. 그는 '51명이나 되는 미국인 외교관을 인질로 잡고 있으면서 어떻게 다른 나라의 국제법 위반을 비난할 수 있느냐'는 질문을 받고는 즉각적으로 진심 어린 표정으로 '당신네 외교관들은 우리의 손님들이다'라고 답변을 했다. 대사의 표정이 거짓말을 한다고는 생각할 수 없을 정도로 진지해서 질문자는 다른 답변을 유도할 방법이 없었다.

약속

이란인들은 비교적 약속을 잘 지키지 않는 편이거나, 형식적인 약속을 잘하는 편이다. 이란인들이 상대방을 실망시키는 것을 꺼리다 보니, 오히려 '상대방을 즐겁게 하거나, 형식적으로 동의하는' 이들의 성향이 외국인들의 오해를 불러왔다는 주장이 있다. 즉 진실이 상대방을 불편케 한다고 생각할 경우 이들은 상대방을 속이는 것이 아니라 단지 둘러대는 대답을 한다는 것이다.

이란인은 "아마도", 또는 의례적인 "Yes"로 대답했을 뿐인데 외국인 입장에선 이를 확실한 "Yes"로 인식한 경우, 나중에 이란인이 약속을 어겼다고 불만을 토로했을 것이다. 비슷한 예로, 필리핀에는 뉘앙스가 다른 열 가지의 "Yes"가 있으며 가장 약한 "Yes"는 거의 "No"에 가깝다. 결국 그 나라에서 쓰이는 언어적 습성을 먼저 간파하지 못했을 따름이다.

또한 명확한 거절을 삼간다. 이를 호의적으로 해석하면 상대방을 기쁘게, 또는 최소한 실망시키지 말아야 한다는 뿌리 깊은 사회적 규범 탓도 있다. 특히 손님의 요청을 거부하는 데 있어 그렇다. 한편 "이란인들은 약속을 깼을 경우 발생하는 손해의 규모에 따라 그 약속의 중요도를 가늠한다"는 주장과 같이 계산에 따라 약속을

◎ 한 사업가가 청원을 하기 위해 이란 고위 지도자를 만났다. 지도자는 흔쾌히 청원에 대해 "예(balé; 이란어로 'yes')"라고 대답했다. 이를 믿고 몇 주를 기다렸는데도 청원사항이 해결되지 않자 청원자는 다른 고위 관료에게 그 문제를 알아봐 달라고 요청했다. 그때 관리는 그 지도자가 합의서를 주었느냐고 물었다. 청원자는 지도자가 분명히 "balé"라고 말했다고 했다. 그러자 관리는 웃으면서 말했다. "balé라고 말하는 것에는 수십 가지 방식이 있다. 당신이 그 모두의 어조와 그것들의 진짜 의미를 알게 될 때 그때 비로소 당신은 이란인이 될 것이다."

지킬지 여부를 결정하는 측면도 있다.

예의와 에티켓

이란에는 '터로프toe'arof'라는 독특한 문화가 있다. 이는 '빈말문화' 또는 '체면문화'로 번역할 수 있으나 정확하게 다른 나라말로 번역하는 것은 어렵다. 터로프를 굳이 정의 내리자면, 자신을 낮추고 상대방을 높여, 본인 체면도 지키고 상대방도 존중하는 일종의 언어습관이다.

물건을 사거나 서비스를 이용한 후 요금을 지불할 때 듣게 되는 "거벨 나더레" 역시 일종의 터로프 표현이다. 즉 물건을 살 때 상점 주인에게 "이거 얼마에요"하고 물으면, 주인은 "거벨 나더레(이건 당신에 비하면 아무 가치가 없어요)"라고 말한다. 다시 얼마냐고 물으면 "거벨 나더레(괜찮아요)"를 두 번쯤 더 반복하고서야 주인이 가격을 말해준다. 상점 주인이 돈을 안 받을 생각은 추호도 없으면서 의례적으로 사양하는 말을 몇 번씩이나 하는 것이 예의인 것이다.

터로프 관습에 의하면 제안(물건 값 지불의사 표시), 수용(주인의 물건 값 수령), 거절의 순서는 제안 받는 사람이 받을 자격이 없으나 제안을 존중하기 때문에 수용한다는 사실이 충분히 강조될 때까지 반복되어야 한다. 결과적으로 터로프로 인해 시간을 몹시 낭비하고 있는 것이다. 체면문화에 익숙한 한국인에게도 답답하게 느껴지는 관습이다. 그러나 외국인에게 터로프를 잘 행하지는 않는다. 외국인이 난해한 이란 관습을 실행하기를 기대하지 않는 경우가 많기 때문이다. 그러나 습관적, 또는 무의식 중에 터로프에 기반한 말이나 행동을 하는 경우가 있으므로 현명하게 대처해야 한다.

일반적으로 이란인들은 긴장상태에서도 외관상의 공손함을 유지하는 것을 우선시하기 때문에, 이들과의 협상에서 냉정함을 잃지 말고 에티켓을 유지하는 데 신경을 쓸 필요가 있다.

감정표현

문화적으로 모욕, 격정, 노여움과 같은 감정의 직접적인 표현은 허용하지만, 사회적으로 용인되는 것은 절제된 감정의 표현이다. 장례식에서는 이란인의 절제된 감정표현을 볼 수 있다. 이란인들의 감정표현은 주변에 자신의 감정을 전달하는 사회적 절차다. 이러한 행위를 통해 불특정 청중들에게 개인이 상처를 입었고, 모욕을 당했으며, 화가 났고 진정되어야 한다는 것을 선언하는 측면이 강하다. 적절한 감정표현은 영리함으로 간주되기도 한다. 때문에 이들의 갑작스러운 감정표현에 당황하거나 크게 걱정할 필요는 없다.

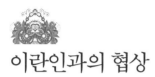

이란인과의 협상

이란인의 협상문화는 이들의 독특한 심리구조를 포함한 언어·문화·종교 관습에 뿌리를 두고 있다. 이러한 문화를 인지하고 있지 않으면 협상을 원활히 이끌거나 주도하기 힘들다.

영리함(교활함)과 상대방의 허를 찌르는(속이는) 능력을 높이 평가하고, 되도록 사실을 숨기는 것에 사회적·종교적 정당성을 부여하는 이란의 문화는 이들과의 교섭을 매우 혼란스럽고, 불투명하게 만든다. 반대로 협상 상황에서 이란인은 외국인의 말을 액면 그대로 받아들이지 않는다. 뿌리 깊은 불신, 모든 것을 음모로 보는 습관, 외부세계에 대한 의심은 상대방의 솔직하고 정직한 접근을 교활한 속임수로 먼저 받아들인다.

이란 협상자들은 뻔한 위협을 협상과정에서 자주 사용하지만, 그렇다고 그들과 똑같이 행동해선 안 된다. 뻔한 위협은 이들에게 효과가 없으므로 확실한 위협만 행사하는 것이 좋다. 이란인은 타협만이 심각한 위협을 피할 수 있다는 것이 확실할 때에만 타협을 한다. 또한 협상에선 단기적이고 즉각적인 이익을 확실하게 제시해야 한다. 불신과 음모론이 팽배한 환경에서 장기적 공동 이익, 공동 발전 비전이나 장기적 신뢰구축과 같은 뜬구름은 이들의 마음을 움직이지 못한다.

체스는 이란의 국민게임이다. 즉 이란인들은 게임에서 몇 수 앞을 생각하고 움직이는 데 능숙하다는 것이다. 자신의 움직임에 따라 상대방이 어떻게 반응하는지 주의 깊게 내다보고 결정하는 습관이 있다. 일반적으로 협상에서는 구두합의의 철회를 막기 위해 합의사항을 문서화한다. 그러나 이란 측과의 협상에서 합의사항의 문서화는 구두합의와 별반 다를 바 없다. 이란인들에게 '합의'는 그러한 결정을 내리게 된 환경이 바뀔 때 재검토의 대상이 되므로, 기존 협상 결과는 무효로 받아들인다. 문서합의도 상황이 바뀌면 이행할 필요가 없고 다시 협상을 해야 한다는 것이다.

협상자의 권한

외교협상에서 이란 측 협상자는 아무리 고위직이더라도 혼자서 사소한 것 하나도 결정할 수 없다. 이들은 보통 집단 의사결정방식을 채택한다. 협상대표에게 어떠한 의사결정권한도 주지 않으므로 이란 측 협상자들은 교섭을 통해 상대방의 의도에 대한 정보만 수집해 상부에 보고하는 경우가 많다.

국가 프로젝트 수주나 국영기업과의 협상은 일반적인 외교협상과 유사하다. 민간기업으로 보이는 회사도 공공재단이나 공적 기구의 산하기업인 경우가 많다. 때문에 이들의 의사결정구조가 복잡함을 염두에 두어야 한다. 하지만 이란 내 민간기업인과의 협상은 바자르 상인과의 협상처럼 1 대 1 협상의 방식을 취한다.

집단의사결정과 협상대표단

이란 국영기업과 미팅을 하게 되면 많은 사람들이 참석하는 편이다. 이는 집단의사결정 방식을 채택하고 있기 때문에 그렇다. 공식회의에는 대화에 참여하지 않고 명함도 주고받지 않는 통제위원이 참가하기도 한다. 이란인의 집단의사결정은 이면 채널을 대하는 태도에서도 분명하게 나타난다. 고위급 회담에서조차 이란 협상자는 오해를 사지 않기 위해 공식 통역관이나 통제위원이 배석한 자리에서만 대화를 시작한다. 정부기관과의 회의 시에는 전 과정을 비디오로 촬영하는 경우도 많다. 상급 인사에게 보내는 서면 메시지는 이면 거래 혐의를 피하기 위해 다른 사람이 함께 있는 자리에서 개봉해 읽힌다.

　　이란 정부는 전통적으로 외국 세력과 연계가 있거나 있다고 알려진 고위인사를 이용해 왔다. 때문에 많은 신학자들은 영국의 대리인이라는 이미지를 가지고 있는데, 이런 이미지는 개혁주의 신학자뿐 아니라 보수파 신학자에게도 있다. 이란 정부는 이들을 외국에 역정보를 전달하는 채널로 이용한다. 이란인들은 협상 상대방과 가깝다고 생각되는 사람을 협상팀에 배치한다. 상대방이 가까운 사람과의 신뢰를 바탕으로 어느 정도 양보를 보일 수 있을지 관찰하며 협상의 유리한 고지를 선점하려는 것이다.

부패와 뇌물

이란에서 부패와 뇌물은 거의 일상이다. 실제로 관리에게 개인적인 이익을 제공하지 않고 일을 진행하는 것은 상상하기 어렵다. 부패 스캔들이 폭로되어도 사회적·정치적 오점이 되지 않는 것이 현실이다. 이란 공공기관이나 국영기업의 최고책임자를 만나다 보면 '고문 Adviser'를 동반하는 경우가 많다. 이들이 로비의 통로가 될 수 있다.

사전협상과 정보수집

이란 협상자들은 이면 채널과 사전협상을 많이 활용한다. 외교협상에서는 대중에게 일일이 설명해야 하기 때문에 본 협상 전에 정보를 수집하고, 상대방의 약점과 입장을 떠보며, 상대 협상팀 내의 이견을 확인하는 과정으로 활용하는 것이다.

인내심을 요구하는 협상과정

협상 초기에 제시된 상품의 가격은 실제 가격과 별 관계가 없다. 화폐로 표시된 가격일 때는 그들이 실제 요구하는 금액과 몇 배 차이가 나기도 한다. 또한 숫자로 표시되지 않는 사안에서는 상대방이 수용할 수 없을 정도의 과다한 요구인 경우가 많다.

뿐만 아니라 결정권도 없는 본인들이 결정할 것처럼 기꺼이 세부 협상에 착수하는 뻔뻔함도 보이기도 한다. 이런 행동은 협상전략이라는 명목 하에, 진짜 이슈를 꺼내기 전에 상대방의 약점을 파악하고 지치게 하기 위한 가상협상으로 볼 수 있다. 또한 단지 '바자르 거래협상 본능'의 반영이고 '게임 즐기기'이며, 협상에 있어서 수사적·감정적·지적 기교의 반영이라는 해석도 있다. 그러나 후자는 동료와 부하의 면전에서 자신의 능력을 과시할 목적이 농후하기 때문에 협상의 본질과는 아무런 관계가 없다.

협상 도중 갑자기 옆길로 새서 지금까지의 대화와는 관계가 없는 예기치 못한 이슈로 상황을 전환하는 경우도 많다. 이런 경우 협상이 끝날 시점에 이미 타결된 것으로 생각했던 이슈로 되돌아와 처음부터 다시 시작해야 하는 경우가 많다.

원칙고수와 세부사항 집착

협상에서 이란인이 원칙과 세부사항을 다루는 태도는 종잡을 수 없다. 어떨 때는 포괄적인 원칙은 무시하고 짜증이 날 만큼 중요하지 않은 세부사항에 집착하기도 한다. 반대로 명분과 원칙을 고집스럽게 주장할 때도 있다. 해양에서의 권리, 핵개발 주권, 이라크-이란 전쟁의 휴전협정에서 이라크의 책임에 대한 천명을 고집스럽게 전제조건으로 내건 것이 이런 경우에 해당한다. 이런 면을 봤을 때 주어진 상황이나 내부적인 필요에 따라 원칙의 고집과 세부사항에의 집착을 고수하고 있는 것이다.

생일날 잘 먹기 위해 오늘 굶지는 않는다

이란인은 협상에서 단기적인 이익과 목표에 집중하는 것으로 유명하다. 이란인은 상대방에게 수년 후에 나타날 대상물에 대한 거래를 제안하는 경우는 매우 드물다. 거래로 쌓은 신뢰가 향후의 양보를 얻어낼 수 있는 가치 있는 자산으로 보지 않는 것이다. 1979~1980년 미국 대사관 인질사태협상에 참여했던 미국 외교관은 이란인의 장기 신뢰구축에 대한 태도를 다음과 같이 묘사했다 "호의는 마지못해 주어졌고, 명백한 보상이 즉시 감지될 수 있는 만큼만이었다. 작년 또는 지난 주에 제공된 지원은 잊어야 한다. 오늘 무엇이 제시될 수 있는가가 중요하다"

이런 이란인의 특질은 비즈니스 상담에서 어떤 측면에 초점을 맞추어야 하는가를 알려준다. '양사의 협력을 통해 공동의 장기적 발전을 도모…'와 같은 목표와 설득은 이들에게 매력으로 느껴지지 않는다. 당장 오늘의 이익이 무엇인가가 중요하다. 생일날 잘 먹기 위해 오늘 절약하는 것은 이들에게 통하지 않는다는 것이다.

양보는 약함의 표시다

이란인과의 협상은 이슈에 대한 이성적 옳고 그름에 대한 토론으로 진전되는 것이 아니다. 이들의 정치문화는 상대방의 주장이 정당하다고 해서 양보하지 않는다. 위태로운 상황이 될 것이 분명하거나, 양보하는 것이 낫다는 판단이 확실할 때에만 양보한다. 양보는 수치스러운 일이며 다른 사람이 양보하게 만드는 것은 명예스러운 일이라 여기는 것이다. 한 번 양보한 사람에게는 나중에도 계속 양보를 종용한다. 이란인들에게 양보와 선의는 '약함'과 '굴복'의 표시이자, 불굴의 의지가 결여된 행동이다.

시간은 이란인 편이다?

이란인은 지루한 협상가들로 널리 알려져 있다. 협상이 길어질수록

◎ 2006년 이라크주재 미국대사와 미군사령관은 이란대사와 회담을 가졌다. 이란은 미국이 회담을 요청하는 것 자체만으로, 미군이 이라크에서 철수할 것이라 판단했다. 이에 이란은 이라크 내 미국에 대한 공격을 강화했으며, 미국이 단호하게 대규모 군사적 대응을 했을 때 비로소 진정되었다.

자기들에게 유리한 상황을 만든다는 '희생자 심리'를 구사한다. 지연전술은 주로 약자가 문제가 있다고 생각되는 결정의 실행을 피하기 위해 사용된다. 시아파 고유의 인내의 미덕에 대한 믿음 또한 이러한 경향에 기여한다.

'시간은 돈이다'라는 격언은 이란인과 거리가 멀다. 이란인들은 시간 끄는 것을 미덕으로 생각한다. 그러나 모든 사안에 이들이 지연전술을 쓰는 것은 아니다. 본인들에게 시급하면 어떻게 해서든 상대방을 압박해 담판을 지으려고 노력한다. 이 때는 반대로 답변을 지연시켜 이란 측을 압박하는 방법을 사용하면 된다. 한편 협상의 마지막 단계에서 이란인들은 꼭 최종합의의 연기를 몇 번씩이나 요청해 답답하게 만든다. 이는 상대방이 강하여, 지연이 새로운 기회를 만들어 이익을 볼 수 있다는 가정에서 나오는 전략이다.

협상기술의 관점에서 이란인들은 비교적 높은 BATNABest Alternative To Negotianted Agreement를 채택하는 편이다. 따라서 협상 초기부터 협상테이블을 떠날 의지를 드러낸다. BATNA는 시간의존적인(현재로서는 더 좋은 대안이 존재하지 않으나 미래에 나타날지도 모른다, 따라서 지금 양보할 이유가 없다) 것이기 때문에 이들의 협상지연은 이러한 패턴에 적합한 것이다.

모호함을 선호하는 이란인

이란인들은 협상에서 명확한 설명을 피하고 모호한 표현으로 상대방을 혼란스럽게 한다. 때문에 현지에선 사실파악을 위한 정보 획득이 매우 어려운 편이다. 단순한 행정 절차나 조치, 프로젝트 발주 내역과 진행상황 등을 파악하는 건 고역일 수밖에 없다.

한편 이란인들은 협상의 방향을 문서에 기재하거나 의정서 또는 잠정 양해각서MOU, Memorandum of Understanding를 작성하는 등 부속문서 작성을 썩 좋아하지 않는다. 그 바탕에는 다음과 같은 원인들이 있다.

§ 구두합의에 근거한 바자르 협상방식의 전통
§ 숨기는 것에 익숙한 시아파의 타키야 관습
§ 비非성직자 관료를 수뇌부의 핵심 계획으로부터 분리하는 이란의 통치구조
§ 모든 것이 가변적인 상황(상황이 바뀌면 서면합의가 무효화될 수 있는)의 연결상태로 받아들이는 세계관

방어적 위험추구

이란인들은 협상에서 이익의 극대화보다는 손실을 최소화하는 방어적 태도를 취하는 편이다. 다시 말해 이익추구를 위한 위험감수를 꺼리고, 손해방지를 위한 위험을 추구하는 것이다. 이란의 서방과의 정치적 협상들은 거의 대부분 방어적이기 때문에, 보통 이란 측은 위험을 추구하고 양보를 꺼리는 경향이 있다.

◎ 이란 협상대표로 나왔던 최고위층 인사는 협상종료시점에 의정서에 서명할 것을 요구당하자 그 자리에서 서명을 거절했다. 이후 마침내 서명에 동의했을 때 그는 "대담의 특정 순간에 존재하는 상황을 묘사하고 있을 따름이다. 서명된 순간, 조건은 변경되었으며 이것은 가치가 없을지 모른다"는 것을 문서에 명백히 부기했다. 이란인들은 "우리를 구속하는 유일한 문서는 코란"이라고 주장하면서 서명을 거부하는 경우가 많다. 한 전직 대통령은 대량살상무기WMD, Weapons of Mass Destruction 국제협약을 "상황이 명령하면 찢어버릴 수도 있는 종이조각에 불과하다"고 언급한 바 있다.

사실 부인

반박할 수 없는 증거와 함께 분명한 사실이 제시되었을 때에도 이란 인들은 한치의 망설임도 없이 사실을 부정한다. 앞서 강조한 '숨기기'의 일환이다. 이란인과 만나다 보면 비즈니스나 일상생활에서도 명백한 사실에 대해 '부인'하는 경우를 목격할 수 있을 것이다. 그렇다고 이들이 정말 사실을 모르는 건 아니기 때문에 적절히 대처를 잘해야 한다.

다중 채널의 활용, 핵심인사의 이해가 관건

이란 고위층은 대외 접촉에서 다수의 유효한 대화채널을 유지한다. 이것들은 대화의 주 채널을 지원하기 위한 이면 채널로 잘못 해석되기도 하지만, 이러한 채널들은 서로 경쟁하거나 이란 지도부 내의 다른 이해그룹을 각각 대표하기도 한다. 이란의 국가운영구조가 이중구조로 되어 있기 때문이다.

일반 행정부와 함께 행정부를 지도·감독하거나 병행하는 국가기구는 혁명 후 국가지배구조를 만들면서 기존의 정부기구를 신뢰할 수 없어 생겨난 것이다. 일반 군대와 혁명수비대라는 이중의 군사조직이 대표적이다. 또한 지도부에 '공적'을 바치는 사람이 되기를 원하는 최고위층의 측근이 채널로 끼어들 수도 있다.

◎ 팔레비 왕 시절 이스라엘항공은 테헤란에 정기취항을 시작했다. 이집트 외무장관 마흐무드 리야드Mahmoud Riyadh가 공항에서 레드카펫을 걸어 내려오는 동안(이스라엘과 이집트 간의 평화협정 전) 항공기가 착륙하자, 리야드 외무장관은 그 항공기가 이스라엘항공이냐고 물었다. 이에 이란 외무장관은 즉각 부인했고, 다음날 이스라엘항공 소속인 것이 밝혀졌지만 계속 부인했다.

또 다른 가능성은 협상이슈에 책임이 있는 당국이 상대방에 대한 정보를 획득하거나 가능한 양보의 범위를 알아내기 위해 의도적으로 다수의 채널을 활용하는 것이다. 이러한 다중 채널의 운영은 외부와의 협상에서 실패의 원인이 되어 왔다. 의사 결정권자 언저리에 있는 그 누구도 자신은 영향력이 없다고 고백하는 경우는 없다.

계약 체결 후에도 협상은 계속된다.

이란인들은 계약이 체결된 뒤에도 입씨름을 계속한다. 이러한 '협상 후' 단계는 협정(계약)의 이행 시에, 또는 '상황의 변화'로 합의했던 사항의 재협상 시에 진행된다. 전형적인 '카펫 거래방식'이라고 할 수 있다.

결과적으로 이란인과의 협상에서는 타결 이후에 줄 선물까지 준비하고 있어야 하며, 상황이 변하면 기존 계약도 무용지물이 될 수 있다는 사실을 인지하고 대비해야 한다.

◎ 바자르에서 한 사람이 양탄자 구매를 위해 지루한 흥정 끝에 마침내 가격에 합의했다. 상인은 고객이 지불 준비를 하는 동안 커피를 더 마실 것을 권했다. 바자르에서 어떻게 행동해야 하는지 아는 고객이라면 "이 가격에는 기도용 깔개를 끼워 주는 것이다"라고 말할 것이다. 이는 이란인의 "협상 후 행동양식"의 기본 패턴이다.

제8장

현대 이란 경제의
형성과 구조

팔레비 왕의 현대화 시작

터키의 아타튀르크Kemal Ataturk를 존경하고 본받으려 한 팔레비 왕조의 창시자 레자 팔레비는 외세에 휘둘리고 국내적으로는 분열되어 쇠락해 가던 봉건적·전근대적 이란을 자주적이고 강력한 중앙집권적 현대국가로 만드는 데 초석을 다졌다.

그가 집권한 1925년의 이란엔 소작농들이 있는 농촌, 부족공동체, 그리고 소규모 마을들이 있고 산업이라고 부를 수 있는 건 거의 없었다. 인구 대부분이 문맹이었으며 경제행위는 바자르에서만 이루어지고 있었다. 테헤란 같은 소수 대도시에서만 가로등, 자동차, 포장도로 등 근대적 모습을 찾아 볼 수 있는 나라였다.

그는 강력한 중앙집권적 권력장악을 바탕으로 밖으로는 19세기 외국에 공여되었던 특혜와 특권들을 무효화시키고 영국의 제국은행으로부터 발권력發券力을 되찾는 등 경제적 자주권을 확보했다. 안으로는 봉건적 지주계급의 권력을 약화시키고 징세 및 관세와 수출입 허가 제도를 확립했다. 1940년엔 1925년 대비 15배로 증가된 세수 확보와 1921년 58만 파운드에서 1940년 400만 파운드(약 1,612만 달러)로 늘어난 석유 로열

팔레비 왕과 왕비의 옷

티(1933년 영국과의 석유채굴권 재협상으로 급격히 늘어남)를 바탕으로 전반적인 인프라를 개선하고 현대적 산업을 도입하는 등 본격적인 경제개발에 착수했다. 또한 교육 시스템과 사법제도를 현대적(서양식)으로 개혁하고 이슬람 교리에 갇혀 있던 사회규범을 개혁하는 등 세속화를 단행했다. 이는 이슬람 성직자들이 가장 싫어하는 것이었다.

인프라 투자는 운송 부문에 집중되었다. 1927년 3,100마일이었던 자동차 운행가능도로를 1938년 1만 5,000마일로 확대했으며 약 2만 7,000대의 자동차가 운행되었다. 무엇보다 테헤란을 중심으로 국토의 동서남북을 연결하는 이란횡단철도를 건설하며, 1925년 150마일이던 철도를 1938년 1,000마일로 확장했다.

전기보급사업도 활발히 전개해 1938년에는 대부분의 마을에 전기조명이 공급되었다. 가장 인상적인 변화는 교육의 확대였다. 1922년 5만 5,131명이던 학생 수가 1938년 45만 7,236명으로 늘어났다. 이 중 중등학생 수는 1924년 3,300명에서 1940년 2만 8,200명으로 증가했다.

한편 수입대체산업을 주로 육성하기 시작했다. 산업부는 300여 개의 설탕, 차, 담배, 쌀 가공, 통조림, 비누, 면화 유, 글리세린, 황산, 시멘트, 목재, 구리, 배터리 공장을 건립했다. 면직물, 카펫, 성냥, 맥주, 가죽, 유리제품 등의 분야에서는 민간 제조업 진흥을 위해 저리 대출을 도입하면서 전체 산업 투자의 절반 이상을 민간투자로 충당했다.

　이러한 현대적 산업개발은 터키, 러시아와 비교해서 상대적으로 늦은 감이 있었으나 기존의 낮은 산업 수준과 과거의 실패를 감안할 때 충분히 인상적인 변화였다.

　이 시대는 '법과 질서의 확립', '규율', '중앙의 권위', '하나의 언어 문화와 민족정체성' 같은 "국가통합"과 '현대적 시설(학교, 기차, 버스, 라디오, 극장, 전화)의 제공', '현대적 도시와 공장' 등의 "개발", 그리고 '봉건적 특질의 제거', '여성지위 향상'과 같은 "근대화(서양화)"라는 긍정적 측면과 "억압", "부패 풍조의 확산", "징세(착취적, 역누진적)", "경찰국가", "헌법 무력화", "문민 대신 군사 지배", "진보적 지도자 암살" 등의 부정적 측면들로 요약할 수 있다.

　1906년 이란에서 일어난 중동 최초 입헌혁명의 목표는 이란의 현대화, 중앙집중화, 강한 정부, 외세 간섭의 종식이었는데 입헌의회와 정부를 쿠데타로 무너뜨리고 집권한 팔레비는 이러한 목표 중 많은 부분을 이루었다. 다만 입헌혁명의 주요한 가치였던 자유와 대의정치의 희생을 대가로 이루어졌다는 것이 한 가지 다른 점이었다.

◈ 레자 팔레비(1925~1941년) 통치기간 중 경제·사회·정치 변화

집권 전과 집권 말 정부지출은 18배 늘었으며, 전무했던 산업, 농업, 도로 예산이 각각 총지출의 23%, 3%, 25%로 경제개발에 대폭 투입되었다. 교육예산은 28배가 늘었으며 국방예산은 여섯 배가 늘어나 총지출의 13%를 차지했다.

외국에 공여한 많은 특혜를 무효화했으나 영국의 석유 착취는 수용할 수밖에 없었다. 석유 로열티 재협상이 난항을 겪자 1932년 팔레비는 채굴권 면허를 일방적으로 폐지하는 등 강경대응을 했으나 영국의 군함 파견과 국제사업재판소 제소 등의 압박으로 재협상 결과 16%였던 로열티를 20%로(1993년까지) 올리는 데 만족할 수밖에 없었다.

팔레비는 군대에서 페르시아어를 가르침으로써 언어를 통일하고 농부와 부락민을 시민으로 만들었다. 또한 다른 민족과 함께 생활하게 하고 매일 왕, 국기, 국가에 충성을 다짐하게 함으로써 '하나의 국민'이라는 의식을 심어 주었다. 달력을 음력인 이슬람력에서 양력인 이란력으로 바꾸었으며, 남자들에게 서양식 바지와 코트 착용을 의무화하고 수염을 깎게 했다. 한편 외국어(특히 아랍어)를 없애는 캠페인을 전개하고, 아랍, 터키, 아르메니아 등 지리상 명칭을 이란어로 바꾸는 작업도 진행했다.

전 계층에 걸친 쥐어짜기식 징세와 역누진적 세제, 인플레로 대중의 생활 수준은 궁핍해졌으나, 산업화와 현대화로 새로운 자본가 계층을 탄생시켰다. 중앙권력 강화로 유력자들은 그들의 작위, 면세권, 지방에서의 권위, 중앙정치무대에서의 권력을 잃었고 일부는 땅을 몰수당하거나 목숨도 잃었다. 또한 가족 연고주의의 지속적 활용이 가능했으며, 팽창하는 도시에 농산물을 판매해 부를 축적했고, 새로운 토지등록법을 활용해 부락민의 토지를 자기들 명의로 이전하고, 토지세를 그들의 농부들에게 전가시켰다. 제일 중요한 것은 이들 유력자들이 사상 처음으로 마을수령을 임명하는 법적 권리를 획득한 것이며 이로써 국가가 농부들의 이익에 반해 지주들을 확실히 지원하게 되었다. 유력자들과 지주들은 귀족으로서의 자부심만 버리면 예전보다 더 많은 것을 누리고 살 수 있었다.

이란 역사상 처음으로 군사기술의 균형추가 종족에서 중앙정부로 급격히 이동되었다. 세속화 정책과 의도적인 성직자 무력화로 종교계의 반발이 심했으며 젊은 지식계층의 저항과 저소득층의 간헐적인 민란도 발발했다. 그리고 레자 팔레비가 영국과 러시아에 의해 축출되었을 때 아무도 슬퍼하지 않았다.

석유 수입 급증과 백색혁명으로 변한 이란 경제와 사회

영국과 러시아는 제2차 세계대전 중 친親독일 정책을 펼친 레자 팔레비를 축출하고 그의 아들 무함마드 레자 팔레비를 왕위에 앉혔다. 제2차 세계대전 중과 종료 후에도 뚜렷한 성과를 나타내지 못하던 이란 경제는 1954년 이후 석유 수입 급증과 미국을 중심으로 한 외국원조로 투자가 늘어 빠른 경제성장을 이룩했다. 호황에 따른 인플레와 순환적 침체를 겪기는 했으나 1970년대까지 괄목할 만한 산업화와 현대화를 이루었다. 1963년 이래의 백색혁명과 1970년대 폭증한 석유 수입으로 추진한 근대화는 신흥특권계층을 대두시켰으며, 이슬람 전통을 붕괴시키고 농촌과 도시의 전통 상공업자(바자르 상인)의 몰락과 파산을 가져왔다. 또한 농촌의 붕괴로 인한 인구이동은 도시를 급팽창시켰다.

이 시기 일부 경제와 개발의 성과는 인상적이었으나, 대부분 표면적이고 깊이가 없었으며 정치적으로는 실패였다. 민의를 반영하는 정부 구성 프로그램도 없이 불만에 대한 유일한 해결책은 비밀경찰과 군을 통한 억압이었다. 지하의 공산주의자와 오랜 기간 싸우는 바람에 '물질적 번영만 확보하면 모든 것이 해결될 것'이라는 공산주의자의 오류와 동일한 실수를 저질렀다. 1970년대 말 팔레비는 신학자, 바자르 상인을 소외시키고 뿌리 뽑힌 하층민들을 양산했으며 지지자였던 교육받은 중산층도 소외시켰다.

즉위 이후 '왕정공백기'라고 할 만큼 무기력했던 팔레비는 1953년 친위 쿠데타 이후 강력한 왕권을 갖고 아버지의 3대 국가운영 기둥인 군대, 관료, 궁정후원 시스템의 전력 재가동을 시작했다. 때맞춘 석유 수입 증가로 경제개발에도 박차를 가할 수 있었다. 그의 통치철학은 아버지 정책의 연속이었다. 다만 아버지는 파시즘 시대에, 아들은 냉전시대에 살았다는 것이 다른 점이었다.

이란 경제의 구조적 문제점을 형성

팔레비의 고대 페르시아 제국의 영광을 재현하는 세계 5대 강대국의 꿈은 석유 수입 증가로 달성되는 듯 보였다. 석유 수입 증가는 생산 증가(세계 4대 생산국, 2대 수출국)와 로열티 지급률의 증가(20%에서 50%로), 1973년 이스라엘 전쟁 이후 OPEC의 석유값 네 배 인상으로 이루어졌다. 석유 수입이 아버지 팔레비 말년 1,600만 달러에서 1954년 3,400만 달러로 두 배 늘어났던 것이, 1973년 50억 달러, 1975년에는 200억 달러로 폭발적으로 늘어났다. 23년 동안 무려 550억 달러의 석유 수입이 쏟아져 들어왔다. 이에 고무된 팔레비는 이란의 생활수준이 곧 유럽을 능가할 것이며 자본주의나 공산주의보다 더 월등한 삶의 길을 만들 것이라고 호언했다.

석유 수입이 정부 수입의 60% 이상, 외화 수입의 70%에 이르러 이란은 석유지대로 먹고사는 국가가 되었다. 이때부터 고착화된 이란 경제의 석유의존구조는 현재까지 이어져 왔다.

이란 경제의 특징인 팽창된 관료주의와 국가의 과도한 경제개입도 이때 형성되었다. 팔레비는 에너지부, 노동부, 사회복지부, 고등교육부, 주택 도시건설부, 관광부 등의 부처를 신설해 정부부처를 12개에서 20개로 늘리는 등 국가관료제도를 확대했다. 1975년에는 공무원이 30만 명, 국가고용 사무 및 노동자가 100만 명에 달했다. 1977년에는 정규직 근로자의 절반이 국가고용인이었다. 또한 정부는 중앙은행, 산업, 광업 개발은행, 국립 라디오 및 TV 방송국, 국립석유회사, 국립영화사 등 준정부기구에 간접적으로 재정을 투입했다.

이란 경제의 또 다른 특징인 정부도 민간도 아닌 제3 부문의 확대도 이때 씨앗이 뿌려졌다. 팔레비는 통치의 셋째 기둥인 궁정후원 시스템을 강화했다. 1958년 설립된 면세자선기구인 '팔레비재단'은 아버지 팔레비의 부동산 보유로 시작해 팔레비 자신과 친족 64명 대부분의 부동산을 이 재단에 통합시켰다. 또한 상당 액수의 석유 수입금을 매년 흡수함으로써 재단의 자산은 최대 30억 달러에 달했다. 팔레비재단은 부동산 이외에도 207개 회사(광업, 건설, 자동차제조, 금속가공, 농산물가공, 식품가공, 은행, 보험, 카지노, 카바레, 호텔 등 다양한 분야)의 지분을 보유했다. 팔레비의 개인 재산은 10억 달러 이상, 왕가의 총 재산은 200억 달러로 추산되었다. 1954년 이란의 석유 수입이 3,400만 달러, 1차 오일쇼크 전 1972년 이란의 석유 수입이 25억 달러임을 감안할 때 엄청난 규모임을 알 수 있다.

당시 《뉴욕타임스》는 "이 재단의 자선활동이라는 표면의 뒤에는 왕가를 위한 펀드의 원천, 경제를 컨트롤하기 위한 도구, 정권 지지자에 대한 보상을 위한 파이프라인의 역할이 명백했다. 즉 통치자금과 왕가의 사적 이익 추구가 병존했다"라고 분석했다. 팔레비재단의 재산과 회사(보유지분)들은 훗날 이슬람혁명 이후 국영기업, 국영은행, 종교자선재단이 되었다. 그러나 종교자선재단들은 그 운영실태가 공개되지 않고 있다.

국제연합공업개발기구_{UNIDO, United Nations Industrial Development Organization}는 2004년 이란 경제의 구조적 문제점으로 국가의 경제지배, 석유의존적, 내부지향적, 과도한 국가통제, 적은 세금 부과, 과도한 보조금, 불충분한 경쟁, 명백한 불공평을 꼽은 바 있다. 이러한 문제점들 중 상당수는 팔레비 왕 시절에 시작, 확대되었고 혁명 후에도 지속되거나 강화되어 현재에 이르고 있다.

공산혁명의 예방을 위한 백색혁명

공산혁명을 방지하기 위한 선제조치로 기획되어 1963년에 시작된 백색혁명의 핵심은 토지개혁이었다. 초안은 지주가 한 마을 내에서만 토지를 소유할 수 있도록 했으나, 팔레비 왕은 가까운 친척에게 다른 마을의 토지를 넘길 수 있도록 했다. 또한 과수원, 삼림지대, 플랜테이션 농장, 기계화 농장, 농산물 가공산업용 토지는 직접 소유할 수 있도록 완화했다. 종교재단도 그들의 오래된 기부재산들을 보유토록 허용했다. 이러한 희석에도 불구하고 토지개혁은 지주계급 약화라는 목표를 어느 정도 달성했고 팔레비 왕가를 포함한 일부는 상업적 농부로의 전환에 성공했다.

토지개혁 후 소유구조는 200㏊ 이상 소유 1,300개 상업회사,

10~200㏊ 소유 지주(부재지주가 다수) 64만 가구, 10㏊ 이하 소유 지주 110만 가구(농촌 가구의 32%로 예전의 소작인), 토지 한 떼기도 못 받은 170만 농촌 노동자 가구(농촌 가구의 51%, 소작권이 없던 농촌 노동자)로 구성되어 있었다. 10㏊는 생존에 필요한 최소한의 토지면적인 관계로 이들 소규모 농지 소유주들의 생활은 농지 없는 노동자들보다 나을 것도 없었다. 토지개혁에도 불구하고 농촌 인구 10명 중 8명은 토지개혁의 실질적 혜택을 보지 못한 것이다.

백색혁명의 또 다른 키워드는 현대화, 교육·의료 확대와 여권 신장이었다. 여성에게 선거 및 피선거권과 변호사 및 판사 선임자격이 부여되었으며, 1967년 통과된 가족보호법은 남성의 임의이혼권리, 일부다처, 자녀양육권을 제한하고 여성 최소 결혼연령을 15세로 올렸으며 공공기관에서의 히잡 착용을 억제했다.

인구 센서스로 본 1956~1976년간의 사회변화는 다음과 같다. 교육기관은 세 배 증가하고 초등학생 수는 160만 명에서 400만 명으로, 중등학생 수는 37만 명에서 두 배로, 직업학교 학생 수는 14만 명에서 22만 7,000명으로, 대학생은 2만 5,000만 명에서 14만 5,000명으로 각각 증가했으며, 해외유학생도 1만 8,000명에서 8만 명으로 늘어났다. 문자해독률은 26%에서 42%로 증가했고, 의사는 4,000명에서 12,750명으로, 간호사는 1,969명에서 4,105명으로, 병원은 700개에서 2,800개, 병상 수는 2만 4,100개에서 4만 8,000개로 늘어났다. 이렇게 개선된 생활수준, 위생·의료 서비스는 유아사망률을 급감시켰으며, 이란 인구를 1,900만 명에서 3,350만 명으로 약 두 배 증가시키는 데 큰 영향을 미쳤다. 이로 인해 혁명 직전 인구의 절반이 16세, 2/3가 30세 이하였다.

백색혁명의 사회개혁과 긴장

토지개혁과 왕실과의 연고, 경제 현대화는 사회계급도 변화시켰다. 새로이 재편된 사회계급을 보면 다음과 같다.

상류층은 팔레비 왕가와 연결된 소수의 가문들로 한정할 수 있다. 왕족, 고위 정치인, 관료, 군인, 궁정과 연계된 사업가, 산업가 및 상업적 농장주 등이 그들이다. 이들은 오래된 가문, 궁정과 인연을 맺은 신新상류층과 이들 엘리트들과 혼인을 통해 새로이 상류층에 진입한 사람들이었다. 이들은 보험, 은행, 제조 및 도시건설에 종사하는 대기업의 85% 이상을 소유했다. 대부분은 시아 이슬람교인이었으나 일부는 바하이Bahai교인이었다.

중산층은 전통적 중산층이었던 바자르 소시민Petit Bourgeois, 사무직, 대학교육을 받은 전문가로 구성된다. 유산 중산층은 약 100만 명으로 근로인구의 13%를 차지했고, 이들은 상점 주인, 작업장 소유주, 소규모 제조업자, 50~100㏊를 소유한 부재지주들이었다. 많은 이슬람 법학자들도 중산층에 포함된다. 경제 현대화에도 불구하고 바자르는 공예품 생산의 절반, 소매거래의 2/3, 도매거래의 3/4을 담당하고 있었다. 아이러니하게도 오일 붐Oil Boom은 전통적 중산층의 종교조직과 사설학교에의 재정지원 기회를 부여했다. 급여를 받는 중산층은 근로인구의 9%인 70만 명으로 공무원 30만 명, 교직원 20만 명, 중간관리인, 엔지니어, 전문가 6만 명을 포함하고 있었다.

하층은 도시노동자 계급 230만 명으로 노동인구의 30% 이상을 차지하고 있었다. 그 구성을 보면 88만 명의 현대적 공장, 3만 명의 석유산업, 2만 명의 가스, 전기, 발전소, 3만 명의 수산업과 목재산업, 5만 명의 광업, 15만 명의 조선소, 철도, 트럭 등 운수, 60만 명의 소규모 공장 노동자로 구성되어 있었다.

인구 증가로 인한 경작지 부족과 기계화로 인한 농촌실업 증가는 대규모 도시인구 이동을 초래했다. 1960년 34%이던 도시인구 비중이 혁명이 발발한 1979년에는 48%로 늘어났다. 당시 테헤란의 인구는 1953년 150만 명에서 1979년 550만 명으로 폭발적으로 늘어 났다. 많은 이주자들은 일자리를 구하지 못해 일용 건설 노무자나 행상인이 되어 빈민의 굴레에 속박되기 시작했으며 이는 혁명의 자양분이 되었다.

시골인구는 노동력의 40%를 차지하고 있었으며 부유한 농부, 빚에 쪼들리는 소지주, 시골 노동자 등 세 부류가 있었다. 부유한 농부는 전 마을수령, 전 지방행정관(토지관리인), 이전에 소를 보유한 소작인으로 토지개혁의 혜택을 본 계층이다. 약 60만 명으로 시골인구의 17%를 차지했다. 쪼들리는 소지주는 토지 10㏊ 이하를 불하拂下받은 소작인으로 국영조합에 땅을 넘기고 지분을 받는 것 이외 대안이 없는 계층이다. 110만 명으로 시골 인구의 32%를 차지했다. 소작권이 없는 농부는 땅을 한 떼기도 받지 못했으며 시골인구의 51%를 차지했다. 이들은 머슴, 양치기, 미숙련공, 가까운 도심지로의 출근노동자, 시골 소재 소규모 공장(카펫, 신발, 옷, 종이 등) 임금노동자 등으로서 일부는 도시로 이주했다. 토지개혁은 수 세기 동안 농부와 마을수령을 통제·관리하던 지역유지를 약화시키고 독립적인 농부와 무산노동자를 증가시켰다.

팔레비 정권이 채택했던 경제개발방법인 '낙수효과이론Trickle Down Effect Theory'은 부유층과 빈곤층의 간격만 넓혔다. 기대했던 낙수효과는 없었고 부는 상층에서만 머물렀다. 백색혁명과 오일 붐은 한껏 높아진 대중의 기대를 충족시키지 못하고, 오히려 불평등과 부패만 확산시키며 대중의 불만을 비등점까지 끌어올렸다.

사회개선 프로그램을 통해 교육과 보건 수준이 향상된 것은 사실이지만, 20년이 지난 뒤에도 이란의 유아사망률과 인구/의사 비율은 중동에서 가장 낮은 수준에 머물러 있다. 고등교육인구 비율도 가장 낮은 수준이었으며, 68%의 성인이 문맹인데다 60%의 어린이가 초등교육을 마치지 못했다. 또한 30%의 응시자만 국내대학에 입학 가능했고 많은 학생들이 외국으로 나가 좋은 학업성적을 거두었다. 1970년대 뉴욕 내 병원의 이란인 의사 수가 테헤란을 제외한 어느 도시보다 많았던 것은 당시의 심각한 두뇌유출을 보여준다.

도시민을 위한 농산물 저가정책은 농민의 생산의욕을 감소시켰다. 이란은 1960년대 농산물 수출국에서 1970년대 중반 연 10억 달러의 농산물 수입국으로 전락했다. 비료, 트랙터 등의 보급에도 불구하고 늘어난 인구를 먹여 살릴 만큼 식량을 증산하지 못했기 때문이다. 수도와 지방의 격차도 확대되었다. 1970년대 중반 전체 공무원의 68%, 등록회사의 82%, 제조업 생산의 50%, 산업 및 광업 은행 대출의 60%, 대학생의 66%, 의사의 50%, 병원 병상의 42%, 해외 여행자의 79%, 신문의 72%, 신문 독자의 80%가 수도 테헤란에 집중되었다. 이러한 인구의 수도권 집중은 부동산 임차료 상승, 빈곤 등 여러 가지 문제를 야기했다.

결과적으로 백색혁명은 공산혁명을 막기 위해 마련되었으나 이슬람혁명 촉발의 도화선을 제공한 셈이다.

경제개발 5개년 계획의 실행

토지개혁이 시골을 변모시킨 것에 비해, 5개년 계획은 획기적 산업혁명을 이룩하지는 못했다. 이란 정부는 항구시설 개선, 이란 횡단철도 확장, 테헤란과 지방 간 도로포장, 수력발전댐 건설 등 주요 인프라와 석유화학공장, 정유공장, 제철소, 가스 파이프라인 건설 등 산업시설에 자금을 투입했다.

동시에 민간 경제진흥정책도 펼쳐 소비재산업 보호를 위한 관세장벽을 높이고, 산업·광업 개발은행을 통해 왕실과 가까운 사업가에게 저리융자를 지원해줌으로써 오래된 대지주 가문들은 자본주의 사업가로 변신했다. 19세기 프랑스의 왕들이 그랬던 것처럼 팔레비 왕은 사업가들에게 저리융자, 면세, 외국과의 경쟁으로부터의 보호정책으로 사업가들의 자산증식을 도왔다. 1953~1975년 사이 소규모 공장은 1,500개에서 7,000개로, 중간규모 공장은 300에서 800개로, 500명 이상을 고용하는 대규모 공장은 100개 이하에서 150개로 늘어났다. 대규모 공장은 직물, 공작기계, 전국 7개 도시의 자동차 조립공장들을 포함하며, 소규모 공장에서는 의류, 식품가공, 음료, 시멘트, 벽돌, 타일, 종이, 가정용품 등을 생산했다.

이로써 이란 경제는 1954~1969년간 연평균 7~8% 성장을 했고 1인당 GNP는 1963년 200달러에서 1978년 2,000달러로 증가했다. 덩달아 전반적인 생활수준은 향상되었다. 그러나 배분은 평등하지 않았고 무분별한 오일머니Oil Money 유입으로 돈이 넘쳐나는 것에 비해 상품이 부족해 극심한 인플레를 겪었다. 일당 독재체재로 전환한 팔레비 정권은 인플레의 원인을 바자르 상인의 매점매석과 폭리 때문으로 매도하고 바자르와의 전쟁을 선포했다. 당시 팔레비 정권은 8,000명을 구금하고 25만 명에게 벌금을 부과했으며 가격을 직접 통제해 시장기능을 마비시켰다.

◈ 모함마드 레자 팔레비(1941~1979년) 통치기간 중 정치 변화

영국과 러시아는 이란을 3일 만에 굴복시켰다. 팔레비의 군대는 국내 반대파 단속을 위해 무장된 군대였으며, 외국의 침입에는 무기력했다. 이들의 침략 명분은 이란과 독일의 동맹 저지였으나 영국은 석유 확보, 러시아는 남쪽으로의 육로 확보가 목적이었다. 이에 따라 제1차 세계대전 때와 유사하게 러시아는 북부, 영국은 남부 유전지대를 지배했다.

1941~1953년간은 왕정공백기였다. 왕은 영국이 자국 이익에 유리하다고 판단한 군통수권만 유지하고 관직임명권과 관료통제권은 상실했다. 이 13년 동안 힘은 왕, 내각, 의회, 도시대중, 잘 조직된 '투데당'의 사회주의(1941~1949)와 민족주의(1950~1953)로 분산되었다. 정치권력의 중심은 왕에서 다시 내각과 의회 구성원인 유력인들에게로 옮아갔다 (유력자들은 1906년 입헌혁명 이후 1921년 레자 팔레비의 쿠데타 전까지 권력을 장악하고 있었음).

1941~1949년은 사회주의 정당인 투데당이 득세한 시절이었다. 그러나 소련의 북부 지역 자치와 석유이권 요구는 투데당에 타격을 주었으며 소련이 지원한 북부 2개 주의 반란은 좌익과 민족주의자들의 분리를 촉진시켰다. 남부 지역 반란과 1949년 암살기도를 계기로 팔레비 왕은 계엄을 선포하고 투데당 불법화, 노동조합 폐쇄, 의회 해산과 왕당파 인사로 의회를 재구성하며 왕권강화에 매진했다. 그러나 모사데크 수상으로 대표되는 민족주의 정당 '민족전선'이 정권을 장악해 영국의 지배 하에 있던 석유회사를 국유화시키고 국왕의 군통수권을 박탈했다. 이후 '군림하되 지배하지 않는' 형식상의 군주제, 완전한 공화정체제로 만들고자 군중 동원과 노동자 총파업을 일으켰고 왕은 국외로 망명했다.

그러나 1953년 미국과 영국은 이란을 국제 공산주의운동으로부터 지킨다는 명분 하에 쿠데타로써 팔레비 왕을 복권시키고 강력한 왕권을 부여했다. 하지만 그 속내는 영미 주도의 국제 석유 담합을 지키기 위한 것이었다. 쿠데타는 '민족전선'과 허약해진 투데당을 궤멸시켰으며 종교운동 출현의 길을 열었다. 즉 쿠데타는 이란의 민족주의·사회주의·자유주의 운동이 '이슬람 근본주의'로 대체되는 결과를 초래했다.

1975년 기존 정당들이 해산하고 친親왕정 부활당을 만들어 일당체제로 돌입했다. 팔레비는 자신을 정치지도자, 경제건설자일 뿐 아니라 정신적 지도자로 천명함으로써 신성한 영역까지 침해했으며 신학자를 사학하고 엉큼한 중세반동으로 폄하했다. 또한 종교기부금 조사, 종교책자 발간을 정부 독점, 학생들을 농촌으로 보내 농민들에게 '진정한 이슬람' 교육을 하는 등의 조치를 취했다. 한 종교신문은 '국가가 종교를 국유화'하려 한다고까지 표현했고, 신학자들은 신학교 휴교 등 부활당에 강력 대응했다. 또한 많은 종교지도자들이 '부활당은 헌법, 국익, 이슬람 원칙에 위배된다'는 '파트와Fatwa'를 발표했다.

비밀경찰을 동원한 탄압으로 바자르 상인은 '백색혁명'과 '적색혁명'을 구분할 수 없다고 토로하고 자기방어를 위해 전통적 동맹인 이슬람 성직자들에게로 돌아섰다. 결국 부활당은 정권을 안정시키고, 왕정을 강화하려는 목적으로 설립되었으나 정반대의 결과를 초래했다.

급증한 이란 석유 수입 (1954~1976년)

연도	석유 수입 (백만 $)	외화 수입 점유율%)	연도	석유 수입 (백만 $)	외화 수입 점유율(%)
1954~1955	34	15%	1968~1969	959	53%
1956~1957	181	43%	1970~1971	1,200	54%
1958~1959	344	60%	1972~1973	2,500	58%
1960~1961	359	60%	1973~1974	5,000	66%
1962~1963	437	70%	1974~1975	18,000	72%
1964~1965	555	76%	1975~1976	20,000	72%
1966~1967	969	65%			

산업생산 증가(1953~1977년)

품목	1953년	1977년	품목	1953년	1977년
석탄(톤)	20만	90만	전기(KWH)	2억	140억
철광석(톤)	5천	93만	면직물(m)	1억 1천만	5억 3천만
철, 알루미늄(톤)	-	27만 5천	트렉터(대)	-	7천 7백
시멘트(톤)	5만 3천	430만	자동차(대)	-	10만 9천
설탕(톤)	7만	52만 7천			

이슬람혁명과 이란 경제

이슬람혁명으로 설립된 정부는 일부 상류층만 숙청하거나 재산을 몰수하면서 팔레비의 국가를 고스란히 넘겨 받았다. 혁명 이후 경제는 다섯 차례에 걸친 변화를 겪었고 각 시기마다 다른 슬로건, 다른 전략, 다른 정책이 채택되었다.

다섯 차례에 걸친 변화

1980년대 무사비 정부의 경제운용은 연이은 전시체제를 유지하기 위한 국가주도의 통제경제 성격이 강했다. 전후 라프산자니 정부는 경제재건을 위해 실용주의 노선을 걸었으며 대외적으로 서구 국가들과 관계개선을 추구했다. 이에 따라 전통적인 엘리트 상인 계층의 지지와 함께 산업자본가의 육성이 필요했다. 반면 하타미 정부는 경제보다는 정치적 개혁을 강조해 최고지도자에 대한 견제와 정치 참여를 확대하는 정치개혁을 요구했다. 하타미 정부는 실용주의 정책을 이어가면서 외채보다는 외국인 직접투자를 선호했다. 2000년대 중반 이후 아흐마디네자드 정부는 국가개입을 통한 사회적 불평등을 해소하기 위해 서민을 위한 보조금 정책을 확대했다. 그러나 핵 문제와 관련해 2010년 이후 서방의 극심한 경제제재 강화로 이란 경제는 변곡점에 서 있다.

첫째, 혁명 직후 경제는 임시방편적이고 즉흥적이며 일관성 없이 운영되었다. 정치적·경제적 혼란과 사회적 대립의 와중에 '신성한 화합의 경제'라는 기묘한 원리로 경제를 운영했다. 이 원리의 기본적 가정은 결핍과 합리적 배분의 필요성이 아니라 물질적 풍부함과 공평한 소득의 분배였다. 이러한 말도 안 되는 명제는 부와 소득의 관리된 분배를 옹호하는 서툴고 왜곡된 좌파적 이데올로기였다. 성장보다는 분배가 목표였던 것이다.

혁명위원회는 서양식 자유기업경제였던 팔레비 시절의 경제 시스템을 국가관리경제로의 변환하는 데 착수했다. 팔레비 측근 소유의 개인 재산들과 회사들은 보상 없이 몰수되었고 대규모의 민간은행, 보험회사, 주요 산업, 농업기업과 모든 기초 산업들은 국유화되었다.

경험과 지식이 풍부한 경영자 대신 젊은 혁명 선동가와 성직자들로 교체한 것은 생산과 소득의 재앙적 하락을 초래했고 높은 인플레와 실업을 수반했다. 혁명 1년 만에 실질 GDP는 20% 하락하고 화폐가치는 1/3로 떨어졌다.

둘째, 1980~1988년 이란-이라크 전쟁 시기 '금욕', '평등', '희생'이 키워드였다. 경제관리방식은 전시의 필요성을 훨씬 넘어서는 공산주의와 흡사했다.

미국식 자본주의와 다국적 기구에 적대적인 이슬람 광신자들이 추진한 새 전략은 국가의 광범위한 경제 관여, 경제활동 규제, 배급과 독재관리주의적 감독정책을 포함했다. 전쟁상황과 미국의 경제제재가 정부 소유권과 운영의 확대 이유로 제시되었다. 공식적 목표는 자급자족을 확실히 하고 이슬람 사회정의를 확고히 하는 것이었다.

정부의 주요 목표 중 하나는 "2,000만 이슬람 군대"를 만들기 위한 높은 인구증가율 제고였다. 이러한 잘못된 정책은 현재의 높은 실업률과 낮은 생산성을 초래하는 데 결정적으로 기여했다. 공식환율을 인위적으로 고 평가 상태로 유지함으로써 취약한 경제는 비용 및 가격 왜곡, 외화 배정에 의존하는 지대추구 비즈니스 문화와 고비용의 불평등 보조금 시스템에 더욱 심각하게 노출되었다. 인플레에 대처하기 위해 광범위한 임금, 가격, 외환 통제가 가해졌다. 또한 생필품 배급 심화, 엄격한 외화배정을 통한 수입 억제가 시행되었다.

결과는 우울했다. 8년 동안 실질 GDP는 매년 평균 1.8% 감소해 1988~1989년에는 15년 전과 동일한 수준을 기록했다. 인구는 60%가 증가해 1인당 소득은 1977~1978년의 55%에 불과했다. 실업률은 16%에 달했고 인플레는 제2차 세계대전 이후 가장 높은 28%에 달했다. 재정적자는 총지출의 44%, GDP의 9%였다. 암시장 환율은 공식환율의 20배에 달했다.

셋째, 1988년 이라크와의 전쟁 종전과 함께 시작되어 두 차례의 5개년 계획기간 진행된 '실용주의' 시대다. 혁명과 8년간의 전쟁으로 경제는 황폐해져 국민의 인내는 한계치에 달했다. 1989년 호메이니의 사망과 함께 젊은 테크노크라트Technocrat와 진보적 성직자들은 혁명 슬로건이었던 "이슬람이 해결책이다"를 신뢰하지 않았다. 본업이 사업가이고 부업이 성직자인 라프산자니 대통령에 충성하는 그룹들은 경제를 '자유화, 민영화, 국제화'의 방향으로 개조하는 운동의 선봉에 섰다. 1차 5개년 계획(1989~1993년)은 전쟁으로 파괴된 지역의 재건, 전쟁 중 방치된 인프라 확장, 민간 부문 소생을 위한 다면적 전략의 채택이었다. 5개년 계획은 전시경제를 시장지향적, 투자주도, 무역자유화, 임금과 가격통제 완화, 공기업 민영화로 효율적 경제로 변모시킬 것을 약속했다.

이에 따라 배급제 폐지, 식품, 연료, 가솔린 보조금 삭감, 가격통제 완화, 재정수지 균형, 생필품 수입, 화폐발행 축소, 공식환율과 암시장 환율의 격차 축소, 증권거래소 재활성화, 5개 자유무역지대 개설, 사업소득세 인하 등의 조치를 취했다.

가장 중요한 조치는 국방예산을 줄여(팔레비 시절 최대 GDP 17%였던 것을 2%로 축소) 사회 개발과 인프라 건설(교육, 건강, 전기보급, 지방도로 및 도시 재건, 도시공원 및 테헤란 지하철 건설 등) 및 자본집약산업에(철강, 자동차 제조, 석유화학, 핵 프로그램 재개 등) 투자한 것이다. 그리고 이전의 자급자족 정책을 포기하고 적극적으로 세계은행과 국제금융기구로부터의 차관을 도입하기 시작했다. 바니사드르Abol Hassan Bani-Sadr의 어설픈 경제지식을 반영한 전략과 무사비의 과도한 국가개입주의는 라프산자니의 페레스트로이카Perestroika로 변경되었다. 또한 무사비의 출산장려정책은 엄격한 산아제한정책으로 대체되었다.

패러다임 전환은 성공적이었다. 전쟁 중 놀고 있었던 대형 과잉산업생산설비, 군인의 일터 복귀로 인한 생산인력 증가, 특히 이라크의 쿠웨이트 침공 이후 석유 수입 증가들로 인해 1차 5개년 경제계획 초기 3년은 목표보다 높은 성장을 달성했다. 특히 1990~1992년의 이 3년은 국제원유가격 상승시기와 정확히 일치한다. 자구노력도 있었지만 높은 원유가격이 결정적 역할을 한 것이다. 가격통제품목

수는 급격히 감소되었고, 수입제한은 사실상 철폐되었다. 논란이 있었지만 200개 국영기업도 민영화되었다.

그러나 자유화와 규제완화는 오래가지 못했다. 수입과 외화 제한철폐에 따라 민간소비는 계획상의 예상을 초과했다. 1989년 2.5% 증가했던 민간소비가 1990년에만 19.5% 증가했다. 최초의 후퇴는 1993년 3월 급격한 평가절하와 함께 12종류의 환율을 단일변동환율로 통일하는 결정과 함께 나타났다. 수입은 봇물 터지듯 늘어났다. 대부분 외국은행의 단기신용에 의존한 것이었다. 국제수지는 엄청난 적자였으며 외환보유고는 금방 바닥이 나고 은행들은 단기외채 상환을 할 수 없었다.

타이밍도 좋지 않았다. 1991년 배럴당 20달러였던 원유가격이 1994년에는 12달러까지 하락했다. 1993년은 1999년까지 지속된 세계 원유가격 하락기의 시작점이었다. 하필 이때 환율현실화를 단행했던 것이다. 이러한 거시적 경제 문제 외에 환율단일화는 복수환율제 하에서 외화배정만 받으면 쉽게 이윤을 낼 수 있던 보수세력의 핵심이었던 상인계층의 반발을 샀다. 온건보수세력은 전통적인 상인계층의 이익을 최대한 보호하려 했다. 엘리트 상인들(바자르 상인)은 산업생산보다는 교역에 관심이 많았으며 외국 자본이 국내교역 부문에 참여해 자신들의 밥그릇을 잠식하는 것에 반대했다. 그들은 대외개방을 통한 산업화보다 교역 부문의 배타적 장악을 통해 경제적 이익을 얻고자 했던 것이다.

또한 실용주의정책은 외국 자본과 세계은행, IMF 등에 대한 종속을 심화시킬 뿐이라고 비판했다. 이 세력은 1980년대 전시국가통제정책을 반대했지만 테크노크라트가 주장하는 자유경쟁 확대정책도 거부해 기득권 유지를 최우선으로 생각했다. 투쟁적 종교지도자연합회JRM, Jame-e Rouhaniyat-e Mobarez에 소속된 보수파 의원들과 상인계층이 정부 비판에 나섰고 이란의 실용주의와 경제자유화 정책은 후퇴했다. 1980년대에는 고립주의적 국가통제경제를 둘러싸고 정책대립이 있었다면 1990년대에는 산업자본 육성과 상인자본 보호정책 노선의 대립기였다고 볼 수 있다.

보수파의 반대에는 다른 원인도 있었다. 정부는 성직자재단 재정지원을 조정하고 종교재단의 운영을 국가감독으로 전환하고자 했으며 이는 최고지도자와 성직자들의 이익에 반하는 것이었다.

1993년 중반 대외무역과 외환제한정책이 다시 시행되었다. 통일환율은 10개월도 넘기지 못하고 1993년 12월에 폐기되었다. 가격통제는 다시 시행되었으며 에너지를 제외한 다른 분야는 목표를 달성하지 못했다. 공공과 민간 소비 모두 목표를 초과했으며 총투자는 계획을 밑돌았다. 엄격한 가격통제와 엄청난 보조금에도 불구하고 소비자물가는 5개년 계획기간에 연평균 19% 상승했다. 이란 대외부채는 GDP의 11.4%로 증가해 역대 최대가 되었다. 세계은행과 IMF 등 국제금융기관들은 1994년 이후 이란에 대한 지원정책을 철회했다. 미국은 1996년 8월 이란의 석유·가스 개발사업에 투자하는 제3국 기업을 제재할 이란·리비아 제재법ILSA, Iran-Libya Sanctions Act을 채택했다. 국내외 상황이 모두 과거로 돌아가고 있었던 것이다.

2차 5개년 계획(1995~1999년)은 1994년 3월 시작할 계획이었으나, 국내외 불균형이 심해 조정기간을 거친 후 1995년 3월 시작되었다. 이 계획은 새로운 규제와 통제가 바탕이 된 안정화 계획을 포함하고 있었다. 하타미 대통령으로 정권이 이양된 이 계획의 마지막 2년은 스태그플레이션Stagnation의 전형을 보여준다.

경제에 별 관심이 없고 훈련도 되어 있지 않던 하타미 대통령은

1977년 8월 취임하자마자 경제가 생산, 분배, 규제에서 병들어 있는 것을 발견하고 1년 후 '경제회복계획ERP, Economic Rehabilitation Program'을 마련했다. ERP는 이란 경제의 고질병들을 열거하고 치유를 위한 몇 가지 제안을 했지만 창조적이지도 효과적이지도 않았다. 지속적으로 하락한 석유가격은 이들을 실패로 인도했고 ERP는 슬그머니 묻혔다. 외국에서 발생한 일련의 사건들은 제2차 대외지급연체를 초래했으며 또 다시 채무재조정Rescheduling을 촉발시켰다. 또한 석유산업 불황, 산업가동률 감소, 대규모 노동자 해고, 자유시장에서의 이란 화폐가치 하락 등을 초래했다.

2차 5개년 계획의 결과는 참담했다. 구조적 문제들도 있었지만 이 기간은 1999년까지 지속된 세계 원유가격 하락기와 맞물려 있었다. 계량목표 달성율은 65% 이하였다. 계획기간 중 연평균 3.8%의 GDP 성장은 목표의 74%에 불과했고 서비스 산업을 제외하고는 목표를 달성한 분야가 없었다. 실업률은 평균 14.5%였으며, 일자리 창출은 계획상의 매년 60만 명의 절반에 불과했다. 소비자물가 인상률은 계획상 연평균 12.5%였으나 실제는 두 배인 25%였다. 비非석유 수출 목표는 매년 8.4% 증가했으나 실적은 6.5% 감소했다. 외환보유고는 수입액 3개월분으로 감소했다. 대외부채는 계획기간 중 GDP의 11.4%에서 15.7%로 늘어났다. 산아제한정책의 적극적 추진과 경제적 어려움으로(청년실업률 증가, 실직급여 감소, 치솟는 주택가격으로 결혼과 출산 미룸) 인해 인구증가율은 확실히 감소했다. 인구증가율은 1989년 역대 최고인 3.2%에서 2003년 1.8%로 감소해 인구감소 부문에선 성공한 사례로 꼽힌다.

넷째, 경쟁지향적 경제개발로 불리는 제3차 5개년 계획기간 (2000~2005년)은 다시 한 번 개혁과 자유화의 시기였다. 실용주의와 연합한 개혁파는 국내 정치개혁과 민영화, 국제협력 강화 등을 통해 경제성장과 산업발전을 달성하고 이를 기반으로 경제적 독립을 이루고자 했다. 개혁파는 민간 부문의 산업생산 증대를 통해 늘어난 조세수입으로 교육, 의료 등 공공서비스를 개선함으로써 새로운 사회관계가 형성되고 결국 민주주의를 달성할 수 있다고 보았다.

3차 경제개발 5개년 계획에서 가장 뜻깊은 개혁은 2002년 3월의 환율단일화였다. 통화바스켓으로 리알 환율을 결정하는 변동환율제로의 환율개혁은 IMF 8조 의무를 수용했다. 8조 의무는 경상거래에서 대부분의 외환통제를 없애는 것으로 이란이 1945년 IMF 가입 이후 처음 있는 일이었다. 비관세장벽들은 보다 단순한 관세로 대체되었고 수입허가절차는 능률적으로 개선되었다. 하타미 대통령은 전 정부에서 유리한 환율의 외환거래와 저리대출 등의 특혜를 받은 엘리트 상인집단과 재단의 부패를 근절하고자 했고 이들과 정치적으로 대립하게 되었다.

이 시기 가장 특징적 정책 중 하나는 외국인투자를 확대한 것이었다. 라프산자니 정부는 외채를 선호했지만 하타미 정부는 외국인투자를 선호했다. 외국인투자는 기술 이전, 일자리 창출, 외환 확보 등을 통해 국내 산업경쟁력을 강화하고 경제성장과 생활수준을 높일 수 있다고 보았다. 이는 자본주의국가의 외자유치에 대한 인식과 같은 것이었다. 특히 3차 5개년 계획이 6% 성장률, 76만 5,000개의 일자리 창출을 목표로 하는데, 외국인투자는 이러한 목표달성과 민영화, 경제자유화 등에 도움을 줄 수 있다고 보았다.

우여곡절 끝에 '외국인투자유치법'이 2002년에 개정되었다. 미국은 1996년 이란·리비아 제재법안을 통과시켰지만 하타미 대통령의 선출 이후 이란에 대한 제재 입장을 완화했다. 그러나 부시 정부 출범 직후인 2001년 3월에 대(對)이란 무역 및 투자 금지조치가 갱신되었고 같은 해 6월에는 미국 하원에서 이란·리비아 제재법안을 5년 연장시켰다. 특히 2001년 9·11사태 이후 부시 대통령은 2002년 연두교서에서 이란을 북한, 이라크와 함께 '악의 축'의 하나라고 선언했고, 같은 해 3월에는 핵정책보고서에서 이란이 7개 핵공격 대상국의 하나라고 밝혔다. 이에 따라 이란 보수파들의 반미감정은 고조되었고 개혁파의 입지는 크게 위축되었다. 오랜만에 찾아온 이란과 미국 간의 화해 분위기와 서방과의 관계개선 및 교류의 기회가 물 건너가 버린 것이다. 라프산자니 정부의 중도실용주의 세력과 연합해 사회정의와 같은 혁명적 이상을 견지하면서도 이란 경제를 개방하고 외국인투자를 확대하려던 하타미의 시도는 2000년대 초반 이후 동력을 상실했다.

중앙은행은 예금대출금리 결정에 더 많은 융통성이 부여되었다. 몇 개의 민간은행과 보험회사에 혁명 이후 처음으로 면허가 주어졌고 법으로 강제되었던 다양한 분야에의 대출의무가 감소되었다. 석유가격 등락으로부터 예산의 안정성을 보장하기 위한 석유안정기금 Oil Stabilization Fund을 설립했다. 예산 초과 석유 수입을 기금에 예치했다가 석유가격 하락 시 기금에서 예산 부족분을 보충하는 것이다. 그러나 정부의 중앙은행에 대한 채무는 역대 최고이자 2001년의 두 배인 112조 리알에 달했다. 불공정한 보조금 대체와 관련한 세 가지 핵심 공약인 효과적 사회안전망, 비효율적 세금의 부가세로의 전환, 예산 배정의 투명성 대폭 증대는 달성하기 어려운 목표로 남아 있었다.

하타미 정부도 민간 부문을 육성하기 위해 민영화를 추진했다. 그러나 라프산자니 정부와 달랐던 점은 사회정의와 공평한 자본 분배가 더 강조되었다는 점이다. 하타미는 국가의 주도 아래 빈곤 척결 및 소득분배 문제를 해결해야 한다고 주장했다. 또한 석유산업 이외 국유기업의 재조직화, 합리화 등에 역점을 두었고 불필요한 독점을 철폐해 경쟁을 촉진시키기로 했다. 그러나 정부의 민영화 노력 또한 대부분 성공하지 못했다. 그러한 구조조정의 전제조건이었던 열린 거래 시스템, 효과적 규제체재, 활발한 자본시장, 경쟁적인 금융 시스템, 공평한 사법제도, 민간투자를 위한 예측 가능한 정치환경들이 이란에는 아직 존재하지 않았다. 또한 고착된 부패, 높은 이혼율, 광범위하게 번진 약물중독, 아동 노동, 젊은이들의 매춘, 폭력적인 도시범죄, 늘어난 지하경제활동과 같은 사회적 문제들이 산적해 있었다.

그래도 3차 계획기간에는 경제적 운이 좀 좋았다. GDP는 연평균 5.4% 증가했다. 가장 큰 요인은 역시 국제원유가격 상승이었다. 1998년 14달러까지 떨어졌던 원유가는 지속적으로 상승곡선을 그려 2005년에는 60달러에 달했다. 실업률은 계획보다 30% 낮은 평균 12.5%, 물가상승률은 대규모 보조금으로 인해 연평균 14%에 머물렀으나, 유동성 증가는 목표를 66% 초과한 연평균 29%를 기록했다. 생산성 증가는 연 0.52%로 목표치 0.86%에 미달했다.

정부에서는 절대적·상대적 빈곤인구가 감소했다고 주장했다. 지속적인 경상수지 흑자로 외환보유고는 340억 달러를 초과했고, 대외공공채무는 80억 달러에서 157억 달러로 증가했다. 잠재채무는 330억 달러에 달했으며, 재정적자는 GDP의 3%에 달했다. 석유 수입을 포함하지 않는 재정적자는 GDP의 13.5%에서 18%로 증가했다

다섯 째, 정치적으로는 보수강경파이자 도시노동자 빈민층 등 저소득층 위주의 경제정책과 과도한 포퓰리즘 정책으로 비난받기도 하는 아흐마디네자드 대통령 집권시기(2005~2013년)다.

대내적으로는 국가의 주도적 역할과 혁명정신을 강조하면서 사회정의를 위한 평등주의적 경제정책이 추구된 시기였으며, 대외적으로는 라프산자니와 하타미의 실용주의적 정책과는 달리 국내 문제 해결을 위한 대외관계 개선을 도모하지 않았다. 그러나 1980년대와 같은 고립주의나 외국인투자를 거부한 것은 아니었고 필요에 따라 외부세계와의 교류를 허용한다는 입장이었다. 외국인 입장에서 보면 이란 정부의 태도는 개방적이지도 폐쇄적이지도 않은 어정쩡한 것이었다. 결국 2005년 이후 GDP 대비 외국인직접투자FDI, Foreign Direct Investment 비율이 크게 줄었고 개발 프로젝트에 영향을 미쳤다. 특히 석유산업은 미국의 제재로 인한 이란 경제의 불확실성 때문에 주요 에너지 기업들이 투자를 기피했고 석유탐사활동의 감소로 생산량 감축을 우려해야 했다. 그러나 2000년대 중반 이후의 고유가로 석유 관련 수입은 줄지 않았고 미국의 제재도 견딜 수 있었다.

이 시기 경제정책은 사회정의와 같은 이슬람 가치를 추구하면서 국가주도적인 포퓰리즘 정책들이 많이 등장했다. 청년을 위한 사회적 지원, 지방의 사회경제적 조건을 개선하기 위한 예산의 대폭 확충 등을 예로 들 수 있으며 이를 위해 창설 목적과는 다르게 석유안정기금을 활용하기도 했다.

대통령의 정치적 기반인 혁명수비대의 경제참여 확대도 두드러졌다. 국영기업의 민영화에 혁명수비대 산하조직이 참여해 경영권을 인수하기도 했다. 이란 국영전화회사의 경영권을 인수한 것이 대표적인 예다. 석유·가스 등 국가기간산업과 인프라 건설에 혁명수비대 산하기업의 참여가 눈에 띄게 늘어난 시기이기도 했다.

2008년부터는 아흐마디네자드를 대통령으로 만들었던 최고지도자와의 갈등이 표면화되면서 대통령의 인기영합적 평등주의 정책, 극단적 대외정책 등에 대한 엘리트 상인계층을 포함하는 온건보수파들의 비판이 시작되었다. 저리 내지 무이자 대출 확대정책은 서민층의 지지를 받았지만 두 자리 수 인플레이션 지속으로 중산층의 불만은 크게 높아졌다. 정부의 기대와는 달리 소득 양극화가 심화되었고 실업률도 증가했다. 인플레로 인해 부동산 투기가 늘어났고 이는 대도시 주택가격 급등으로 이어졌다. 아흐마디네자드 대통령은 국가의 개입으로 사회불평등을 감소시킬 수 있으며 외국인투자 없이 경제성장이 가능하다고 생각했지만, 사회불평등은 줄어들지 않았고 외국자본과 기술의 부족으로 경제성장은 기대한 만큼 이루어지지 않았다.

4차 5개년 계획기간(2005~2010년) 경제성장률은 목표치 8%의 절반에도 못미치는 3.5%에 그쳤다. 2009년 이란 역사상 처음으로 부가가치세를 도입했다. 혁명의 중심 세력 중 하나였으며 지금도 강력한 영향력을 행사하는 바자르 상인들의 반대에도 불구하고 부가세제도 도입에 성공한 것이다. 3%에서 시작해 점진적으로 인상 중인 부가가치세는 2015년 현재 8%까지 인상되었다. 부가세 도입은 이란의 구조적 문제 중 하나인 조세수입 부족 문제를 완화할 수 있고, 부가세 고유의 또 다른 기능인 탈세방지 효과로 경제의 투명성을 높이는 데 결정적 기여를 할 것이다.

또 하나의 개혁은 상품 보조금 개혁으로 휘발유, 가스, 전기 등 에너지와 밀가루, 물 등에 지급되던 보조금을 감축 및 철폐하고 이로 인해 절약되는 보조금의 절반을 현금 보조금으로 지급하는 것이다. 보조금 개혁은 한계에 처한 보조금 지출 재정부담의 완화, 보조금 지급상품의 과소비와 밀수출 해결, 자원배분의 합리화 이외에 소득재 분배를 통한 사회정의 구현의 목적도 강했다. 상품 보조금 개혁 전에는 상위 30%의 국민이 70%의 혜택을 받고 있었으나 개혁 후에는 반전되어 하위 70%의 국민에게만 절감된 재원의 50%를 현금 보조금으로 지급했다. 2011년에는 약 360억 달러의 현금을 보조금으로 지급했다. 이와 같은 보조금 개혁은 일시에 충격적으로 시행되어 2011년, 2012년 연속 공식통계 기준으로도 30%가량의 극심한 인플레를 초래했다. 실제 인플레는 공식통계보다 훨씬 높았으며 에너지, 식품 등 소비재 가격이 상대적으로 더 많이 올라 서민들의 체감 인플레는 이것보다 훨씬 높았다.

정치적 혼란과 서방과의 갈등 확대로 경제제재가 심화된 2009년, 아흐마디네자드 대통령 재선 이후 이란 경제는 다시 고난의 시기로 빠져들었다. 대선 부정시비에 이은 6개월여간의 시위로 경제는 상당한 충격을 받았다. 연이어 2010년 하반기 이후 서방의 국제금융결제 제한으로 인한 무역 애로와 무역거래 비용 증가, 서방의 석유수입 축소로 인한 이란의 석유 수출수입 절반으로 감소, 서방의 부품 수출 제한으로 심각한 경제 문제를 겪고 있다. 또한 석유 수출수입 급감으로 인한 외화부족으로 2013년 공식환율을 절반으로 평가절하함에 따라 40%가량의 인플레를 겪었다. 보조금 개혁에 따른 인플레 이후 3년 연속 30~40%대의 인플레로 서민들의 생활은 곤궁에 처해 있다. 이란 경제는 경제정책으로 해결할 수 없는 기로에 서 있는 셈이다.

혁명 후 경제의 평가

이란 정부에서 발표하는 많은 통계들은 기본 인프라 확장(고속도로, 철도, 지방도로, 관개 댐, 공항·항만 터미널), 현대적 통신수단의 개선(라디오·TV 보급, 팩스, 휴대폰, 인터넷 연결), 수백 개 도시에의 가스 파이프라인 연결, 눈에 띄는 도시정화와 여가시설의 발전을 보여준다. 또한 일부 농산품의 자급, 발전용량 확대와 지방 전기공급, 산업생산과 수출(기초금속, 화학제품, 석유·가스)의 진전과 현대적 무기 제조(국내 제작 탱크, 선박, 비행기, 장거리 탄도미사일, 핵능력)들은 이슬람혁명의 기념비적 성과로 선전된다. 성인 문맹률 감소, 각급 학교 학생 수 증가, 전문 논문 출판과 과학올림피아드 수상 등은 교육 부문의 성과로 선전된다. 보건 부문의 개선은 높은 기대수명, 낮은 유아사망률, 1인당 의사 및 간호원 수, 대중에게 안전한 물과 하수시설 접근성, 산아제한 성과들을 꼽을 수 있다.

최소한의 외국 재정과 기술적 지원 하에, 이란-이라크 전쟁기간 중 늘어난 인구에도 불구하고 적절한 삶의 질을 유지하고, 전쟁 후 늘어난 1인당 식품과 에너지 소비도 매우 강조된다. 그러나 이슬람 정권 반대파(왕정주의자, 세속주의자, 민주주의자, 인권운동가, 이슬람 공산주의자)들은 느린 경제성장, 낮은 1인당 소득, 장기간에 걸친 높은 실업률, 두 자리 수 인플레, 소득 불균형 확대, 빈곤의 확산, 많은 성직자들의 부정한 축재, 제도화된 부패와 같은 실패를 지적한다.

실질 GDP는 지난 30년간 두 배를 초과했으나 인구는 두 배 증가해 1인당 GDP는 9% 늘어나는 데 그쳤다. 정부관리들은 혁명 이후 소득분배가 별반 달라지지 않았다고 주장한다. 이를 인정하더라도 일반 국민의 소득은 30년째 제자리걸음을 하고 있는 것이다. 실업률은 연간 9~16%로 대부분 두 자리 수였다. 소비자 물가지수는 1979~2005년 동안 연평균 20% 증가했다. 공식적으로 균형을 이룬 재정수지는 실제로는 적자였는데 이는 중앙은행이 채워준 적자를 '수입'으로 처리했기 때문이다.

막대한 석유 수입에도 불구하고 부진한 성적을 보인 것은 낮은 자본과 노동생산성 때문이었다. 이라크와의 종전 후 GDP 대비 투자율은 19.5%로 아시아 국가들과 흡사했으나, GDP 성장은 절반에 불과했다. 지난 25년간 노동생산성은 연평균 1.5% 증가한 것으로 추정되는데, 낮은 노동생산성은 노동자들의 낮은 숙련도와 고등교육 교과과정과 현장 수요의 불일치 때문이다. 자본생산성 증가도 연평균 2%로 낮았는데, 이는 잘못된 투자 프로젝트 선정과 국제평균의 세 배에 이르는 프로젝트 완료 소요시간 때문이었다. 중립적 관찰자들은 정부가 주장하는 성과에 몇 가지 질문을 제기한다. 이것들은 보다 균형 잡힌 혁명 후 경제평가에 도움을 주고 있다.

첫째, 특정 사회복지지표에 대한 가공되기 전의 양적 원본 데이터와 인프라 프로젝트들(고층 빌딩의 내진 강도, 도로와 운송수단의 안전성, 수입대체상품의 기회비용 등)은 조정이 필요하며, 교육내용의 질적 평가와 취업에 요구되는 적합한 교육(새로운 교사들과 보건·의료 서비스 제공자들의 숙련도, 보건·의료 서비스의 품질 등)인가가 검토되어야 한다.

둘째, 지난 정권으로부터 물려받은 막대한 자산들, 전국적인 인프라, 상당한 산업생산설비, 번영하는 석유산업, 강력한 국방력, 자질 있고 훈련 받은 막대한 공공 부문과 경영관리 요원들, 방대한 잠재 프로젝트 청사진은 이슬람 정권이 홍보하는 성공스토리에 긴요한 일부분을 구성한다. 이런 설비들 없이 잘 무장한 이라크 군대를 물리칠 수 없었을 것이며, 미국의 제재를 견딜 수 없었을 것이고, 경제발전과 국방강화를 할 수 없었을 것이다.

● 이란의 석유 수입(1977~1994년)

연도	수입(10억$)	연도	10억$
1977~1978	23	1986~1987	6
1978~1979	21	1987~1988	10
1979~1980	19	1988~1989	9
1980~1981	13	1989~1990	10
1981~1982	12	1990~1991	17
1982~1983	19	1991~1992	16
1983~1984	19	1992~1993	15
1984~1985	12	1993~1994	19
1985~1986	15		

◎ 2차 5개년 경제계획(1995~1999년) 시기 경제적 어려움으로 인한 인구증가율 감소는 현재까지 지속되고 있다.

◎ 신뢰할 만한 소득분배통계, 무료 공공서비스를 받는 다양한 사회계층들의 비율, 빈곤의 정도, 기타 사회복지지표들의 결여로 이란의 빈곤통계는 독립적인 검증이 불가능하다. 복지사회안전부의 최근 발표에 의하면 시골의 2%, 도시의 4.5% 인구가 절대빈곤 이하, 시골인구의 15%와 도시인구의 17%가 상대적 빈곤에 시달리고 있다.

◎ 2001년 5월 외국인투자법 개정안이 의회에서 통과되었지만 엘리트 상인계층, 상공회의소, 헌법수호위원회, 국가통제를 강조하는 보수정파 등이 반대했다. 이들은 이 법이 국내투자자 대신 외국인투자자만을 지원하게 되어 외국자본 및 외국인 지배로 이어지게 되고, 국내자원 약탈, 외환 반출, 문화적 침해, 소비주의 증가, 안보 위협 등을 피할 수 없다고 보았다. 헌법수호위원회가 입안을 세 번 거부함에 따라 국가정책심의위원회Expediency Council로 이 개정안의 결정권이 넘어갔다. 당시 국가정책심의위원회의 의장인 라프산자니의 도움으로 2002년 5월 '외국인투자 촉진 및 보호법FIPPA, Foreign Investment Promotion and Protection Act'이 통과되었고 현재도 통용되고 있다. 1955년에 제정된 외국인투자법이 거의 반세기 만에 개정된 것이다.

◎ 보수적 상인계층을 지지기반으로 하는 온건보수파와 1980년대 보수파에 뿌리를 두면서 국가통제경제를 강조하는 강경보수파는, 개혁파의 경제정책은 경제개방을 통해 외국자본의 경제적 지배를 심화시킬 뿐이라고 주장했다. 그러나 사실상 보수진영의 이 주장은 교역 부문을 장악한 엘리트 상인계층과 재단이나 혁명수비대에서 관리하는 기업들의 이해관계를 보호하기 위한 것이었다. 예를 들어 엘리트 상인계층은 민영화 정책에 대해 자신들의 교역 부문에 대한 지배력이 강화되는 부문에서는 찬성했지만, 자신들 이외의 민간 부문이 확대되는 경우에는 반대했다. 국가의 개입 문제도 마찬가지다. 국가의 개입이 상인자본의 활동영역을 위축시키면 반대하고, 상인자본의 이해관계를 보호하기 위한 것이면 지지했다. 외국인투자는 남미의 경험에서도 알 수 있듯 고용창출이 아닌 외채위기를 초래할 것이며, 젊은 청년인력들은 해외로 빠져나갈 것이라고 주장했다. 국제관계 개선전략은 서구의 개인주의적 가치를 들여오고 독점적 다국적기업의 착취를 용인하는 것과 다름이 없다고 지적했다. 따라서 외국인투자는 국내투자가 모두 이루어진 뒤에 해도 늦지 않다고 주장했다. 또한 이란이 WTO에 참여할 필요는 없으며, 세계화는 이란의 경제적 독립을 지켜줄 수 없다고 보았다. 이러한 대립은 2003년 5월 지방선거와 2004년 2월 7대 의회 총선을 거치면서 보수정파들의 정치적 영향력이 더욱 강화되는 방향으로 기울어졌다. 특히 헌법수호위원회는 2004년 총선 입후보자에 대한 자격심사를 강화해 개혁파 후보자를 대거 떨어뜨렸다. 결국 6대 의회에서는 엘리트 상인계층 기반의 보수파 의원들과 국가통제경제 옹호론자들이 대거 탈락했지만 7대 의회에서는 주도권을 잡을 수 있었다. 이에 따라 2004년 9월 7대 의회의 승인을 받은 4차 5개년 계획은 개혁파보다 보수파의 입장이 더 많이 반영되었다. 6대 의회에서는 외국인투자를 확대하기 위한 외국인투자법 개정에 적극적이었지만, 반개혁파 중심의 7대 의회에서는 하타미 정부에서의 경제자유화 정책을 되돌리고자 했다. 결국 반개혁파 진영은 혁명의 원리를 따른다는 의미에서 원리주의자로 단합한 반면 개혁파 진영은 점차 분열 양상을 보였고 부패 문제도 근절하지 못하면서 지지기반이 축소되었다. 이와 같은 정세 변화를 기반으로 2005년 6월 9대 대선에서 아흐마디네자드는 최고지도자 하메네이의 지지를 업고 대통령으로 선출되었다. 라프산자니와 하타미의 산업화 정책 및 개혁운동에 반감을 가졌던 엘리트 상인계층도 아흐마디네자드를 지지했다.

◈ 혁명 30년 경제 변화(1978~2008년; 세계은행 자료)

- GDP(2000년 불변): 711억 달러 → 1,553억 달러
- 1인당 GDP(2000년 불변): 1,974달러 → 2,148달러
- 1인당 GDP(경상가격): 2,02달러 → 4,678달러
- PPP 기준 1인당 GDP(2005년 불변): 7,188달러(1980년) → 1만 398달러
- PPP 기준 1인당 GDP(경상가격): 3,432달러(1980년) → 1만 1,289달러
- PPP 기준 고용인당 GDP(1990년 불변): 1만 4,203달러(1980년) → 1만 5,806달러
- 1인당 경작지: 0.39헥타르 → 0.24헥타르
- 출생인구(1,000명당): 43명 → 18명
- 곡물생산: 847만 4,000톤 → 1,347만 5,000톤
- 소비자물가지수(2005=100): 0.844 → 164.731(195배)
- 전기소비(kwh/인): 511kwh → 2,417kwh
- 에너지소비(원유 kg 환산/인): 913 → 2,819
- GDP 100달러당 원유소비(2005 불변 PPP 기준): 137kg → 271kg
- 수출금액지수(2000=100): 43 → 401
- 수출물량→수(2000=100): 36 → 123
- FDI 유입(% of GDP): 1.24% → 0.56%
- 순FDI 유입: 9억 900만 달러 → 19억 900만 달러
- GDP/에너지소비 Unit당(2005년 불변 PPP $/석유 kg): 7.284(1980년) → 3.688
- GDP/에너지소비Unit당(경상가격 PPP $/석유 kg) 3.4776(1980년) → 4.004
- GDP(2005년 불변): 2,773억 달러(1980년) → 7,516억 달러
- GDP(경상가격): 1,324억 달러(1980년) → 8,160억 달러
- 기대수명: 54.7세 → 72.2세
- 인구: 3,600만 명 → 7,200만 명
- 인구밀도(명/㎢): 22.1명 → 44.39명
- 인구증가율: 3.23% → 1.19%
- 도시인구: 1,730만 명 → 4,940만 명
- 도시인구증가율: 4.89% → 1.59%
- 도시인구비율: 48% → 68%
- 비도시인구비율: 51.9% → 31.6%
- 유아사망(1,000명당): 86명 → 24명
- 초등학교 등록비율: 22.7% → 54.0%

- 고등교육 진학률: 4.59% → 36.33%
- 중등교육생 수: 220만 명 → 730만 명
- 전화선: 85만 1,000개 → 248만 개
- 백명당 전화: 2.36개 → 34.31개
- 상표권등록건 수: 3,302건 → 3,468건

예측 불가능한 이란 경제

이란의 경제가 어떻게 돌아가는지 아는 것은 장님이 코끼리 만지는 것과 비슷하다. 전체적인 윤곽을 아는 것도 힘들지만 산업별 현황이라든가 품목별 현황 등 세부적인 내용을 아는 것은 더 어렵다. 숫자들은 앞뒤가 맞지 않는 것이 많고 신문기사는 잘못된 정보들로 채워져 있다. 외국 기관이 정부에서 자료를 얻는 것은 매우 어렵고 공개된 자료의 이해를 위해 설명이나 추가자료 요구에 대한 회신을 받는 것 또한 기대하기 힘들다.

이와 같이 이란 경제통계들은 핵심자료와 상세자료가 부족하고 신뢰성이 떨어지며 다양한 국가기관에서 모순된 통계들을 발표하는 등 데이터 간 불일치도 많다. 또한 이란 경제에서 엄청난 비중을 차지하는 국영기업, 종교재단의 등 준공공 부문 사업체들의 재무현황은 공개되지 않는다. 이러한 사실들이 이란 경제를 알기 어렵게 만든다.

그나마 발표하는 통계들은 몇 년 전 상황에 대한 자료인 경우가 많아 현재의 상황을 판단하기 어렵고 의사결정의 기초자료로 활용하기 어렵게 만든다. 그나마 이란 경제현황을 이해할 수 있는 숫자들은 국제기구에서 발표하는 자료들이다.

국제시장조사업체의 산업조사보고서는 석유·가스, 석유화학, 자동차 등 굵직한 산업에 국한되어 있고 전체적인 동향만 다루고 있어 산업 내의 세부적 상황은 알기 힘들다. 이란 경제, 산업, 시장의 뉴스를 전문적으로 제공하는 회사들도 있지만, 대부분의 이란에서 발간되는 영자신문을 바탕으로 한다. 영자신문들은 자세한 정보를 전달하는 경우가 드물고 앞서 언급한 것처럼 정보의 신뢰성에 의문이 가는 것들이 많다. 정부보조금 삭감이나 민영화 환율의 급격한 변동 등 주요한 이슈가 있을 때 외국인뿐 아니라 이란 내국인들도 자세한 내용을 알지 못해 답답해 하는 것은 마찬가지다.

따라서 지금부터 기술하는 이란 경제에 관한 설명들은 구할 수 있는 데이터의 한도 내에서 가급적 논리적으로 분석해 풀어 나가고자 한 내용이지만 추측과 직관을 동원한 것도 있을 수 있음을 미리 밝힌다.

자본주의도, 사회주의도 아닌 경제 시스템

이란 경제가 어떤 원리로 운영되는지 어떤 성격을 가진 경제인지를 단번에 파악하는 일은 매우 어렵다. 이란 경제는 사회주의, 자본주의, 계획경제, 시장경제, 국영화, 공공재산화를 통해 보여지는 '국가자본주의State Capitalism' 요소들이 뒤섞여 있어 한두 가지의 원리로는 설명할 수 없다. 경제운영원리도 그렇지만 소유 및 운영의 주체도 최고지도자, 국가기관, 준국가기관, 종교자선단체, 협동조합 등 다양하다.

　중국처럼 '국가자본주의'에서 '사적 자본주의Private Capitalism'로 전환한다는 뚜렷한 방향성도 보이지 않는다. 원형바퀴가 아닌, 사각형이나 오각형 바퀴를 달고 움직이는 마차에 비유하는 것이 적절할지도 모르겠다. '이란 경제 마차'에 타고 있는 승객들은 항상 크고 작은 충격에 시달리는 것을 피할 수 없기 때문이다.

이란은 기본적으로 사적 자본주의로 돌아가지만, 석유·가스 산업과 전기, 수도, 철도, 방송, 공항, 항만 등 사회간접자본은 물론이고 중공업 등 규모가 큰 제조업, 광업, 은행, 보험회사, 항공사, 선박회사 등을 모두 국영기업이 담당하는 것을 보면 사회주의의 형태를 띠고 있다. 민간기업은 농축산업, 경공업과 상업 등 서비스업을 주로 담당한다.

여기에다 종교자선재단 '본야드Bonyads'는 GDP의 20%로 추정되는 경제활동을 하고 있는데 행정부가 아닌 최고지도자가 직접 관리하며 면세혜택을 받고 있다. 본야드가 하는 사업은 농업, 호텔, 음료, 자동차 제조, 해운 등 아주 다양하며 보조금과 여러 가지 특혜로 유지되고 있다. 민간기업과 경쟁하는 사업도 많아 다른 기업들은 불만을 가질 수밖에 없다.

종교재단들의 예산은 정부예산의 30%에 달한다. 또한 1979년 이슬람혁명을 지키기 위해 만들어진 혁명수비대는 군사적·정치적 임무 이외에 이란-이라크 전쟁 시 공병대 및 주요 프로젝트 건설 임무를 맡아 경제활동을 시작한 이후 활동 영역을 넓혀 산하의 기업들이 주요 국가 프로젝트 건설 및 통신사, 항만 등을 운영하고 있다. 혁명수비대가 관리하는 경제활동이 이란 GDP의 25~40%에 달한다는 추정도 있다.

이들 본야드와 혁명수비대는 행정부의 통제를 받지 않는 북한의 제2경제와 흡사하다. 이런 측면을 보면 이란의 자본주의는 국가자본주의에 가깝다고 할 수 있다.

이외에도 정책적으로 국영, 민영에 이은 제3의 경제주체로 협동조합 활동을 장려하고 있어 2012년에 6,000여 개의 소비자 협동조합이 600만 명의 회원을 보유하고 있으며 13만 명을 고용하고 있다.

국내 일반 상거래의 형태는 바자르 상인 등 민간이 수행하고 있는 것을 보면 시장경제 형태를 띠고 있으나 매우 한정된 분야와 범위 내에서만 시장경제원리가 작동하고 있다. 테헤란증권거래소에 등록된 339개사의 시가총액은 100억 달러에 달하고, 민간기업이 국제무역의 상당 부분을 담당한다.

테헤란증권거래소 상장주식의 순수 민간 보유지분은 5%에 불과하고 정부가 35%, 공공 부문이 40%를 보유하고 있으며 본야드도 상당한 비중을 차지하고 있다. 또한 외국인 증권투자의 길이 열려 있으나 고액투자자는 투자 2년이 지나야 정부허가를 받아 투자자본을 환수할 수 있는 등 제약이 많아 외국인의 지분은 2% 정도에 불과하다.

국제무역에 있어서도 WTO 가입국이 아니어서 신용장 개설 허가제 등 자의적인 수입관리를 하고 있으며 의약품 등 특정 품목은 판매 마진까지 정부가 정하고 있다. 이에 더해 물가상승률보다 현저히 낮은 대출 이자율의 지속, 가격 통제, 주기적인 시장환율과 공식 환율의 괴리, 그리고 급격한 평가절하의 반복 등 반反시장적 경제정책들을 채택하고 있어 시장경제보다는 국가가 경제를 관리를 하는 통제경제적 성격이 강하다.

소비시장도 시장경제와 사회주의적 운영원리가 뒤섞여 있다. 농산물의 경우 정부에서 운영하는 점포에서는 아주 싼 값에 채소, 과일, 육류를 판매하고 있고 빵, 의약품 등 기초 생필품은 아주 낮은 가격을 유지하고 있다. 그러나 이러한 범위를 벗어난 상품과 서비스들은 한국보다 훨씬 비싼 것들이 많다.

그렇다고 강력한 계획경제제도를 운영하는 것도 아니다. 2004년 헌법 개정 이후 2010년부터 민영화를 본격 추진하고 있고 2010년 말

보조금 개혁을 단행하는 등 시장경제를 확대하는 방향으로 가고 있다. IMF는 이란 경제를 계획경제에서 시장경제로 바뀌는 '전환경제 Transit Economy'로 표현한다.

개정헌법은 국가 자산의 80%까지 민영화하는 것을 허용하고 있다. 그러나 민영화를 담당할 민간자본이 뚜렷하지 않고 기득권자의 저항도 만만치 않는 등 이해관계가 복잡해 그 속도가 느리다. 또한 국가에서 준공공 부문으로만 사업 주체가 바뀌는 보여주기식 민영화가 되다 보니 진정한 시장경제화라고 보기 힘든 게 사실이다. 더구나 서방의 경제제재로 외화부족 등 경제난이 심화되는 현재 상황에서는 거꾸로 국가의 경제통제 경향은 더욱 심해지고 있다.

2010년까지 GDP의 15%(직접보조금)~30%(간접보조금)에 달하는 500억~1,000억 달러의 보조금을 에너지, 식품, 생필품 등에 퍼붓는 상황이 벌어졌다. 이때 상위 30%의 국민은 70%의 혜택을 받았으며, 상품 보조금 축소 후에는 상황이 반전되어 하위 70%의 국민에게 절감된 재원의 50%를 현금 보조금으로 지급하는 방법으로 2011년에 약 360억 달러의 현금을 지급했다. 보조금에 투입되는 재원이 절반으로 줄기는 했으나 아직도 시장경제와는 거리가 있는 경제운영방식인 셈이다.

중동의 많은 산유국이 그렇지만 이란 경제도 석유에 대한 의존이 심하다. 이란은 다른 후진 산유국들과는 달리 기타 산업들도 상당한 수준이며 석유 이외의 자원도 많아 석유에 전적으로 의존하는 '단작 경제Mono Culture' 수준은 아니다. 그러나 외화와 조세 수입에서는 석유 의존도가 심하다. 2000~2010년 동안 이란의 수출총액에서 석유가 차지하는 비중이 70~80%가량 되며(누적기준 72%) 석유화학제품까지 포함할 경우 90%에 육박한다. 석유 수출·수입 없이는 이란 경제운용에 필요한 외화조달이 불가능한 구조다. 또한 같은 기간 조세수입의 45~70%(누적기준 65%)가 석유에서 조달되었다. 석유와 대부분의 석유화학제품은 국영기업이 생산 및 수출을 담당하고 있어 이 두 품목만으로 환율이 결정되었다.

석유산업에 대한 높은 의존도는 석유가격의 변동에 따라 이란 경제가 출렁이는 부작용을 낳았다. 최근의 예로는 2002~2008년간 석유가격 상승시기에 재정지출과 신용공급이 늘어나고 경제가 과열됨으로써 부동산 가격은 폭등하고 극심한 인플레를 겪은 바 있으며, 뒤이어 2008~2009년에는 국제적 경기침체로 석유가격이 하락함에 따라 긴축재정과 통화정책을 채택했다. 국제석유가격의 등락에 따라 냉탕과 온탕을 왔다 갔다하고 있는 것이다.

그러나 같은 기간 석유의 총 GDP 점유율은 8~14%(누적기준 10.5%)밖에 되지 않아 생각보다 적은 비율을 차지하고 있다. 이는 이란의 여타 산업이 수입대체산업 등 내수 위주임을 보여준다. 석유산업의 GDP에서의 비중과 조세수입 기여율 간의 큰 괴리는 타 산업에서 조세징수가 제대로 되지 않고 있음을 알 수 있다. 헤리티지재단The Heritage Foundation에 의하면 이란의 2008년 조세부담률은 GDP의 7.3%로 전 세계 163위를 기록했다. 그렇다면 이란은 세율이 낮은 조세천국Tax Heaven인가? 그렇지 않다. 법인소득세는 25%, 개인소득세는 12~54%로 높은 수준이다. 면세 분야가 많고 세금징수 자체가 원활하지 않기 때문이다.

이란 경제구조의 형성

이란의 현재 경제 모습과 경제운영이념은 당연히 이슬람혁명의 영향을 가장 많이 받았지만 그 뿌리는 팔레비 시절에서 찾을 수 있다. 석유에 대한 과다한 의존과 공공 부문 사업이 경제의 많은 비중을 차지하고 있는 것도 그렇지만, 국가통제경제, 수입대체산업 육성을 통한 자립적 성향의 경제운영방식도 이미 팔레비 왕 시절에 잉태되었다. 현재 면세 종교자선재단도 소유권만 바뀌었을 뿐 1958년 창설되어 207개 회사를 소유하고 최대 30억 달러의 자산을 보유했던 '팔레비재단'이 그 모태이며 운영방식도 흡사하다.

혁명의 구호가 팔레비 정권의 경제이념과 운영방식을 비판하고 혁명 성공 후 이슬람공화국 정부가 대중의 지지를 받기 위한 정책들을 내놓았으나 큰 틀에서는 팔레비 시절의 경제운영방식이 근본적으로 바뀌지 않았고 당시의 문제를 해결하지도 못했다. 혁명 전과 비교해 수치상으로 나아진 면도 있으나 문제를 악화, 확대한 것들도 많다. 현재의 이란 경제구조, 특징과 문제점들을 이해하기 위해서는 혁명 이전의 과거를 돌아보아야만 한다. 이란 경제의 현재의 모습은 팔레비 시절의 성과와 오류의 퇴적물들을 변형시킨 새로운 퇴적물들의 집합이라고 할 수 있다. 퇴적물의 단면을 잘라서 보아야 현재의 모습을 이해할 수 있는 법이다.

이슬람 경제란 사회주의와는 달리 사적 소유권을 인정하지만 이슬람법을 위배해서는 안 되고 사회정의와 소외계층의 보호를 위해 국가가 주도하는 경제체제다. 혁명정부는 이러한 이슬람 경제의 기초 위에 경제적 자립self-sufficiency과 독립independence을 정책목표로 삼았고, 이러한 경제적 독립이 문화적 및 정치적 독립의 기초가 된다고 보았다. 이러한 혁명정신과 경제이념들은 이란 이슬람공화국 헌법에 명시되어 있다.

헌법조항들은 과거 역사의 쓰라린 경험들을 반영하는 것으로 구체적으로 규정되어 있어 국내외 상황 변동에 따른 융통성 있는 정책 수립과 대외관계 설정을 어렵게 한다. 헌법에 규정된 경제규정에 의하면 완전한 경제적 고립을 나타내는 건 아니다. 외국에 의한 경제지배와 자원개발 등을 극도로 경계하고 가급적 외부의 개입을 배제한 자급자족 경제를 지향하고 있다. 한편 2004년 개정되어 국영기업 민영화의 길을 열어놓았다.

또한 헌법조항엔 국민의 기본적 필요사항의 제공을 국가목표로 설정해 놓고 있다. 이는 경제가 상당한 수준에 이르고 생산성이 높을 경우(파이가 클 경우) 분배정의를 실현할 수 있는 좋은 장치가 될 수 있지만 그렇지 못할 경우 인기영합적 경제정책들을 양산하고 경제는 효율성을 잃게 된다.

혁명 전 이룩해 놓은 상당한 물적 기반 위에서 혁명정부는 팔레비 왕과 측근 자산의 몰수를 통한 국영화와 본야드 설립을 주도했다. 이란 경제를 국가자본주의의 형태로 만든 것이다. 이후 이라크와의 8년에 걸친 전쟁은 국가의 경제지배를 더욱 심화시켰으며 국가의 과도한 경제지배와 내부지향적 경제운영으로 인한 부정적 효과들의 개선을 위해 전후 자유화, 민영화, 외국과의 경제협력 재개 등을 추진했으나 여러 제약으로 인한 제한적, 불연속적인 추진으로 경제를 크게 변모시키지는 못한 채 오늘날에 이르고 있다. 헌법상의 국가주도와 내부지향적 경제운영규정에도 불구하고 외채도입, 외자유치, 민영화 등 경제운영의 틀을 바꾸는 시도들이 있었으며 이해관계에 따라 이행된 것도 있었고 지지부진하거나 번복된 것들도 있었다.

이란을 움직이는 핵심 세력인 바자르 상인들이 대외교역과 국내 상업에서의 이권을 위해 국가주도경제를 일부 완화했다. 그러나 외국과의 협력을 통한 산업화는 팔레비 시절의 부정적 경험도 작용했으나 상인계층의 이해에 반하는 것이어서 제대로 이루지 못하고 있으며, 투자 등 외국의 깊은 개입이 없는 이란의 독자적인 산업화는 지금까지의 결과로 볼 때 갈 길이 멀어 보인다.

국가경영방식이 일반 민주국가와 다르기는 하지만 주기적인 의회와 대통령 선거를 통해 여론을 어느 정도 반영하고 있으며 특정 시기의 정치주도세력과 이해집단이 합의에 이를 경우 경제운영의 틀을 바꾸기도 한다. 2004년 헌법개정을 통한 국영기업 민영화가 좋은 예이다.

이란 경제는 아직도 그 운영방향이 정해지지 않은 미완성의 작품으로 혁명이념과 경제논리에 의한 현실적 필요성, 그리고 핵심 이해집단의 이해관계에 따라 그 운영기조가 바뀌고 있다. 또한 미국을 위시한 서방의 경제제재는 이란 경제운영 선택의 폭에 엄청난 제약을 가하고 있다. 이러한 사실들이 어우러져 현재 우리가 보는 이란 경제의 모습은 매우 복합적이고 여러 가지 모습을 띠고 있다.

◆ 이란 이슬람공화국 헌법의 경제 분야 규정 주요 내용

제3조의 국가목표엔 '제국주의의 완전제거와 외국 영향력의 방지', '과학, 기술, 산업, 농업, 군사 부문에서 자급자족 획득' 등 대외관계 원칙이 명시적으로 규정되어 있다. 4장 (43조~55조)에서는 경제와 재정을 다루고 있다. 43조 1항에서는 주택, 식품, 의복, 의료, 교육 등 기본적 필요사항들을 모든 국민에게 제공할 것이 약속되어 있고, 2항에는 모든 국민에게 일자리 제공을 보장하고 있다. 한편 8항에서는 외국의 이란 경제 지배방지를 규정하고 있다.

44조는 경제를 국가, 조합 및 민간 부문으로 구분하고 국가 부문에 모든 대규모 주력 산업, 교역, 주요 광물, 은행, 보험, 발전, 댐, 대규모 관개 네트워크, 라디오, 텔레비전, 우편, 전신 및 전화 서비스, 항공, 선박, 도로, 철도 등을 포함한다고 규정한다. 이에 따라 팔레비 시절의 왕족과 측근들의 자산이 국영화되었으나 2004년 수정헌법에서는 이들 국영기업을 민영화할 수 있도록 했다.

46조 47조는 사유재산권 보호를 규정하고 있다. 81조는 상업, 산업, 농업, 서비스, 광물을 채취하는 회사의 설립을 위해 외국인에게 이권Concession을 제공하는 것을 엄격히 금지하고 있다. 또한 82조는 의회의 승인을 받아야 하는 불가피한 경우를 제외하고는 외국인 전문가의 채용을 금지하고 있다. 10장에서는 외교정책을 규정하고 있는데 제153조는 천연자원, 경제, 군대, 문화 등 국민생활에 대한 외국의 지배를 초래할 만한 어떠한 형태의 협정도 금지한다고 강조하고 있다.

이란 경제의 구조적 문제점들

혁명 30년이 지난 뒤에도 이란 경제는 아직 어둡다. 대선 때마다 경제이슈는 결정적 공약이 될 정도다. 작금의 이란 경제는 국가가 지배하는, 석유 의존적인, 내부지향적인, 과도하게 통제(관리)되는, 세금을 적게 부과하는, 과도하게 보조금을 지급하는, 불충분한 경쟁을 하는 경쟁력 없는 경제로 비쳐진다. 이란 경제의 이러한 상태에 대한 근본적 이유는 위험한 단층지대 위에 지어진 취약한 구조에서 찾을 수 있다.

첫째, 국가의 경제지배 정도가 너무 높다. 다수의 관료적 기관들, 국영기업, 공공서비스를 제공하는 수많은 국가조직들이 경제에서 차지하는 국가의 진정한 지분을 결정하기 어렵게 만든다. 근래의 포괄적 국가예산은 GDP의 60% 남짓 된다(혁명 전에는 35% 이하, 《테헤란 타임즈》는 2004~2005년 회계연도에 90%에 달했다고 주장). 재단들의 광범위한 활동과 연계 자회사들까지 공공 부문에 포함시키면 70%를 넘어선다. 정부는 모든 석유·가스를 비롯한 주요 산업, 공공 유틸리티, 은행, 보험, 운송과 통신, 농업 관련 산업, 그리고 특정 무역과 서비스 기업을 소유하고 운영한다. 비효율적인 중앙계획 시스템 하에서 총 노동력의 25%가 공공 부문에 고용되어 있다. 공공 부문 고용의 급격한 증가는 국가경제지배의 분명한 지표다. 이란 인구가 1979년에서 2005년 사이 배증한 반면, 정부 고용은 4배가 늘어나 공공 부문 총 고용인 수는 420만 명에 달했다. 공공 부문이 소유한 대기업의 수는 혁명 후 25년간 4배로 늘어났고 그들의 총 연간 예산은 1980년 이후 45배로 늘어났다. 흥미롭게도 1990년대 초 민영화를 공식적 정책으로 채택한 이후에도 공기업 수는 270개에서 560개 이상으로 배 이상 늘어났다. 공기업 중 절반 정도인 294개만 이윤을 내는 것으로 알려져 있다.

둘째, 이란 경제는 석유수출에 과도하게 의존하고 있다. 석유 부문의 GDP 점유율은 근래 20% 수준으로 줄어들었지만 석유수출은 아직까지도 이란 경제의 대들보다. 석유수출 수입은 이란 외화 획득의 약 80%를 차지한다. 3차 계획기간(2000~2005년) 중 연간 정부 수입의 64% 이상이 석유 수입에서 나왔고, 예산의 75% 이상이 직접 또는 간접적으로 에너지 수입에 연계되어 있다. 분명히 국제원유가격에 이란 경제의 운명이 달려 있다. 지난 25년간의 여섯 번의 경제침체와 회복사이클은 석유 붐, 또는 그 가격하락과 관련 있다. 1979~1981년, 1986~1989년과 1993~1999년의 침체기는 국제원유가격 하락기와 맞물려 있다. 반대로 1982~1985년, 1990~1992년, 2000~2005년의 활황은 높은 국제원유가격 유지기간에 해당한다. 석유 붐은 재정수입 증가와 재정적자 감소, 공공투자 확대, 산업에 필요한 원자재와 반가공품 수입을 위한 외화공급, 인플레 약화를 위한 대량의 소비재 수입, 중앙은행의 대외부채 상환의 프로세스를 보인다. 반면 석유가격 하락은 반대의 프로세스로 경제를 침체하게 만들 수밖에 없다.

셋째, 내부지향은 이란 경제의 또 다른 주요 현상이다. 이와 같은 고립주의적 입장은 경제적 자급자족을 정치적 독립의 상징으로 생각한 혁명주동세력의 잘못된 생각으로 거슬러 올라간다. 이에 따라 1%의 인구와 7%의 자원을 가지고 있는 이란이지만 수출은 세계무역의 0.4%에 불과하다. 근래의 무역자유화에도 불구하고 이란의 평균 관세(2002년)는 30%에 달하고 이는 IMF 통계상 193개국 중 11위에 해당한다. 2004년 조사에서 이란은 세계에서 8위의 폐쇄적인 경제(155개국 중 148번째, 0-5점 척도에서 4.16점)였다. 2004년 OECD년 조사에서 이란은 외국인 사업환경이 가장 위험한 국가였고 같은 해 국제연합무역개발회의UNCTAD, United Nations Conference on Trade and Development 연차보고서는 이란의 외국인직접투자 매력도가 196개국 중 124위라고 발표했다.

넷째, 광범위한 정부규제도 이란 경제의 특징이다. 등록과 사업면허부터 임금 및 가격 결정, 노동문제, 금융, 무역, 자본 흐름 등 경제의 모든 분야에서 '빅브라더'의 손이 분명히 보인다. 2004년 세계은행 보고서는 이란에서 창업의 관료적 복잡성 수준을(0~90까지) 67로 평가했다. 헤리티지재단은 정부의 경제간섭지수에 영향을 미치는 열 가지 요인(임금, 가격통제, 외환통제, 무역장벽, 종합적 정부간섭 등) 조사 보고서에서 이란이 155개국 중 148위로 발표한 바 있다.

다섯째, 낮은 과세도 문제다. 이란은 120개국 중 3개 과소 과세국(정부수입에서 세금이 차지하는 비율) 중 하나다. 세금은 국가수입의 25%에 불과하며 명목 GDP의 6%에 불과하다. 면세는 광범위하게 이루어지며. 무역과 사업에 종사하는 약 40개의 조직체가 합법적 또는 실제적으로 면세를 받고 있다. 고위세무관리에 의하면 GDP의 약 50%가 모든 세금을 면제 받고 있다.

여섯째, 과도한 보조금 지급으로 인한 경제왜곡이 심하다. 직접(명시적)보조금은 소득을 불문한 모든 가정에 생필품 및 서비스에 대한 보조금을 포함한다. 기업에 대한 명시적 보조금은 특정 원자재와 장치들을 포함한다. 간접(내재된)보조금은 대부분 에너지(특히 가솔린, 가스오일, 전기)다. 직접보조금은 2004년에 GDP의 5%인 65억 달러로 1979년의 0.1%에 비해 50배 증가했으며 간접보조금은 GDP의 12%인 140억 달러로 추정된다. 세계은행 추정에 의하면, 상위 10% 소비자가 가솔린, 의약품, 빵에서 얻는 이익은 하위 10%의 몇 배에 달한다. 또한 이러한 보조는 낭비와 밀수, 지하거래를 촉진한다. 이후 2010년 말에 극적인 개혁을 단행해 많은 부분이 개선되었으며 보조금 축소로 절약한 금액의 절반을 소득 하위 70%의 국민에게 현금으로 지급하고 있다. 낮은 가격의 상품공급방식의 보조금 지급이 직불방식으로 변경된 것이다. 또한 하위 70%에만 현금 보조금을 지급해 소득분배 개선효과를 도모하고 있다.

마지막으로, 세계시장에서의 경쟁력이 부족하다. 농업은 자연강우에 의존하는 천수답 경작이고 몇 가지 주요 산물들은 생산비용이 높다. 산업은 원자재와 가공제품의 수입에 의존하고 있다. 서비스 산업은 규모의 경제를 이루지 못하고 있다. 석유는 국제가격 변동에 노출되어 있다. 제조업은 낮은 자본 및 노동생산성과 자체기술의 결여로 어려움을 겪고 있다. 낮은 이율의 은행 대출, 정부보조와 수입제한으로 혜택을 받고 있는 수천 개 공기업들은 과잉 고용,

미숙한 운영을 하고 있으나 공공의 감시를 받지 않고 있다. 어느 민간기관의 추정에 의하면 공무원의 절반, 공기업 고용원의 1/3이 잉여인력에 해당한다. 내수시장은 몇 개의 민간 및 공기업이 독과점하고 있다. 시장은 공정하지 않을 뿐 아니라 투명하지 않다. 이슬람 성직자와 혁명가에게 주요 자리를 배정함으로써 전문가집단이 소외되어 경제운영능력이 저하되었으며, 공기업 운영에 있어 경영능력 부족과 투명성 결여는 광범위하고 구조적인 부패에 의해 악화되었다. 이 문제는 2005년 대선에서 일곱 명의 출마자 모두가 주요 이슈로 제기한 바 있다.

이러한 구조적 문제들은 팔레비가 취했던 경제정책에 의한 문제점들이 잔존한 것이다. 외채, 외국인투자 등 대외관계는 혁명 초기에는 고립적·자립적 입장을 취했으나 세월이 지나면서 변했다. 결국 정치혁명보다 경제개혁이 훨씬 어려운 과제인 것이다.

제조업은 팔레비 시절과 같이 여전히 수입대체 조립산업이 대부분이다. 혁명정부는 팔레비 정부가 이란의 생존과 번영을 외국 기술과 운영 노하우에 의존하고 있다고 비판했으나 혁명 이후 자구노력에도 불구하고 현재도 이러한 상황은 크게 개선되지 않고 있다. 농업은 과거와 마찬가지로 지금도 개발의 중심축이 되지 못하고 있으며 밀 등 몇 가지 품목의 자급자족을 이룩했으나 식품의 대외의존은 여전하다. 높은 생산비용과 물가억제를 위한 정부의 농산물 가격관리로 농업 분야는 국내 투자자에게 잊혀진 분야로 남았다.

외국차관과 외국인투자에 대한 의존은 한때 줄어들었으나 이는 경제발전에 장애로 작용했다. 꼭 필요한 부문에 한정되어야 할 외채는 정부펀드 발행과 무역금융의 형태로 표준적인 금융관행이 되었다. 공공에너지와 다른 대규모 프로젝트들은 국내 투자자본 부족으로 외국으로부터 자금을 조달하는 것이 일상화되었다. 어떤 비용을 치르고서라도 피해야 했던 외국인직접투자는 제품환매Buy Back 거래, 건설-운영-양도BOT, Build-Operate-Transfer Contract 계약 등의 방법으로 이제 정권의 주요 대외경제정책 목표가 되었다.

이란은 세계 석유 확인매장량의 10%와 가스 확인매장량의 15%를 보유하고 있음에도 가솔린 및 전기를 수입하고 있다. 금융 분야에서는 서민들에게 대출범위가 확대되었으나 국유화된 국내 및 합작 은행들은 비효율, 잘못된 투자, 불량채권으로 몸살을 앓고 있다. 국영은행의 대출이자율은 인플레보다 낮은 반면 사금융시장의 대출이자율은 국영은행 이자율의 몇 배에 이른다. 시장자본주의의 상징으로 10년 이상 폐쇄되었던 테헤란증권거래소는 이제 팡파르와 함께 부활했고 활황을 이루고 있으며 민영화의 주요 수단으로 활용되고 있다.

혁명 이후 몇 해를 제외하고는 두 자리 수의 인플레를 기록했고 그중 한 해는 20%대의 인플레를 기록하기도 했다. 하지만 실제 인플레는 정부 발표보다 훨씬 높다. 이란 설날인 노르쥬가 지나면 생필품 가격이 수십 퍼센트 오르는 것은 다반사다. 이러니 국민들은 부동산, 귀금속 등 실물자산에 투자한다. 비非석유 부문 수출은 정부의 지원정책으로 경상 달러 기준으로 증가했으나 인플레와 수입 부품 및 소재를 감안했을 때 국내생산에서 차지하는 비율과 1인당 수출에서 혁명 전보다 나아지지 않았다.

세계 어디나 일자리 문제가 국가적 이슈이지만 이란도 심각하다. 공식 실업률은 항상 10%대에 있다. 공공 부문 고용의 1/3이 과잉고용이라 분석됨에도 불구하고 실업률이 이렇게 높은 것이다. 잠재 실업률을 포함한 실제 실업률은 훨씬 많은 것으로 추정되고 있다. 1980년대 정부의 인구증대정책의 후유증으로 특히 젊은 층의 실업률은 20%대를 넘고 있어 사회문제가 되고 있다.

호메이니의 정신적인 가치와 검소한 소비생활의 미덕, 물질주의 탈피와 관련된 훈계들의 영향력은 갈수록 희미해졌다. 소위 '백만장자 성직자'와 그 자식들의 사치와 방종에 대한 기사가 일간지에 일상적으로 게재되었다. 매점, 투기, 고리대금, 권력 중심에 접근 가능한 사람들의 지대추구행위, 직위 보유자들 간의 특혜계약, 뻔뻔한 부패행위에 대한 기사가 검열된 신문에도 게재되었다. 최고지도자 하메네이가 이란의 현존하는 비애는 "빈곤, 차별, 부패"라고 정의할 지경에 이르렀다.

제9장

이란 경제의 이해와 단상들

이란 환율변동의 역사: 자국 통화를 믿을 수 없는 이유

이란인들은 부동산, 금, 외화, 주식시장 등에 투자한다. 자국 화폐를 믿지 않는다. 이는 과거 경험에 의한 학습효과 때문이다. 부동산은 인구증가와 도시집중으로 인해 지속적으로 가격이 오르기 때문에 투자로 볼 수도 있지만, 금이나 외화에 돈을 묻어두는 것은 자산가치 보전목적이 강하다. 테헤란 주식시장이 지속적인 상승세를 보이는 것도 마땅한 대체 투자처가 없기 때문이며 자산가치를 보전해주는 것으로 보기 때문이다.

결혼계약서에도 이혼 시 지불할 돈을 '금화 몇 개'로 하지, 자국화폐로 '몇 리알'이라고 하지는 않는다. 이러한 리알 불신 풍조는 자국 화폐의 가치 하락에 기인한다. 그것도 점진적인 것이 아니라 어느날 갑자기 공식환율이 1/10로 가치가 떨어지는 것이다. 후진국이 대부분 화폐가치의 불안정과 가치하락을 경험하지만 급격함의 정도가 심한 편이다. 한국의 대對미 달러 환율이 1970년대 초 1달러에 약 400원 수준에서 현재 1,100원 정도로 대략 세 배 상승한 것에 비해, 이란은 1달러=약 75리알에서 2013년 7월 평가절하로 인해 약 330배인 2만 4,000리알이 되었고, 2015년 7월에는 1달러가 약 3만 리알이 되었다.

이란은 석유 및 석유화학제품 수출대금이 외화공급의 80~90%를 담당하므로 공식적으로 어떤 환율제도를 채택하던 진정한 의미의 시장환율일 수 없다. 때문에 정부(중앙은행)가 정치적·정책적 고려와 시장가치를 감안해 환율을 결정하는 관리환율제도를 운영하고 있다고 볼 수 있다. 그리고 관리의 방향은 항상 리알화의 고 평가였다. 일반적으로 수출산업의 경쟁력을 위해 환율의 저 평가 상태로 유지하는 정책방향과는 반대의 길을 걸어온 것이다. 이는 석유와 관련 제품 외의 변변한 수출제품이 많지 않고 물가관리가 정책의 우선 순위에 놓여 있어서다.

이란 당국은 공식환율을 책정함에 있어서 시장가치를 반영하지 않고 경제 외적 고려에 의한 환율 결정으로 현실과 괴리가 발생하는 등 관리의 한계에 이르면 급격한 현실화를 단행하는 행태를 반복해 왔다. 최근의 예를 보면 2002년 환율 단일화 및 현실화 이후 2011년까지 1달러=1만 리알 내외를 유지해 2002년 대비 27% 정도 가치가 하락하는 데 그쳤으나, 이는 이란의 높은 물가상승률을 감안할 때 비현실적인 것이었다.

2009년 이란 내의 한 세미나에서 전 재무장관이 경제의 원활한 운영을 위해 최소 50%의 평가절하를 단행하는 환율의 정상화가 필요하다고 강조할 정도로 현실과의 괴리가 누적되어 있었다. 2002~2011년간 연간 10~20%대의 물가상승으로 인해 누적상승률이 430%에 달했는데 공식환율 상승은 27% 상승에 그쳤던 것이다. 매년 실제 물가상승률이 공식통계의 두 배 이상이었다는 것이 정설임을 감안할 때 실제 가치와 공식환율 간의 괴리는 더 심했었음을 짐작할 수 있다. 그러던 것이 서방 경제제재의 심화로 인해 2013년 7월 리알화를 절반으로 평가절하해 2002년 대비 약 세 배의 환율 수준이 되어 어느 정도 키 맞추기가 된 것이다.

경제논리에 맞지 않는 이자율도 이란인들로 하여금 자국 통화예금을 기피하게 만든다. 대출이자율은 12%로 고정되었는데 인플레를 감안한 실질이자율은 항상 마이너스다. 많을 때는 마이너스 10%가 넘는다. 이러니 예금과 같은 현금성 금융자산을 보유할 이유가 없다. 주기적으로 발생하는 급격한 평가절하는 외국인에게도 시사하는 바가 크다.

급격한 환율변동은 환리스크로 인해 무역거래를 위축시킬 뿐만 아니라 대금 미회수의 위험성도 커지는 등 이란과의 비즈니스 리스크가 확대되는 것이다. 따라서 암달러시장과 공식환율 차이의 확대는 이상징조의 시작이므로 암달러시장의 환율을 항상 체크해 환율변동 위험에 대비해야 한다.

◈ 이란 대對미 달러 환율(공식) 변동의 역사

1945년 달러 고정환율제를 채택해 1달러=32.25리알부터 1957년 75.75리알까지 변동된 후 1972년까지 동일 환율을 적용시켰다.

1975년 변동환율제를 채택했으며 혁명 직후인 1979년 5월 105리알로 평가절하해 1년 만에 235리알이 되었으며, 8년간의 이란-이라크 전쟁 종전 후인 1989년 10월에 공공 부문 환율을 일거에 1,000리알로 변경했다.

1989년 말에는 수출환율 1달러=270리알과 350리알, 우대환율 420리알, 경쟁환율 800리알(공공 부문), 서비스 부문 환율 845리알, 자유시장 환율 1,458리알 등 총 6종의 환율이 적용되었다.

1993년 3월 말 12종의 환율을 단일변동환율로 통일해 1달러=1,649리알로 고시했다. 그러나 무역자유화로 인한 수입 급증으로 외환보유고가 바닥나 무역과 외환 거래를 다시 제한해야 했다. 은행들이 무역대금을 지불하지 못하자 중앙은행이 개입해 채무 재조정을 시작했다.

1994년 5월 다시 복수환율제로 복귀했다. Official Rate 1,750리알(필수품 수입에 적용), Export Rate 2,345리알(수출 원자재, 부품 수입 등 비석유제품에 적용), 공인딜러 시장환율, 자유시장환율(수출입업자 간 거래환율)이 있었고 불균형이 축소되었다. 1995년 5월 Export Rate(필수품 이외 모든 수입에 적용) 3,000리알로 변경되었다. 공식환율과 시장환율과의 차이가 점점 벌어져 2000~2001년에는 시장환율이 8,050~8,350리알에 달했다.

2002년 3월 공식환율을 7,900리알로 평가절하(환율 현실화)하면서 통화바스켓 방식의 단일변동환율제를 채택했고 암시장(8,000리알 이상)과 공식환율 간의 차이가 거의 없어졌다. 이 환율개혁은 IMF 8조 의무를 수용한 결과다. 8조 의무는 경상거래에서 대부분의 외환통제를 없애는 것으로 이란이 1945년 IMF 가입한 이후 처음 있는 일이었다. 그 후 점진적 환율을 상승시키는 관리변동환율제의 운용을 통해 2010년까지는 공식환율이 1만 리알 수준으로 암시장 환율과 괴리가 발생하지 않았다.

2013년 7월 1만 2,200리알이던 공식환율을 2만 4,900리알로 평가절하하기까지 10년가량 비교적 평온한 시기를 보냈다. 그러나 미국의 경제제재가 심각한 영향을 미친 2011년 들어 암시장 환율과 공식환율과의 차이가 점점 벌어지다가 결국 또 다시 충격적 공식환율 평가절하를 단행한 것이다.

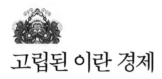

고립된 이란 경제

이란 경제는 자의반 타의반 외부세계로부터 고립되어 있다. 이란 정부의 외세 배격을 위한 자립추구정책과 미국을 위시한 서방의 경제제재가 이란 경제를 세계경제로부터 고립, 또는 떼어 놓고 있다. 이란 정부의 대외 경제관계정책은 표면적·공식적 정책만 가지고 판단하기 어렵다. 형식적으로는 주식시장도 개방되어 있고 외국인직접투자도 권장하며 무역촉진을 위해 정부가 노력한다. 그러나 세부적으로 들어가면 외국인이 이란과 거래하기에는 많은 법적·정책적 제약이 있다. 또한 공무원들의 외국과의 거래에 대한 거부감, 법규의 자의적 해석, 사익 추구 등이 외국인 입장에서 골치 아픈 일이다.

실물경제보다는 금융시장이 이러한 경향이 더 심하며, 실제로 2008년 국제금융위기 때도 이란은 별 영향을 받지 않았다. 평소 주식, 채권 등 자본거래가 극히 제한적으로 이루어지고 있고 직접투자

금액도 크지 않았기 때문이다. 이란 정부의 주식시장정책이 외국인 투자를 유치하기에 적합하지 않을 뿐더러 서방의 금융제재로 자본거래에 제약이 많기 때문이기도 하다. 외국인 증권투자의 길은 열려 있으나 고액 투자자는 투자 2년 후 정부허가를 받아야 투자자본을 회수할 수 있다. 이에 따라 테헤란 주식시장의 외국인 지분은 2% 정도에 불과하며, 대부분이 해외교포 소유로 추정된다.

미국은 달러가 이란과의 결제수단이 되는 것을 오래전부터 금지하고 있는데 자국 은행과 기업뿐 아니라, 이란과 제3국 은행 및 기업 간의 달러 거래도 금지하고 있다. 이에 따라 이란의 대외거래는 주로 유로를 사용하고 있었으나 이마저도 2009년 경제제재 강화 이후 실질적으로 막힌 상황이다. 이란의 대형 은행들은 모두 국영인데 이들 국영은행 전부가 미국의 제재대상 은행으로 지정되어 대외거래를 할 수가 없고 중소규모 은행들을 통해서만 대외거래를 할 수 있는 상황이다.

미국과 서방의 대對이란 경제제재의 핵심 수단이 금융제재인 관계로 이란은 자본거래뿐 아니라 상품교역에서도 매우 어려운 처지에 놓여 있다. 경제제재의 완화 내지 해제는 핵문제와 직결되어 있다. 핵문제의 해결 없이는 해결의 실마리를 찾기 어렵다. 상품교역에 있어서도 이란 정부의 관리무역정책과 경제제재로 인한 수출입 품목 제한 등 제약이 많다. 때에 따라 경제제재 대상 품목과 기업이 수시로 변동되고 있어 이란과의 무역은 항상 아슬아슬한 곡예를 하는 것과 같다. 때문에 이란과의 거래를 기피하는 기업이 많다 보니 이란을 상당 정도 고립시키고 있다. 이는 무역뿐 아니라 산업개발에 엄청난 장애로 작용하고 있다. 많은 돈과 시간을 투입해 플랜트Plant를 건설해 놓았는데 핵심 부품 한두 개를 수입할 수 없어 공장을 가동시키지 못하는 경우도 많다.

외국인직접투자에 있어서도 이란 정부의 명확하지 않은 정책과 서방의 경제제재는 직접적 투자 분야 제한과 금융거래를 제한해 이란에의 직접투자를 어렵게 만든다. 명시적 정책에 더해 이란 내의 일부 보수주의자의 고립지향적 성향과 미국 내의 영향력 있는 유대인 단체의 이란 거래 반대운동 등으로 인한 압력도 이란을 외부로부터 고립시키는 요인들이다.

소수의 WTO 비회원국 중 하나

2015년 7월 기준으로 WTO 가입국가는 161개국이다. UN 회원국이 193개국이니 거의 대부분의 나라가 WTO 회원국이라고 보면 된다. 비회원국 중 이란을 포함한 WTO 옵서버 국가는 24개국으로 아프가니스탄, 알제리, 이라크, 카자흐스탄, 리비아, 시리아 등이다. 러시아가 2012년에 가입함으로써 비회원국 중에선 이란의 경제규모가 가장 크다.

이란은 1996년 WTO 가입신청서를 제출했으나 미국의 거부로 검토조차 되지 않았다. 그 후 2001년부터 2005년까지 이란 정부는 22차례나 WTO 가입신청서를 제출했으며 2005년 5월 신청서가 접수되었다. 10년에 걸친 끈질긴 시도 끝에 옵서버 국가로 채택되면서 WTO 가입의 첫발을 내디딘 것이다. 그 후 2009년 11월에 이란 정부는 '외국무역제도 비망록'을 제출해 본격적 절차에 들어갔으나 거기까지였다. 질의 응답, 실무 당사자 회합 등 후속 절차들이 전혀 진행되지 않고 있는 것이다.

이란의 WTO 가입은 미국과의 관계가 개선되지 않는 한 실현되기 어려울 것으로 보이며 그 핵심에는 핵문제가 자리잡고 있다. 이란은 불법 소프트웨어의 유통을 단속하지 않고 있는 등 지적재산권 보호에도 소극적 자세를 취하고 있다. 이에 따라 이란의 지적재산권도 외국에서 보호되지 않고 있다. 이란 정부는 WTO 가입이 승인되어야 상호주의 원칙에서 외국 지적재산권를 보호하겠다는 입장이다.

WTO 미가입국가인 이란은 관세와 비관세 장벽을 임의로 설정하고 변경할 수 있다. 실제 이란은 상당히 높은 관세율 수준을 유지하고 있는데 2011년 공산품 평균 관세율은 25.69%로 바하마제도 다음으로 세계에서 둘째로 관세가 높은 나라다. 자동차 관세는 90%에 달하며 기계류와 원자재 일부를 제외한 공산품 관세율이 30~40%라고 보면 된다. 관세장벽만이 아니다. 비관세장벽도 높다. 수입허가제도, 외환 배정을 통해 정부 의지대로 무역을 관리할 수 있다. 2012년 서방의 경제제재 강화로 외환 조달에 어려움이 있자 수입품목에 따른 3중 환율제 도입, 수입금지품목 발표 등 자의적 수입관리를 한 바 있다. 이란으로서는 불가피한 조치이긴 하지만 이란에 수출하는 업체 입장에서는 언제 어떤 수입규제조치가 있을지 모르는 위험을 안고 있는 것이다.

특히 부당거래기업 블랙리스트는 한국 기업들이 유의해야 한다. 하지만 이란 정부는 공식적으로 이러한 블랙리스트 제도가 있다는 것을 인정하지 않는다. 2009년 WTO에 제출한 이란 정부의 '외국무역제도 비망록'에도 이에 대한 언급이 없고 어떤 공식자료를 보아도 찾을 수 없다. 그러나 실제로 이란 기업이 상무부에 외국 기업의 부당거래행위를 신고하면 해당 외국 기업 소환 등의 조사를 한 후 '부당무역거래기업'으로 낙인을 찍는다. 일단 부당무역거래기업으로 지정되면 해당 기업은 상무부로부터 수입허가를 받지 못한다.

신고한 이란 기업이 해제해 줄 때까지 유효하므로 블랙리스트에 올라간, 또는 조사대상이 된 외국 기업은 울며 겨자 먹기로 이란 기업의 요구를 들어줄 수밖에 없는 상황이 초래된다. 이란이 WTO에 가입되어 있지 않기 때문에 이러한 부당규제나 제도 변경 및 운용 등을 제도적으로 해결할 국제기구도 없다. 결국 외국 기업들도 이란 측의 부당한 처우에 대해 하소연할 곳도 마땅치 않은 것이다.

페르시아의 영광을 재현하려는 과학기술

페르시아 제국은 넓은 영토만 다스렸던 것이 아니었다. 페르시아는 현대 수학, 의학, 화학, 자연과학, 철학에 공헌했으며 최초의 증류주 제조법을 개발한 바 있다.

로마인들이 '수도교'를 만들기 수백 년 전에 페르시아인들은 '카나트Qanat'라는 지하수로 관개시설을 만들었다. 현존하는 가장 오래된 카나트는 이란 고나바드Gonabad에 있는 것으로 2,700년 전에 만들어져 지금도 40,000명의 주민에게 식수와 농업용수를 공급하고 있다. 또한 바드기르Badgir라는 자연풍을 이용한 에어컨과 야크찰Yakhchal이라는 얼음보관창고를 기원전부터 만들어 사용해 왔다.

이들은 파르티아, 또는 사산 왕조 시절에 의료용 및 도금용으로 사용되었던 것으로 추측되는 배터리를 만들었다. 이것이 바로 '바그다드 전지Baghdad Battery'다. 비루니AI-Biruni는 일찍이 AD 1000년에 지구

무동력 에어컨, 바드기르

가 태양 주위를 돌고 있을지 모른다는 천문학 저술을 남겼다. 러시아의 로모노소프Mikhail Vasilyevich Lomonosov가 질량보존의 법칙을 발표하기 500년 전에 페르시아인 투시Al-Tusi는 "물질은 변할 수 있으나 완전히 사라지지는 않는다"고 말했다. 하이얀Jaber Ibn Hayyan은 화학의 창시자이자 백과사전에 등재된 수많은 발견과 2,000개가 넘는 주제를 다룬 '논문의 아버지'다. 그의 발견들은 18세기 유럽에서 화학의 바이블이 되었다. 또한 무두질과 직물의 염료, 식물의 증류, 향수, 의약품, 화약제조에 활용되었으며 그가 발명한 증류 공정과 장치들은 현재까지 사용되고 있다. 한편 '광학의 아버지'로 불리는 알하센Al-Alhazen은 렌즈, 거울, 빛의 굴절과 반사에 대한 저술과 실험결과를 남겼다.

경제제재로 인한 연구기기 구입 불가, 미국에서 개최되는 학회 참가 장애, 상당한 두뇌유출 현상 등 여러 제약이 있음에도 불구하고 이란 과학계는 상당한 성과를 거두고 있다. 특히 근래에는 우주과학, 핵물리학, 의학, 줄기세포와 생물복제를 포함한 많은 분야에서 상당한 발전을 이룩했다.

이란은 과학의 후진성이 과거 서구 열강의 이란에 대한 지배의 주요한 원인이었던 것으로 판단하고 혁명 후 현대 과학을 적극적으로 받아들였으며 모든 분야에서 자립을 국가적 목표로 하고 있다. 이의 일환으로 5만 페이지에 이르는 '종합과학발전계획'을 수립해 2025년까지 224개 과학 프로젝트를 추진하고 있다.

연구개발R&D, Research and Development 예산은 2000년에 GDP의 0.4%로 세계평균 1.4%에 훨씬 못미쳤다. 그러나 2009년에는 0.87%로 늘어났으며 2015년에는 2.5%를 목표로 하고 있다. 특히 이란 정부는 나노, 바이오, 줄기세포와 정보기술에 많은 예산을 투입하고 있다. UNESCO 과학보고서(2010)에 의하면 이란 R&D 투자의 75%는 정부, 14%는 민간기업, 나머지 11%는 고등교육기관과 비영리기관에서 담당하고 있다. 이란 정부는 2009년에 15년 동안의 종합국가과학계획을 수립해 지식기반경제 육성을 위해 산학협력 강화를 추진하고 있다. 동 계획에 의하면 2006년 0.59%에 불과한 R&D 투자를 2030년에 GDP의 4%로 끌어올리고 5.5%인 교육지출을 7%로 늘리는 등 의욕적 청사진을 제시하고 있다.

한편 이란의 과학기술 분야는 한국에 거의 알려져 있지 않으나 21세기 들어 이란의 과학은 괄목할 만한 성장을 이루고 있으며 이는 미국, 유럽의 정부기관과 민간기관이 모두 인정하고 있는 부분이다. 논문 인용빈도로 본 질적 수준은 아직 양적 성장에 미치지 못하지만, 국제저널 게재 논문 수가 2001년 1,949건에서 2008년 1만 3,569건으로 늘고 있다. 경제제재 하에서도 주요 국가들은 이란과의 과학연구에 활발히 협력하고 있다. 이러한 이란의 과학기술 분야의 잠재력을 인식하고 동반성장을 모색하고 있는 것이다.

이란과의 과학기술협력은 학자들 간의 교류와 협력도 필요하지만 산업적 측면의 협력 가능성도 많다. 이란은 제조업 기반이 약하고 몇 가지 제약요인들도 있어, 이들의 앞선 기술과 한국의 제조능력의 결합은 상당한 시너지 효과를 거둘 수 있을 것이다.

의학

테헤란 의과대학교Tehran University of Medical Sciences의 혈액, 종양 골수이식연구센터는 세계적 규모의 골수이식 기록을 가지고 있다. 장기이식도 뛰어나다. 신장이식은 1967년, 간이식은 1995년, 심장이식은 1993년, 폐이식은 2001년, 폐와 심장 동시이식은 2002년에 시작했다. 이란은 건수 기준 세계 5위 신장이식국가이며, 2009년 인공 폐를 개발해 이 분야의 다섯째 기술보유국이 되었다. 특히 신장이식 환자의 수술 후 3년 생존율은 92.9%다. 또한 이란-이라크 전쟁 중 이란 외과의사들은 이전의 미 육군 외과의 문슬로우Dr. Ralph Munslow가 개발한 기술을 바탕으로 신경외과적 치료법을 개발해 전쟁 중 부상당한 뇌손상 환자를 살렸다. 이 치료법은 혼수상태에 있는 환자의 사망률을 1980년 55%에서 2010년 20%로 낮추었다.

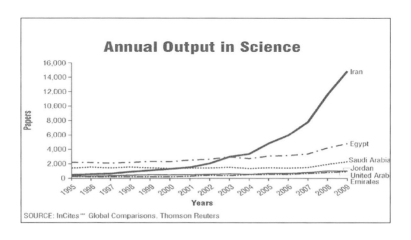

생명공학

MIT의 한 보고서에 의하면 이란은 줄기세포연구 분야에서 세계 10위 수준이다. 이란 생명공학자들은 2006년 말에 인터페론Interferon의 유전자 재조합 바이오시밀러Biosimilar 제품인 '시노벡스CinnoVex'를 세계에서 세 번째로 출시했다. 이란 정부는 2005년에 유전자조작 벼의 재배를 승인해 상업생산에 들어갔으며 해충, 염분, 가뭄 등에 내성이 강한 유전자조작 품종(밀, 면화, 감자, 사탕수수 등)을 연구하고 있다. 이란 최고의 생명공학연구소인 로얀연구소Royan Research Institute는 2006년 양 복제에 성공한 바 있다. 한편 이란은 생명공학 의약품을 생산하는 12개국 중 하나다.

물리학과 재료공학

이란은 핵의학 등 핵기술 분야에서 상당한 수준에 도달해 있다. 우라늄 농축 원료인 UF6(육불화우라늄)의 세계 일곱 번째 생산국이며 핵연료 생산 전 과정 기술을 보유하고 있다.

또한 이란은 원자로 구조재료로 사용되는 지르코늄Zr, Zirconium 합금을 생산하는 세계의 몇 안 되는 국가 중 하나다. 한편 이란은 2011년에 세계에서 여섯 번째로 핵융합장치를 만들었다. 이러한 이란의 분자물리학과 생물물리학은 1990년 이후 국제과학계에서 좋은 평판을 받고 있다.

컴퓨터

이란은 2001년 처음 슈퍼컴퓨터를 만든 이후 2007년에는 초당 8,600억 회 연산을 하는 슈퍼컴퓨터를, 2011년에는 초당 3조 4,000억 회 연산을 하는 슈퍼컴퓨터를 만들었다.

나노기술

이란 정부는 이란나노테크놀로지협회Iran Nanotechnology Initiative Council를 설치해 나노기술 발전에 박차를 가하고 있다. 2012년 논문 발표기준으로 이란의 나노기술은 세계 10위였다. 양적으로는 나노 연구가 상당한 수준에 이른 것을 알 수 있다. 이란에는 1만 4,000여 명의 나노전문가가 활동하고 있으며 154개 회사가 직물, 위생, 건축, 제조장비 등 분야에서 나노기술에 기반한 제품을 생산하고 있어 상당한 상용화 수준에 도달해 있다.

2010년 한국에서 개최된 '나노 코리아' 전시회에 참가한 이란 업체들과 상담한 한국 업체들이 지금까지 알지 못했던 이란의 나노기술 수준을 접하고 놀란 바 있다.

우주항공기술

이란은 2009년 자체제작 발사체를 이용해 자체제작 위성을 궤도에 진입시킴으로써 세계 9위 위성발사국이 되었다. 이란은 위성항법 시스템을 포함한 위성 관련 기술을 개발한 소수의 국가 중 하나다.

현대과학을 발전시킨 사람들

이란인 또는 이란 출신 과학자들이 현대과학 발전에 남긴 족적은 아주 많다. 1960년에 가스레이저를 발명한 알리 자반Ali Javan, 1973년 퍼지이론Fuzzy Theory을 창안한 롯피 자데Lotfi Zadeh, 인공심장을 발명한 심장전문의 토피 무시반드Tofy Mussivand, 당뇨 표지자인 HbA1c를 발견한 사무엘 라흐바르Samuel Rahbar, 카다르 파리시 장KPZ, Kardar-Parisi-Zhang 방정식을 만든 메흐란 카다르Mehran Kardar 등 수많은 이란인들이 현대과학에 기여했다. 케이블모뎀 발명자 루즈베 야시니Rouzbeh Yassini, 이베이ebay 창업자 피에르 오미디야르Pierre Omidyar, 2006년 여성기술상 수상자 시린 데그한Shirin Dehghan, 미국 톰슨 로이터Thomson Reuters가 약물학·중독학 분야 세계 톱 1%로 인정한 무하마드 압돌라히Mohammad Abdollahi도 현대 과학 및 기술계에서 유명한 이란인이다.

국제적 전문기관들이 인정하는 이란의 과학기술 발전

과학기술논문 인용색인 SCIScience Citation Index를 발표하는 ISIInstitute for Scientific Information에 의하면 이란은 1996~2004년간 학술논문 발표가 10배 늘어나 성장률 1위를 기록했다. 2위는 세 배 늘어난 중국이었다. 세계 전체 과학기술 생산물에서 차지하는 이란의 비중은 1970년 0.0003%에서 2003년 0.29%로 엄청난 성장을 했으나 절대수치에서는 미미한 수준이었다. 톰슨 로이터에 의하면 이란은 2000~2008년간 과학기술 생산물이 다섯 배 증가했는데 이러한 성장은 세계생산의 1.4%를 차지하는 엔지니어링과 화학 부문이 큰 기여를 했다. 2008년 이란의 과학기술 생산은 세계 총생산의 1.2%에 달했는데, 이는 1970년에 비할 때 3,400배가 늘어난 것이다. 이에 따라 2009년 이란은 과학논문 수에 있어 전체 논문 수 세계 22위, 수학 19위, 컴퓨터 과학 17위, 핵기술 15위, 물리학 28위, 우주항공기술 16위, 의학 17위, 화학 13위, 나노기술 15위를 차지했다.

2000년부터는 외국과의 공동저술이 급증했다. SCI에 의하면 2000년 313건이던 외국과의 공동저술이 2008년 2,208건으로 일곱 배 이상 늘어났다. 2008년에 발표된 이란 과학논문의 25%는 국제공동집필이었으며 공동집필 국가는 미국, 영국, 캐나다, 독일, 프랑스 등이었다. 캐나다 과학기술 연구평가기관인 사이언스 매트릭스Science-Metrix는 2010년 보고서에서 이란의 과학 생산성 증가율이 14.4%로 1

위를 차지했다고 발표했다. 2위는 한국으로 9.8%였다. 동 기관이 1992~2003년의 캐나다와 개도국 간 과학협력현황을 분석한 보고서에서 이란의 과학기술논문 증가율이 연평균 25%로 3년마다 배로 늘고 있으며 이 속도로 가면 2017년에는 캐나다와 같은 수준에 달할 것으로 전망했다.

지난 20년간 이란의 과학기술 발전은 세계에서 가장 빠른 속도로 이루어졌는데 이는 이라크의 침공 때문이었다. 당시 기술적 우위에 있던 이라크의 화학무기 공격과 국제적 고립으로 속수무책일 수밖에 없었던 이란은 전후 1990년대부터 의욕적 과학기술 개발에 착수했다. 2005년 이후 폭발적 성장세를 보이고 있다. 한편 동 보고서는 이란에서 가장 성장이 빠른 분야는 물리학, 공중보건 관련 과학, 엔지니어링, 화학, 수학이라고 분석했다.

미국 정부기관인 미국국립과학재단National Science Foundation의 "Science and Engineering Indicators: 2010"에 따르면 이란은 과학과 엔지니어링 논문 생산 증가율이 연 25.7%로 세계에서 가장 높았으며 특히 과학장비, 의약품, 통신, 반도체 분야가 주도했다고 밝혔다. 동 재단은 2012년 보고서에서도 지난 10년간 이란의 과학, 엔지니어링 논문 생산 증가율이 연 평균 25.2%였다고 다시 확인했다.

톰슨 사이언티픽Thomson Scientific에서 2006년에 발표한 "Essential Science Indicators"에 따르면 1996년 1월~2006년 6월 사이 이란은 논문인용건 수에서 세계 49위, 논문 수에서 42위, 논문당 인용건 수에서 135위를 차지하고 있다. 톰슨 로이터의 "Science Watch"에 의하면 이란의 과학논문 발표는 2003년부터 폭발적으로 늘어나 이집트를 추월하기 시작했으며 중동 최대 과학논문 발표 국가가 되었다.

영국의 조사기업 에비던스Evidence가 영국 정부와 공동으로 2008년 조사한 결과에 의하면, 이란은 물리학 논문이 10년간 10배 늘어나 세계 총생산에서 차지하는 비중이 1.35%가 되었다. 엔지니어링 분야 점유율은 1.6%로 스웨덴을 능가하며 1.8%를 차지하는 러시아 바로 밑에 위치하고 있다. 엔지니어링 연구에서 영향력은 인도, 한국, 대만을 능가하고 있다.

프랑스 정부의 2010년 조사에서도 2003~2008년 기간 중 과학논문 생산에 있어 이란은 세계에서 가장 성장률이 높은 국가였다. 조사기간 중 219%가 증가해 세계 논문 생산 점유율이 0.8%에 달했으며 이스라엘과 같은 비중을 차지했다. 가장 빠른 성장을 보인 부문은 의학으로 344% 증가했으며 생명과학 342%, 환경과학 298%, 물리학 182%, 기초과학 285%, 엔지니어링 235%, 수학 255%, 화학 128% 증가했다. 동 조사에 의하면 2% 이상 점유국가 중에서 역동적 성장을 한 국가는 이란(200%), 터키와 브라질(40% 이상)이었으며 한국은 31%, 대만은 37%를 기록했다.

톰슨 로이터가 2011년에 발표한 중동 지역 2000~2009년 연구현황에 따르면 이란은 터키 다음의 중동 2위 과학논문 발표국가로 터키의 세계 점유율 1.9%에 조금 뒤진 1.3%였다. 이집트, 사우디아라비아를 포함한 나머지 중동 14개국의 점유율은 4%에 불과했다.

성장속도에서는 이란이 단연 1위였다. 10년간 이란의 세계 논문 점유율은 650% 성장한 반면 터키는 270% 성장했다. 터키는 2000년 5,000건에서 2009년 2만 2,000건으로 늘어났으나 이란은 1,300건에서 1만 5,000건으로 늘어났다. 이란은 특히 2004년 이후 급증했다. 인용빈도가 높은 분야는 수학과 엔지니어링으로 최상위 1% 인용논문에 속하는 비중이 각각 1.7%와 1.3%였다. 이란은 전체 논문의 0.48%가 인용빈도가 높은 논문군에 속하는데 이는 터키의 0.37%,

요르단의 0.28%, 이집트의 0.26%, 사우디아라비아의 0.25%에 비해 높아 질적으로도 중동 내에서 수위를 달리고 있다.

또한 이란 과학자 발표 논문의 21%가 외국 과학자와 공동발표한 것이었다. 미국이 4.3%, 영국이 3.3%, 캐나다 3.1%, 독일 1.7%, 호주 1.6%였다. 영국에서 가장 오래되고 권위 있는 과학단체인 영국왕립학회Royal Society가 2011년 발표한 세계과학조망 보고서 "Knowledge, networks and nations"는 이란이 과학기술 분야에서 세계에서 가장 빨리 성장하는 국가임을 확인했다.

신용카드가 통용되지 않는 나라

이란에서는 신용카드가 통용되지 않는다. 이란인들은 직불카드를 사용할 수 있지만 외국인에겐 이것마저 허용되지 않아 모든 거래를 현금으로 할 수밖에 없다. 다른 해외여행처럼 이란을 방문할 때 신용카드와 약간의 달러만 준비해 오는 외국인들이 있는데, 신용카드를 이용한 현금서비스도 불가능하기 때문에 낭패를 당할 수 있으니 조심해야 한다.

호텔, 식당 등 모든 곳에서 현금을 지불해야 하는 것이 여간 번거로운 것이 아니다. 더구나 발행 화폐 액면가의 가치가 낮아 지폐를 한 다발씩 들고 다녀야 한다. 최고가 지폐가 10만 리알로 4달러도 되지 않으니 쇼핑이라도 하려면 엄청난 부피의 돈을 들고 다녀야 하는 것이다.

신용카드 대부분이 미국, 유럽계 회사의 카드다 보니 금융거래

제한이 있는 이란에 진출할 수가 없다. 가끔 호텔이나 카펫 가게의 쇼윈도에 비자·마스터 카드 스티커를 붙여놓은 곳을 볼 수 있는데, 그곳은 법적으로 두바이 소재 회사가 가맹점이고 통신회선만 이란에 가져다 놓은 것이다. 그곳에서는 해당 신용카드를 사용할 수 있지만 몇 번의 환전 수수료가 부가되어 비용이 많이 든다.

그러나 해외여행이나 해외출장이 잦은 이란의 부자들은 두바이 등 외국에서 발행한 신용카드를 소지하며 해외에 나갈 때 불편함 없이 사용한다.

서양식 대형할인점 개장에
감격의 눈물 흘린 주재원 부인

2009년 8월 테헤란에서는 작은 혁명이 일어났다. 이란 최초의 서양식 대형할인점이 개장한 것이다. 그게 무슨 대단한 일이냐고 하겠지만 이란에서는 하나의 사건이었다. 개장 첫날 2,700평의 매장에 6만 명이 몰려들어 북새통이었다. 매장 안엔 대형 지하주차장, 은행, 푸드코트 등이 갖춰져 있고, 고객들은 쇼핑카트를 끌면서 식품에서부터 의류, 문방구, 생활용품 등을 한 곳에서 살 수 있는데다가 가격까지 저렴했다. 수백 킬로미터 떨어진 도시에서도 쇼핑을 위해 방문하는 진풍경이 벌어지기도 했다.

가격표도 제대로 붙어 있지 않은 동네 구멍가게에서 아기를 안고 힘겹게 물건을 찾아야 했던 한 한국 주재원의 부인은, 아기를 쇼핑카트 위에 앉힌 채 편하게 쇼핑할 수 있는 광경을 목격하고 감격해 눈물을 흘리기도 했다.

이란 최초의 대형할인점은 '하이퍼스타Hyper Star'라는 간판을 내걸었다. 까르푸Carrefour에서 정치적인 이유로 자사 명칭을 쓰지 못하게한 탓이었다. 6,000만 달러를 투자한 이 대형할인점은 중동의 유통강자인 두바이 MAF그룹에서 까르푸와 합작해 개장한 것이었다.

인구 1,000만이 넘는 테헤란에는 제대로 된 백화점이나 복합쇼핑몰도 없었다. 현대식 대형할인점이 2009년에야 들어설 정도로 소매유통 인프라는 낙후되어 있었다. '샤흐반드Shahrvand(테헤란시 소유)'와 '레파Refah(국영)'라는 토종 대형슈퍼마켓이 있지만 규모, 상품의다양성, 편리함 등에서 한참 뒤떨어지다 보니, 소매시장 점유율은3% 정도에 불과하다. 이란의 소비시장 규모는 한국의 절반밖에 못미치는 약 2,000억 달러 수준이다.

이란의 소매유통사업이 발달하지 못한 것에는 몇 가지 이유가있다. 이슬람혁명의 주축 세력 중 하나로 정치적 영향력이 막강한 바자르 상인들이 기득권 유지를 위해 기존 유통방식을 고수하고자 하는 것이 가장 큰 이유다. 또한 오랜 기간 공급자시장Seller's Market 상태가 지속되어 유통혁신을 일으킬 동인이 부족했으며 소매업에 외국인투자가 쉽지 않은 것도 한몫했다.

이란의 소매유통은 아직도 전통시장(바자르)이나 지역의 소규모소매점포 위주로 이루어지고 있으며, 품목별 전문유통매장은 아직발달되어 있지 않다. 그러나 과거 한국의 청계천, 세운상가처럼 소규모 점포가 밀집한 전문상가거리는 오랜 기간에 걸쳐 발달해 왔다.예를 들어 자동차 부품은 엑바타나Ecbatana로나 멜랏Mellat로, 수공예품은 탈레카니Taleqani로나 빌라Vila로, 가전제품은 샤리아티Shariati로에 상점들이 모여 있다.

하이퍼스타 매장 풍경

　이란 소매유통시장의 낙후성은 인근 중동 국가들과 비교해도 확연히 드러난다. 경제규모나 소득수준이 훨씬 낮은 나라들보다 뒤져 있다. 현대적 소매유통을 상징적으로 보여주는 쇼핑몰 현황을 보면 UAE 두바이(250만㎡), 사우디아라비아 젯다(190만㎡), 이집트 카이로(60만㎡), 바레인(59만㎡), 레바논 베이루트(55만㎡), 쿠웨이트(50만㎡)는 물론 오만 무스카트(30만㎡)와 시리아 다마스커스(10만㎡)에도 현대적 쇼핑몰이 들어서 있으나 이란에는 들어서지 않았다.

　두바이에서 시작된 중동의 현대적 쇼핑매장 붐은 사우디아라비아, 쿠웨이트, 바레인, 요르단, 레바논 등을 거쳐 오만과 시리아에까지 확산되고 있으나 이란에는 가장 늦게 도입되었고 그 발걸음도 더디기만 하다. 소매유통 조사기관인 리테일 인터네셔널Retail Int'l에 의하면 2009년 말 기준 현대적 유통매장 면적이 UAE 400만㎡, 사우디아라비아 420만㎡, 쿠웨이트 57만㎡, 바레인 64만㎡, 오만 31만㎡, 레바논 47만㎡, 요르단 25만㎡, 시리아 10만㎡, 이집트 62만㎡에 달하나 이란은 위에서 언급한 하이퍼스타 매장이 9,000㎡에 불과하다.

한편 전자상거래에 대한 신뢰 부족, 신용카드 등 온라인 결제수단과 결제 시스템 미비, 느린 인터넷 등의 문제로 이란의 온라인 유통시장은 도서와 CD 등 극히 제한된 분야에서만 이루어지고 있다.

현재 이란의 소매유통은 변화의 움직임을 보이고 있다. 하이퍼스타가 준 충격에 바자르 상인들도 대형 쇼핑몰 사업 진출을 모색하고 있고, 명품전문매장 빌딩이 들어서고, 고급 주택가에는 상가건물들이 신축되어 슈퍼, 식당, 각종 상점들이 들어서는 등 변화의 바람이 불고 있다.

호텔산업도 이와 비슷하다. 테헤란 시내에는 혁명 전 문을 연 쉐라톤호텔Sheraton Hotel, 힐튼호텔Hilton Hotel이 국영화되는 바람에 지금은 에스테그랄호텔Esteghlar Hotel, 랄레호텔Laleh Hotel로 이름을 바꾸어 운영되고 있다. 그러나 건물과 시설이 노후된데다 가격도 만만치 않아 도저히 5성급 호텔이라고 볼 수 없을 정도다.. 그럼에도 선택의 여지가 없어 국빈조차 이런 호텔에 묵을 수밖에 없다. 오히려 민간이 운영하는 중소규모 호텔이 시설과 서비스 등이 더 나을 수도 있다.

이러한 문제점을 감지한 이란 정부에서는 호텔산업의 현대화를 위해 등급 결정과 운영 등 호텔 경영 컨설팅을 한국에 요청한 적도 있어 문제점을 인식하고 개선하려는 의지를 보이고 있다.

많지 않은 외국인투자

이란 투자청에서 제공하는 외국인직접투자FDI 통계는 FDI 통계에
서 통상적으로 표시하는 승인(신고) 기준인지, 실제 투자액 기준인
지 여부도 명시되어 있지 않다. 이란 투자청의 FDI 통계에 의하면
1993~2009년 누적 외국인투자는 415억 달러에 달하는데, 세계은행의
국제수지통계에서 도출한 같은 기간 외국인투자는 224억 달러다.

이러한 차이로 볼 때 투자청의 FDI 통계는 승인 기준으로 추정
되며 여러 차례 확인 요청 끝에 투자청도 승인 기준이라고 인정했다.
그런데 투자청이 공식홈페이지에 발표한 이란의 주별 외국인투자유
치통계의 합계액은 투자청이 제공한 통계와 현저히 다르며 오히려
세계은행의 국제수지통계와 비슷하다. 소스별 이란의 투자통계를
비교하면 다음과 같다.

	2006년	2007년	2008년	2009년	2010년
세계은행(국제수지)	16억$	20억$	19억$	30억$	36억$
투자청 홈페이지	19억$	14억$	18억$	26억$	25억$
투자청 제공통계	103억$	121억$	8억$	35억$	–
UNCTAD(2008년 발표)	3.2억$	7.5억$	–	–	–
UNCTAD(2011년 발표)	–	–	16억$	30억$	36억$

국제연합무역개발협의회UNCTAD, United Nations Conference on Trade and Development는 발표년도마다 같은 해의 이란 외국인투자통계를 다르게 발표해 오다가 2009년부터는 어느 정도 일관성 있는 통계를 발표하고 있다. 2007년 발표에서는 2004~2006년 연도별 외국인투자가 각각 2억 8,000만 달러, 3억 6,000만 달러, 9억 달러였으나, 2008년 발표에서는 이를 3억 달러, 9억 2,000만 달러, 3억 2,000만 달러로 수정했다. 2008년까지 발표통계는 세계은행 통계와 상당한 차이가 났으나 2009년 발표부터는 세계은행 통계와 거의 같다. UNCTAD와 같은 국제기구도 이란 통계에 관한 한 어쩔 수 없는 부분이 있는 것이다.

2010년에 이란 투자청은 지금까지와는 다른 방식의 외국인투자통계를 제공했다. 이 통계는 외국인투자위원회FIB, Foreign Investment Board가 승인한 투자와 FIB 비관할 외국인투자를 구분했다. FIB 관할의 1993~2009년 누적 투자승인금액은 415억 달러, 투자도착금액(투자집행액)은 69억 달러이며, 2000년부터 집계된 FIB 비관할 외국인투자도착금액은 2009년까지 누계금액이 164억 달러였다. 두 분야 투자도착금액의 합계액은 233억 달러로 세계은행 국제수지통계의 누계금액과 비슷하며 두 분야 연도별 도착금액의 합계액도 세계은행 통계와 비슷한 수치를 보이고 있다.

저조한 외국인투자

이란의 FDI 유치금액 순위는 2009년 141개국 중 119위, 2010년 115위로 최하위권에 머물고 있다. 세계은행의 국제수지 기준 통계를 보면 1990년대 매년 수천만 달러에 불과하던 외국인직접투자가 2001년 11억 달러, 2002년 37억 달러, 2003년 27억 달러, 2004년 29억 달러, 2005년 31억 달러로 늘어났다. 2006~2010년 외국인투자 규모도 위의 표에서 보는 바와 같이 2000년대 초반과 비슷한 추세를 보이고 있다.

비록 발표하는 통계들의 신뢰성이 떨어지고 혼란스럽기는 하지만 1990년대까지만 해도 한 해 수천만 달러에 불과해 거의 의미가 없던 외국인직접투자가 2000년대 들어 수십억 달러대의 의미 있는 수준으로 증가한 것은 사실이다. 이는 2002년에 47년 만에 외국인투자법을 개정해 어느 정도 법적인 투자환경을 개선하고, 여러 다양한 투자방식의 법적 틀을 마련하는 등 이란 정부의 외국인투자 유치촉진정책 때문이다. 이란은 이슬람혁명 후 10여 년간 대외자본거래를 하지 않다가 1990년대 초반 이라크와의 전쟁 종료 후 경제재건에 나서면서 외채도입정책을 펼친 바 있다. 그러나 당시 과도한 외채로 실질적인 국가부도사태를 겪은 후 많은 반대가 있긴 했지만 외국인직접투자 유치로 정책을 선회한 것이다.

산업별, 투자국가별 외국인투자는 투자청이 문서로 제공하는 승인 기준(도착액 기준과 차이가 많이 남) 통계로만 주어지는데, 정확한 실상을 보여주는 것은 아니나 대략적인 상황은 파악할 수 있다. 이 통계는 매년 동향이 아니라 지금까지의 누적금액만 공개되므로 근래에 누가 어떤 산업에 투자하는지 정확하게 알 수는 없으며 매년 발표 할 때마다 수정되기도 한다.

대략의 추세를 보기 위해 2009년 누계 기준의 통계를 들여다보면 역시 자원개발과 석유화학 분야가 전체의 55%인 228억 달러로 압도적이다. 석유화학 분야가 168억 달러로 40%이며, 석유·가스(2억 달러)와 기타 광물(22억 달러) 등 자원개발이 24억 달러로 6%, 천연가스 정제가 36억 달러로 9%이다. 이란 내외부의 제약으로 석유·가스 개발에는 외국인투자가 미미한 점이 눈에 띈다.

제조업 분야는 기초금속 분야가 82억 달러로 전체 외국인투자액 415억 달러의 20%를 차지하고 있는 것이 눈에 띈다. 자동차 8억 5,000만 달러, 식음료 8억 달러, 기계류 1억 8,000만 달러, 비금속광물 1억 6,000만 달러, 가죽·의류 분야 2억 달러로 일반 제조업 분야는 미미한 실적을 보이고 있다.

그 외 통신 17억 달러, 관광 24억 달러, 빌딩·주택 8억 5,000만 달러, 건축자재 3억 6,000만 달러, 금융서비스 8억 5,000만 달러의 외국인직접투자가 승인되었다. 대표적인 제조업 분야의 외국인투자업체는 프랑스 자동차회사 푸조 시트로엥Peugeot Citroen Automobiles, 사우디아라비아의 음료회사 알준Aljun, 스위스 종합식품기업 네슬레Nestle 등이다.

지역별로는 아시아가 86억 달러, 유럽이 138억 달러, 아프리카가 57억 달러의 투자승인을 받았다. 그러나 아프리카의 투자 증 9건은 모리셔스 45억 달러와 남아프리카공화국 12억 달러인데, 모리셔스의 투자는 우회투자인 것으로 보인다. 주요 투자국가는 이탈리아 43억 달러, 프랑스 40억 달러, 네덜란드 12억 달러, 스위스 10억 달러, 독일 9억 달러, 벨기에 3억 달러, 중국 10억 달러, UAE 9억 달러, 말레이시아 7억 달러, 사우디아라비아 3억 달러 순이다.

열악한 투자환경

이란의 투자환경은 세계 최하위 수준이다. 세계은행이 발간한 "Doing Business 2012"에 따르면 이란은 '기업하기 좋은 국가순위'에서 조사대상 183개국 중 144위다. 세부항목별로는 '투자가 보호' 순위 167위, '건설허가' 순위 143위로 최하위 수준이며 '사업 개시'와 '계약이행 여건' 순위는 각각 42위, 49위로 양호한 편이다.

이란의 외국인투자법도 형식상으로는 다른 나라의 외국인투자법과 비슷하다. 문제는 이를 집행하는 관리들의 외국인 자본에 대한 부정적 인식과 자세, 투명성, 부패, 자의적 해석 등 운영 측면의 문제들이 더 핵심적인 환경이 될 수 있다. 이란의 관리 및 의사결정자들 중에는 공식적인 정부정책과는 달리 외국인투자를 달갑지 않게 생각하는 부류들이 있다. 그런 측면에서 세계은행에서도 이란의 투자환경에 좋은 점수를 주지 않은 것 같다. 투자환경에 직접적인 영향을 미치는 것은 아니나 국제투명성기구의 2012년 부패지수를 보면 조사대상 176개국 중 이란은 133위(28점)였다. 같은 조사에서 한국은 45위(56점), 사우디아라비아 66위(44점), 터키 54위(49점)였다.

이란 투자 시 과실송금에 대해 우려하는 시각이 많은데 이는 외국인투자법에 외국투자기업의 과실송금은 재무장관의 승인을 받아야 한다고 되어 있기 때문이다. 재무성은 세금, 임금 등의 지불이 제대로 되었는지 점검한 후 승인하도록 되어 있다. 실제 과실송금이 문제가 된 사례는 별반 없었고, 1990년대 중반 외환부족사태를 겪을 때는 예외적으로 과실송금이 어려웠던 것으로 현지 외국인투자기업 전문 변호사가 확인해 준 바 있다.

네슬레의 현지 책임자는 가장 골치 아픈 문제는 노무관리라고 밝힌 바 있다. 이란 기업과의 합작투자 시에는 이들의 회계관행이 글로벌 표준에 맞지 않아서 어려움을 겪는다. 네슬레의 경우 처음 합작투자로 진출했으나 합작사의 지분을 모두 인수해 현재 독자경영을 하고 있다.

이란 투자에 있어서 정치적 리스크는 간과하지 말아야 할 부분이다. 이것은 모든 것을 정지시킬 수도 있고 사업을 수행하는 데 있어서 엄청난 차질을 초래할 수도 있다. 기업 입장에선 해결할 방법도 마땅치 않다. 환율의 급격한 평가절하 등 외환 리스크와 대외결재 등 금융 리스크도 큰 편이다.

이렇게 투자환경이 좋지 않은데도 어느 정도 외국인투자가 이루어지는 것은 이란이 풍부한 지하자원을 보유하고 있기 때문으로 볼 수 있다. 즉 외국인투자의 많은 부분이 지하자원 활용형 투자인 것이다. 이는 이란보다 여러 산업적 기반이 훨씬 열악한 아프리카 지역에도 지하자원 개발투자가 이루어지고 있는 것을 보면 쉽게 이해할 수 있다. UNCTAD의 세계투자 보고서에서도 이란의 잠재적 FDI 유치가능지수 순위를 세계 141개국 중 53위로 보고 있어 유치실적(2009년 119위)보다는 잠재성을 인정하고 있다.

이란이 외국인투자를 유치하려는 이유

2013년 말 신임 이란 대통령의 UN 방문 이후 서방과의 관계개선 무드가 형성되자 이란 석유부는 석유·가스 분야 외국인투자의 제약요인이었던 '바이백(환매)' 방식을 서방 기업에 유리한 방식으로 바꿀 계획임을 언급했다. 바이백 방식은 외국 투자가가 석유 탐사, 개발, 생산에 대한 소요자금을 전액 투자한 후 소유권을 이란석유공사에 넘기고 일정 기간에 걸쳐 사전 약정된 수익률로 비용을 회수하는 방식이다. 초기에는 프랑스 정유업체 토탈Total과 말레이시아 국영 에너지기업 페트로나스Petronas가 합리적인 수익률을 보장 받아 재미를 봤고, 영국-네덜란드 합작기업인 로열더치셸Royal Dutch-Shell Group이 세계 최대 가스전인 이란의 '사우스 파South Pars'에 투자하기도 했다.

그러나 자원민족주의가 고조되면서 이란 의회가 수익률을 삭감하자 개발 리스크는 외국 기업이 전부 지고 수익은 적어 투자 메리트가 현저히 떨어지게 되었다. 이란 석유부가 어떤 방식으로 바꿀지는 밝히지 않았지만 변경 후에는 향후 3년간 1,000억 달러의 석유·가스 분야 외국인투자가 기대된다고 언급한 바 있다. 실제로 이러한 규모의 투자가 이루어질 경우 이란이 이슬람혁명 이후 30년 넘도록 유치하고 있는 외국인투자액보다 더 많은 금액을 매년 유치하게 되는 것이다.

이란의 석유·가스 유전들은 노후화로 인해 생산 감소가 우려되고 있는 실정이며 현재 수준의 생산량 유지를 위해서도 엄청난 규모의 투자가 필요하다는 분석도 있다. 이란 석유부는 10년간 5,000억 달러의 투자가 필요하다고 밝히고 있으며, 이 중 상당 부분은 외국인투자액으로 충당할 것을 기대하고 있다. 그러나 석유산업 소유권의 외국인 보유를 허용하지 않는 헌법이 걸림돌이 될 수 있다. 국유산업 민영화를 위해 헌법을 개정하면서 석유·가스는 예외로 두었던 것을 볼 때 이란에서 이들 산업의 외국인에의 개방은 매우 어려운 과제 중 하나가 될 것이다.

석유·가스 개발을 외국자본에 의존하려는 것 이외에도 BOT 방식으로 프로젝트 발주를 하거나 수주회사가 금융을 조달할 것을 요구하는 경우도 빈번하다. 원유 수출로 번 막대한 돈은 어디로 가고 자립정책을 기본으로 하는 나라가 이렇게 외자유치에 열심인가 의문이 들지 않을 수 없다. 단순히 돈이 없어서일까? 아니면 돈은 있는데 기술과 관리 노하우가 부족하다 보니 외국인직접투자를 통해 해결하려는 것일까? 두 가지 요소가 모두 작용하겠지만 아무래도 자본 부족이 더 큰 원인일 것이다.

이란은 많은 국민들을 먹여 살리는 데만 해도 많은 예산이 소요된다. 서방의 경제제재 이전 이란이 석유 수출로 벌어들인 외화는 국제원유가에 따라 변동이 있지만 대략 연간 600~700억 달러였다. 여기에 석유화학제품과 특산품 등 석유 외 수출이 연간 200억 달러가량 되기 때문에 총 연간 수출은 800~900억 달러 정도였다. 수입은 국가통제에도 불구하고 연간 600~700억 달러에 달했고, 서비스 수지는 약 100억 달러 적자로 대략 연간 100억 달러의 경상수지 흑자가 나는 구조였다.

국제유가가 높았던 2010~2011년에는 석유 수출이 각각 900억, 1,200억 달러에 달해 경상수지 흑자가 300억, 600억 달러에 달한 적도 있었다. 그러나 서방의 이란 원유 금수조치로 인해 2013년에는 석유 수출이 약 400억 달러에 불과했고, 수입은 600억 달러, 경상수지가 50억 달러 정도 적자였던 것으로 EIUEconomist Intelligence Unit는 추정하고 있다. 특히 2013년 수입금액이 예년과 비슷했던 것은 상당한 의미가 있다.

극심한 경제제재로 원유의 수출 수입이 급격히 감소한 상황 하에서, 이란의 수입규모가 비슷한 수준을 유지했다는 것은 이란 정부로서도 통제할 수 없는 상황이라고 해석할 수 있다. 또한 이란 정부는 비상시를 대비해 상당한 외환보유고와 금 등 대외지불수단을 확보하고 있을 수밖에 없는 실정이다. 여기에다 조세수입은 세계 최하위 수준인 GDP의 7% 정도에 불과하고 막대한 보조금 지급으로 인한 재정적자를 화폐 증발로 충당하는 실정이었다. 이런 상황들을 감안할 때 이란 정부가 개발 프로젝트에 투자할 재정적 여력이 없으며 외환수급 여건으로 볼 때도 여유가 많지 않은 것으로 보인다. 즉 경제개발이나 인프라 확대를 위해서는 외화유치나 외채도입을 추진할 수밖에 없는 구조다.

이란 정부는 외국인투자 유치가 여의치 않자 아흐마디네자드 정부 시절 재외 이란인의 투자를 위해 적극적으로 노력한 바 있으나 성과는 별반 없었다. 재외 이란인의 재산이 1조 3,000억 달러에 달한다고 추정되고 있어 이들의 일부만이라도 투자해준다면 정부가 추진하고 있는 민영화와 기간산업 발전에 필요한 재원을 조달할 수 있었으나 이들 재외 국민의 반응은 신통치 않았다. 전국 각지에 자유무역지대와 특별경제지대가 지정되어 있지만 이곳에 외국인투자는 물론 내국인 투자도 활발하지 않은 실정이니, 재외 이란인들의 입장도 이해가 간다.

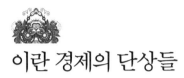

이란 경제의 단상들

이란의 무역액은 2010년 1,653억 달러, 2011년 2,258억 달러로 늘어나다가 제재 강화 후 2012년에는 1,948억 1,900만 달러, 2013년 1,707억 달러로 줄어들고 있다. 수입의 약 70%는 기계 등 자본재와 중간재다.

한국은 이란에 전자제품, 석유화학제품, 철강, 기계류, 종이 등을 수출하고 원유, LPG가스, 석유화학제품, 광물 등을 수입한다. 이란과의 무역은 경제제재 하에서도 2010년 115억 달러로 19% 증가, 2011년 174억 달러로 51% 증가하는 등 지속적으로 늘어나다가 2011년 미국이 경제제재를 강화하면서 2012년 148억 달러, 2013년 100억 달러로 줄어들었고 2014년에는 87억 달러로 또 다시 13%가량 축소되었다. 수출과 수입이 모두 늘어났다가 제제 강화 후 수출입 모두 감소하고 있다. 또한 한국은 1975년부터 2010년까지 총 119억 달러의 건설, 플랜트 수주 실적 87건을 성사했으나 미국의 경제제재 강화 이후에는 신규 수주를 하지 못하고 있다. .

해외여행을 떠나는 이란인은 연 500만여 명이며 이란을 방문하는 관광객은 그 절반가량인 연 230만여 명으로 관광수입은 10억 달러 정도다(2009년). 이란의 관광수입은 2007년 12억 달러, 2008년 15억 달러에서 오히려 줄어들었다. 세계은행 통계자료에 의하면 인근 국가의 2009년 관광수입액은 이집트 83억 달러, 모로코 75억 달러, 튀니지 25억 달러, 사우디아라비아 15억 달러, UAE 17억 달러, 시리아 16억 달러, 요르단 21억 달러였다. 세계적으로 유명한 관광지인 이집트는 그렇다 하더라도 관광자원이 적은 인근 국가에 비하면 이란의 관광수입은 초라한 실적이다.

이란에는 5월에도 스키를 즐길 수 있는 스키장이 여러 개 있다. 이 스키장들만 잘 활용해도 두바이 쇼핑몰을 방문하는 중동의 관광객들을 유치할 수 있을 것이다. 그 외에도 온천, 알보르즈Alborz 산맥 북부의 삼림지대, 카스피해, 만년설의 다마반드산Damavand Mt.(해발 5,604m) 등 헤아릴 수 없이 많은 관광자원이 제대로 활용되지 못하

아케메네스 페르시아 시절 속국 사신들이 드나들었던 페르세폴리스 '만국의 문'

고 있는 실정이다.

이러한 관광객
유치 부진은 테헤란
시내 호텔이 1979년
이슬람혁명 이전 수
준에 머물러 있고 항
공, 철도 등 운송 인
프라가 현저히 부족

중동에서 가장 높은 다마반드산은 만년설로 덮여 있다.

한 것뿐만 아니라. 서방에 의한 고립, 유물 및 유적 등 관광자원의
관리와 홍보 소홀이 그 원인이다.

이란과 오만 사이의 좁은 통로인 호르무즈Hormuz 해협은 폭 50㎞, 최
대 깊이 190m로, 세계 원유 수송량의 40%가 이 해협을 통과하고 있
다. 폭도 좁고 수심도 얕아 이 해협을 폐쇄하는 것은 어렵지 않은 일
이다. 호르무즈 해협을 통과하는 해상운송 이외의 대안이 별로 없는
것이 이 해협의 중요성을 더하고 있다. 중동 일대에서 생산되는 원유
와 가스의 파이프라인을 통한 운송이 사우디아라비아를 가로질러
홍해로 이어지는 라인 하나로, 그 운송 용량이 극히 소량으로 제한
되어 있기 때문이다. 이라크에 지정학적 문제가 생기면 이라크 생산
원유의 공급에만 차질이 생기지만, 이란의 경우 인근 산유국의 원유
와 가스 운송에도 심각한 문제를 초래할 가능성이 높다. 때문에 호
르무즈 해협 봉쇄라는 카드는 이란이 가지고 있는 폭발력 있는 레버
지리Leverage 중 하나다.

혁명이념 중 중요한 부분이 약자와 빈자에 대한 배려와 지원이었
지만, 빈부격차는 해결되지 않고 있다. 2011년 보수정부 기관지에서
100명이 500억 달러 자산을 보유하고 있다고 한 보도가 이러한 부

의 편중을 상징적으로 보여준다. 이러한 격차는 사회 다방면으로 확장되어 영향을 미친다. 이란 사회복지부 장관이 2011년에 발표한 바에 따르면 7,500만 이란 인구 중 약 2,000만 명이 의료보험에 가입되어 있지 않고, 국가에서 제공하는 의료서비스의 80%는 품질 수준이 좋지 않다. 또한 인구 7,500만 명에서 4명 중 1명꼴인 18%가 시골에 살고 나머지 72%는 도시에 거주하는데, 이는 지역 간 소득격차도 상당하다는 것을 유추할 수 있다.

이란의 청년실업률은 30%에 달한다. 실제로는 훨씬 더 많은 젊은이들이 일자리를 구하지 못하고 있다. 대도시의 경우 젊은이들이 직업이 없어 결혼을 하지 못하거나 결혼을 하고도 분가를 하지 못하고 있어 심각한 사회문제로 대두되고 있다.

밀수를 빼놓고는 이란 경제를 제대로 알 수 없다. 2011년에 아흐마디네자드 대통령이 자신의 권력기반인 혁명수비대의 밀수를 비판하자, 혁명수비대 대장이 이를 반박하는 일이 있었다. 권력 내부에서 무슨 일이 있었는지는 모르지만, 이란에서 밀수의 정도와 심각함을 상징적으로 보여주는 사건이었다. 2010년에 밀수대책반의 경찰 고위간부는 연간 밀수입 금액이 160억 달러, 밀수출 금액이 30억 달러에 달한다고 발표한 바 있다. 2010년 공식 수입액이 740억 달러였으니 공식 수입액의 1/5이 넘는 22%가 밀수였던 셈이다. 관세가 낮은 기계설비류나 원자재를 제외하고는 대부분의 소비재들이 밀수의 대상이다. 주로 휴대폰, 위성수신기, 술, 화장품, 가정용 전자제품, 약품 등이 밀수입되고, 문화재, 골동품, 사프란, 캐비아 등이 밀수출된다. 관세부담을 줄이기 위한 소위 '저가신고Under Value'도 일상적으로 발생한다. 때문에 특정 상품의 정확한 수입시장을 알기 위해서는 금액뿐 아니라 물량 기준 수입통계, 주된 수출국가의 이란에 대한 수출

통계와 경유지인 UAE의 대對이란 수출통계를 함께 검토해야 한다. 이처럼 밀수와 저가신고가 뒤섞여 이란의 수입시장을 제대로 파악하는 것은 쉽지 않은 일이다.

밀수는 수입시장 동향파악을 어렵게 할 뿐 아니라 관세수입 감소와 함께 제조업 발전의 장애요인으로 작용하고 있다. 예를 들어 이란직물의류제조수출연맹은, 이란의 의류시장은 연 80억 달러 정도인데 이 중 70%가량은 수입품이 차지하고 있으며 수입품의 90%가 밀수품이라고 추정하고 있다. 공식 수입은 3억 달러정도이나 밀수가 60억 달러에 달하고 있는 것이다. 시장보호가 되지 않아 의류제조업의 발전에 큰 장애요인으로 작용하고 있는 것이다. 테헤란-이스탄불 항공노선에는 터키에서 옷을 사오는 보따리 장사들의 캐리어로 가득하다. 고용에 많은 기여를 하고 있는 전통공예품 제조업도 밀수 공예품들로 인해 피해를 보고 있으며 급기야 정부에선 이스파한의 이맘 모스크 주변 공예품 상가에서 외국산 판매금지조치를 내리기에 이르렀다.

이란 경제는 보조금 경제다. 많은 국민들은 보조금에 의존해 살고 있고 석유 판매 수입의 일부를 보조금으로 받는 것을 당연하게 생각하고 있다. 2005년에 대통령에 당선된 아흐마디네자드 대통령의 '석유 수입을 국민의 식탁으로'라는 구호가 이러한 이란 국민의 정서를 상징적으로 보여준다.

2010년 말 보조금 개혁 전 IMF 조사에 의하면 이란 4인 가정 평균 보조금은 연 4,000달러고 수입은 3.600달러였다. 일해서 번 돈보다 보조금으로 지원 받는 금액이 더 많았던 것이다. 보조금 개혁 전 이란은 GDP 대비 정부 보조금 지급이 가장 높은 국가 중 하나로 이란 국민은 세계에서 가장 저렴한 수준의 에너지와 식료품 가격을 향유해 왔다. 국제에너지기구IEA, International Energy Agency에 의하면 2009년에 이란은 에너지 분야에만 660억 달러라는 세계 최대 규모의 보조금을 지원하며 국가재정에 막대한 부담을 지고 있었다. 에너지 보조금이 세계시장 가격의 89%에 달해 소비자는 11%만 부담하게 됨으로써 국민들은 에너지를 방만하게 사용했다. 그 결과 이란의 에너지 소비량은 세계 평균의 네 배에 달했다.

밀가루 과소비도 문제였다. 국민들은 국가의 보조를 받는 저렴한 밀가루와 빵을 조금만 먹고 버리는 것이 일상화되어 쓰레기통은 버리는 빵으로 가득 찼다. 이로 인해 연간 15억 달러가량의 밀가루가 낭비되었던 것으로 추정되며 보조금 개혁 후 4개월 만에 밀가루 소비가 30%가량 줄어들었다. 자급 수준이던 밀을 400만 톤이나 수출했다.

에너지와 식품 등 생필품에 대한 보조금 지급을 5년에 걸쳐 점진적으로 줄이고 가격을 현실화(유류는 수출가의 90%, 가스는 수출가의 75%)하는 보조금 개혁 이후에도 70%가 넘는 국민에게 현금 보조금을 주고 있다. 물품에 대한 간접 보조금이 저소득층에 대한 직접 보조금으로 바뀐 것이다.

보조금 개혁으로 확보한 재원의 50%는 현금 보조금으로 지급하고, 30%는 산업개발에, 나머지 20%는 재정에 충당하는 것으로 되어있다. 이란 정부는 보조금 개혁 직후 2011년 예산에 현금 보조금 380억 달러, 산업보조에 210억의 예산을 책정했다. 이를 기초로 역산하면 개혁 전 보조금이 738억 달러에 달했으며, 이는 2010년 GDP 4,200억 달러의 18%에 달한다. 이러한 보조금 개혁은 한정된 석유수출 수입으로, 늘어나는 재정부담을 감당할 수 없는 상황에 도달한 것이 가장 근본적인 원인이다. 여기에 보조금으로 인한 낮은 에너지,

생필품 가격으로 인해 자원의 낭비가 늘어나고 산업의 비효율과 경제 왜곡이 심해져 더 이상 방치할 수 없었던 것도 보조금 개혁을 더이상 미룰 수 없는 요인으로 작용했다.

중산층과 저소득층에게 현금 보조금을 주는 방식으로 보조금 지급방식을 바꾸면서 30%의 고소득층이 보조금의 70% 혜택을 보던 것이 70%의 중저소득층만이 보조금 혜택을 보는 방식으로 바뀌면서 형평성과 소득재분배의 효과는 개선된 것으로 볼 수 있다. 한편 보조금 개혁에 따른 현금 지급과는 별도로 모든 국민을 대상으로 출산보조금을 지급하는데, 2011년 예산에 출산보조금은 약 5억 달러가 책정되었다.

400억 달러에 달하는 이란 은행의 대출(2011년) 중 약 50%가 부실 대출일 가능성이 높다. 이와 관련 의회 의원이 대출 난맥상을 공개한 적이 있는데 한 국영은행은 대출의 25%가 8명에게 대출되었다. 은행의 상환 요청을 거부한 사람들도 많았으며 더 이상한 것은 은행이 대출금 회수에 적극적이지 않다는 것이다. 국영은행의 정책자금 대출은 몇 년째 연 12% 수준으로, 인플레가 매년 20% 이상이고 시장금리라고 할 수 있는 바자르 금리가 30% 이상인 상황에서 특혜에 가깝다.

2011년 정부 예산은 GDP의 약 1/3인 1,600억 달러였으며, 의회의 감시가 어려운 공기업과 은행을 포함했을 때 4,808억 달러로 GDP에 맞먹는 금액이다. 이란 정부 예산은 약한 재정수입 기반과 과다한 보조금, 그리고 공공 부문 예산 지출로 항상 적자에 허덕이고 있다. 2010년 재정 적자는 총 예산의 20%인 130억 달러 수준이었다. 이러한 재정 적자는 통상 중앙은행의 화폐 발행으로 매워진다. 즉 화폐증발로 인한 인플레가 구조화되어 있는 것이다. 이란의 석유·가스 외의 수출은 200~250억 달러 수준이며 수입은 700~800억 달러대다. 원유수출은 600~700억 달러 수준이었으며 많을 때는 1,000억 달러를 넘어선 적도 있으나 2011년 서방의 대(對)이란 석유 수입제재 이후 400억 달러 수준까지 하락했다. 원유 수입이 줄어들면 당연히 이란 경제는 몸살을 앓는다. 경제뿐 아니라 사회와 정치도 불안해진다.

이란에서도 의류제조업이 호황인 시절이 있었다. 이라크와의 전쟁기간인 1980~1988년 수요가 공급을 초과해 품질에 상관없이 만들기만 하면 팔리던 시절이 있었다. 이란 의류제조업체들은 이러한

● **이란의 정부 수입/지출 구조** (단위: 약 1억 달러)

	2010년		2011년		증감률(%)
	금액	비율(%)	금액	비율(%)	
수입	**1,180**	**100**	**1,620**	**100**	**37**
• 조세수입	351	30	393	34	12
• 원유/석유화학제품 판매수입	434	37	577	36	33
• 외환보유고 사용	22	2	119	7	451
• 에너지보조금으로부터의 수입	40	3	60	4	50
• 국영기업에서의 수입	145	12	232	14	60
• 기타	187	16	238	15	27
지출	**1,180**	**100**	**1,620**	**100**	**37**
• 경상지출	733	62	891	55	22
고용인 임금	228	19	254	16	11
보조금	132	11	193	12	46
사회보장	212	18	263	16	24
기타	161	14	181	11	12
• 개발지출	317	27	476	29	50
• 대출	130	11	253	16	94

상황에 익숙해져 연구개발과 투자를 게을리하고 현실에 안주했다. 그러나 1990년대 경제재건과 개방의 시기에 접어들자 소비자들은 국산 제품을 외면하기 시작했고 더 이상 외국의 디자인과 품질을 국산 제품은 따라갈 수 없었다.

7,000만이 넘는 인구를 가진 이란의 연간 직물 수요는 약 14억㎡이나 국내생산은 8억㎡로 수요의 40% 이상을 수입으로 충당하고 있다. 직물산업에 종사하는 회사는 약 1만 개로 주로 테헤란과 이스파한에 위치하고 있으며 3/4 이상이 민간기업이다. 직물산업은 약 40만 명을 고용하고 있다. 한편 이란의 중요 산업인 수제 카펫은 직물산업이 아닌 공예품산업으로 분류된다.

이란의 2009년 외국인투자는 30억 달러로 대부분 석유 부문에 투자되었다. 이러한 유치실적은 2007년과 2008년의 16억 달러에 비해서 많이 늘어난 것이다. 그러나 같은 해 사우디아라비아는 355억 달러, 카타르는 87억 달러의 외국인투자를 유치했고 레바논도 48억 달러나 유치했다. 소국인 요르단과 오만도 각각 24억, 22억 달러를 유치했다. UNCTAD에 의하면 1999년부터 2009년까지 이란의 외국인투자 유치는 240억 달러로 중동에서 6위였다. 1위는 사우디아라비아로 1,470억 달러였고 꼴찌는 6억 달러를 유치한 쿠웨이트였다.

전력생산은 수요를 거의 충족하고 있다. 그러나 예고 없는 단전은 테헤란에서도 자주 일어난다. 때문에 자동전압조정장치AVR, Automatic Voltage Regulato는 이란 가정의 필수품이다. 또한 이란의 송배전 손실률은 15%로 해가 갈수록 늘어나고 있다. 한국의 송배전 손실률은 일본 등 선진국보다 낮은 3%로 세계 최고 수준임을 감안 할 때 이란에의 기술 수출 가능성이 매우 높은 분야이며 이란전력공사에서도 송배전 기술과 장비 수입에 관심이 높다. 그러나 문제는 자금 조달이다. 손실률 감소에 따른 절감액으로 투자비를 연차적으로 회수하는 방식의 투자를 고려해 볼 필요가 있다.

이란은 4만㎿가량의 풍력발전산업 잠재력을 가지고 있다. 덴마크 회사와의 협력으로 660㎾ 용량의 풍력발전터빈을 제작, 약 70㎿ 풍력발전시설을 설치한 경험이 있다. 2010년 한국과 1~2㎿ 풍력발전기 설치를 위해 협력 가능성을 타진했으나 한국 업체들의 소극적 대응으로 무산된 바 있다. 결국 덴마크 회사와 최초의 민간 풍력·태양광 발전소 건설을 위한 MOU를 체결했다. 이 발전소는 1,200㏊의 부지에 10단계에 걸쳐 45억 달러의 예산이 투입될 예정으로 각 단계마다 100㎿의 전력을 생산할 계획이다. 이란은 투자재원 조달, 발전기 날개 등 거대 구조물 운송의 문제 등이 있으나 풍력자원이 많고 입지조건들도 좋아 풍력발전산업의 장래가 밝다.

순수 민간기업이 국영 철강기업의 민영화에 참가했다가 실패한

길란주 만질 풍력발전단지

사례가 있다. 2008년에 이란의 아리안 사한드_{Arian Sahand Steel Complex}라는 회사는 이란 제2의 국영철강회사인 후제스탄_{Khuzestan Steel Co.} 민영화에 참가해 민영화기구가 증권시장에서 판매한 주식의 30.5%를 13억 6,000만 달러에 매입했으나 이 회사의 의사결정에 참여하지 못하고 심지어 이사회 참석도 거부되었다. 이러한 불상사는 이란 내부와 해외 동포 투자가의 민영화 참여를 주저할 수밖에 없는 대표적인 사례로 볼 수 있다.

중국이 이란의 최대 경제 파트너 자리를 굳히고 있다. 무역은 물론이고 자원개발, 투자, 프로젝트 수주에 이르기까지 모든 분야에서 최대의 협력 파트너로 자리 잡고 있는 것이다. 경제제재가 한창이었던 2013년에도 중국의 대(對)이란 수출과 수입은 32%와 2%씩 늘어났다. 2013년 중국의 이란과의 무역규모는 389억 달러로 2009년의 163억 달러에 비해서는 두 배 이상, 2004년의 85억 달러에 비해서는 네 배 이상 늘어난 것이다. 이란에서 이러한 중국의 부상은 중국의 경제력이 성장한 측면도 있지만 이란에 대한 경제제재로 서방 국가들과 한국, 일본의 손이 묶여 있거나 미국의 눈치를 보는 상황에서 중국은 개의치 않고 움직였기 때문이다. 이란 핵문제로 서방세계가 유전, 가스전 개발사업을 보류 및 철수하는 과정에서 생긴 공백을 중국이 메우고 있는 것이다. 이란도 중국의 비중이 너무 커지는 것을 경계하고 있으면서, 중국 제품의 품질과 프로젝트 수행능력이 썩 마음에 들진 않지만 선택의 여지가 없었을 것이다. 현재 중국은 이란의 원유, 가스, 정유 부문, 지하자원 개발에는 과감하게 투자하고 있다.

한국의 이란 진출도 서방의 경제제재로 인한 틈새를 파고든 측면이 있다. 프로젝트나 기계조선 등에서 이란은 유럽을 더 선호가했기 때문에 한국은 거들떠보지도 않았다. 그러나 유럽의 대(對)이란 경제협력이 속도조절을 한 2000년대 중반부터 한국의 이란 진출이 활발해지기 시작했다. 그리고 그 자리를 이제 중국이 메우고 있는 형국이다.

이란의 화장품시장 규모는 세계에서 일곱째로 크다. 인구규모가 세계 17위이고 GDP와 소비시장 규모가 세계 26위이니 이들의 화장품 소비가 유난할 수밖에 없다. 이란의 화장품시장 규모는 연 21억 달러로 추정되는데 수입 화장품의 80%가량은 인도, 파키스탄, UAE, 터키, 중국에서 생산된 서방의 유명 브랜드 제품이다. 그도 그럴 것이 화장품 수입관세는 45~60%나 되기 때문이다. 화장품시장은 이란의 소비재 시장의 상황과 구조를 상징적으로 보여준다고 할 수 있다. 서구 문화에 노출된 소비자의 외제 선호 경향, 국산 제품의 낮은 품질과 광고 제약으로 인한 낮은 브랜드 인지도, 높은 관세로 인한 밀수 동기 유발 등의 악순환이 다른 소비재에도 적용될 수 있기 때문이다.

이란에선 전통적으로 기혼 여성만 화장을 했으나 이제는 미혼 여성들도 짙게 화장을 하기 시작했다. 대중매체를 통한 화장품 광고는 허용되지 않고 있으나 위성TV으로 접한 최신 화장법에 민감하게 반응하고 있는 것이다. 이란에는 275개의 화장품 제조기업이 있으며 목욕용품, 헤어·스킨 케어, 구강·위생 용품, 유아용품 등의 제품에서는 내수시장에서 입지를 확보하고 인근 국가에 수출도 하고 있다.

이란 민영화기구에 의하면 민영화가 50% 정도 진행된 2009년 말 이란 정부의 GDP 기여도는 45%로 이는 민영화 전의 60%에서 많이 감소한 것이다. 2005년 3월에서 2009년 11월까지 자산가치 11조 원, 50개 기업의 민영화가 이루어졌다. 매각 수익은 63조 원으로 민간 20조 원, 부채상환 8조 원, 조합에 34조 원이 분배되었다. 지금까지 275개 기업 민영화되었으며 56개 회사가 '정의주' 배분원칙 하에 민영화해 1,247만 명의 국민이 민영화 회사의 주식을 배당받았다. 그러나 민영화 기업의 인수 주체가 순수 민간기업이나 민간인이 아닌 종교재단이나 혁명수비대 관련 기업 등 준공공 부문인 경우가 많다. 국민주가 분배되었으나 실질적 경영권은 준공공 부문이나 정부에 남아 있어 민영화가 제대로 되었다고 보기 힘들며 효과적 경영을 기대하기도 어려운 상황이다.

테헤란의 사드 아바드 궁전Sa'd Abad Palace에 가면 전통공예품 전시관이 있다. 다양한 이란 공예품들과 장인들의 빼어난 전통공예술을 한 곳에서 볼 수 있다. 이란은 예로부터 공예산업이 발달했으며 현재 약 200만 명의 장인이 활동 중이다. 수공예품 수출은 약 5억 달러로 미국, 유럽, 중동이 주 시장이다. 이스파한 실크Isfahan Silk, 문직(무늬를 도드라지게 짠 옷감), 타즈힙Tazhib(이슬람 회화의 한 종류), 테메Termeh(캐시미어), 네가르가리Negargari(페르시아 세밀화), 가람카르Galamkar(이스파한에서 생산되는 특수프린트 테이블보), 목공예품, 가구, 도자기, 유리공예, 금속공예 제품이 유명하며 수세기 동안 세계 곳곳으로 수출되었다. 그러나 젊은 세대들이 힘든 직업을 이어받기 원치 않고 중국산 제품이 시장에 범람해 이란 수공예산업은 쇠퇴의 길을 걷기 시작했다.

이란의 주요 관광지에서 판매되는 페르시아 수공예품을 가만히 들여다보면 'Made in China'라고 쓰여 있는 것을 심심치 않게 볼 수 있다. 이란인들은 이란에서 제작된 공예품은 수제이며 중국산은 기계로 제작된 것이라고 주장하지만, 그만큼 중국산이 현지에서 먹히고 있다는 사실을 확인할 따름이다. 이처럼 이스파한의 수공예품 장인들은 중국산 저가제품의 공습으로 의욕을 잃었다. 중국산 제품들

은 이란 브랜드로 중국에서 제작되어 수입된다. 급기야 이스파한의 이맘 광장 주변 상가에서는 국내산만 판매하도록 이란 정부가 나서서 규제하고 있다.

이란의 2009년 철강제품 수요는 1,656만 톤, 생산은 1,087만 톤 84억 달러에 달했으며, 반제품과 완제품 수입은 828만 톤 65억 달러, 수출은 64만 톤, 5억 6,000만 달러였다. 시장조사업체 BMI 리서치BMI Research는 2015년 이란의 철강제품 생산이 1,830만 톤, 184억 달러로 증가할 것이나 수요도 1,906만 톤으로 늘어나고 반제품과 완제품 수입은 1,024만 톤으로 늘어나 수입금액도 95억 달러로 증대될 것이며, 수출은 155만톤, 16억 달러로 증가할 것으로 전망했다.

이란의 철강산업은 철강생산이 수요량에 거의 육박할 정도로 늘어나도 생산을 위한 반제품 수입이 늘어날 수밖에 없는 구조를 가지고 있다. 2015년의 예측 생산량이 수요량에 비해 76만 톤밖에 부족하지 않으며 예상 수출량 155만 톤을 고려하더라도 단순 계산에 의한 부족량은 231만 톤에 불과하나 예상 수입량은 1,000만 톤이 넘는다는 사실에서 이러한 구조를 알 수 있다. 즉 이란 철강생산의 상당량은 조강에서부터 완제품까지 일괄생산이 아닌 빌레트Billet 등 반제품을 수입해 완제품을 생산하는 구조다. 또한 자동차 생산 등에 필요한 냉연강판 등 고급 철강은 대부분 수입에 의존하고 있어 이래저래 수입은 늘어날 수밖에 없다.

이란 의약품 시장규모는 32억 달러(2010년)다. 이 중 35%인 11억 달러는 수입품이다. 그러나 물량 기준으로는 수입품의 비중이 4%에 불과한데, 이는 수입 의약품이 고가제품들이기 때문이다. 이란 국내생산 의약품은 이에 비해 엄청나게 싸다. 이란은 물량과 생산 종류의 다양성 면에서 중동 최대의 의약품 생산국이다. 국내 의약품 생산 중 40%는 사회보장기구 산하기업에서 생산하며, 10~15%는 국영은행 중 하나인 멜리은행Melli Bank의 자회사가, 그리고 10%는 호메이니재단 산하 의약품 회사에서 생산한다. 민간 의약품 제조회사의 생산비중은 30~35%다. 국영 의약품 제조회사들은 기술이 낙후되었으며 이것이 이란 의약품산업 발전을 가로막고 있다. 이란의 여타 산업에서 볼 수 있는 문제점을 의약품산업도 똑같이 가지고 있는 것이다.

특히 수입이 필요한 의약품은 암, 중추신경계 질환인 다발성 경화증, 혈우병, 지중해 빈혈증 등의 치료제다. 아프가니스탄, 이라크, 아프리카 국가들에 연간 약 3,000만 달러의 의약품을 수출하기는 하나 생산량에 비해 미미한 편이다. 정부가 고시하는 국산 의약품 가격이 낮게 책정되어 있어 의약품 제조회사들은 이윤을 내기 힘들고 이에 따라 최신 기계를 구입할 수도 없을 뿐더러 R&D 투자자금도 조달하기 어렵다.

항생제, 신경안정제, 항우울제는 이란에서 가장 많이 판매되는 약이다. 의사들은 바이러스성 질환에도 항생제를 처방한다. 이란인들은 감기에 걸렸을 때도 처방 없이 항생제를 복용하고, 진통제와 항우울제를 의사 처방 없이 복용할 정도로 의약품 남용이 심하다. 이란 정부는 수입 의약품에 대해서 판매가격과 수입상의 이윤율을 직접 결정하는 등 엄격히 관리하고 있다. 이전까지 정부기관이 직접 의약품을 수입하던 것에 비하면 매우 완화된 것이다. 현재는 국내 생산이 되지 않는 의약품의 허가기준도 완화되었으며 외국업체의 투자유치를 위한 정책을 펼칠 정도가 되었다. 이처럼 의약품시장은 아직 정부의 통제 하에 있긴 하나 점진적으로 완화되고 있으며 수입 의약품의 시장 점유율 또한 늘어나고 있다.

R&D 투자 저조 및 최신 의약기술의 부재로 인해 고급기술이 필요한 의약품 생산기술은 매우 부족해 수입에 의존하고 있다. 다국적 제약회사들의 투자를 통한 기술수준 제고 및 의약품 생산설비 확충이 필요한 상황이나, 국제사회로부터의 고립이 장애요인으로 작용하고 있다.

이란 소비자 가전시장은 100억 달러에 육박한다. 한국의 가전시장이 160억 달러임에 비쳐볼 때 그 규모를 짐작할 수 있다. 노트북을 포함한 컴퓨터 및 주변기기 시장이 가전시장의 절반가량을 차지하며 AV기기(TV, 오디오, 게임기 등)가 30% 정도를 점유하고 있다. 에너지 부문은 세계 원유가격의 등락에 따라 변동되지만 총 GDP의

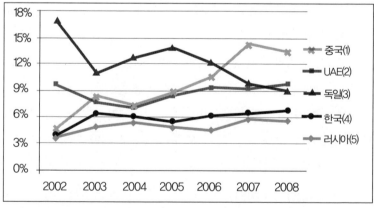

◑ 이란 5대 수입상대국 점유율 추이(2002~2008년)

약 30%를 차지한다. 2007년 기준 제조업은 이란 GDP의 10.9%를 차지했으며, 서비스 부문은 47%를 차지했다. 특히 부동산, 비즈니스 서비스 부문(10.5%)과 무역·음식점·호텔 부문(14.0%)이 서비스 부문 GDP 기여도의 절반 이상을 차지하고 있다.

이란은 다른 중동 산유국과 달리 농업의 GDP 기여도가 비교적 높은 수준이다. 2007년 기준 농업이 GDP에서 차지하는 비중은 9.3%로, 비석유 부문 수출의 13% 이상을 차지했다. 건설업은 제조업의 절반에 달할 정도로 중요한 산업이며 고용에 미치는 영향도 크다.

● 이란의 산업구조

	2004년	2007년
명목GDP 규모	1,612억 달러	2,859억 달러
1. 농림수산업	10.8%	9.3%
2. 원유·천연가스	24.1%	27.9%
3. 제조업 및 광산업	18.1%	18.3%
a) 광산업	0.8%	0.8%
b) 제조업	11.4%	10.9%
c) 전력·가스·상하수도	1.4%	1.3%
d) 건설업	4.5%	5.3%
4. 서비스	49.5%	46.9%
a) 도소매·음식점·호텔	12.0%	10.5%
b) 운송·저장·통신	11.4%	8.5%
c) 금융서비스	3.0%	2.8%
d) 부동산·비즈니스 서비스	12.9%	14.0%
e) 정부 서비스	10.4%	8.4%
f) 사회·민간 서비스	2.7%	2.7%
5. 금융귀속 서비스	2.5%	2.3%
총 GDP	100.0%	100.0%

자료: Central Bank of the Islamic Republic of Iran(2010); IMF(2010).

숫자로 보는 이란 경제

이란이 어떤 나라인지 쉽게 이해하기 위해 세계순위와 숫자로 살펴보도록 하자. 이란의 국토면적은 세계 면적의 1.1%로 남한의 약 16배에 달하며 세계 18위의 크기다. 인구는 약 7,400만 명으로 중동에선 이집트에 이은 2위, 세계에선 17위다.

여러 개의 지각판이 맞닿아 있는 이란은 진도 5.5 이상 지진 발생횟수가 세계 1위로 매일 어디선가는 지진이 발생하고 있다고 보면 된다. 최근의 가장 피해가 심했던 지진은 2003년 남부의 고대도시 밤Bam에서 발생한 지진으로 4만 1,000여 명이 사망했다. 테헤란은 지진 발생주기를 볼 때 대형 지진이 발생할 시점이 이미 지나 언제든 대형 지진이 발생할 수 있다고 한다.

경제규모를 보면 명목 GDP는 약 4,000억 달러로 세계 26위이며 한국의 약 40% 수준이다. 구매력 기준 GDP는 8,400억 달러로 세계

18위이며 한국의 약 60% 수준이다. 그러나 1인당 GDP는 명목 기준 5,400달러, 세계 73위로 한국의 약 30% 수준이고, 구매력 기준으로는 약 12,000달러, 세계 59위로 한국의 약 40% 수준이다. 소비시장 규모는 2,000억 달러로 세계 26위이자 한국의 약 40% 수준이며, 중동 2위로 인구가 비슷한 터키의 약 절반 규모다. 한편 재산이 10억 달러 이상인 거부巨富는 5명으로 세계에서 열두 번째로 부자가 많다, 그중 라프산자니 전 대통령만 국내에 거주하고 있다.

헤리티지재단이 조사한 경제활동자유지수는 179개국 중 171위로 최하위이며, 세계은행에 의하면 사업수행용이도가 183개국 중 137위다. 기업체 총 매출 중 인건비 비중이 47%로 세계 135개 조사국 중 열네 번째로 높다. 개인별 임금수준은 높지 않는데도 인건비 비중이 높은 것은 과잉 노동력이 많은 것으로 볼 수 있다.

투자효율성은 의문시되지만 GDP 대비 투자율은 28%로 세계 36위로 선두권에 있다. GDP 대비 조세수입비율은 7.3%로 세계 163위로 최하위 수준이다. 징세 시스템이 잘 갖추어져 있지 않고 조세감면이 만연하기 때문이다. 세출은 주로 석유 수입과 화폐 발행으로 충당해 높은 인플레가 지속되고 있다.

정부의 금 보유고는 세계 8위로 907톤, 외환보유고는 20위로 1,200억 달러이며 탄탄한 편이다. 국제수지도 흑자상태로 관리되고 있다. 1990년대 무분별한 외채도입 후유증으로 사실상 국가부도사태에 이르러 홍역을 치른 후 외환관리에 신경을 많이 쓰고 있는 편이다. 더불어 외세에 휘둘리지 않기 위한 정치적 동기도 중요하게 작용하는 것으로 보인다.

GDP 대비 대외부채는 3.7%로 세계에서 넷째로 적다. 수출입 규모는 각각 세계 50위권으로 600~700억 달러 수준인데 수출 공산품 중 원자재 비중이 93%로 대부분 원유다. 원유, 석유화학제품 이외에는 변변한 공산품 수출이 없다는 얘기다.

광공업 등 산업체 고용비율이 30%로 세계 15위로 높으며, 농업 고용비율은 25%로 47위다. 산업과 농업 고용비율이 함께 높은, 흔치 않은 구조를 보이고 있다. 산업체의 여성 고용비율은 34%로 세계 5위인데 여성의 사회진출이 매우 활발함을 알 수 있다.

산업생산 규모가 세계 28위로 중동에서 터키 다음으로 산업화되었다. 2010년 자동차를 160만 대 이상 만든 세계 12위 자동차 생산국이며 2000년 이후 10년간 중국 다음으로 자동차 생산증가율이 높았다. 그러나 아직 진정한 자체개발 모델은 없으며 부품 자급률과 기술력은 낮은 수준이다.

2009년 철강생산 1,100만 톤으로 세계 16위였으며 2015년까지 3,500만 톤을 목표로 생산 중이다. 이란은 시멘트 생산 4,500만 톤으로 세계 5위, 구리 생산 25만 톤으로 12위, 알루미늄 생산 46만 톤으로 17위 등으로 높은 수준을 유지하고 있는데 이는 광물 매장량이 (매장량 순위: 구리 2위, 아연 1위, 철광석 9위, 납 11위) 풍부하고 가스 등 에너지 비용이 저렴해 좋은 환경을 보유하고 있기 때문이다.

확인 원유 매장량은 1,362억 배럴로 세계 3위이며 100달러/배럴로 계산 시 무려 13조 6,000억 달러의 가치다. 천연가스 확인 매장량은 33조 1,000억㎥로 세계 2위인데 이는 세계 매장량의 16%에 달하며 100달러/배럴로 계산 시 5조 3,000억 달러의 가치다. 원유 생산은 2008년 420만 배럴/일로 세계 4위, 천연가스 생산은 세계 4위다. 석탄 매장량은 11억 톤으로 세계 12위이며 생산은 연 130만 톤으로 32위다.

전기생산과 소비는 각각 세계 19위, 20위이며 송·배전 손실률은

16.88%로 높은 편이다. 휘발유 생산이 1,100만 톤으로 세계 16위이나 내수를 충당하지 못해 2005년 670만 톤을 수입해 세계 5위 수입국에 오르기도 했다. 인터넷 사용자 수는 세계 11위로 인구의 52%가 인터넷을 사용하고 있으나 광대역 인터넷 사용자 수는 인구의 0.4%인 30만 명에 불과하다. 인터넷 속도는 181개 조사대상국 중 174위이며, 최고 속도를 자랑하는 ISPInternet Service Provider업체인 IPM의 2010년 속도가 0.76/2.87(업/다운)Mbps였다. 이는 정부가 일반 가정의 인터넷 속도를 제한하고 있기 때문이다.

전화는 95%의 가정이 보유하고 있고 80%가 디지털화되어 있으며 요금도 저렴하다. 휴대폰은 전체 인구의 70%인 5,200만 명이 사용하고 있으며 비용도 저렴한 편이나 음영 지역이 많고 통신이 끊기는 등 품질은 좋지 않은 편이다. UN이 조사한 전자정부 준비 정도는 193개국 중 102위이며 시민참여도도 117위다.

상선 188척을 보유한 이란은 세계 31위의 선박 보유국가다. 국영 유조선사NITC, National Iranian Tanker Company는 43척의 유조선을 보유해 세계 5대 유조선사이기도 하다. 철도 길이는 1만 1,000km로 세계 21위이나 단선이 많고 고속철도는 보급되어 있지 않다. 철도화물 수송량은 205억 톤/km으로 세계 20위이고, 도로 길이는 17만km로 세계 29위이며, 도로 사정은 비교적 양호한 편이다.

석유, 가스, 화학제품 등의 파이프라인 총 길이는 3만 6,500km로 세계 8위이며 2025년 7만km로 확장할 계획이다. 공항 수는 331개, 포장 활주로 보유 공항은 129개로 세계 20위이며 포장 활주로 3,047m 이상 보유 공항은 40개로 세계 4위다. 항공여객 수는 1,300만 명으로 세계 26위, 항공화물은 9,800만 톤으로 59위다. 친환경압축가스CNG, Compressed Natural Gas 자동차는 약 300만 대로 세계 1위다.

인구는 세계 17위인 7,400만 명이며 인구증가율은 1.35%로 세계 100위권이다. 여성 한 명당 평균 두 명의 자녀를 출산해 세계 195개 국 중 165위인데 1979년 일곱 명에서 2005년 두 명으로 세계에서 가 장 빠른 출산율 감소현상을 보이고 있어 세계은행이 성공적 가족계 획 국가로 인정하고 있다. 그러나 근래에는 만혼과 결혼 기피, 자녀 출산 기피 현상이 만연해 사회문제로 대두되고 있으며 정부에서는 적극적인 출산장려정책을 펴고 있다. 기대 수명 71세, 유아사망 100 명당 세 명으로 두 부문에선 세계 100위권으로 중간 정도 수준이다.

이란은 세계 최대의 난민수용국가로 대부분이 인접국인 이라크 와 아프가니스탄 출신이다. 2010년 이란으로 건너온 아프가니스탄 난민은 300만 명이었으며 과거 30년간 평균 500만 명의 난민을 수 용하고 있다. 문맹률은 낮은 수준이나 UN 교육지수는 176개국 중 112위로 교육의 질은 낮은 편에 속한다. UN 인간개발지수HDI, Human Development Index는 182개국 중 70위지만 지난 30년간 개선도 측면에서 는 3위였다.

빈곤지수Poverty Index는 59위로 그렇게 높지 않으며, 생활만족지수 Happy Planet Index는 중간 수준인 96위고, 삶의 질 지수QLI, Quality of Life Index 가 194개국 중 150위로 낮은 편인 데 반해 자살률은 106개국 중 99 위인 10만 명당 0.2명으로 아주 낮은 편이었다. 1,000명당 의사 수가 0.45 명으로 138위, 병상 수가 1,000명당 1.6개로 133위이나, WHO가 조사한 보건제도 및 실행지수는 58위로 양호한 편이다. 예일 대학교 Yale University가 조사한 환경지속가능지수ESI, Environmental Sustainability Index에 의하면 이란은 조사대상 146개국 중 132위로 최하위 수준이다. 이산 화탄소 배출량은 세계 총 배출량의 1.6%로 11위를 차지하고 있다.

유적지 수는 세계 12위로 전국 곳곳에 엄청난 역사유적 관광자원을 가지고 있다. 그러나 관광산업의 발전은 부진해 외국 관광객 수는 연 250만 명으로 55위 수준이며 관광업이 GDP의 1.8%에 불과하다. 기원전 3세기에 축조된 '고르간Gorgan 장성'은 125㎞라는 어마어마한 길이를 자랑하며, 만리장성에 이어 둘째로 긴 장성이지만 세계인들에게 잘 알려져 있지 않다. 이란은 역사상 가장 많은 수도를 가진 나라다. 이란의 수도는 과거 서른한 개의 지역을 거쳐 현재 테헤란에 안착한 것이다.

이란은 세계 수제 카펫의 3/4을 생산하며 세계 카펫 수출시장의 30%를 점유하고 있다. 또한 세계에서 가장 큰 5,625㎡의 수제 카펫 생산기록을 갖고 있기도 하다. 이란은 종합군사력지수로 볼 때 세계 15위의 군사력을 지녔으며 재래식 화력은 12위, 군인 수는 380만 명으로 세계 7위 수준이다. 인구의 6.3%가 극좌 성향으로 극좌인구 비율이 세계 9위이며, 극우 성향 인구비율은 3.9%로 세계 40위다. 국경 없는 기자회Reporters Without Borders에서 집계한 이란의 세계언론자유지수World Press Freedom Index는 169국 중 166위이며 EIU 측정 민주화지수 Democracy Index는 167개국 중 145위다. 국제투명성기구의 부패지각지수 Corruption Perceptions Index는 178개국 중 146위로 부패가 만연해 국민들로 선 부패행위를 부패로 인식하지 못하고 있는 것으로 조사되었다.

제10장
이란 산업과 비즈니스

핵문제 해결에 달린 석유·가스 산업

한국에선 '석유'라고 하면 보통 사우디아라비아를 떠올리고 '천연가스'라고 하면 러시아나 카타르를 떠올린다. 석유 최대 부존, 수출 국가는 사우디아라비아고, 천연가스 최대 보유국가는 러시아이며, 한국이 LNG를 가장 많이 수입하는 국가가 카타르이니 그렇게 인식하는 게 당연하다.

그러나 석유와 천연가스를 합한 에너지자원의 최대 보유국가가 이란인 것을 아는 사람은 많지 않다. 이란의 석유 확인매장량은 세계 4위로 전체의 10%를 보유하고 있고, 천연가스 확인매장량은 2위로 세계의 15%를 가지고 있어, 이를 합한 에너지 총 매장량이 세계 최대다. 게다가 이슬람혁명 이후 외국 메이저 업체의 참여 부진으로 탐사가 제대로 이루어지지 않아 실제 매장량은 훨씬 더 많을 것으로 추정된다. 실제로 추가 매장량 확인은 계속되고 있다.

특히 전통적 유전지대인 남서부 이라크 국경지대 근처 이외의 남부, 서부, 북부 지역에서도 유전이 발견되고 있다. 투르크메니스탄, 아제르바이잔과의 영토분쟁 문제가 있긴 하지만 카스피해도 유망 유전지대가 될 것으로 예상되고 있다. 그러나 경제제재로 인한 외국자본과 기술도입 애로와 수출 수요 제한은 새 유전 발견을 생산으로 연결시키지 못하고 있다. 실제로 2007년 이후 새로 생산을 시작한 유전은 아직 없다.

한편 이란은 석유 생산량 대비 확인매장량이 세계 최고다. 이는 이란이 가장 오랫동안 석유를 생산할 수 있다는 것을 말한다. 2013년 생산량 기준으로 원유는 128년, 가스는 207년을 더 생산할 수 있어 다른 나라의 석유자원이 고갈되었을 때에도 이란은 채굴이 가능하다는 것이다. 경제제재와 자본 및 기술 부족으로 인한 현재의 어려움이 다음 세대에게는 축복이 될 것이다.

이러한 거대한 에너지자원 부존에도 불구하고 현재 이란의 석유·가스 산업은 핵문제 등으로 인한 서방과의 불편한 관계 때문에 어려움에 처해 있다. 이란 석유부 장관은 2011년 초 2015년 3월에 완료되는 5차 경제개발계획 동안 1,500억 달러의 투자가 필요하다고 언급한 바 있다. 그러나 미국의 제재로 인한 석유 수입 감소와 외국인의 석유 부문 투자와 기술 제공이 불가능한 상황에서 투자실적은 아주 저조했을 것으로 추측된다. 이란의 원유 생산시설은 상당히 노후화되어 있는데 투자 부족과 낙후된 기술로 인해 현재 상태로 머물 경우 생산의 감소가 불가피한 실정이다. 이런 상황에서 외국인투자 유치는 더 어렵고 원유수출 수입 중 생산에 재투입할 수 있는 재원도 더욱 한정될 것이다.

제재는 이란 석유·가스 산업에 투자만 금지시킨 것이 아니라 엔지니어링 등 용역과 관련 장비 수출도 금지시켜 프로젝트 추진을 어렵게 만드는 것은 물론, 거의 완성된 프로젝트도 작은 장비 하나가 부족해 가동할 수 없게 만들기도 한다.

2011년부터 강화된 제재는 석유 생산과 수출을 대폭 감소시켰으며 가까운 장래에 제재 이전 수준으로의 회복을 기대하기 어렵게 만들고 있다. 결국 이란 석유·가스 산업은 핵문제의 원활한 해결에 장래가 달려 있다.

생산 및 수출 축소로 어려움을 겪고 있는 석유산업

이란의 원유생산은 1970년대 말에 600만 배럴/일 생산으로 최고치를 기록한 이후 계속 내리막길을 걷고 있다. 1979년 혁명으로 인한 혼란이 채 가시기도 전에 발발한 이라크와의 전쟁, 혁명 직후 시작된 미국의 제재와 투자부족으로 생산은 지속적으로 감소했다.

원유의 60% 이상은 60년도 더 된 유전에서 생산되는데 이런 오래된 유전들은 자연감소율이 8~13%에 이르러 생산능력이 고갈된다. 한편 이란 정부의 외국인 유전개발 계약조건은 유전개발에 필요한 투자와 기술의 도입을 저해했다. 수년간의 낮은 투자, 유전의 노후화와 유지보수 미진은 생산능력을 저하시킬 수밖에 없었다. 다른 원유회수증진EOR, Enhanced Oil Recovery 기술의 사용이 여의치 않아 가스주입을 위주로 한 노후유전의 생산 증대를 도모하고 있으나 국내 가스 소비 증가로 인한 주입용 천연가스 부족으로 이러한 조치는 심각하게 방해를 받고 있다.

더구나 2011년 하반기부터 발효된 강력한 경제제재에 따라 이란은 어쩔 수 없이 유전가동률을 낮추었고 원유생산은 2011년 423만 배럴/일에서 2013년에 313만 배럴/일 수준으로 줄어들었다. 생산을

줄이기 위해 많은 유전들의 생산감축조치가 있었고 몇몇 유전은 폐
쇄되었다. 이러한 조치들은 압력감소 위험으로 유전에 손상을 입혔
고 향후 생산이 재개되었을 때 예전 수준으로 돌아가는 것을 어렵게
만들었다.

석유 수출은 2011년 이후 급격하게 감소했는데, 특히 유럽연합EU,
European Union 가입국의 모든 이란 석유제품 수입금지와 선박 보험과
재보험 인수 거부는 결정적인 타격을 입혔다. 중국, 인도, 한국, 일본
등 원유의 주요 고객인 아시아 국가들은 미국의 압력으로 수입량을
현저히 줄였다. 이란 석유부 장관은 2011년에서 2012년 사이 원유수
출이 20% 감소했다고 발표했으나, 실제론 30% 가까이 감소했을 것
으로 추정된다. 제재 2년차인 2013년에도 수출은 18%가량 줄어들
었을 것으로 보인다. 2010년 260만 배럴/일 수출(생산의 60% 이상)
로 석유수출국기구OPEC, Organization of the Petroleum Exporting Countries 제2의 수
출국이던 이란의 2012년 원유수출은 183만 배럴/일, 2013년 151만 배
럴/일로 줄어든 것으로 추정되며 2017년까지도 매년 160만 배럴 내
외에 머물 것으로 예상된다.

2013년 11월 이란 핵문제 관련 제네바 잠정합의 후 이란의 원유
생산이 조금 늘어나고 2014년 1/4분기 원유수출이 20만 배럴/일이
늘어났으나 이는 주로 중국과 인도에 제재품목이 아닌 컨덴세이트
Condensate(가스 응축 초경질유) 수출이 늘어남으로써 일어난 일이다.
이러한 수출 증가는 원유수송선에 대한 보험부보금지 해제로 가능
해진 것이다.

이에 따라 2011년 1,000억 달러 정도였던 원유 판매수입이 2012년
733억 달러, 2013년 583억 달러로 줄어들었으며 2017년까지 매년 600
억 달러 내외에 머물 것으로 전망된다. 그러나 이러한 전망도 배럴당

가격이 100달러 수준일 때 그렇다는 것이고 지금과 같은 국제원유가 하향추세에서는 이란의 원유 판매수입도 훨씬 더 줄어들 것으로 보인다. 상당기간 이란의 원유 판매수입은 제재 전의 절반 수준밖에 되지 않는 상황이 지속될지 모른다.

이러한 원유수출 수입 감소는 외화수입의 대부분과 재정수입의 상당 부분을 원유수출에 의존하고 있는 이란 경제에 심각한 영향을 미칠 것이고 한국으로서도 좋은 일은 아니다.

내수공급에도 급급한 가스산업

이란은 세계 2대 천연가스 보유국이자 3대 생산국이지만, 국제사회의 경제제재로 인한 가스전으로의 자본투자와 기술제공의 부재를 야기하고 있다. 그 결과 이란 가스산업은 현재 연평균 3~4% 이상 성장하지 못하고 있다. 2013년 추정 천연가스 생산량은 1,626억㎥였으며, 2016년 1,785억㎥, 2018년 1,875억㎥로 늘어날 것이다. 하지만 이러한 생산량으로는 빠르게 늘어나는 국내 수요를 충당하기에도 급급하다. 겨울이 오면 난방용 가스 사용이 늘어나 석유화학공장에 원료가스 공급이 중단될 정도로 심각한 가스 부족사태에 직면한다. 겨울철 가스 부족은 점점 더 빈번해지고 있다. 이란 가스 확인매장량의 2/3를 차지하는 거대한 사우스 파 해상가스전은 이란과 카타르(한국은 천연가스의 40%가량을 카타르에서 수입하고 있다)에 걸쳐 있으나 카타르 쪽과 달리 이란 쪽은 개발이 더디다. 사우스 파 가스전 개발은 이란 정부가 발표하는 스케줄대로 진행된 적이 없으나 그렇다고 진전이 없는 것은 아니다. 현재 이란 가스생산의 35%는 사우스 파에서 생산되고 있다. 사우스 파는 24단계로 구분되어 있는데 1~10 단계는 완료되었고, 12단계는 2014년 초에 부분적으로 생산을 시작했다.

이란의 가스전들은 대부분 아직 제대로 개발되지 않았다. 때문에 많은 거대한 가스전들이 압력이 떨어지는 문제로 인해 생산력이 저하되고 있는 실정이다. 2011년 카이얌Kayyam, 파루즈Farouz, 마다르Madar 등의 가스광구들이 발견되었지만, 기존 광구들의 탐사 및 개발도 진행되지 않은 상태로 방치되고 있을 정도다. 게다가 개발이 거의 완료된 가스전들도 장비 수입에 제동이 걸린 상황이라 언제 가동될지 모른다.

가스보조금 지급, 높은 경제성장, 석유에서 가스로의 주연료 전환으로 인해 이란 내 가스 소비는 빠르게 늘어났다. 2001년 700억㎥에 불과했지만, 이후 2007년 1,130억㎥에서 2013년 1,589억㎥로 40%나 증가했다. 노후 유전의 원유생산 증진을 위한 가스 사용도 많아 2012년 유전 주입가스 사용량이 280억㎥에 달했다. 에너지를 생산하기 위해 에너지를 사용하는 상황이 벌어지고 있는 것이다. 한편에서는 가스 부족으로 발전용 에너지를 가스에서 석유로 전환하고 있어 정부의 에너지 정책이 갈팡질팡하고 있다. 때문에 경제제재가 지속될수록 이란은 어려운 상황에 처할 것이다. 2013/2014 회계연도에 이미 300억㎥의 가스가 부족했을 것으로 추정되는데 이는 소비량의 약 20%에 해당되는 엄청난 양이다.

이란의 가스 생산규모에 비해 수출실적은 미미하다. 이란은 북동쪽의 투르크메니스탄에서 가스를 수입하고 북서쪽의 터키로 가스를 수출한다. 수출입 모두 파이프라인을 사용하며 LNG 형태의 수출입은 없다. 투르크메니스탄에서의 가스 수입은 2012년부터 급감했는데 이는 제재로 인한 대금결제의 어려움 때문이었다. 이러한 수입 감소는 겨울철 이란의 가스 부족을 심화시켰다. 2013년 가스 수출은 37억㎥, 19억 달러로 2017년까지 큰 변동은 없을 것으로 보인다. 그러나 제재가 풀리면 이란은 세계 최대의 가스생산국 중 하나가 될 수 있고, 주요 가스수출국이 될 잠재력이 충분하다. 제재가 완전히 해제 되면 외국인투자가 늘어나고 생산력이 증대되어 장기적으로 볼 때 수출도 덩달아 늘어날 수 있을 것이다.

그러나 당장은 현재 공급부족에 시달리고 있는 국내 수요 충당에 급급해야 하고 본격적 수출에는 상당한 시간이 걸릴 것이다. 생산증가분은 우선 발전과 석유화학공장 등 산업체에 우선 공급될 것이며 노후 유전으로의 가스 주입도 수출보다는 우선순위에 들 것이다. 비싼 LNG 인프라 설치비보다는 석유생산 증대가 경제적이다. 따라서 제재가 풀린다고 하더라도 가까운 시일 내에 이란이 주요 가스수출국으로 급부상하지는 못할 것으로 보인다

인센티브 강화로 전환된 외국인투자 유치정책

이란 헌법은 외국 회사가 유전(가스전) 지분을 보유할 수 없도록 하고 있다. 1987년 석유법 개정으로 이란은 외국 회사와의 계약을 허용했다. 소위 바이백 계약에 의거, 계약자는 투자비 일체를 부담하고 국영이란석유공사NIOC, National Iranian Oil Company로부터 생산물의 일부를 배정받고 계약기간이 끝나면 유전을 NIOC에 반환하는 구조다. 그러나 이란이 제시하는 조건이 리스크는 많고 보상은 적어 외국 투자자 입장에서 메리트가 없었다.

그런 상황에서 석유·가스 부문에 대한 제재 강도까지 높아지자 유럽과 일본 회사들은 이란을 떠났고 그 자리를 중국이 메웠다. 2011년까지 원유수입의 11%를 이란에 의존하고 있던 중국의 중국석

유천연가스공사CNPC, China National Petroleum Corp는 확인매장량 260억 배럴의 대규모 유전인 아자데간Azadegan 북부유전 개발에 참여했다.

독자개발의 한계를 절감해서인지 이란은 2013년 로하니Hassan Rouhani 대통령 당선 이후 과거보다 좋은 조건을 제시하며 외국의 투자를 끌어들이기 위해 노력하고 있다. 2014년 들어 셰브런Chevron Corporation, ENIEnte Nazionale Idrocarburi, 로얄더치셸Royal Dutch-Shell Group 등과 협상을 하고 있다. 'Iran Petroleum Contract'라 불리는 새로운 모델은 리스크가 많은 탐사와 생산 프로젝트에 더 많은 대가를 지불할 예정이다. 원유생산 참여업체에 지급되는 수수료는 원유 가격에 연계될 것이며, 심해유전 개발과 같은 위험하거나 비용이 많이 드는 프로젝트는 이윤의 더 많은 비율을 배정하는 슬라이딩 스케일Sliding Scale 방식으로 결정될 것이다. 계약기간도 예전의 3~5년 단기간에서 15~25년 장기간이 될 것이다.

이란은 왜 가스를 수출하지 못하는가?

이란은 러시아에 이어 세계 2위의 천연가스 보유국이다. 이란의 천연가스 매장량은 세계 매장량의 15%에 달한다. 그럼에도 이란의 가스 수출은 미미하다. 왜 그럴까?

첫째 이유는 과다한 국내 소비다. 보조금제도 개혁 전 가스 가격이 공짜나 다름 없이 저렴해 생산량 전부를 국내에서 소비하고 있었다. 공동주택에서는 각 가정에 가스계량기가 없어 무한정으로 쓰고 이를 공동관리비에서 충당해 왔다. 하지만 보조금 개혁 후 가스비 분담 문제가 큰 사회적 이슈가 된 것이다. 보조금제도 개혁 후 가정의 가스 소비가 감소했음에도 여전히 가스 생산이 국내 수요를 충족시키지 못하기 때문에 수출량은 미미할 수밖에 없다.

이란의 가스 수출은 경제적 문제가 아니라 정치적 문제다. 가스는 파이프라인을 통한 방법과 LNG(액화가스)를 LNG선에 싣고 운반하는 방법이 있다. 현재 이란에선 파이프라인을 통한 수출은 한계가 있고 LNG 수출은 불가능하다. 가스를 수출할 수 있는 인프라가 갖추어져 있지 않은 것이다. 이란에서 가스 수출을 위한 가스 파이프라인 건설은 IPIIran-Pakistan-India 라인, 터키를 통과해 유럽으로 가는 라인, 시리아과 요르단 등을 거쳐 지중해를 건너가는 라인, 북쪽으로 아제르바이잔 등을 경유해 러시아의 파이프라인에 연결하는 방법 등이 논의되거나 추진된 바 있지만, 그러나 미국과 러시아의 반대로 성사되지 못했다. 가까운 시일 내에 이루어질 것 같지도 않다.

페르시안Persian LNG와 파르스Pars LNG 프로젝트는 사우스 파 11, 13, 14단계에서 가스를 공급받기로 되어 있었으나 2010년 8월에 취소되었다. 이후 이란은 사우스 파 개발의 일부 단계를 LNG화해 수출할 것을 계획하고 2000년대 중후반에 유럽 업체와 협상을 진행했다. 그러나 경제제재로 인해 분위기는 급격히 얼어붙었고 LNG 기술과 장비 도입, 국제금융시장에서의 자금조달 등 모든 것이 막혀 협상은 중단되었다.

이란의 가스 수출입은 가스 파이프라인이 연결되어 있는 터키 동부 산악 지역에 소량의 수출과 아르메니아로의 가스-전기 물물교환용 수출, 그리고 투르크메니스탄과 아제르바이잔으로부터 수입이 있을 뿐이다.

국내외적 문제로 신음하고 있는
석유화학산업

석유화학산업은 자동차산업과 함께 이란의 양대 제조업이며 자동차
산업과 달리 수출 비중이 높은 산업이다. 이란 석유화학산업의 역사
는 40년이나 되었으나 본격적인 발전은 1990년대 중반에 와서다. 사
우디아라비아, 카타르 등 경쟁국보다 적어도 10년은 뒤진 후발주자
였던 것이다.

이란 정부는 장기개발계획(1995~2015년)에서 중동 내 석유화학
생산 비중을 12%에서 34%로 증대해서 2015년에는 연 1억 톤을 생산
해 75%를 수출한다는 원대한 계획을 세웠다. 2010년에는 중동 지역
석유화학 생산의 27%를 차지하며 사우디아라비아에 이은 제2의 생
산대국이라고 공언하기도 했다. 2015년까지 47개 프로젝트 완료를
목표로 설정했지만 쉽지 않을 것이다.

국제사회의 제재로 인한 자금, 기술, 설비 도입의 차질이 프로젝트의 완성을 가로막았다. 또한 내수시장이 작다 보니 석유화학산업의 발전에 중요한 수출이 생산시설 증가에도 불구하고 제재로 인해 지지부진하다.

한편 생산시설용량 대비 낮은 가동률은 지속적으로 문제가 되어왔고 앞으로도 문제가 될 것이다. 석유화학산업은 수요 증가보다 높은 생산시설능력 확대가 지속될 것이나 일부 석유화학산업단지들은 원료부족에 시달리고 있다. 문제는 동절기 난방용 가스 공급 증가 때문에 석유화학 콤플렉스로의 공급이 급격히 감소되는 것이다. 이란 석유화학단지들은 3,000만~3,500만m³/일이 필요하나 공급은 2014년 2월에 절반 이하인 1,500만m³/일로 줄어들었다. 일례로 파나바란석유화학Fanavaran Petrochemical Company의 100만 톤짜리 TPA 메타놀Methanol 시설은 원료부족으로 2013년 12월에 일시적으로 가동을 중단했으며 2014년 1분기에는 가동률이 50%밖에 되지 않았다.

석유화학산업에 투입되는 원료가격은 인근 경쟁국에 비해 비싸고 내수 판매가격은 낮아 수익창출이 어렵다. 이에 따라 내생적 투자자금 조달도 어렵다. 생산원료인 에탄올Ethanol 가격은 사우디아라비아보다 세 배가량 비싸다. 이는 석유화학 부문에 할당된 가스공급이 현재의 7%에서 네 배 정도 늘어난 25%가 되면 해결될 수 있으나 국내 가스 수요 증가와 가스 생산 증대의 어려움으로 실현되긴 힘들다.

석유화학제품의 국내 판매가격은 국제가격의 절반에 머물고 있다. 이란은 이미 50억 달러를 지출해 진행 중인 60개 석유화학 프로젝트를 완성하기 위해서는 310억 달러가 필요하다. 이 프로젝트들이 완성되면 연간 생산능력이 5,500만 톤 늘어날 것이다. 그러나 가까운 시일 내에 완성될 것 같지는 않으며 가동을 시작하더라도 원료공급과 시장수요가 받쳐주지 않아 가동률은 낮을 것이다. 시장경쟁력이 있는 가동률을 달성하려면 올레핀Olefin과 폴리머Polymer 생산이 각각 1/3 늘어나야 한다. 그러나 제재 이전에도 그만한 수요는 발생한 적이 없었다.

내수시장도 비틀거리고 있다. 자동차산업은 다양한 폴리머와 합성고무제품을 소비하는 이란 석유화학시장의 가장 중요한 산업이다. 그러나 2013년에 자동차 생산은 경제제재로 인해 약 40% 줄어들었고 회복의 발걸음은 더디다. PVC, PE, PP 제품 등 석유화학 분야의 또 다른 소비시장은 건설산업이 정체되면서 침체되었다.

이란 정부는 석유화학제품 생산과 수출 통계를 밝히지 않아 정확한 상황을 파악하는 것은 어렵다. 제재가 강화되기 전인 2010년에 이란은 약 4,000만 톤의 석유화학제품을 생산해 1,600만 톤가량을 수출했고, 2009년에는 전년 대비 17% 증가한 3,900만 톤을 생산해 1,400만 톤을 수출했으며 수출금액은 약 90억 달러에 달한 것으로 추정된다. 2013년에는 수출금액이 107억 달러에 달했고 2014년 들어서 제재가 약간 완화되긴 했으나 수출의 증가는 미미했다.

이란 석유화학제품의 대對중국 수출은 과거 4억~5억 달러 수준에서 2010년 16억 달러로 급증했으며 2011년에는 20억 달러로 늘었다. 중국시장 의존도 증가는 계속되어 2013년에는 수출의 1/3가량 된다. 그러나 중국의 성장이 정체되고 중국도 점차 석유화학제품을 자급하는 방향으로 나아가고 있어 이란 석유화학산업에 어려움이 가중될 전망이다. 더구나 수출의 1/5가량을 차지하고 있는 남아시아 시장도 셰일가스Shale Gas를 무기로 한 미국산에 밀릴 가능성이 높아지고 있다. 제재가 풀리더라도 이래저래 이란 석유화학제품의 수출전선에는 먹구름이 가득하다.

NPC(이란국영석유화학회사)는 중동에서 사우디아라비아의 SABICSaudi Arabia Basic Industries Corporation 다음으로 큰 수출기업으로서 2020년대 중반까지 중동에서 가장 큰 석유화학회사가 되는 것을 목표로 하고 있다. 그러나 자회사의 분리와 민영화로 인해 회사가 분열되고, 국제금융시장 접근불능으로 인해 자금 조달과 장비 수입이 어려울 뿐만 아니라, 필요한 기술이 결여되는 등 문제를 안고 있다. 이 문제들은 프로젝트 추진을 지연시키고 이에 따라 설립비용도 높아지고 있다.

이란 석유화학산업을 지탱하고 있는 것은 NPC를 정점으로 81개의 회사다. 이 중 51개는 민간업체지만 실제로는 정부가 통제하는 준공공 기업이다. NPC는 19개의 자회사를 추가로 민영화할 계획이다. 지분의 20%는 NPC가 소유하고, 40%는 지방협동조합을 통해 '국민주Justice Shares(이란 특유의 공기업 민영화 주식 배분방식)'로 빈곤층에 분배되며, 35%는 테헤란 증권거래소에 상장된다. 나머지 5%는 석유화학기업 직원에게 할당된다. 결국 민영화가 되어도 국가가 석유화학회사들의 경영에 깊숙이 관여할 수밖에 없는 구조다. 한편 국영기업을 외국 기업에 매각한 경우는 터키 기업이 인수한 라지석유화학Razi Petrochemical Company가 유일하다.

석유화학 프로젝트는 전문기술, 금융자본, 외국 메이저 기업과의 협력 결여 등으로 지연되고 있다. 거기에다 2010년 이후의 제재 강화는 기존 프로젝트의 진행을 더욱 어렵게 만들고 있다. 기술 라이선스 보유자들은 미국과의 사업 유지를 위해 이란과의 사업을 중단했다.

장비와 기계 부족은 일부 이란 회사들이 이미 인정한 심각한 문제다. 이란 석유화학산업의 발전을 가로막고 있는 장애물의 실타래를 푸는 것은 결국 핵문제의 완전한 해결에 달려 있다. 핵문제가 해결되어야 국제사회의 경제제재가 철폐될 것이며 이는 투자, 기술, 장비, 판매시장 부족 등 이란이 갖고 있는 대부분의 문제를 해결할 것이다.

석유화학제품은 한국의 대對이란 수출 2~3위 품목이다. 제재가 강화되기 전인 2011년에는 수출 6억 5,600만 달러, 수입 3억 5,800만 달러로 양국 간 10억 달러가 넘는 무역을 하고 있었다. 2013년에 수출은 5억 3,500만 달러로 조금 감소했으나 수입은 제재로 인해 1,800만 달러로 거의 중단되다시피 했다. 이란의 석유화학산업은 한국에게는 매우 중요한 수출시장이다. 미국의 경제제재가 철폐되거나 완화되면 한국으로선 가장 유망한 시장으로 급부상할 것이다.

◆ 이란의 석유화학제품 생산시설능력(2013)

에틸렌 838만 톤, 폴리에틸렌 196만 톤, 벤젠 109만 톤, 톨루엔 63만 톤, 부타디엔 24만 톤, 스티렌 70만 톤, ABS 29만 톤, 크실렌 159만 톤, 에틸렌디크로라이드 126만 톤, 에틸벤젠 10만 톤, 에틸렌글리콜 195만 톤, 에틸렌산화물 177만 톤, HDPE 239만 톤, LDPE 238만 톤, LLDPE 200만 톤, PE 676만 톤, PP 104만 톤, 비닐크로라이드 93만 톤, 비닐아세테이트 32만 톤, PVC 64만 톤, PS 25만 톤, 폴리에틸렌 테레프탈산염 71만 톤, 메타놀 1,151만 톤, 암모니아 637만 톤, 요소 1,062만 톤.

끝없는 투자에도 부진한 제조업

이란은 연 160만 대의 자동차를 생산하는 세계 12위 자동차 생산국이었다. 또한 막대한 석유·가스 생산에 힘입어 석유화학제품 생산은 상당한 규모를 자랑한다. 근 1세기에 걸친 이란 정부의 제조업 육성 정책과 석유를 팔아 벌어들인 자원의 지속적 투입으로 몇몇 제조업 분야의 양적인 성장은 어느 정도 이루었다. 하지만 이러한 양적 확대는 보다 다양한 산업으로 확산되지 못했다. 양적 성장을 이룬 분야도 기술은 뒤지고 성장의 내적 추동력은 갖추지 못한 채 정부의 지원이 축소되면 생산이 침체될 형국이다.

이란의 기업들은 국영기업이고, 민간기업이고 정부에 의존하고 있다 보니, 경쟁력을 강화시킬 수 없는 구조로 운영되고 있다. 기업의 효율성이나 경쟁력 제고보다는 정부지원이라는 지대추구를 통해 이익을 도모하는 데 익숙해져 있다. 효율성과 생산성 향상 조건이 없는 기업지원이 이러한 습성을 고착시켰다. 수출산업 육성 등 대외지향적 경제개발이 아닌 수입대체와 자급자족 경제정책을 채택하는 대부분의 국가에서 기업들이 국제경쟁력을 갖추지 못하는 현상은 60여 년간 자급자족을 주된 경제정책으로 채택하고 있는 이란에서도 나타나고 있다. 이란 정부는 시장보호 등 정책적 지원뿐 아니라 석유 수입으로 기업들에게 보조금까지 지원해 주었다. 당연히 기업들의 정부 의존 행태는 더욱 심하게 나타나고 있다.

석유와 천연가스 등 천연자원의 가격 상승으로 호황을 맞았던 국가가 시간이 지나면서 제조업 분야의 경쟁력을 잃고 경기침체를 맞는 '네덜란드병Dutch Disease'의 증상도 나타났다. 네덜란드병은 천연자원 수출 증가로 인한 통화가치 급등과 물가 상승, 급격한 임금 상승을 유발시키고, 석유제품을 제외한 제조업의 경쟁력을 떨어뜨려, 극심한 경제적 침체를 맞았던 네덜란드의 역사적 경험에서 유래되었다. 이란 역시 풍부한 자원이 오히려 경제발전의 저해를 가져온다는 네덜란드병에 걸린 상황과 닮아 있다. 제조업이 GDP에서 차지하는 비중이 1999년 19.87%에서 2002년 13.75%, 2005년 12.49%, 2007년 10.9%로 지속적으로 감소하고 있는 데서 제조업의 부진을 읽을 수 있다.

이란은 한국보다 빠른 1960년대부터 자동차산업을 시작했으나 아직 변변한 자체 모델도 없으며, 부품의 대외의존도도 상당히 심하다. 등록차량은 2,000만 대를 넘지만 재래식 납 축전지밖에 생산하지 못하는 기술 수준 때문에 반영구적인 MF배터리는 전량 수입에 의존하고 있다. 전자제품은 냉장고, 세탁기 등 저가 백색가전 일부만 소량 조립생산하고 있으나 디지털TV, 휴대폰, 컴퓨터 등은 전무하다. 제지공장들의 생산량은 이란 내 수요에 턱없이 부족해 매년 막대한 종이를 한국을 비롯한 외국에서 수입하고 있다. 고급 차도르 원단은 아직 한국 등지에서 수입한다. 시장에는 중국산 소비재가 즐비하고 유명 관광지에도 수입 공예품들이 판을 치고 있다. 식품 가공산업도 여의치 않다. 품질 좋은 피스타치오, 대추야자열매 등은 인근 국가에서 벌크Bulk로 수입, 재포장해 판매한다.

한편으론 이란의 제조업이 발전하지 못하는 것이 한국 입장에서 나쁘지만은 않다. 한국 가전제품이 이란 가전시장의 70%가량을 점유하고 있고, 자동차용 강판과 산업용 철강의 수출도 상당한 규모에 이르고 있으며, 종이류 수출은 매년 2억~3억 달러에 달한다. 정부의 시장보호와 자급정책으로 생산시설 투자에 대한 지원이 많아 새로운 분야에 대한 기계와 설비에 대한 수요도 많다.

지속되는 제조업의 문제점들

이란의 3차 5개년 계획(2000~2004년)의 공식문서에는 "구식 기술과 기계, 정부석유수입금 의존, 많은 산업 분야에서 집중으로 인한 독점, 공기업 만연, 빈약한 기업가 역량, 유휴시설, 서툰 경영과 구식 관리 인프라" 등이 제조업의 문제점으로 지적되고 있다. 미숙련 노동자의 과다한 고용과 부적절한 회계 및 경영 프로세스도 문제였다. 이러한 제조업의 문제점들은 1993년에 작성된 제2차 5개년 계획서상에도 비슷하게 언급됐고, 같은 해 발간된 세계은행 보고서에서도 유사한 문제점들이 드러났다. 결국 세월이 흘러도 문제점은 전혀 고쳐지지 않은 것이다.

이러한 현상은 그 뿌리가 훨씬 깊다. 옥스퍼드 대학교University of Oxford가 발간한 『이란의 경제 개발 1900~1970』에 따르면, 20세기 초 설립된 공장들은 대부분 수년 내에 문을 닫았으며, 1947~1952년 초기 산업화 단계의 큰 공장들은 보통 공기업이었다.또한 "정부 공장들은 잘못된 경영, 과잉고용, 창의력을 말살시키는 과도한 중앙집중적 경영과 특히 세계 2차 대전 이후 외국으로부터의 과다한 경쟁상품 수입으로 수익을 내지 못하고 있다"고 언급하고 있다. 이런 상황은 현재까지 지속되고 있다. 이란 유력 일간지 《함샤리》는 2002년 6,000여 개의 기업들이 입주해 있는 산업공단에서 기업의 평균 활동 기간이 3년에 불과하다고 보도한 바 있다.

지난 50년간 이란 정부는 우대환율, 저리자금 지원, 보호주의적 고율 관세와 비관세 장벽으로 제조업체들을 지원해 왔으나 자생력을 가지지 못한 탓에 주기적으로 제조업 육성정책을 마련하고 있다. 일반적인 산업육성은 초기 부족한 자본을 외부에서 투입하고 환경 조성을 해주면 이익이 발생하는데, 이렇게 축적된 이익금으로 R&D와 확장투자를 통해 확대재생산하는 선순환의 과정을 거치는 것이다. 그러나 이란에서는 지속적인 정부의 지원과 자원 투입에 제조업이 의존하고 있는 상황이다.

석유 가격이 높을 때는 문제가 없으나 낮을 때는 통화량 증대로 국민의 자원을 정부로 이전하고 이 중 일부를 산업 지원에 사용했다. 조세수입이 GDP의 6%에 불과한 이란 정부로서는 석유 수입이 부족할 때 사용할 수 있는 유일한 수단이었다. 특히 혁명 이후에는 석유 가격이 혁명 전보다 좋지 않아 통화증발에 많이 의존했다. 혁명 이후 통화량(M2) 증가율은 연평균 22%에 달했다.

자급자족정책이 초래한 비효율과 지대추구

이란 정부는 자급자족이라는 한 가지 목표에만 매달려 제조업에 엄청난 규모의 자원을 쏟아 부었다. 목표는 오로지 자급자족이었으며 투자효율성과 정책의 효과 평가는 덮어 두었다. 막대한 석유 수입으로 경제를 꾸려 나갈 수 있었던 관계로 제조업의 수출은 도외시되거나 심지어 못하도록 막기도 했다.

1959~1999년간 제조업 수출은 비석유 수출의 평균 20%였다. 나머지는 카펫, 건조과일 등 전통적 수출품이었다. 1990년대에는 이 비율이 평균 38%까지 올라갔으나 이는 제조업 수출 증가 때문이 아니라 전통제품의 수출이 지속적으로 감소했기 때문이었다. 같은 기간 제조업 수출액은 수입대금의 2.3%에 불과했다.

이러한 자급자족정책은 외부쇼크로부터 이란 경제를 보호하고 생존을 유지하는 긍정적 측면도 있었다. 이란-이라크 전쟁(1980~1988)과 1994년 이후 미국의 제2차 경제제재 시기가 대표적이다. 그러나 수출지향적 정책의 부재는 국제경쟁을 통한 효율 향상과 내재적 문제점을 수정할 수 있는 기회를 앗아버리고 이해관계자들의 지대추구 습관을 고착화시켰다. 기업의 오너(국영기업의 경우 경영자), 노동자, 관료들이 경제적 지대를 나눠 가지는 구조를 형성했던 것이다.

지대는 직접적 자원 투입 외에 저리융자, 우대환율 외화배정, 저렴한 원자재 배정의 형태로도 이루어졌다. 기업들은 이러한 시장가격보다 낮은 자원을 암시장에서 처분해 이익을 챙길 수 있었다. 게임의 법칙은 생산성 향상이 아니라 보다 많은 정부의 지원을 받아낼 수 있는 협상력에 달려 있었다. 노동자를 해고하거나 임금을 체불함으로써 노동자들이 거리로 내쫓는 것도 흔히 사용되는 방법이었다.

이란 기업이 산업체를 설립하는 것만으로도 금전적 가치가 있다. 수많은 서류를 제출하고 관료주의적 과정을 거쳐 허가를 획득하면 싼 자원, 저렴한 토지 제공, 저리융자와 저율의 외화가 배정되며, 세금 감면과 원자재 수입 권한까지 주어진다. 때문에 기업 입장에서 지대를 받지 않고 효율적 경영을 하는 것은 불가능하다. 효율경영을 추구하는 기업은 지대를 받는 기업에 비해 인건비가 낮거나, 재정적인 어려움을 겪거나 둘 중 하나일 경우가 많다.

제조업체 중 국영기업 1,000여 개, 민간기업 1만여 개를 대상으로 조사한 2000년대 초의 한 연구보고서에 의하면 이들은 매출액의 6%, 부가가치의 14%를 정부로부터 지대로 획득했으며, 민간기업과 공기업 간에 큰 차이가 없었다. 민간 부문에서는 광산물, 석유, 가스 등 국가독점자원을 사용하는 산업의 지대가 상대적으로 높았으며 비교적 경쟁력을 갖춘 식품, 음료, 직물 등의 분야에서는 낮았다. 공기업 분야에서는 대규모 투자와 첨단기술이 요구되는 분야와 인쇄, 출판, 담배 등의 분야 지대가 높았다. 규모가 큰 기업의 산업 분야별 시장지배력, 또는 집중도에 따른 지대 차이는 뚜렷하지 않았는데, 집중도가 40% 이하인 산업은 비금속광물제조, 가구제조, 의류제조, 염색, 가죽, 가방, 신발, 직물산업 등 소수 경공업 분야밖에 없다는 점도 집중도에 따른 산업별 지대 차이가 뚜렷하지 않은 이유다. 이를 볼 때, 지대 차이는 정치적 커넥션과 정부정책에 더 영향을 받는 것으로 보인다.

왜 이란 제조업체들은 규모를 확대하지 않는가?

1996년 조사에서 10명 이상을 고용한 제조업체 수는 전체 제조업체 32만 개의 4%인 1만 3,000개에 불과했으며 10년이 지난 2006년 조사에서 10명 이상 고용 제조업체 수는 1만 6,000개로 늘어났을 뿐이었다. 2006년에 10인 이상 고용 제조업체가 약 100만 명, 10인 이하 고용 제조업체가 약 240만 명을 고용하고 있어 영세 기업이 압도적이다. GDP가 이란의 약 두 배인 한국의 2008년 10인 이상 고용 제조업체 수 5만 5,573개인 것과 비교해 보아도 제조업체의 규모가 작은 것을 알 수 있다.

1972~1998년간 기업체당 자본금 규모는 지속적 감소 경향을 보여 이 기간 절반 이하로 축소되었다. 왜 이란 기업들은 기업규모 확대에 적극적이지 않은 것일까? 더구나 왜 신생 기업들은 적극적으로 생존하려고 노력하지 않는 것일까?

강력한 수출촉진정책의 부재에 따라 규모의 경제를 갖추기 힘든 시장규모 때문이었을까? 시장규모로는 설명이 되지 않는다. 이 기간 높은 관세와 비관세 장벽으로 보호된 석유 수입으로 상당히 매력적인 내수시장을 가지고 있으며(2009년 구매력 기준 GDP 한국의 64%) 공급이 수요를 따라가지 못해 항상 판매자시장Seller's Market에 머물기 때문이다.

비효율, 과다한 생산비용, 과잉노동자, 부적절한 투자, 숙련노동자 부족 등 정상적 상황에서는 경영상의 병적인 문제들이 지대추구를 위한 효과적인 행동 중 하나가 될 수도 있다. 오래되고 문제 많은 기술, 구식 기계, 노동자 수는 협상과정에서 가치 있는 무기다. 회사가 효율적이고 생산적이라는 신호를 주는 것은 정부가 지원을 중단할 만한 근거가 되기 때문에, 회사는 더 나은 발전을 할 필요가 없는 것이다.

상당한 규모의 지대추구가 가능한 상황에서는 경영자의 의사결정이 효율과 생산성 향상에 의한 장기적 이윤 최대화 전략을 따를 필요가 없다. 어느 정도 효율적인 부분이 희생되더라도 생산 이윤과 지대 배분의 합이 최대화되는 쪽을 선택하게 되는 것이다. 따라서 기업규모의 확대는 반드시 정답이 아닐 수 있다. 더구나 개별 기업과 산업에의 정부자원 투입에 한계가 있다고 생각한다면 경영자들은 기업규모 확대, 또는 존속 기간에 스스로 제한을 가할 수밖에 없다. 이처럼 정부의 퍼주기식 지원과 경영자의 지대추구 행태는 이란 기업의 발전과 규모 확대를 저해하는 가장 큰 이유다.

중동 최대의 자동차 생산국

이란에서 자동차산업은 석유·가스 산업에 이은 제2의 산업이며 이란 정부의 핵심 육성산업이다. 자동차 및 부품 산업에 종사하는 노동자는 약 50만 명이고 연관 분야까지 포함할 경우 70만 명이 넘는다. 이란 정부는 자국의 자동차산업 육성을 위해 1995~2004년까지 완성차 수입을 금지했으며 2005년 수입이 허용된 이후에도 중고차는 계속 수입을 금지하고 신차에는 90%의 수입관세를 부과하는 등 국내 자동차산업을 보호했다.

2005년은 이란 자동차산업에서 여러모로 전환점이 되는 해였다. 푸조는 지금까지의 라이선스 제공방식에서 합작생산방식으로 전환했으며, 기아Kia Motors의 프라이드Pride는 이란 국영업체가 라이선스를 넘겨받아 자체생산을 시작했다. 또한 같은 해에 1960년대 말부터 40여 년간 이란의 국민차 역할을 해왔던 페이칸Paykan의 생산을 중단했다.

2010년에는 상용차의 수입도 금지했다. 이러한 자동차산업 육성정책을 편 결과 이란의 자동차 생산은 2000년 30만 대 수준에서 2005년 80만 대로 늘었고 2008년에는 100만 대를 돌파했다. 이후 2009년 140만 대, 2010년 160만 대, 2011년 165만 대를 생산하는 파죽지세의 성장세를 보였다.

그러나 양적인 성장의 이면에는 질적인 문제가 도사리고 있었다. 국산화와 저가유지정책(아흐마디네자드 대통령 시절 극심한 인플레에도 불구하고 자동차 가격의 인상을 억제)을 밀어붙이다 보니 안전성에 문제가 될 정도로 품질이 저하됐다. 이에 정부가 나서서 55개 분야 품질 표준을 정해 기준에 적합한 제품만 사용케 하는 등 품질관리 강화정책을 펴고 있다. 결과적으로 2010년에 품질규격인증을 획득한 부품생산업체는 50% 미만이었으며, 국산화 비율이 높을수록 품질의 문제가 많았다. 프라이드와 푸조 RD에서는 대당 평균 500개 이상, 사만드Samand에서는 대당 300개의 결함이 발견되었다. 이런 상황이다 보니 연식이 오래된 차가 근래에 생산된 차보다 높은 가격에 팔리는 웃지 못할 일이 벌어지고 있다.

양대 국영 조립업체 중 하나인 이란 코드로Iran Khodro Industrial Group는 미국의 제재 전에 이미 실질적인 파산에 이른 상태였다. 결국 거래 중이었던 많은 부품 공급업체들이 물품대금을 받지 못하거나 뒤늦게 겨우 받았다. 이 회사는 외국에 조립공장을 설립하는 등 수익성 없는 무리한 투자로 인해 90억 달러 이상(자산은 100억 달러)의 부채를 떠안았다. 이렇게 심각한 유동성 문제에 직면하자 이란 정부는 10억 달러의 긴급구제금융을 지원해야 했다.

엎친 데 덮친 격으로 이러한 내부적 문제에 더해 외부적 충격으로 인해 이란의 자동차산업은 엄청난 피해를 입었다. 2011년 하반기

이란 자동차부품전시회 한국관

부터 이란으로의 자동차 부품 수출이 전면적으로 금지되어 프랑스, 일본, 한국 등으로부터의 부품 공급이 중단된 것이다. 생산은 절반으로 감소했으며 주행 중인 1,400만 대의 A/S도 불가능해졌다. 이 와중에 이란은 미국의 제재에 개의치 않는 중국 업체들의 질 낮은 부품이 부품시장의 70%가량을 차지함으로써 품질 향상 문제는 뒷전으로 밀려나는 광경을 지켜봐야 했다. 당시 1,200여 개 자동차 부품업체 중 수백 개가 파산했으며 비교적 건실했던 860개 이란 자동차부품협회 회원사의 20%는 공장을 폐쇄했다. 자동차 부품업계의 부채는 40억 달러에 달했으며, 은행들의 부채상환 독촉에 시달려야 했다.

자동차는 생산 측면의 문제 이외에 수요 측면의 문제도 크다. 근래 미국의 강력한 경제제재와 누적된 인플레로 인한 환율의 급격한 상승 등으로 자동차 수요가 40%가량 감소한 것이다. 2014년 들어 이란으로의 자동차 부품 수출금지가 잠정적으로 해제되었지만 완전히 해제된다고 하더라도 2011년 이전 수준으로 회복하는 데는 많은 시간이 걸릴 것으로 보인다. 결국 이란의 자동차산업은 정치적인 요인으로 인한 외부환경 변화에 지극히 취약한 구조를 가지고 있는 것이다.

이란은 우리보다 훨씬 빠른 1959년부터 영국의 자동차 모델을 도입해 자동차 생산을 시작했다. 그러나 이란은 아직도 자체 모델의 완성차를 생산하지 못하고 있으며, 외국 모델을 들여와 일부 부품만 국산화해 생산하고 있는 실정이다. 경제제재 전 프라이드가 약 40%, 푸조 405와 206 등 몇 개 모델이 약 30% 이상의 시장을 점유하고 있었다. 푸조 시트로앵에게 이란은 프랑스 다음의 제2의 시장이었다. 그 외에 다양한 업체의 모델이 완전조립생산CKD, Completely Knock Down과 부분조립생산SKD, Semi Knock Down으로 생산 및 판매되었으나 그 수는 많지 않았다. 오히려 수입 완성차가 3~5% 정도의 시장을 점유하며 약진했다. 수입 완성차 중 한국의 현대, 기아 차가 약 60%의 시장을 점유했고, 그 다음이 독일, 일본 순이었다.

이란 정부는 2개 국영 자동차업체의 과점으로 인한 비효율, 품질 문제, 경쟁력 저하 문제를 해결하기 위한 자극제로 2010년에 완성차 관세를 90%에서 70%로 인하키로 했다. 의회에서 법안까지 통과시켰으나 국내 자동차업계의 반발이 거세게 일자 없던 일로 한 바 있다. 또 한편으로는 민영화를 추진하고 있으나 인수할 만한 국내 민간자본이 없고 외국 기업도 관심이 없는 상황에서는 어려운 실정이다. 민영화가 된다 하더라도 통신산업 민영화와 같이 준국가기관에 소유권이 넘어가 형식상의 주인만 바뀔 가능성이 높다.

이란으로의 한국 자동차 부품 수출은 3억 달러 정도였던 것이 꾸준히 늘어 2010년 4억 달러가량 수출했고 같은 해 완성차 수출은

5억 달러 이상이었다. 이외에 생산설비와 기계 수출도 상당한 성과를 거뒀다. 그러나 미국이 경제제재를 가하기 시작하면서 부품 수출은 급격히 감소해 2013년 1억 3,000만 달러로 줄어들었다가, 2014년에는 제재 부분 해제로 전년에 비해 50% 이상 늘어났다. 그러나 아직 예전 전성기의 2/3 수준에 머물러 있다.

　이란 자동차산업의 현황과 문제점들은 이란의 제조업이 처한 상황을 상징적으로 보여준다고 할 수 있다. 산업에 따라 조금 다르긴 하겠지만 그 구조는 비슷하기 때문이다. 이러한 이란 자동차산업의 특징과 문제점들은 이란 시장을 대하는 데 있어 유의할 점을 보여준다. 시장은 크고 성장하며 기회가 많지만 안팎의 경제 외적 요인으로 하루아침에 무너질 수 있으며, 정책적 요인으로 시장의 구조가 근본적으로 바뀔 수 있다는 사실 말이다. 따라서 이란을 둘러싼 정치외교적 변화에도 대비해야 한다. 이러한 점은 자동차뿐만 아니라 이란과의 모든 비즈니스 분야에 적용된다.

◎ 페이칸은 영국에서 들여온 모델로 구조가 간단하고 저렴했으나 워낙 오래되어서 기름이 과다 소요되고 매연이 많아 환경문제를 발생시켰다. 이란 정부는 페이칸 생산을 중단시키고, 수단에 생산시설을 매각했다. 페이칸의 연비는 12기통 람보르기니의 연비와 맞먹는, 그야말로 기름 먹는 하마였다.

◎ 이란의 자동차 판매규모는 정확히 알기 어렵다. 생산대수는 자동차공업협회에서 업체별·모델별로 발표하나 판매실적을 발표하는 곳은 없다.

정치·문화 통제가 가로막는 정보통신산업

세계경제포럼WEF, World Economic Forum이 유럽경영대학원INSEAD, INStitut Europeen d'ADministration des Affaires과 공동으로 개인, 정부, 기업의 정보기술 발전도와 경쟁력을 종합측정해 발표하는 네트워크준비지수Networked Readiness Index에 의하면, 2014년에 이란은 148개국 중 104위를 기록하고 있다. 이는 이란의 국제적 위상을 고려할 때 매우 낮은 순위다.

1999년 3차 5개년 계획 이후 개혁파 정부는 민간의 통신시장 참여를 허용했다. 이로 인해 이동통신에 경쟁체제가 도입되고 헌법 개정에 의한 민영화로 국영통신사가 민영화되었다. 민영화 계획은 광범위한 경제자유화 프로그램의 일환이었고 핵심 국영기업 민영화에는 외국인투자 유입에 대한 기대가 있었다. 그러나 통신사의 민영화에는 다른 부문의 민영화와 마찬가지로 외국자본의 유입이 없었을 뿐 아니라, 준공공기관에 매각되었다.

이란은 중동·이슬람 국가 중 최초이자 중동에서 이스라엘 다음으로 1993년에 인터넷이 연결된 국가다. 그러나 오늘날 이란의 정보통신산업은 인근 이슬람 국가들보다 뒤처진 상태다. 보수파의 정치적 목적의 통제와 서양 문화와 사상의 유입을 막으려는 종교적 폐쇄주의로 인해 발전이 정체된 것이다.

이슬람 정부는 애초에 이슬람 및 혁명 이데올로기 전파와 과학기술 연구를 위한 유용한 수단으로 인터넷 사용을 장려했다. 그러나 1990년대 후반에 보수파가 하타미 대통령으로 상징되는 개혁파의 정책을 무력화시키는 조치들을 취하면서 인터넷 정책은 억제와 통제로 방향을 틀었다.

하타미 정부가 허용한 수십 개의 개혁파 신문들이 폐간되면서 직업을 잃은 기자들은 온라인으로 무대를 옮겼으며 기존 독자들도 따라왔다. 이에 따라 블로그 사용이 폭발적으로 증가했고, 이 상황을 예상 못했던 당국은 인터넷을 통제했다. 2003년 정부는 15,000개 이상의 웹사이트를 폐쇄하고 블로거들을 체포하기 시작했다. 2005년에 집권한 보수파 정부는 반정부운동을 막고 서구 문화의 파급을 차단하기 위해 2006년 10월 인터넷 속도를 최대 128Kbps로 제한했다. 인터넷 확산을 위해 속도를 높이기는커녕 정반대의 정책을 취한 것이다.

이러한 속도제한에도 불구하고 2009년 6월 대선에 불복하는 시위의 진압과정에서 인터넷 통제의 한계가 드러났다. 당시 시위대 모집 상황과 시위 모습이 담신 사진과 글이 SNS를 통해 실시간으로 전파되었다. 특히 진압대의 총을 맞고 여학생이 사망한 동영상은 전 세계로 전파되며, 세계인들의 분노를 샀다.

이후 이란 내의 SNS 접속이 차단되었고, 《BBC》 등 해외 언론사의 사이트들도 접근이 차단되었다. 더 나아가 국외로의 접근을 원천 봉쇄하기 위해 '월드 와이드 웹WWW, World Wide Web'이 아닌 이란 국내 사이트에만 접속할 수 있는 인터넷망 'NINNational Internet Network'을 구축하기에 이르렀다. 깨끗한 물에 다양한 고기가 어울려 살지 못하듯, 정부가 미리 정해놓은 정보만 마련된 온라인 세상에 무슨 재미로 사람들이 모여서 놀겠는가? 게다가 속도까지 느리다 보니, 콘텐츠 소비는 늘 수가 없고, 투자 유인도 적어 이란 정보통신산업은 정체되어 있다. BMI 리서치가 보상과 위험 수준 등으로 측정한 이란의 통신사업 환경은 중동·아프리카 16개국 중 14위에 머물고 있다, 이란보다 환경이 좋지 못한 나라는 튀니지와 레바논뿐이다. 참고로 1위는 이스라엘, 2위는 사우디아라비아, 3위는 카타르, 4위는 UAE 순이다.

이동통신

이란에는 세 개의 전국이동통신사업자와 세 개의 지역이동통신사업자(가입자 합계 100만 명) 등 총 여섯 개 사업자가 있다. 2013년 말 가입자 수는 독점 유선사업자의 자회사인 MCIMobile Company of Iran가 49%인 4,431만 명, 남아프리카공화국 업체와의 합작회사인 MTN 이란셀MTN Irancell이 45.8%인 4,138만 명, 3G 독점사업자 링텔RighTel Communications이 4.1%인 371만 명이며 지역사업자는 1% 미만의 점유율을 가지고 있다. 휴대폰 보급대수는 2013년 말 현재 9,300만 대로 보급률은 120%이며 중동·북아프리카 지역 평균 140%에 비해 낮은 수준으로 16개국 중 14위다. 휴대폰 보급률은 100%를 넘겼지만 선불카드폰이 90%에 육박한다. 이 마저도 상당수는 휴면상태여서 실제 통계와 차이가 있다. 이란의 선불카드폰 가입자 수는 중동·북아프리카 지역의 평균 86%에 비해서도 높은 수준이다. 가입자당 매출액은 2.4달러로 중동·북아프리카 지역 평균 15.6달러에 비해 현저히 낮은 수준으로 서비스의 낙후성을 보여주고 있다.

사업자 입장에서는 경쟁으로 인한 낮은 가격 때문에 수익이 적다고 불만을 가질 수 있지만, 사용자 입장에서는 저렴하긴 하지만 음영지역이 많아 이동 중 전화가 끊어지는 등 품질이 낮아 불만이다.

3G 이동통신면허는 몇 번의 외국 사업자 선정과 취소를 반복하고 난 뒤 기존 이동통신사업자가 아닌 신규 사업자(사회보장재단)에게 2010년 4월 독점면허로 부여되었다. 그러나 2011년 11월까지 3G서비스는 시작되지 못해, 당초 2년이던 독점권은 2014년 9월까지 1년이 더 연장되었다. 2013년 말에도 3G 가입자는 384만 명에 그치며 전체 휴대전화 사용자의 4% 정도에도 못미치고 있다. 이처럼 3G 독점권 부여처럼 경쟁 없는 사업은 이란의 정보통신산업의 성장을 가로막고 있다. 이렇다 보니 4G LTE 서비스는 언제 시작될지 계획도 잡혀 있지 않은 상태다.

이란인들의 휴대폰 보유율은 연평균 4.6%씩 늘어나 2018년에는 1억 1,700만 대로 보급률은 142%가 될 전망이다. 물론 이처럼 상대적으로 높은 증가율은 현재 보급률이 낮은 데 따른 기저효과다. 하지만 3G(4G) 가입자는 2018년에 1,100만이 넘어 현재 전체 가입자의 4% 수준에서 약 10%까지 늘어날 것으로 보인다.

MTN 이란셀은 자사 고객 중 스마트폰 사용자 수가 2013년 말에 1,000만 명으로 보급률이 25%에 달한다고 발표했다. 그러나 데이터통신 속도나 국제통용 신용카드의 부재 등의 장벽으로 인해 스마트폰의 모든 기능을 제대로 활용하기가 쉽지 않다. 그럼에도 불구하고 스마트폰을 보유하는 사람들이 늘고 있는 것은 일종의 과시욕 때문이기도 하다. 스마트폰은 이제 단순한 기능성 상품에서 벗어나 패션상품이 된 것이다.

인근 국가와 비교할 때 이란인들의 모바일 부가서비스 사용률은 아직 미미하다. 모든 사업자가 음성전달, 전화차단, 발신자 표시, 콘퍼런스 콜, 보이스메일과 같은 음성기반 부가서비스를 제공하고 있긴 하지만 정작 데이터서비스는 아직 문자서비스(SMS)에 머물고 있다. 데이터서비스는 정부의 검열과 필터링 대상이다. 젊은 층 증가에 따라 이동통신 가입자가 지속적으로 늘고 있다 보니 정부의 통제도 강화되고 있다. 이러한 데이터서비스와 인터넷서비스에 대한 정부의 강력한 통제에 따라 투자자들은 투자할 메리트를 전혀 느끼지 못할 수밖에 없다. 이에 따라 통신망은 투자 부족에 시달리고 있어 성장이 제한되고 있다. 또한 정치·안보 환경 불안정이 통신업체와 콘텐츠 공급자의 투자를 저해하고 있으며, 경제제재로 인해 네트워크 장비 수입도 어려워 신기술 도입 비용도 상승시키고 있다.

그러나 아직 스마트폰, 고속이동통신, 데이터통신, 부가서비스 보급률 등 그 수치들이 낮다는 것은 앞으로 성장 잠재력이 높다는 뜻이기도 하다. 더구나 현재 전체 인구의 60% 이상이 30세 이하의 젊은 층이라는 것도 유리한 부분이다. 이들은 새로운 기술 도입에 적극적이고 과시욕도 강해 이동통신산업을 발전시킬 원동력으로 작용할 가능성이 높다. 물론 정부의 억압적인 정책과 좋지 않은 국제 환경이 앞으로의 성장을 가로막고 있긴 하지만, 상황이 어떻게 변할지 모르기 때문에 이란 이동통신산업의 행보를 지속적으로 주시하고 있어야 할 것이다.

유선전화

유선전화 독점기업인 이란국영통신공사TCI, Telecommunication Company of Iran
는 성장정체 상태에 놓여 있다. 미보급지역 투자 확대와 서비스 개
선 유인이 별반 없고 무선에 비해 상대적으로 비싸다는 단점이 너무
크기 때문이다. 또한 유선에서 무선으로 대체되고 있는 최근 추세도
한몫하고 있다. 2013년 말 2,900만 대, 보급률 37.8%로 추정되는 수
치는 중동 내에서는 최고 수준이다. 그러나 2018년에도 3,100만 대
수준으로 소폭 늘어날 뿐 보급률도 38.5%로 큰 변동은 없을 것으로
전망된다.

인터넷

이란의 정확한 인터넷 사용현황은 파악이 어렵다. 이란 정부는 인터
넷 사용자가 2013년에 4,500만 명으로 전년의 3,300만 명에 비해 대
폭 늘어났고, 인터넷 가입자가 2,500만 명이라고 발표했지만 신빙성
이 떨어진다. 한 시장조사기관에서는 2013년 정부가 발표한 수치의
절반 정도로 추정하고 있다. 즉 인구의 16%인 1,200만 명 정도가 인
터넷에 가입되어 있는 것이다. 2018년에는 인터넷 보급률이 33%에
달할 것으로 전망하고 있으며, 광대역 보급률은 2013년 4.8%로 370
만 명이 사용하고 있는데 2018년에는 인구의 10%가 사용할 것으로
예상하고 있다. 이러한 수치들은 다른 중동 국가들에 비해 낮은 수
준이다. 그러나 이 예상치는 이란의 정치적·외교적 상황이 순조로울
경우에 그럴 것이라는 얘기다. 정부에 의한 인터넷 접근과 통제가 심
해지면 광대역 가입자 수는 줄어들 수밖에 없다.

이란 인터넷 사용자는 늘고 있지만 가격과 속도가 문제다. 인

터넷 사용자의 30% 정도는 다이얼업Dial-up 방식으로, 30% 정도는 ADSLAsymmetric Digital Subscriber Line을 사용하고 있고, 나머지 40%가 휴대폰을 통해 인터넷에 접속하는 GPRSGeneral Packet Radio Service 가입자다. 이것 역시 제한속도인 128Kbps 무제한 사용에 월 사용료는 4만 원 정도로 비싼 편이다. ADSL은 통신센터에서 5.5km 이내 위치해야 하고 멀어질수록 속도가 떨어진다. 또한 통신센터가 촘촘히 설치되어 있지 않고, 정보전송량의 제한으로 화상회의, 웹호스팅, VOIP 연결 등이 쉽지 않다.

유선인터넷은 대도시에서만 서비스되고 있다. TCI의 자회사인 DCIData Communications of Iran가 유선인터넷망을 독점하고 있고 1,200개의 인터넷서비스사업자ISP, Internet Service Provider가 서비스하고 있다. 그러다 보니 DCI가 ISP 업체들에게 요구한 높은 사용료는 고스란히 소비자들의 부담이 되었다. 또한 ISP 업체들은 대부분 영세한 지역사업자 들이어서 규모의 경제 효과를 내기 어려운 실정이다. TCI와 이란 국영통신인프라공사TIC, Telecommunication Infrastructure Company of Iran가 지속적으로 투자하고는 있지만 국가인터넷망을 구축해 외부 콘텐츠 접속을 제한하려 하기 때문에 장기 수요 잠재력 역시 제한적이다.

3G 사업자 링텔이 모바일 광대역 사용자를 늘리고 경쟁을 촉진시켜 기존 사업자를 대상으로 한 서비스 품질 향상을 주도하고 있으나, 링텔 자체 네트워크가 몇 개 도시만 커버하고 있으며 전용 모바일 광대역 서비스가 비싼 편이어서 사용자 수 확대에는 한계가 있다.

이란의 인터넷시장도 모바일 인터넷이라는 신흥시장의 추세를 따라갈 가능성이 높다. 그러나 3G 서비스의 경쟁 결여와 주요도시 이외에는 네트워크 인프라가 구축되어 있지 않아 성장이 제한적이다. 현재는 유선ADSL이 광대역 인터넷 연결의 주된 형태지만 무선

WiMAX와 같은 잠재력 높은 다른 기술이 등장하고 있다. WiMAX는 2009년 3월에 네 개 회사에 사업자 면허가 발급되었다. 테헤란과 6개 주의 사업권을 받은 MTN 이란셀의 WiMAX 가입자 수는 2013년 6월에 30만 명이었는데 대역폭과 콘텐츠 제한으로 가입자 확대 속도가 느리다고 밝혔다. 한편 2013년 6월 이라니안넷Iranian Net Communication and Electronic Services은 FTTxFibre-To-The-x 네트워크 서비스 계획을 발표했다. 테헤란, 마샤드, 이스파한, 타브리즈, 쉬라즈, 카라지, 콤 등 주요 도시에서의 사업자 면허를 받았는데 2015년 8월까지 가입자 100만 명을 목표로 하고 있다.

이란의 광대역 보급률이 낮은 이유 중 하나는 높은 가격과 낮은 대역폭 때문이다. 정부의 통제가 개인의 인터넷 가입을 단념시키는 요인으로 작용한다. 기본적 전화 인프라에 더해 TCI는 광대역 서비스가 가능한 고성능 광섬유 네트워크에 투자하고 있다. 온라인 교육, 전자정부와 이헬스e-health와 같은 서비스는 광대역 보급률을 높일 것으로 기대된다.

2006년 10월 이란 정부는 반정부활동을 억누르고 서양 문화의 영향과 투쟁하는 정책의 일환으로 고속인터넷 연결을 금지했다. ISP 업체들은 고속광대역 서비스 공급 금지와 최대 128Kbps로의 속도 제한 명령을 받았다. 이러한 제한은 젊은 세대들이 외국 음악, 영화, TV프로그램 등을 더 이상 내려받지 못하게 만들었다. 또한 이는 반정부활동 그룹들이 네트워크를 통해 연락 및 모의하며 세력을 조직화하는 노력을 방해했다. 그러나 2006년 11월 정부는 대학, 학술연구센터, 조사기관, 회사, 공단, 공공도서관, 문화센터에 콘텐츠 필터를 설치하는 조건으로 128Kbps 이상의 속도를 허용했다. 2007년 9월에는 MMSMultimedia Messaging 통제와 필터링을 시작했는데 이는 '비도덕'적인 비디오와 오디오가 휴대폰을 통해 전달되는 것을 막기 위한 것이었다.

이란 정부는 2009년 이후 접속을 차단시킨 SNS에 대한 우회접속을 막기 위해 2013년 1월 새로운 스마트 필터링 소프트웨어를 개발하기 시작했다. 2007년까지 이란은 제3국을 통해 미국 소프트웨어를 구입하거나 해적판으로 사용해 왔다. 그러나 이제 그간의 지식을 바탕으로 몇 년 전부터 자체 필터링 시스템을 개발해 운영할 수 있게 된 것이다.

외국 정보의 국내 확산을 우려한 이란 정부는 국내 사이트에만 접속할 수 있는 NIN을 만들기 위해 노력했다. 이슬람혁명의 가치에 부합하지 않는 콘텐츠가 범람하는 글로벌 인터넷으로부터 자국을 분리해 별도의 네트워크를 만들고자 한 것이다. NIN은 2005년부터 논의가 있었으며, 2007년 5월 정부의 공식인가가 났다. 2009년 6월 대선기간에 인터넷을 통해 유포된 뉴스들을 통제하기 시작하면서 이란 정부는 NIN 구축의 필요성을 확신했다.

정부는 NIN은 국가안보의 문제라고 주장했다. 2012년 2분기에 경제담당 부통령은 서방의 영향을 배제하기 위해 국제 게이트웨이Gateway를 우회하는 새로운 '할랄 인터넷Halal Internet'을 창설할 것이라고 발표했다. 그리고 2012년 9월 정부기관과 군대가 폐쇄된 네트워크로 이동하면서 드디어 '할랄 네트워크Halal Network'가 시작되었다. 이란은 전 세계에서 가장 큰 인터넷 필터를 가지고 있는 나라가 되었다. 이 와중에 2014년 1월 중국은 온라인상의 콘텐츠를 통제하고 '청정' 인터넷을 구현하기 위한 이란의 NIN 구축을 지원할 것이라고 발표했다.

중국은 소비자의 온라인 접근과 중국 내에서 자체 성장한 SNS 플랫폼을 중단하지는 않았다. 그러나 이란은 중국이 간 길을 그대로 따라가지는 않을 것으로 보인다. 또한 기술적 지식이 풍부한 소비자들이 정부의 인터넷 차단을 우회하는 길을 다시 찾을 것이고 VPN을 만들어서 접근하고자 하는 사이트에 접속할 게 분명하다. 그렇기 때문에 국민과 정부의 온라인 숨바꼭질은 계속될 것이다.

IPTV

이란 정보통신부는 2008년부터 몇 번의 우여곡절 끝에 2013년 12월에 6개 주 14만 가구에 서비스하는 1단계 IPTVInternet Protocol TV 프로젝트를 시작했다고 발표했다. 정보통신부는 장기적으로 700만 가입자를 예상한다며 장밋빛 전망을 내놓았지만 세부계획은 밝히지 않았다. 정부는 IPTV 시스템으로 TV, VOD, AOD뿐 아니라 로컬 및 네트워크 게임, 쌍방향 음성통신, 화상회의, 전자신문, e-러닝, 교통 및 기상정보, 금융업무 등을 TV를 통해 제공하겠다는 계획을 밝혔다. 하지만 이란의 수많은 가정에 광통신망을 설치하는 문제와 제한된 콘텐츠 공급이 과연 IPTV의 정착에 어떤 변수로 작용할지 지켜봐야 할 것이다.

소프트웨어산업

이란소프트웨어수출연맹Union of Iranian Software Exporters에 의하면 2009년 소프트웨어 수출은 7,500만 달러로 전년의 5,000만 달러에 비교해 대폭 성장했다. 하지만 지적재산권을 보호해야 하는 건전한 법적 시스템의 부재가 문제될 소지가 많다.

정부가 '디지털저작권법'을 실행하기 시작했음에도 불구하고 이란에서 사용되는 소프트웨어의 80% 이상이 불법복제품이다. 정품 윈도우MS Window가 시장에 유통되고 있지만, 대다수는 5달러 미만 금액으로 거래되는 복제품을 구매하고 있으며 MS 오피스MS Office, 오라클Oracle, 안티바이러스Antivirus 등의 주요 프로그램도 같은 상황이다. 이에 따라 상당수 소프트웨어 개발업체들은 다른 IT 부문으로 전업하고 있다.

이란에는 약 2,700여 개의 소프트웨어 업체가 활동하고 있으며 400여 개만 등록되어 있다. 그중 함카란시스템Hamkaran System은 민간 회사 중 가장 큰 소프트웨어 회사로 직원이 800명, 고객이 5,000개 사에 달한다. 이 회사는 중동에서 가장 큰 소프트웨어 R&D 조직을 가지고 있으며, 26개의 소규모 회사로 구성되어 있다. 또한 글로벌 소프트웨어 기업의 라이선스 하에 운영 중인 21개의 기업이 포함되어 있다. 특히 이란의 대형 공기업과 기업들 대부분이 사용하고 있는 자동화 프로그램을 개발했다.

쉐타브 뱅킹 네트워크

쉐타브 뱅킹 네트워크 시스템Shetab Banking Network System은 이란에서 사용되는 유일한 e-뱅킹 및 자동지급 시스템이다. 이 시스템은 ATM, POS, 카드 거래를 지원하는 e-뱅킹 시스템을 만들 의도로 2002년에 중앙은행에 의해 도입됐고 시중 은행은 이 시스템을 기반으로 신용카드와 직불카드 서비스를 의무적으로 만들어야 했다.

정부는 2005년에 중앙은행 및 국영은행에 전자금융 시행을 위한 필수 인프라 구축을 의무화했다. 아직 전자금융의 초기 단계로서,

직불카드 사용이 많아졌고 신용카드도 아직 소수이긴 하지만 계속 발급되고 있는 추세다.

많은 이란인들은 거래의 안전성에 대한 우려로 아직도 전자금융 거래를 꺼리고 있는 실정이다. 이처럼 이란은 아직까지 현금 기반의 사회지만 쉐타브 시스템을 통해 일정 정도의 금융거래의 효율성 증대, 범죄 감소, 화폐 발생비용 감소, 세금징수 개선 등의 효과를 보게 되었다. 하지만 인터넷뱅킹을 비롯한 e-뱅킹의 완전한 실현은 전통적 현금거래를 선호하는 이란 문화와 인프라의 부족으로 인해 시간이 걸릴 것으로 보인다.

이란 광업의 엄청난 잠재력

이란은 석유·가스 자원뿐만 아니라 다양한 광물자원들도 많이 보유하고 있다. 원유수출에 가려져 크게 주목 받지 못하고 있으나 이란의 광업은 자국 경제성장의 주요 엔진이 될 매우 큰 잠재력을 보유하고 있다.

풍부한 광물 매장량

이란은 68개 광물, 370억 톤의 확인 매장량과 570억 톤의 잠재 매장량을 가진 세계 15위 광물자원 보유국이다. 이란 인구는 세계 인구의 약 1%를 차지하고 있지만, 광물은 세계 매장량의 7% 이상을 차지하고 있다. 현재 이란에는 아연, 구리, 철광석, 납, 중정석, 크롬, 금, 망간, 펄라이트(진주암), 우라늄 등의 주요 광물자원들이 매장되어 있다.

이 밖에 웅황雄黃(안료·화약용), 계관석 비소 정광, 은, 석면, 붕사, 수경 시멘트, 점토(벤토나이트, 산업용, 고령토), 규조토, 장석, 형석, 터키석, 산업용·유리용 모래(석영암, 실리카), 석회, 마그네사이트, 질소(암모니아, 요소), 천연 황토, 산화철 무기안료, 부석과 연관된 화산물질, 가성소다, 장식용 석재(화강암, 대리석, 석회석, 트래버틴, 백운석 등), 천청석, 천연 황산염(황산알루미늄 칼륨, 황산나트륨), 호박, 텅스텐, 마노, 청금석, 활석, 망간철, 몰리브덴 철, 하석 섬장암, 비취 석류석, 인광석, 셀레늄, 홍주석, 암면, 석류석, 반려암, 섬록암, 질석, 아타풀자이트, 칼슘, 바륨, 희토류, 스칸듐, 이트륨, 제올라이트 등도 보유 및 생산하고 있다. 보다 체계적이고 과학적으로 실제 매장량을 조사해 보면 훨씬 많은 양의 광물이 묻혀 있을 것으로 추정된다.

매장량에 비해 적은 생산

앞서 언급한 바와 같이 지하자원 조사가 완전하지 않아 확인된 매장량은 전체 매장량의 극히 일부다. 확인된 광구도 80%는 미개발 상태로 남아 있다. 특히 아연, 구리, 철광석, 우라늄, 납 등의 확인 매장량의 4% 정도밖에 채굴되지 않은 상태라 아직 무궁무진한 개발의 여지가 남아 있다.

엄청난 지하자원 보유에도 불구하고 이란의 광물생산은 GDP의 1% 이하에 불과하며 제련 등 관련 산업을 포함해도 GDP의 5%가 채 안 된다. 상대적으로 손쉽게 수입을 올릴 수 있는 석유와 가스 개발에 치중한 정부정책과 인프라 결여, 법적 장벽, 탐사 애로, 정부의 과도한 통제와 같은 요인들이 이러한 결과를 낳은 것이다.

이란 정부는 광산업을 국내 연관산업에 원료를 공급하는 보조산업으로 보고있고 적극적인 외화획득원으로 생각하고 있지는 않은 것 같다. 이러한 정책은 팔레비 왕조 하에서도 그러했는데 이란 경제 정책의 기저에 흐르는 자급정책의 일환인 것이다.

1996~2001년간 광물생산의 GDP 비중을 살펴보면 숫자로도 이러한 정책이 드러난다. 이 기간 경상가격 기준 광물생산의 GDP 비중은 시종일관 0.66% 내외였으나, 1990년 불변가격 기준 비중은 0.97%에서 1.25%로 늘어났다. 이는 이란 정부가 인플레에도 불구하고 광물가격을 억제했던 것을 보여주고 있다. 이란 정부는 5차 경제개발계획(2010~2015년) 중 광물생산량을 2억 7,000만 톤에서 5억 톤으로 두 배 확대할 야심찬 계획을 발표한 바 있으나, 다른 경제계획 목표처럼 노후설비 교체와 신규 장비 투입을 위한 국내자금투입 여력 부족과 외자유치 애로로 그 달성 여부는 매우 불투명하다.

이란의 광물과 가공품 수출은 근래에 많이 늘어났으나 아직 연 40억 달러가량 정도이며 주로 유럽으로 수출한다. 이러한 수출금액은 서방의 원유수출 제재 전 총 수출 약 800억 달러의 5%, 원유수출 613억 달러의 6.5%를 차지한다. 광물과 저가공 광물 수출에는 철광석 정광 50%, 철광석 팔레트 35% 등의 높은 수출세를 부과해 수출을 억제하고 국내 관련 산업으로의 원료 공급을 우선하고 있다.

외국인의 사업참여 가능성

1979년 혁명 어젠더Agenda 중 하나가 자원의 외국 기업에의 헐값 제공과 팔레비 왕과 측근들의 사유화였다. 이에 따라 혁명 후 대부분의 민간 광산과 광물 가공산업은 국유화되었다. 혁명의 광풍이 지나가고 나자 1983년 이란 정부는 광업법을 개정해 광업을 4개 분야로 구분하고 건축자재 부분만 민간경영을 허용했다. 석유·가스, 금속, 귀금속, 방사능 물질 등 주요 부문은 국영기업만 경영할 수 있도록 했다. 그 후 1985년 개정한 광업법은 금속, 귀금속 광업 중 소규모는 민간에 개방하고 융자를 포함한 편의를 제공해 민간의 광업 진출을 유도했다. 민간 부문은 순수 민간과 조합 및 종교재단이 운영하는 준공영 부분이 있다. 또한 이란인 지질학자의 부족을 인정하고 외국인 전문가 채용을 허용했으며 가공 프로젝트에 외국과의 합작을 허가했다. 1999년에는 또 다시 광업법을 개정해 민간의 라이선스 무효화를 거의 불가능하게 만들고, 라이선스 기간을 25년으로 연장했으며 투자보험 등 인센티브도 제공함으로써 민간의 광업투자를 유도했다.

2002년에는 외국인투자를 제한하는 외국인투자법을 전면개정하면서 광업 분야에는 바이백 조건의 외국인투자를 허용했다. 이는 지하자원의 개발에 대한 헌법상의 구속과 잠재된 정치적 장애를 피하기 위한 방법이었다. 이후 리오 틴토Rio Tinto, 페르시안 골드Persian Gold, 중신그룹CITIC Group과 중국국제알루미늄과 같은 외국인투자기업들이 제련공장 등에 투자하기 시작했다. 하지만 이와 같은 점진적인 민간 참여 유도와 외국인투자 허용에도 불구하고 아직도 정부와 준공영 부문이 광산과 관련 대기업의 90% 이상을 소유하고 있는 실정이다.

아직도 이란을 둘러싼 투자환경은 정치적·경제적 리스크가 높고 상품거래 외 자본거래가 어려운 점 등 제약이 많다. 하지만 혁명 후 이란 광업정책 변화의 역사를 볼 때 광업 분야에 200억 달러의 외자 유치를 계획하고 있는 이란은 자원민족주의에서 벗어나 외국과의 협력을 적극적으로 모색하는 정책적 변화를 시도할지 모른다. 이와 관련해 2013년 로하니 대통령은 외국인의 불만이 많은 바이백 조건의 변경을 언급한 바 있다. 이제 곧 이란의 광업 분야가 엘도라도El Dorado로 떠오를지 모른다.

◈ 주요 광물 매장 및 생산 현황

• 구리

이란의 구리 매장량은 1,400만 톤으로 세계 2위이며, 구리 생산량은 2006년 25만 톤으로 세계 12위다. 이란 최대 구리광산인 케르만Kerman주 사르체슈메Sarcheshmeh 광산은 구리를 1.12% 함유한 8억 톤의 구리광석과 0.67% 함유한 4억 톤의 구리광석이 매장되어 있는 세계 2위의 구리광산이다. 제련·정련 시설를 보유하고 있으며 연평균 14만 4,000톤의 구리를 생산하고 있다. 사르체슈메 광산을 소유하고 있는 이란국영동광산업NICICO, National Iranian Copper Industries Company은 테헤란 증권거래소 상장기업으로, 2010년 13억 달러의 구리를 수출하며 비석유 부문 이란 최대 수출기업으로 자리매김했다. 메이덕 구리채굴장Meyduk Copper Mining Complex은 구리 0.84%를 함유한 1억 4,500톤의 구리광석을 보유하고 있으며, 순도 30% 구리정광을 15만 톤 생산할 수 있다. 핀란드의 지원으로 개발되었으며, 여기서 생산된 정광은 중국이 건설한 카투나바드Katunabad 제련소에서 제련한다.

• 철광석

미국지질연구소USGS, U.S. Geological Survey에 의하면, 이란은 2009년 3,300만 톤의 철광석을 생산한 세계 8위 철광석 생산국이다. 이란국영철강회사NISCO, National Iranian Steel Corporation가 철광산과 모바라케Mobarakeh, 아바즈Ahwaz 철강소를 운영하고 있다. 주요 4대 철광산의 매장량이 20억 톤에 달하며, 여타 광산들의 매장량도 1억 5,000만 톤에 달한다. 생산되는 철광석의 품위는 24~40%다. 1990년대 일본, 독일, 호주 기업의 지원으로 코카르트Coqart 광산(연 560만 톤 생산)이 확장되었고, 골 고하르Gol Gohar 광산(연 500만 톤 생산)과 카다르 모루Cadar Molu 광산(연 300만 톤 생산)이 개발되었다. 2003년 이탈리아 다니알리 컨소시엄Daniali Consortium은 이란전력개발공사IPDC, Iran Power Development Company와 산간Sangan 노천광산(12억 톤 매장, 연 340만 톤 생산) 개발을 계약했다.

• 철강

이란은 2009년 철강을 자급하기 시작해, 현재 세계 16대 철강 생산국으로 자리매김했다. 2009년 이란의 철강 생산능력은 1,100만 톤이었으며, 2015년까지 3,500만 톤 생산을 목표하고 있다. 2010년 기준으로 모바라케 제강소Mobarakeh Steel Mill가 시장점유율 47%, 코제스탄 철강회사KSC, Khouzestan Steel Company가 시장점유율 23%, 이스파한 주조공장 Isfahan Foundry이 시장점유율 20%, 이란국영철강공업그룹INSIG, Iran National Steel Industries Group이 시장점유율 10%를 차지하고 있다. 2008년 선철 대체재인 직접환원철DRI, Direct Reduction Iron 750만 톤을 생산하면서, 세계 DRI 생산의 13%, 중동 DRI 생산의 41%를 점유하고 있다.

• 아연과 납

이란은 세계 아연/납 매장량의 5%에 해당하는 약 1,100만 톤의 아연 금속성분과 약 500만 톤의 납 금속성분을 매장하고 있다. 2009년 16만 5,000톤의 아연/납을 생산하며 중동 1위, 세계 15위의 아연/납 생산국에 올랐다. 2009년 7만 7,000톤의 아연/납 정광Concentrate과 잉곳Ingot을 전 세계에 수출했다. 이란의 주요 아연/납 광산으로는 마흐디 아바드Mahdi-Abad(순도 6%의 아연, 순도 2.7%의 납 광석 75만 톤 매장), 앙고우란 아연 광산Angouran Zinc Mine(순도 26%의 아연, 순도 6%의 납 광석 16만 톤 매장)이 있으며, 주요 아연/납 생산공장으로는 이란아연광산개발그룹Iran Zinc Mines Development Group, 바바광업&산업회사Bama Mining & Industrial Company, 바프그흐광업회사Bafgh Mining Company, 칼시민Calsimin Co. 등이 있다.

• 크롬

이란은 확인 매장량 3,600만 톤으로 세계 크롬 매장량의 4.5%를 점유하고 있다. 파르야브광업&제련회사Faryab Mining & Chrome Smelting Company는 연간 1만 4,000톤을 생산해 내수를 충당하고 나머지는 일본에 수출한다. 2만 5,000톤 규모의 공장 두 개를 건설하고 있다.

• 보크사이트와 알루미늄

이란의 보크사이트 매장량은 3,200만 톤으로 많지 않지만, 알루마이트는 6억 8,700만 톤을 매장하고 있다. 보크사이트가 많지 않음에도 알루미늄 생산이 활발한 것은 저렴한 가스가격 때문이다. 2006년 알루미늄을 46만 톤 생산해 세계 17위의 알루미늄 생산국에 올랐다. 2012년 현재 알루미늄 공장은 총 세 개가 가동 중이다. 반다르 압바스Bandar Abbas에 위치한 호르모잘 알루미늄 제련소Hormozal Aluminium Smelter Plant는 이탈리아와의 합작공장으로 14만 7,000톤의 알루미늄을 생산할 수 있고, 2022년까지 150만 톤 생산을 목표로 하고 있다.

• 시멘트

이란은 세계 8대 시멘트 생산국이다. 2009년 이란은 6,500만 톤의 시멘트를 생산해 40개국에 수출했다. 세계 시멘트 생산의 1.8%, 소비의 1.6%를 이란이 점유하고 있다. 2008년부터 시멘트 생산과 가격을 자유화하며, 2010년 보조금 개혁 이후 에너지 가격 인상으로 가장 큰 타격을 받았다.

• 우라늄

반다르 압바스, 아즈드Yazd, 북호라산北Khorasan, 아제르바이잔(이란 영토 내)에 다량의 우라늄이 매장되어 있다.

• 금

이란의 금 매장량은 330톤으로 추정되며, 2008년 기준 약 5톤 정도가 생산되었다.

황무지에 핀 꽃

이란은 사우디아라비아와 같은 사막 국가와 달리 고원으로 이루어져 있고 숲과 강도 있다. 북쪽의 고원지대는 상당히 추워서 1년 중 절반은 눈에 덮여 있다. 이란은 북부의 알보르즈 산맥Alborz Mts.과 남부의 자그로스 산맥Zagros Mts.에 둘러싸인 이란 고원, 자그로스 산맥 남쪽의 페르시아만 연안지방, 알보르즈 산맥과 카스피해 사이의 좁고 긴 평야지대의 세 개 지대로 구분할 수 있다. 이란고원Iranian Plat.은 해발 500~1,500m로 북부에 카비르 사막Kavir Des.과 나마크Namak 소금 호수, 동남부에 루트 사막Lut Des.과 소택지沼澤池들도 있다.

강우량은 수도 테헤란 지방의 경우 230㎜에 불과해 스텝성 기후를 보이고 있는 데 비해, 카스피해 연안지방은 1,000㎜ 이상으로 아열대 식물도 자란다. 강우량이 적은 지역도 인근 높은 산의 눈이 녹은 물이 공급되고, 지하수 양도 상당히 많은 편이다.

이란의 농작물

이란을 여행하다 보면 덤불들이 듬성듬성 보이는 황무지들이 많이 보인다. 이란 국토 중 경작이 가능한 토지는 국토의 7.5%인 12만 3,850 ㎢(1,238만 5,000ha)에 불과한데 이중 69%만 경작 중이다. 경작 중인 농지 850만ha 중 현대적 관개시설이 된 곳은 11%에 불과해 막대한

이란의 고속도로 주변 풍경

석유 수입에도 불구하고 농업 인프라 투자가 부족했음을 보여준다. 관개시설 부족으로 인해 주기적인 가뭄은 이란 농업생산을 불안정하게 만들고 있다. 때문에 당장 관개시설과 비닐하우스 재배 확대가 이란 농업의 화두다.

이렇게 좋지 않은 환경에도 불구하고 천혜의 재배환경으로 인해 오랜 기간 이란의 대표적 농산물로서 세계시장을 독점 내지 과점하고 있는 품목들이 여러 개 있다. FAO에 의하면 이란은 22개 주요 농산물의 세계 7대 생산국이다. 농업은 이란 GDP의 13%, 고용의 20%(450만 명), 식품소비의 82%와 식품가공산업 원재료의 90%를 공급한다. 2011년 농산물 생산은 약 1억 2,000만 톤으로 혁명 전 1979년 생산액 2,500만 톤의 다섯 배에 달했다. 2010년 농산물 수출은 약 30억 달러였고 수입도 비슷한 금액이었다.

이란 정부는 농업 분야에 깊고 넓게 개입하고 있다. 주요 농산물은 정부가 수매를 하고 판매가격을 정한다. 내수를 위해 수출을 제한하기도 하고 물가안정을 위해 수입하기도 함으로써 생산자들의 소득을 감소시키고 생산 의욕을 떨어뜨리기도 한다. 1970년대 원유

가격 상승으로 인한 외화 수입 증가가 농산물 수입 증가를 가져와 농가에 피해를 입혔던 역사는 혁명 후에도 반복되었다. 이란 농가는 정부가 농업보다는 도시 소비자를 위한 정책에 편향되어 있다고 불만을 내비친다. 많은 보조금 지급에도 불구하고 이란의 농업은 전반적으로 낙후되어 있다. 보조금 개혁 이후 시장기능이 좀 더 활성화되었으나 농가의 생산의욕을 북돋우기에는 아직 부족하다.

이란은 2010년에 20억 달러에 달하는 83만 톤의 과일을 주변국과 유럽에 수출했다. 이란은 270만ha의 과수원에서 50여 종, 1,650만 톤을 생산하고 있으며, 총 생산량은 세계 8~10위권으로 중동 최대 과일생산국이다. FAO에 따르면 1인당 세계 평균 과일생산량은 80kg이나 이란에서는 1인당 200kg을 생산한다. 주요 품목별로 보면, 석류가 세계 1위, 대추야자가 2위, 체리와 무화과가 3위, 사과와 호두가 4위 수준이며, 포도, 오렌지, 레몬, 키위는 7위 수준이다. 특히 석류, 페르시아 호두, 사향참외, 라임은 이란이 원산지다. 건조 피스타치오와 대추야자 열매 외에 여러 종류의 건포도도 많이 수출하고 있다. 터키와 과일 수출경쟁을 하고 있으나 포장이 터키에 뒤져 경쟁력이 떨어진다.

채소도 수출하고 있다. 이란은 요르단, 사우디아라비아 다음으로 많은 오이를 UAE에 수출하고 있다. 이란식품연합회 발표에 따르면 2010년 식품수출은 12억 달러이며 이 중 과일 주스와 농축액 수출이 4,700만 달러다. 이란 현지의 주스공장은 214개이며 5만 5,000톤을 생산하고 있고, 농축액공장은 89개로 27만 톤을 생산하고 있다.

또한 이집트에 이은 세계 2위 대추야자 열매 생산국으로 세계 생산량의 21%를 차지하고 있다. 연 100만 톤으로 이집트의 절반 수준이나 재배면적은 이집트보다 넓어 단위면적당 수확량이 이집트에 비해 현저히 낮다. 사우디아라비아가 95만 톤을 생산하며 그 다음으로 UAE가 연 75만 톤, 파키스탄이 연 50만 톤을 생산한다. 2010년 대추야자 열매 수출은 이란의 비석유 수출의 4%에 달했다.

이란은 피스타치오의 주 원산지이자 최대 생산국이다. 한국의 피스타치오 수입량은 2010년 337톤에서 2012년에는 861톤으로 증가해 3년간 수입량이 155% 늘어났다. 한국에 수입되는 피스타치오는 대부분 미국산으로 이란산은 아주 적은 물량만 수입되고 있다. 2008~2009년에 이란은 19만 2,000톤을 생산해 세계 생산량의 35%를 차지했고 미국은 12만 6,000톤으로 23%, 터키가 12만 톤으로 22%, 시리아가 5만 톤으로 10%를 차지했다. 그러나 20년 전인 1988~1989년에는 이란이 12만 8,000톤으로 55%, 미국이 3만 톤으로 13%, 터키가 2만 7,500톤으로 12%, 시리아가 2만 3,200톤으로 7%를 점유하고 있었다. 이란의 생산이 크게 늘지 않는 상태에서 미국과 터키의 생산이 네 배 이상 늘어나면서 두 국가의 점유율이 늘어난 것이다. 이 기간 중 세계 생산은 23만 톤에서 55만 톤으로 매년 꾸준히 늘어났다. 20만 명이 직접 종사하고 100만 명의 생계가 달려 있는 피스타치오 산업은 이란의 매우 중요한 산업이다.

2008년 피스타치오 수출시장에서 비율로 따졌을 때 이란이 35%, 미국이 27%, 터키가 1%를 차지했다. 2009년에 이란의 피스타치오 수출액은 12억 달러로 역대 최대금액을 달성한 바 있다. 주요 수출국가는 홍콩(중국), UAE, 독일, 러시아이며 70여 개국에 수출하고 있다.

세계 최대 피스타치오 시장은 중국으로 연 8만 톤의 피스타치오를 소비하고 있다. 그 다음은 미국 4만 5,000톤, 러시아 1만 5,000톤,

인도 1만 톤 순이다. 세계 피스타치오 시장에서 미국산은 이란산보다 약 20% 높은 가격에 판매되고 있다. 이런 추세가 계속되면 이란이 피스타치오 종주국의 위치를 빼앗길지도 모른다. 이란의 피스타치오 재배면적은 1979년 5만ha에서 2009년 45만ha로 9배가 늘었으나 생산은 3~4배 늘어나는 데 그쳤다. 이러한 피스타치오 산업의 위기를 타파하기 위해서는 생산비용의 절반가량을 차지하는 비료의 저렴한 공급, 관개시설 확충, 기계 현대화, 적기 자금 조달, 가공시설 투자가 필요하다.

이란은 세계 17위의 꽃과 화초 생산국이다. 그러나 수출보다는 대부분 국내에서 소비된다. 이란 정부는 화훼산업 발전을 위해 2014년 6회째 화훼전시회를 열고 있다. 이란 땅엔 3000년이 넘는 화초재배의 역사가 있다. 7대 불가사의 중 하나인 '신바빌로니아의 공중정원The Hanging Garden of Babylon'도 황량한 이라크 땅에 시집와 나무와 꽃이 많은 고향을 그리워하는 메디아Media 왕국(이란고원 서부) 출신 왕비를 위해 신바빌로니아의 네부카드네자르Nebuchadnezzar 2세가 왕비의 고향 풍경과 유사한 정원을 사막에 있는 궁전에 만든 것이다. 이란인들은 초대 받은 집을 방문할 때 꽃을 선물로 들고 가는 것이 생활화 되어 있을 정도도, 꽃은 이란인의 생활에 깊숙이 자리 잡고 있다.

이란의 모내기

강우량이 많은 이란 북부 카스피해 지방의 63만ha에 달하는 논에서 연 230만 톤가량의 쌀을 생산한다. 밀 다음으로 제2의 주식인 쌀의 수요를 국내 생산이 충당하지 못해 매년 60만~80만 톤가량을 수입한다. 콩과 보리도 각각 200만 톤, 60만 톤씩 수입하고 있다.

세계 12대 밀 생산국인 이란은 2004년에 주식인 밀의 자급을 달

이란의 모내기 풍경

성했으나 2007~2008년 낮은 기온과 연이은 가뭄으로 다시 밀 수입국이 된 바 있다. 그러나 이란 정부는 보조금 개혁 이후 밀 소비가 30%가량 감소하는 바람에 다시 수출한다고 주장했다.

FAO에 의하면 이란은 중국, 한국, 일본에 이은 세계 5위의 누에고치 생산국이다. 이란의 잠업과 실크산업은 북부 카스피해 주변 지역에 분포되어 있으며 특히 호라산Khorasan 주 토르바트 에 헤이다리에Torbat-E Heidarieh 지역에 밀집되어 있다. 한때 연간 수천 톤의 실크를 생산하기도 했으나 요즘은 많이 줄어 200톤 정도에 머물고 있다. 이곳에서 생산된 실크사는 대부분 카펫 제조에 쓰이고 있다. 실크 직물제조에는 1% 미만의 실크사가 사용되고 있는데 호라산 주와 길란Gilan 주에 각각 하나씩 공장이 있다.

사프란은 요리할 때 음식에 첨가해 노란색, 오렌지색의 컬러를 내는 데 이용한다. 이란 요리, 아랍 요리, 중앙아시아 요리, 유럽 요리, 인도 요리, 터키 요리, 모로코 요리 등에 널리 사용되고, 과자와 술에 첨가되기도 한다. 한국 사람들에게도 익숙한 리조또나 빠에야 요리에 많이 들어간다.

오래전부터 사프란은 무게로 따졌을 때 금보다 비쌌던 가장 비싼 향신료이며 과거에는 염료, 향수, 약으로도 사용되었다. 건조된 사프란 1파운드를 만드는 데 5만~7만 5,000송이의 꽃이 필요하며, 5만 송이의 꽃을 따는 데 13시간가량의 노동이 요구된다. 사프란은 지중해에서부터 동쪽으로 카슈미르에 이르는 지대에서 생산된다. 연간 약 230톤이 생산되는데 이란이 세계 생산량의 94%를 차지한다. 이란 외의 주요 생산국은 그리스(4톤), 인도(3톤), 모로코(1톤), 스페인(0.5톤), 아제르바이잔, 이탈리아 등이다.

이란이 사프란의 세계시장 공급을 거의 독점하고 있지만, 실제론 이란산 사프란을 외국 기업이 수입해 그들의 브랜드로 포장해 고가에 판매하고 있어, 사프란 생산농가 소득에 큰 도움이 되지 않는다. 재주는 곰이 부리고 돈은 누가 버는 꼴이다. 이란에는 40여 개의 사프란 수출업체가 있는데 수출량의 약 1/5만 5g 이하의 소포장 완제품으로 수출되며 나머지는 벌크로 스페인과 UAE 회사에 수출되고 있다.

사프란은 밀 생산에 필요한 절반의 물로 생산이 가능해 건조한 이란 기후에 적합한 작물이다. 이란의 연간 사프란 생산량은 약 220톤으로 약 4억 달러의 가치를 가지고 있으며 연 60~90톤가량을 중동 및 유럽 등 46개국에 수출하고 있다.

사프란 농장

한편 가짜 사프란이 문제가 되고 있다. 타트라진Tartrazine(식용색소황색 제4호)으로 착색을 한 가짜 사프란이 인도, UAE, 사우디아라비아에서 수입되어 유통되고 있는 것이다. 이란 식당에 가면 노란색 밥과 고기가 곁들여 나오는 경우가 많은데 인공색소로 착색한 것일

장미 농장

가능성이 높다.

테헤란에서 이스파한으로 가는 고속도로 중간에 위치한 감사르 Ghamsar라는 마을은 테헤란에서 남쪽으로 300㎞가량 떨어진 곳에 있다. 이 마을에서는 5월 중순에 장미축제가 열린다. 마을 전체가 장미꽃으로 덮이고 장미꽃을 증류해 장미수Rose Water를 만든다. 페르시아 장미수는 2,500년의 역사를 가졌다. 지금도 감사르에서는 전통적인 증류방식으로 천연 장미수를 만든다. 장미수는 화장품 용도 이외에 식용이나 약품으로도 사용된다. 이란에서는 1만㏊가량의 장미밭이 있는데 1㏊(약 3,000평)에 핀 장미꽃을 모두 증류해야 1㎏의 장미수 농축액을 얻을 수 있다. 고대 인도의 전통의학 '아유르베다Ayurveda'에도 장미수의 의학적 용법이 나온다. 장미수는 이란 외에 불가리아, 터키, 인도에서도 생산된다.

늘어나는 수산물 생산과 소비

이란 수산청에 의하면 2010년 수산물 생산은 66만 톤으로 19만 명이 어업에 종사하고 있다. 1979년에 수산업 종사자가 2만 4,000명에 불과했던 것에 비하면 엄청나게 증가한 것이다. 수산업이 이란 농수산업에서 차지하는 비중은 낮으나 점점 늘고 있다.

수산물 소비도 1979년에는 1인당 1kg에 불과했으나 생선이 건강식품이라는 인식이 확산되면서 이제는 1인당 8kg에 달한다. 이에 따라 생선 판매점도 많아져 테헤란에서도 쉽게 생선을 구할 수 있게 되었고 식당에서도 생선요리를 먹을 수 있게 되었다. 그러나 아직은 세계 평균 1인당 소비량 16.5kg에 비하면 절반 수준에 불과하다. 이란인들의 생선 소비가 예전에 비해 많이 늘어나기는 했으나 아직은 양고기, 닭고기 등 육류와 빵, 쌀이 주식이다.

수산물 수출은 2010년에 4만 4,500톤, 1억 6,000만 달러로 전년

대비 각각 33%, 66% 증가했다. 가장 많이 수출된 수산물은 6,500만 달러가 수출된 캐비어다. 다음이 1,900톤, 1,300만 달러를 수출한 새우였다. 관상용 어류와 송어, 참치 등도 많이 수출하고 있다. 수산물 수출의 절반은 가두리양식, 또는 육상양식 수산물이었다. 수산물 수입은 8만 톤, 9,000만 달러로 수출의 절반 정도다.

세계 캐비어 생산의 90%는 카스피해에 서식하는 철갑상어에서 나오며 이 중 45%가 이란에서 생산된다. 그러나 철갑상어들이 지나다니는 강의 지류가 오염되고 불법남획과 밀수출 성행으로 2억 5,000만 년을 살아온 철갑상어가 멸종위기에 처해 있다. 1991년 소련 붕괴와 함께 시작되어 2020년에는 카스피해에서 철갑상어들이 사라질 것으로 예상된다. 덩달아 지난 20년간 이란의 캐비어 생산은 급격히 감소했는데 1980년대에는 연 22톤의 캐비어가 생산되었으나 근래에는 10톤 수준으로 줄었다. 철갑상어 중 가장 비싸고 희귀한 종은 부드럽고 알이 크며(완두콩 크기) 연한 은회색과 검정색을 띠는 벨루가Beluga 종이다.

● 이란 양식수산물 생산 추이

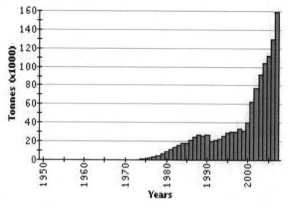

자료: FAO

이란 캐비어는 다른 나라의 양
식 캐비어에 비해 10배 높은 가격
으로 세계시장에 판매되고 있다.
그러나 가짜 캐비어가 스페인, 일
본, 아제르바이잔과 다른 중앙아
시아 국가들뿐만 아니아 최근 이
란 시장에까지 유입되고 있어 이란
산 케비어의 평판을 떨어뜨리고 있

이란의 캐비어

다. 가짜 캐비어는 진품의 1/5 가격으로 반죽에 색을 입히고 젤라틴
과 향을 혼합해 만든다.

자연산 캐비어는 이란과 아제르바이잔에서만 생산되고 있다. 러
시아는 자연산 캐비어의 거래를 금지하고 있다. 이란에서도 시험
적 철갑상어 양식이 이루어지고 있으나 아직 상업화 단계는 아니다.
2010년 이란의 캐비어 수출은 6,500만 달러에 달했다. 한때 중단되었
던 수출은 카스피해 연안 5개국(이란, 아제르바이잔, 카자흐스탄, 러
시아, 투르크메니스탄)이 수출 쿼터에 합의하면서 2010년에 다시 수
출되기 시작했다. 2010년 이란 철갑상어 수출 쿼터는 5개국 전체의
45%였다.

이란의 양식장 면적은 4만 2,000ha고 양식어종은 잉어가 절반, 송
어가 1/3, 새우가 2.5%를 점유하고 있다. 양식어류의 90%가량은 내수
소비된다. 1959년 테헤란 인근 카라지Karaj 양식장에서 송어 양식으
로 시작한 이란의 양식업은 1978년 생산이 3,000톤으로 전체 수산물
생산의 1% 미만이었다. 그러나 1980년대 들어 이란 정부가 양식산업
에 본격적으로 투자하기 시작해 2009년에는 21만 톤을 생산, 전체 수
산물 생산의 1/3을 차지하고 있으며, 양식 수산물 생산 비중은 계속

증가할 것으로 전망된다.

이와 같이 이란의 수산물 양식 역사는 일천하다. 새우 양식의 역사는 더 짧아 1991년 FAO의 도움으로 걸프만에서 새우 양식을 시작한 것이 최초로 2010년에는 2만 6,000ha 새우 양식장에서 6,000톤을 생산했다. 양식업 직간접 종사자는 21만여 명으로 이란 남부 해안 지역에서는 양식업 종사자가 14만 명에 이를 정도로 지역 일자리 창출과 빈곤 완화에 기여하고 있다. 이란에 산재되어 있는 15만ha의 호수와 저수지의 1/3인 50만ha가 양식이 가능한 곳으로 조사되었다. 이란 정부는 수산업 투자의 60%가량을 양식업에 투자해 2015년까지 2009년의 두 배인 43만 톤 생산을 목표로 하고 있다.

이란 비즈니스 시 유의사항

경영진이 직접 나서지 않으려면 이란 비즈니스는 하지 않는 것이 좋다.

대부분의 비즈니스가 그렇겠지만, 특히 이란과의 비즈니스는 오너 또는 오너에 버금가는 권한이 있고 책임을 질 수 있는 사람이 결정을 하고, 리스크 관리를 하며 책임을 져야 한다. 특히 중소기업이나 중견기업에 있어서는 오너의 직접적인 이란 사업 챙기기가 필수적이며 그럴 만한 상황이 되지 않는다면 이란과의 사업은 하지 않는 편이 좋다. 이러한 주장이 과장되게 들릴지도 모른다. 하지만 이란과의 사업은 기회도 많고 수익성도 다른 시장보다 좋은 반면 수출금지, 외환결제 불편, 국제사회의 압력 등에 따른 변동성과 이에 따른 리스크가 큰 시장이기 때문에 오너의 이란 시장에 대한 깊은 이해와 이에 바탕을 둔 결정이 꼭 필요하다. 실무진에만 맡겨 놓을 경우 실적 확대만 보고 이러한 리스크들을 간과할 수도 있으며, 이것이 회사의 존립을 위협할 수도 있다.

한편 이란인의 독특한 의식구조와 행동양식으로 인해 한국 기업의 실무진은 이란 측 협상자와 자사 오너 중간에서 샌드위치 신세가 되어 어려움을 겪는 경우가 많다. 테헤란 상사 주재원들은 부임후 얼마간 시간이 지나면 바이어의 신용장 개설 예정 보고를 잘 하지 않는다. 바이어가 약속한 신용장 개설은 한없이 늘어지기도 해 본사에서 예정 보고를 믿고 주문이 들어가면 곤란한 상황에 처하고 재고부담에 대한 책임 등 문제가 발생하기 때문이다. 본사에서 이란 실정을 이해하지 못하면 오해가 생길 수밖에 없는 것이다.

경영진의 이란에 대한 이해와 이에 기반한 결정과 책임을 지는 시스템이 갖추어져 있지 않고 실무진에만 비즈니스를 맡겨 놓으면 어려운 상황에 직면하거나 이란 시장을 제대로 활용하지 못할 가능성이 높은 것이다.

끝나지 않는 흥정

동대문상가로 쇼핑하러 간 어느 이란 바이어는 열 켤레에 1만 원 하는 양말을 9,000원에 샀다고 아이 같이 웃으며 자랑한 적이 있다. 이처럼 이란인의 가격 깎기는 끝이 없다. 어떻게 보면 한없이 늘어지는 협상을 즐기는지도 모른다. 가격을 깎는 것은 그렇다 치더라도 합의를 하고 계약서 작성에 들어가면 또 깎자고 요구한다. 어렵게 계약을 완료하고 나서도, 신용장 개설 때, 품질검사 시 성가신 그들의 요구는 끝이 없다.

상점에서 물건을 살 때 가격이 비싸다고 나오면 주인은 잡지 않는다. 그 물건을 살 의사가 있다면 흥정을 지속해야 한다. 물건을 좀 많이 산다면 가격 흥정이 끝나고 포장이 끝난 후 돈을 지불할 때 값싼 물건을 끼워 달라고 할 수도 있다.

이란 상인들의 습성을 잘 알고 미리 대처한다면 그들의 습성에 맞추어 줌으로써 적정한 이윤을 보면서 거래를 지속할 수 있다. 애초에 가격협상의 여지를 계약 이후까지 두거나, 마지막 할부금을 못 받을 것으로 생각하고 용역비를 책정하는 방식도 고려해 볼 수 있다. 물론 이들의 성향에 맞춰 현명하게 대처하라는 것이지 그렇다고 무조건 깎아주는 것이 능사는 아니다. 상대방 입장에선 적정 가격을 몰라 최대한 가격을 인하하려고 하는 것일 수도 있기 때문에 다른 나라의 수출가격과 도매가격 등을 비교해주며 제시한 가격이 경쟁력 있음을 설득하는 것이 좋다.

지루한 협상과 더디게 추진되는 프로젝트

경제제재가 심해지기 전 이란은 각종 프로젝트 발주가 즐비한 시장이었고 한국의 수주도 많았다. 지금은 많은 프로젝트 수주가 어렵지만 미국과의 핵협상 타결로 인해 조만간 프로젝트 시장이 다시 열릴 것이다. 이 경우 이란은 각국 비즈니스의 각축장이 될 것이다.

이란에서 프로젝트를 추진하려면 강한 인내심이 필요하다. 프로젝트의 협상과정은 엄청나게 오래 걸린다. 여기에는 여러 가지 요인이 있겠지만, 이란인들이 정보를 조금씩 공개하기 때문이기도 하다. 이란인 특유의 불신과 숨기기로 인해 프로젝트 정보 공개는 더딜 뿐더러 그조차 투명하지 못해 상당한 시간과 인내가 소요된다. 물론 이미 친분이 있어 신뢰가 바탕이 된 협상은 보다 수월하지만 이것도 다른 나라와 비교했을 때 답답하긴 마찬가지다.

이란인들은 절대 '패'를 한꺼번에 내놓지 않는다. 모든 정보를 테이블에 올려놓고 협의하는 경우는 없다. 미국식 직선적 협상방식과는 정반대다. 정보를 얻기 위해서는 지루한 만남을 몇 번이고 가져야 한다. 그것도 아무에게나 알려주는 것이 아니라 오랜 친분이 있어야 한다. 형식적으로는 입찰에 부치기는 하나 입찰공고 및 서류는 이란어로 되어 있기 일쑤고 입찰마감에 임박해서 공고가 나는 경우가 허다하다. 그러나 마감기간이 임박한 입찰이라도 포기할 필요는 없다. 유찰이 빈번해서 금세 다시 입찰에 부쳐지기 때문이다.

한편으로는 입찰에 나왔다고 아무나 수주가 가능한 것도 아니다. 많은 건들이 사전에 내정된 계약자에게 돌아간다. 소위 사전 '쿠킹'된 프로젝트들이 많은 것이다. 협상 초반에는 얘기가 없던 공급자 금융이나 투자에 가까운 금융조달이 나중에 수주조건으로 요구되는 경우도 많다. 또한 다른 중동 국가들과 달리 어느 정도 제조업 기반을 갖추고 있어 자국 기업을 육성하고자 기술력이 부족한 특정 분야만 외국 기업에 아웃소싱하거나 국산화를 요구하기도 한다.

수주에 성공하고 나면 또 다른 고난이 기다리고 있다. 포스코 Posco가 수주해 건설한 이스파한의 제철소 건설은 10년 이상 소요되었는데, 계획상으로는 3~4년이 소요되는 프로젝트였다. 이렇게 계획보다 훨씬 오랜 걸렸던 이유는 이란인들의 독특한 의식구조와 습관, 사업추진 시스템 때문이다. 하지만 근래에는 경제제재의 강화로 인한 장비, 부품 수입의 문제, 결제 문제, 운송 및 보험 문제 등이 복합적으로 작용해 더욱 상황을 어렵게 하고 있다. 문제를 하나 해결하면 또 다른 문제에 봉착하는 식이다.

소프트웨어 자체개발 경향

이란은 하드웨어만 수입하고 소프트웨어는 자체개발하는 경향이 있다. IT 프로젝트가 특히 그렇다. 다른 중동 국가와는 달리 엔지니어가 풍부해 소프트웨어는 어느 정도 자체조달이 가능한 측면도 있고 보안 측면의 고려도 있다. 예를 들어 교통카드 시스템의 경우도 IC 칩과 통신장치 등 하드웨어만 수입하고 소프트웨어는 자체개발했으며 스마트 ID 시스템에서도 동일한 방식이었다.

일반 엔지니어링은 어느 정도 수준에 도달해 인근 국가에 많이 수출하고 있다. 이런 형국을 볼 때, 한국 입장에서는 이라크, 아프가니스탄 등에서의 프로젝트 추진 시 이란 기업과 협력해 일부 하청을 주는 방법도 고려해 볼 수 있다.

일부 중동 국가에 한국이 병원을 통째로 건설하고 운영하거나, 신도시를 건설하는 등의 일괄 프로젝트 수주는 이란에서 기대하기 힘들다. 이란에는 미국에서 공부한 학자들과 의사들도 상당수 많고 유학을 다녀온 엔지니어들도 많아 굳이 비용을 발생시키면서까지 외국인의 손에 일을 맡기지 않는 편이다.

법적 근거 없는 독점권 요구

독점 수입권 요구는 이란에서 흔히 접하는 일이다. 이란인들은 협상을 시작할 때부터 독점 에이전트 요구를 하는 경우가 많다. 시장에 처음 소개되는 새로운 상품이어서 많은 홍보활동이 필요하거나, 경쟁이 심해 바이어의 적극적 마케팅 활동이 필요하고 바이어가 마케팅비용 투입의사가 있는 경우엔 충분히 이해할 수 있는 요구다. 혹은 세계적인 브랜드 제품이거나 상당한 경쟁력을 가지고 있는 제품이 아니라면 여러 기업이 수입하는 제품 판매에 돈을 투자할 바이어는 많지 않다.

만약 이란 측이 독점 수입권을 요구할 때는 일정기간 독점권을 주되 의무수입량을 정해 바이어의 의지와 실력을 테스트해 보는 것이 현실적인 대안이 될 수 있다. 그러나 일부 바이어가 주장하는 이란의 법에 의거해 수입하려면 독점 에이전트 계약이 필요하다는 것은 사실이 아니다. 독점이 아닌 단순 에이전트 계약서만 당국에 제출하면 수입허가를 받을 수 있다.

이는 A/S가 필요한 내구재도 마찬가지다. 내구재의 경우 이란 내에서 A/S를 맡는 기업이 정해져 있고 매뉴얼이 제공되며 부품이 지속적으로 공급만 된다면 여러 바이어에게 수입권을 주어도 이란 법규정상으로는 문제가 없다.

간혹 바이어가 내구재의 경우 정부가 A/S 때문에 독점권을 의무화하고 있다고 주장하고 심지어 5년 정도로 그 기한도 정해져 있어 이를 준수하지 않으면 정부규정상 수입을 하고 싶어도 할 수 없다고 뻔뻔하게 거짓말을 하기도 하니 조심해야 한다. 다만 화장품, 의약품, 식품 등 보건성이 수입허가를 하는 품목은 브랜드별로 하나의 에이전트 등록이 필요하다. 이 경우 등록된 에이전트 이외의 바이어가 동일 브랜드 제품의 수입허가 신청을 하면 통관되기 어렵다. 여기서 유념해야 할 사실은 '1 브랜드 1 바이어' 등록이지 수출업체 전체 품목에 대한 바이어 한 개사만의 지정등록은 아니라는 점이다. 브랜드별로 등록된 에이전트 계약이 만료될 때까지는 기존 에이전트의 동의 없이 교체가 불가능하다. 그러나 일부 바이어들이 주장하는 바와 같이 계약기간이 몇 년이어야 한다는 이란 법상의 강제규정은 없다. 계약기간은 양 당사자가 정할 문제다. 에이전트 계약은 만료시점에 자동연장보다는 새로 계약하는 방식을 채택하는 것이 좋다.

외국 기업 블랙리스트 제도

공식적으로는 이란 정부가 인정하고 있진 않지만 분명히 상무부가 운영하고 있는 외국기업 블랙리스트 제도가 있다. 간혹 이란 상공회의소도 회원사의 민원처리과정에서 블랙리스트 제도를 운영한다고 주장하는 경우가 있으나, 상공회의소에는 이러한 권한이 없고 다만 상사 중재 역할만 할 수 있을 뿐이다.

블랙리스트 제도는 수입상이 이란 상무성에 외국 기업의 불공정 상행위로 피해를 입었다고 청원을 하면 심사 후 블랙리스트에 등재하는 제도다. 이때 조사과정에서 외국 기업의 참석을 요청하는데 이란에 지사가 없는 경우 공문이 제때 도달할지도 의문이다. 상무부의 소환에 불참하면 공식적인 의견 개진이 없는 상태에서 이란 기업의 주장대로 심사가 진행된다. 일단 블랙리스트에 등재되면 상무부의 수입허가가 발급되지 않아 해당 기업은 이란과 거래할 수 없게 되며 청원한 이란 기업의 동의가 없으면 해제되지 않는다. 흔치 않은 제도이므로 상당히 조심해야 할 사안이다.

출장 시에는 현금 소지

이란은 국제신용카드가 통용되지 않는 나라다. 호텔 숙박료, 식비 등 이란에서의 모든 체재비용은 현금으로 지불해야 한다. 신용카드에 익숙해 있는 한국의 비즈니스맨들로서는 여간 불편한 것이 아니다. 출장기간이 장기간이라면 막대한 현금을 들고 다녀야 하는 부담이 있다. 설비 설치 등 장기간의 출장이라면 체재비를 바이어에게 부담시키는 것도 대안이 될 수 있다.

이란 관세법에 의하면 외화반입금액의 한도액은 없다. 그러나 반출금액은 1인당 5,000달러로 제한된다. 또한 외화반입 시 신고의무가 있어, 입국 시 세관을 통과하기 전 멜리은행Melli Bank에서 신고해야 한다. 그러나 신고하는 사람은 거의 없고 다시 들고 나갈 것이 아니라면 굳이 신고할 필요는 없다.

무용지물 매뉴얼

이란 중소기업에 기계설비를 판매하면 사업주가 매뉴얼에 따른 교육을 잘 시키지 않거나 작업자들이 매뉴얼대로 운용하지 않아 설비들을 고장 내는 경우가 빈번하다. 그럴 때마다 이란 측은 무상수리나 무상교체를 요구할 때가 많다. 이란 중소기업에는 영문 매뉴얼을 제대로 이해하고 교육시킬 엔지니어가 없는 경우도 많다. 이에 대비해 판매가격에 교육비를 별도항목으로 포함시켜 판매자가 직접 교육시키고 작업자들이 제대로 기계를 다루는지 확인할 필요가 있다. 하지만 이란 측에서 추가 경비를 군말 없이 지불할지는 알 수 없다. 이란에 여러 설비들을 가장 많이 판매한 독일 기업들은 기계설비(Hardware)와 이에 수반되는 서비스를 철저히 분리해 관리한다. 이들은 하드웨어 가격만 지불했다면 고장에 대한 책임소재는 구입자에게 있고 공급자는 면책된다는 사실을 분명히 해두고 있어, 이란으로의 진출을 앞둔 기업들은 반드시 참고해야 할 사항이다.

철저한 확인이 필요한 현지 준비상황

설비를 설치하거나 시운전 등의 목적으로 엔지니어가 출장을 갈 때 이란 회사가 준비가 되어 있는지를 사전에 철저히 확인해야 한다. 상당수 기업의 경우 기계설비 공급업체가 요청한 전기시설, 설치부지 기반공사, 수도공급시설 등 기계 설치 및 운전에 필요한 사항들을 제대로 준비해 놓지 않은 경우가 많다. 대부분 국내선을 타고 가야 하는 지방도시에 공장이 있는데 준비가 안 되어 있다면 며칠 또는 일주일 이상 공치고 있어야 하는 상황이 발생한다.

이들은 기존에 합의된 비용 이외에 추가되는 인건비를 인정하려 하지도 않는다. 추가 인건비도 문제지만 한국 엔지니어가 연이은 스케쥴이 있는 경우 곤란한 상황에 직면하게 된다. 따라서 이메일 등으로 준비상황을 단순 확인할 것이 아니라 현장의 세부적인 사진을 찍어서 보내도록 요청하고 꼼꼼히 점검하는 등 확인을 거듭할 필요가 있다.

알아두면 좋은 에티켓들

약속은 상당기간 전에 잡고, 며칠 전에 확인하는 것이 좋다. 준비자료는 가급적 이란어로도 준비하는 것이 좋다. 미팅 시 아무리 덥다고 해도 상대방의 양해 없이는 상의를 벗어서는 안 된다. 대화 도중 시계를 보거나 시간에 쫓겨 서둘러 미팅을 끝내려 하는 인상을 주어서는 안 된다. 이러한 행위는 신뢰를 해치는 빌미를 제공한다. 따라서 이란인과의 약속시간은 넉넉하게 잡는 것이 좋다. 한 시간 약속을 했으면 30분 이상 여유를 두는 것이 좋다.

이란에서 대화할 때 신체거리는 밀착하는 것이 좋다. 상대방과의 거리가 가까워 불편하더라도 거리를 두고 앉는 것은 예의가 아니다. 그러나 남녀 간에는 이러한 원칙이 적용되지 않는다. 동성 간에는 1m, 이성 간에는 3m가 적정하다고 한다. 여성의 옆자리가 비었다고 남성이 그 자리에 앉는 것도 좋지 않다. 남성끼리는 악수를 하지만 남성이 여성에게 악수를 청하는 것은 금물이다. 이슬람 율법에서 가족이 아닌 여성과의 신체접촉은 금지하기 때문에, 이성 간에는 목례를 하는 것이 좋다. 동성 간에는 공공장소에서 흔하게 친근감을 표시하지만 공공장소에서 이성에게 다정한 행동을 표시해서도 안 된다. 이란인의 여성 친척에 대해 얘기하는 것은 삼가는 것이 좋다. 만일 이란 측 상대방이 여성 친척 얘기를 꺼내더라도 그녀의 개인적인 것에 대해 너무 많이 묻지 않는 것이 좋다.

서류, 명함, 선물 등 물건을 건넬 때는 왼손을 쓰면 안 된다. 왼손은 부정한 손이기 때문이다. 명함은 받은 뒤 바로 넣지 말고 자세히 살펴보는 모습을 보인 뒤 넣는 것이 좋다. 명함은 한쪽 면을 이란어로 표기하는 것이 좋으며 이란어로 된 면을 보이게 건네야 한다. 최고라는 의미인 엄지손가락을 치켜세우는 행동은 절대 하면 안 된다. 이란에서는 외설적인 욕이다. 손가락으로 사람을 직접 가리키는 것과 두 다리를 겹쳐서 꼬고 앉는 자세도 구두 밑창이 보이기 때문에 하면 안 된다.

이란인들은 만나자마자 바로 사업 이야기를 시작하지 않는다. 홍차와 과일, 또는 단 것들을 먹으며 가벼운 이야기부터 하는 것이 관례다. 건강 이야기와 가족 이야기에서 시작해 상대방의 업무, 이란에 대한 인상 등 대화를 확장해 나간다. 이러한 대화는 여러 번 만났거나 얼마 전에 만났어도 비슷하게 전개될 것이다.

상대가 남성일 때 축구 이야기를 꺼내는 것이 무난하다. 상대가 여성일 때는 〈대장금〉, 〈주몽〉 등 한국 드라마 이야기를 꺼내는 것이 좋다. 이처럼 초반에는 가벼운 이야기를 나누면서 친해지되, 긍정적이든 부정적이든 이란의 정치나 종교에 대한 이야기는 되도록 피하는 것이 좋다. 오히려 이란인들은 역사, 문화, 자연에 대한 자부심이 강하기 때문에 이러한 것들에 대해 긍정적으로 언급을 하면 좋은 반응을 이끌 수 있다. 이란에는 '너의 돈, 친구, 생각을 감추어라'는 속담이 있다. 이란인들은 속내를 드러내는 것을 꺼리기 때문에 사적인 일을 너무 자세히 물어보는 것은 좋지 않다.

이란 측 비즈니스 파트너에게 제3의 이란 거래선에 대한 비판은 삼가야 한다. 만약 좋지 않은 이야기를 했다면, 해당 거래업체의 귀에 금방 들어갈 가능성이 높아, 더 이상 거래하기 어려울 수 있다. 이란 사업가들은 밖에서는 철저하게 이슬람 율법을 지켜야 하므로 중요한 손님은 사적인 공간인 집에서 손님을 접대하는 경우가 많다. 그들은 손님을 초대해 직접 조리한 음식을 대접하는 것을 미덕이라고 여기므로, 만약 비즈니스 파트너가 집으로 초대한다면 부담 갖지 말고 방문해도 좋다. 의례적인 초대로 받아들이고 몇 번 거절했는데도 지속적으로 초대한다면 상당히 가까운 관계로 여겨도 된다.

식사 초대를 받아서 방문할 경우 한국 전통공예품 같은 것도 좋으나 준비되지 않았다면 꽃바구니를 들고 가는 것이 좋다. 선물을 전달할 때는 약소하다는 말을 꼭 해야 하며 주인이 자리를 정해 줄 때까지 서서 기다리 것이 좋다. 또한 손님에게 음식을 권하더라도 주인이 먼저 음식을 든 후, 손님이 음식을 드는 것이 예의다. 식사는 오른손으로만 해야 하며, 일반적으로 식사도구는 숟가락과 포크만 사용한다. 나이프가 필요할 경우 숟가락을 나이프처럼 눕혀 쓰면 된다. 뷔페 식당처럼 개인접시에 담아서 먹는 것이 일반적인데 조금씩 남기는 것이 좋다. 주인이 여러 차례 접시에 음식을 담아줄 텐데 세 접시까지는 사양하지 않는 것이 예의다. 정말 배가 불러 사양할 때는 한두 번이 아니라 여러 차례 의사표시를 해야 한다. 터로프 문화로 인해 한두 번의 사양은 진정한 사양으로 여기지 않기 때문이다.

종합해 볼 때, 이란 비즈니스 성공의 관건은 이란 파트너와 친분과 신뢰를 쌓는 것이다. 이것이 성사되면 사업의 반은 성공한 것이나 다름없다.

문서화가 항상 옳은 것은 아니다

이란 업체들과 협상이나 미팅 시 그 과정과 결과를 모두 문서화시켜 놓으라는 충고를 많이 듣게 된다. 그러나 꼭 그런 것만은 아니다. 이란인의 법률에 대한 인식은 한국과 상당한 거리가 있다.

이란인들은 전통적으로 계약 내지 합의란 것은 당시의 상황에서 그렇게 약속한 것이지 시간이 지나서 상황이 바뀌면 예전에 합의한 것도 바꿀 수 있다고 여긴다. 때문에 굳이 문서화하는 것을 꺼리며 이미 문서화했더라도 상황이 변하면 당연히 내용을 바꿀 수 있다고 생각한다. 이란 근대사는 영국, 러시아 등 외세의 간섭과 실질적 지배를 받은 역사였다. 이 시기에 문서화한 조약들로 인해 이란 민족이 피해를 입었기 때문에 문서화에 대한 피해의식이 존재한다.

팔레비 왕조 시절 근대화를 추진하면서 서양 문화와 서양식 법 체계의 도입을 추진하고자 노력했다. 그러나 서양식 법 감정과 법률 시스템이 뿌리를 내리기도 전에 이슬람혁명이 발발했다. 이슬람 법학자들은 시아파 이슬람 교리에 바탕을 둔 판단으로 정치, 문화, 사회 등 국가의 모든 분야를 통치하는 이슬람 신정국가를 탄생시켰다. 이슬람 정권은 서양식 교육을 받은 법률가들을 쫓아내고 행정부와 국영기업에서도 서양식 업무처리방식을 훈련 받은 전문가들을 몰아냈다. 이에 따라 이들의 법률과 문서화된 계약에 대한 인식은 서양인의 법과 계약서에 대한 인식과는 상당한 거리가 있다.

한편 "이란인들에게 계약서는 자기들에게 이익을 가져다 줄 때에만 의미를 가지며 사인은 계약조건의 이행을 보증하는 것은 아니다"라고 말하는 사람도 있다. 문서화한 합의 내용을 자신들에게 불리할 때는 무시하고, 유리할 때는 상대방에게 준수해주길 요구하는 근거가 되기도 한다. 결국 문서화가 한국 업체 측에게 불리하게만 작용할 수도 있는 것이다.

중국에 만만디가 있다면 이란에는 야보시 문화가 있다

이란과의 무역 역시 프로젝트 수주와 같이 성사되기까지 많은 시간이 걸린다. 더구나 이란인들은 기본적으로 독촉하는 것을 싫어한다. 미팅 후 몇 번씩 진행상황을 물어도 대답이 없다가 먼저 포기하고 1년 정도 지나 잊어버릴 만하면 주문을 넣거나 계약을 요구해 올 때도 있다. 모두 다 그런 것은 아니지만 기다리면서 손해 나는 것이 없다면 지속적인 관심을 갖고 이들과 소통창구를 계속 열어두는 것이 좋다. 특히 12~1월에 연락이 올 경우 이란 바이어들이 취득한 수입허가의 유효기간이 이란 회계연도 말인 3월 21일에 만료되기 때문에, 과거에 미팅 시 조건보다 더 낮은 가격을 요구한다면 가능한 범위 내에서 수용하는 것이 좋다. 반대로 이란 바이어의 요청에 의해 견적송장Proforma Invoice을 보내고 나서도 1년가량 신용장 개설을 하지 않고 있다가 더 낮은 가격을 제시하는 업체에게 주문하는 경우도 있으니 염두에 둬야 한다.

국영기업체나 공적 조직의 산하업체 등의 최고경영자나 부서장이 바뀔 때는 몇 개월씩 의사결정이 정지된다. 특히 정권이 바뀌기 전후에는 오랜 기간 의사결정이 미루어지는 것이 보통이다. 이란인은 지연 전술을 협상의 한 방법으로 사용하기도 하므로 이들과 상담을 할 때는 느긋한 자세로 임하는 것이 좋다.

반송

수출을 진행하다 보면 사정상 물건을 돌려받아야 하는 경우가 있다. 왕왕 이란 업체들이 이란의 법규정상 반송Ship Back이 안 된다고 할 때가 있는데 이것은 사실이 아니다. 은행의 화주확인서 등으로 화주가 확인되고 운송료 지불이 확인되면 반송이 가능하다. 그러나 두바이를 경유해 이란에 수입된 물품은 밀수인 경우가 많고, 이 경우 수입된 근거서류가 없어서 반송할 수 없다. 이란 업체들이 규정상 불가능하다고 말하는 것은 그냥 둘러대는 것이니 믿지 말아야 한다.

간혹 정식으로 수입된 물건을 반송하려는데, 이미 경매에 부쳐져 판매된 경우도 있다. 이 경우 통관처리가 지연되어 세관이 경매에 부친 것으로, 소유주가 이미 변경되어 반송은 불가능하다. 그렇기 때문에 바이어와의 분쟁 등으로 물품 인수가 늦어진다면 가급적 빨리 결정하고 물품을 처리하는 것이 손실을 최소화할 수 있는 방법이다.

노출 심한 카탈로그는 사용불가

여성의 신체노출이 심한 제품의 카탈로그는 세관에서 통관되지 않으며 잡지나 신문은 해당 부분을 삭제 후 통관을 허용한다. 만약 운이 좋아 반입이 되더라도 전시장 등 공공장소에서 활용할 수는 없다. 한편 공공장소에서는 마네킹의 사용도 제한된다.

약간 다른 문제이긴 하나 이란 내에서의 광고 내용에 많은 제한이 있어 적절한 광고 효과를 보장할 만한 콘텐츠를 만들기 힘든 경우가 있다. 이럴 때는 외국에서 송출되는 인기 이란어 위성TV 채널에 광고하는 것이 대안이 될 수 있다.

공항비자

이란에서도 입국 시 공항비자 발급이 가능하다. 미팅이 예정된 업체의 주소가 적힌 초청장을 들고 입국신고 전에 도착비자Arrival Visa를 신청하면 2주간의 비자가 발급된다. 간혹 국제정세가 민감할 시기엔 비자 발급이 까다로워진다. 이때는 바이어가 초청양식을 이용해 외무성에서 참조번호를 받아줘야 한다. 평소에도 이 양식을 쓰면 비자 발급이 좀 더 순조롭다. 문제는 도착비자 발급에 걸리는 시간이다. 어떨 때는 금방 내주기도 하지만 1~2시간 걸리는 경우도 많으며 운이 나쁘면 7~8시간 동안 공항 안에서 대기하기도 한다.

그러나 가끔 도착비자 발급이 안 돼서 입국하지 못하고 돌아가는 경우도 있기 때문에 한국에서 미리 비자를 발급받는 것이 가장 안전하다. 비자의 유효기간은 발급일로부터 3개월이다.

도처에 널린 공공기업

얼핏 보기에 평범한 민간기업으로 보이는 회사도 공적, 또는 준공공조직이나 종교재단과 연계되어 있는 경우가 많다. 이들은 혁명 때 국유화 또는 종교재단 등 공적 조직이 인수한 기업들이거나 새롭게 설립한 기업들이다. 단순 무역회사의 경우는 개인기업이 대부분이나 어느 정도 규모가 있는 제조업체의 경우 공적 기업일 가능성이 높다. 이들의 의사결정과 행동양식은 '이란인과의 협상' 부분에서 설명한 바와 같이 순수 민간기업과 상당히 다르고 복잡하다.

언더밸류와 오버밸류

후진국이나 통제경제국가와의 비즈니스에 흔히 부딪히는 언더밸류 Under Value(저가신고) 및 오버밸류Over Value(고가신고) 문제는 이란과의 비즈니스에서도 자주 겪을 수 있다.

언더밸류는 보통 바이어가 수입관세를 줄일 목적으로 요청하는데, 관세가 높은 소비재거래에 주로 많으며 신용장 50%, 전신환T/T, Telegraphic Transfer 50%식이다. T/T 30% 선금을 주고 선적 후 30~40%, 물품 인수 시 잔금을 지불하는 방식도 많이 통용되는 거래방식이다. 선금을 받는다고 마냥 좋아만 할 것은 아니다. 시장 여건 변화 등으로 바이어가 인수 거부 시 대체 판매가 쉬운 물품이면 큰 문제가 없으나. 그렇지 않다면 낭패를 당할 수 있다.

오버밸류는 20~30%가 일반적인데 이때는 신용장을 오버밸류 금액으로 개설하고 대금결제 후 국내 공급업체가 오버밸류분의 금액을 해당 바이어에게 돌려주는 것이다.

환불은 두바이 등 바이어의 제3국 계좌 입금, 또는 현금 형태로 이루어진다. 이때에는 오버밸류 금액 송금을 위한 은행수수료와 오버밸류로 인해 추가로 부담하게 되는 국내 법인세를 바이어에게 부담시키면 된다. 이러한 오버밸류는 기계류나 원자재 등 관세가 낮은 품목을 수입할 때 주로 요구한다.

글을 마무리하면서

이란에서 귀국 후에 이 글을 쓸까 말까 한참을 망설였다. 막상 쓰기로 결심하고 작업에 들어가니 막히는 것이 많아 자료와 숫자들을 다시 정리하고 찾느라 많은 시간이 소요되었다. 그리고 본인의 게으름으로 귀국 후 3년이 지나서야 마무리하게 되었다.

글을 마무리하는 시점인 2014년 말에 핵협상 시한이 또 다시 2015년 6월로 연기되었다. 협상 막바지까지 여러 차례 시한 연장을 하고 새로운 이슈가 제기되는 등 진통 끝에, 2015년 7월 14일 13년 만에 이란 핵협상이 타결되었다. 시간을 끌면 유리한 것을 얻어낼 수 있다는 믿음에서 오는 전형적인 이란의 협상지연술을 보여주는 것 같다.

한편으로 '이란'이란 나라의 좀 더 내밀한 특성과 관련국과의 관계 등 못다한 이야기들도 많고, 두루뭉술하게 표현한 것도 많아 아쉬움이 남는다.

이란 각 분야의 세계 순위

○ 일반

항목	순위 (전체)	출처	연도	비고
국토면적	18(233)	UN	2010	163만㎢, 남한의 약 16배, 세계면적의 1.1%
지진사망자 수	2	UN	2010	
진도 5.5 이상 지진 발생 횟수	1	UN	2010	매일 국토 내 어디선가 지진 발생
억만장자 수 (자산 10억 달러 이상)	12(58)	LIPN	2010	5명 중 1명(라프산자니 전 대통 령)만 이란 내 거주
국토 내 공유수면 비율	102(139)	LIPN	2010	면적 1만 2,000㎢, 국토의 0.73%
사막 크기	23	LIPN	2010	카비르 사막(세계 23위 규모), 루트 사막(세계 25위 규모)
1인당 차(Tea) 소비	5	WMR	2004	연 1.2kg/1인 소비
1인당 커피 소비	132	WRI	2006	연 0.1kg/1인 소비
1인당 밀 소비	7	미국 정부	2004	연 195kg/1인 소비
최고 온도	1	NASA	2005	루트 사막 70.7℃ 기록
타워 높이	6	–	2014	밀라드 타워(435m, 세계 6위)
경기장 규모	11	–	2010	아자디 스타디움(10만 명 수용, 세계 11위 규모)
녹지면적	83(141)	Reader's Digest	2008	

○ 경제일반

항목	순위 (전체)	출처	연도	비고
GDP(명목)	26(182)	WB	2008	3,852억 달러로 한국 9,314억 달러의 41%, 중동·북아프리카 지역에서 인구로는 이집트 다 음, 경제 규모로는 사우디 다음
GDP(PPP, 구매력 감안)	18(193)	WB	2009	8,439억 달러로 한국 1조 3,122 억 달러의 64%
1인당 GDP(명목)	73(170)	WB	2008	5,441달러로 한국 1만 9,028달 러의 29%
1인당 GDP(PPP)	59(166)	WB	2008	1만 1,666달러로 한국 2만 6,688달러의 44%
소비시장규모	26	UN	2009	1,960억 달러로 한국 4,522억 달 러의 43%, GDP 점유율 54%로 같 음. 중동 2위로 1위 터키의 약 1/2

이란 문화와 비즈니스

항목	순위(전체)	출처	연도	비고
사업시작난이도	48	WB	2010	한국 34위
사업수행용이도	137(183)	WB	2010	한국 7위(이란은 사업 시작은 비교적 용이하나 사업 수행이 매우 어려운 나라임
비즈니스자유지수	77	FMI	2011	–
경제활동자유지수	171(179)	헤리티지재단	2011	–
소득평등지수	47	WB	1998	지니계수 43
정부지출예산	32(188)	CIA	2009	3,470억 달러
FDI 유치	74	CIA	2008	–
해외 FDI 투자	65	CIA	2008	–
국부펀드규모	20(36)	SWFI	2009	석유안정기금 230억 달러
투자/GDP	36(145)	CIA	2008	27.7%
1인당 수출	71(154)	CIA	2006	797달러
조세수입/GDP	163	헤리티지재단	2008	7.3%
국제수지/GDP	38	IMF	2008	+4%
정부 금 보유고	8	IMF	2012	907톤
외환 보유고	20	WB	2012	1,200억 달러
수입 규모	46(222)	CIA	2012	670억 달러
수출 규모	52(222)	CIA	2012	664억 달러
원자재수출비중	9(117)	WB	2004	공산품 중 원자재수출비중 93%(대부분 원유)
인건비지출비중	14(135)	WB	2005	기업체 총지출 중 인건비 47%
무역증가율	73	WB	2008	–
공공부채/GDP	114	CIA	2010	16.2%
총 대외부채	84	CIA	2010	12억 달러, GDP의 3.7% (세계에서 넷째로 적음)
노동인구	22(185)	CIA	2006	2,435만 명
산업 고용	15(139)	WB	2005	총 고용 중 산업 고용비율 30%
농업 고용	47(139)	WB	2005	농업 고용비율 25%
여성 고용	5(130)	WB	2005	산업 총 고용인 중 여성 비율 34%
여성 경제활동증가율	29(130)	WB	2005	34%
국가연금/GDP	56(58)	UN/MF	2009	GDP 1.1%, 65세 이상 인구 5%
국제원조수령/GDP	120(129)	OECD	2002	0.1%, 마약퇴치 관련이 유일
이슬람 금융 규모	1	The Bankers	2009	세계 최대 규모

산업과 광업

항목	순위 (전체)	출처	연도	비고
석유회사 규모	2	Energy Intelligence	2008	이란 국영 NIOC는 사우디 아람 코에 이어 세계 2위 석유회사
광업회사 규모	23	WB	2007	이란 국영 IMIDRO는 세계 23 위 광업회사. 세계 생산량의 0.6% 점유
국영기업 규모	7	Financial Times	2006	이란 국영 석유회사 NIOC는 자 본금 2,200억 달러로 세계 7위
산업 생산	28(161)	CIA	2009	중동 지역에서 터키 다음으로 산업화된 나라
자동차 생산	12(52)	IOAM	2009	140만 대 생산. 2000~2010년 세계 2위 자동차 생산 증가율 기록. 2010년에는 자동차 160만 대, 오토바이 100만 대 생산
1인당 고기술제품 수출	114(167)	WB	2004	1인당 1.46달러 수출
석유화학제품 생산	45	Chemical & Engineering News	2008	연 78억 달러 생산, NIPC 2015년까지 세계 2위 석유화 학기업 목표
산업용 나프타 사용량	13(45)	UN	2005	250만 톤
1인당 산업용 전기 소비	73(171)	UN	2005	692kwh/1인/연
산업용 디젤 소비	15(128)	UN	2005	180만 톤
윤활유 생산	10(86)	UN	2005	95만 톤
화학산업 가스 소비	9(66)	UN	2005	13만 8,966테라줄
산업용 석탄 소비	42(89)	UN	2005	33만 톤
철강 생산	16	세계철강 협회	2009	1,100만 톤, 2015년까지 3,500 만 톤 생산 목표
구리 생산	12	BGS	2006	25만 톤
알루미늄 생산	17	–	2006	45만 7,000톤
시멘트 생산	5	–	2010	4,500만 톤, 세계 생산의 1.6%
철 생산	8	미국지질조사	2009	3,300만 톤
석고 생산	2	영국지질조사	2006	세계 2위 생산국(중국 1위)
철광석 생산	8	미국지질조사	2009	3,300만 톤
천연산화철 생산	9	미국지질조사	2006	2,600톤
암모니아 생산	21	미국지질조사	2006	100만 톤
아연 매장량	1	영국지질조사	2010	–
구리 매장량	2	영국지질조사	2010	–
철광석 매장량	9	영국지질조사	2010	–
납 매장량	11	영국지질조사	2010	–
산업용 기계 수입	28	WTO	2004	

에너지

항목	순위(전체)	출처	연도	비고
석유 확인매장량	3(97)	CIA	2007	1,362억 배럴, 100달러/배럴로 계산 시 13조 6,000억 달러 가치
석유 생산	4(210)	CIA	2008	4,200만 배럴/일
석유 매장량/생산량	1	SRWE	2010	2010년 기준 향후 89년 생산 가능
석유 소비	15(208)	CIA	2006	1일 소비 163만 배럴
석유 수출	8(205)	CIA	2009	221만 배럴
석유+가스 매장량	2	Oil & Gas Journal	2010	3,017억 BOE로 사우디보다 8억 BOE 적음, 이란 발표는 3,240억 BOE로 세계 1위
천연가스 확인매장량	2(209)	CIA	2012	33조 1,000억㎥, 세계 매장량의 15.8%, 100달러/배럴로 계산 시 5조 3,000억 달러 가치
천연가스 생산	4(183)	CIA	2007	1,312억㎥(2007), 2,200억㎥(2010)
천연가스 소비	3(183)	CIA	2009	1,317억㎥, 가스 소비 증가율 세계 최고 수준
가정 천연가스 소비	5(67)	UN	2005	-
천연가스 수출	25(182)	CIA	2007	62억㎥
천연가스 수입	27(182)	CIA	2007	61억㎥
1인당 에너지 소비	57	WRI	2003	일본의 15배, 유럽의 10배
석탄 확인매장량	12(59)	UN	2005	111억 톤
석탄 생산	32(73	UN	2005	연 130만 톤
석탄 수입	50(110)	UN	2005	연 52만 톤
전기 생산	19(210)	CIA	2007	-
전기 소비	20(190)	CIA	2005	-
1인당 전기생산	86(214)	CIA	2006	-
전기 송전 손실률	30(131)	WB	2004	송전 손실률 16.88%
전력생산 가스 소비	5(97)	UN	2005	-
풍력발전 설비	35(76)	WWEA	2008	-
발전용 디젤 소비	6(171)	UN	2005	270만 톤
디젤유 생산	13(124)	UN	2005	연 2,440만 톤
가정용 디젤 소비	8(149)	UN	2005	연 640만 톤
등유 소비	4(17)	UN	2005	연 600만 톤

◑ 에너지

항목	순위 (전체)	출처	연도	비고
등유 수입	3(166)	UN	1997	연 110만 톤
가솔린 생산	16(121)	UN	2005	연 1,120만 톤
휘발유 수입	5(200)	UN	2005	연 670만 톤

◑ 과학기술

항목	순위 (전체)	출처	연도	비고
혁신지수	95(125)	INSEAD	2011	–
과학&기술 성장	1	SMR/ 영국 정부	2010	–
R&D 지출 (PPP 기준)	27	UN	2010	–
R&D 지출/GDP	43(69)	WB	2000	0.5%
1인당 R&D 지출	58(69)	WB	2000	–
기술성취지수	45(68)	UN	2001	기술 창조, 최근 및 과거 혁신기술 보급 등 측정 지수
1인당 특허건수	56(60)	WIPO	1998	–
국가우주국 예산	9	–	2010	5억 달러
최초 궤도 발사	9	–	2010	아홉째 우주 궤도 진입 성공 국가
생명체 우주 발사능력	6	–	2010	여섯째 생명체 우주 발사 및 귀환 성공 국가

○ 정보통신

항목	순위 (전체)	출처	연도	비고
인터넷 사용자 수	11(195)	IWS	2009	총 인구 중 51.7%가 인터넷 사용
브로드밴드 인터넷 사용자 수	44(48)	ITU	2008	30만 명, 총인구의 0.41%
디지털 기회지수	105(120)	ITU	2007	-
전화선	12(100)	CIA	2008	2,480만 회선, 디지털화 80%(2004), 가정 전화 95% 보유
휴대전화	20(56)	UN	2010	5,200만 명, 총인구의 70% 사용
투자/수입 비율	10(190)	WB	2005	통신료 수입의 74% 통신과 사이버 인프라 투자
전자정부 준비도	102(193)	UN	2010	-
전자정부 시민참여도	117(193)	UN	2010	-
정기간행물 수	14(124)	UN	2000	112개 일간지 및 정기간행물 발간
TV방송국 수	67(228)	CIA	1997	1997년 27개 TV방송국, 2010년 47개 TV채널, 50개 라디오채널
인터넷망 공급자(ISP)	9(150)	CIA	2002	100개 ISP 업체 영업
인터넷 호스트 수	120(190)	CIA	2008	2,860개 인터넷 호스트
국가도메인 웹사이트 수	58	Webometrics	2009	이란 국가 도메인(ir) 하의 웹사이트 수 31만 개, 총 웹 사이트 수로는 세계 32위
인터넷 속도	174(181)	Speedtest.net	2010	속도가 가장 빠른 지역인 하 메단의 업/다운 로드 속도는 0.32/1.09Mbps, 속도가 가장 빠른 ISP 업체 I.P.M.의 속도는 0.76/2.87Mbps

○ 운송

항목	순위 (전체)	출처	연도	비고
상선 운송능력	31(148)	CIA	2008	총 188척(국적선 73척, 외국 국적선) 보유, 46척의 유조선(VLCC 28척, Suezmax 9척, Aframax 5척, 화학선 3척, LPG선 1척) 보유, 2015년까지 유조선 80척 보유 추진
철도 길이	21(151)	국제철도연맹	2008	1만 1,106km
도로 길이	29(191)	CIA	2006	17만 2,927km
파이프라인 길이	8(120)	CIA	2007	총 36,509km(가스 19,161km, 오일 8,438km, 정제품 7,936km), 2010년 천연가스 파이프라인 3만 2,000km로 세계 4위, 2025년까지 7만km로 확대계획
LPG 파이프라인	6(17)	CIA	2006	570km
Oil 파이프라인	6(97)	CIA	2006	8,256km
1인당 자동차 수	56(144)		2010	1,000명당 자동차 175대, 1,000명당 오토바이 110대 보유
수로 길이	70(109)	CIA	2008	850km, 강, 운하 등
항공화물	59(176)	WB	2005	9,800만 톤
항공여객 수	26(177)	WB	2005	1,270만 명
공항 수	26(251)	CIA	2007	운영 중 공항 331개
공항 수 (포장활주로 보유)	20(227)	CIA	2007	129개
공항 수 (포장활주로 3,047m 이상)	4(161)	CIA	2007	40개
철도여객 1인당 탑승 거리	26(32)	국제철도연맹	2006	이란 철도여객 1인당 180km 탑승
철도화물 수송량	20(32)	국제철도연맹	2006	105억 톤/km
지하철 여객 수	18(145)	–	2010	6억 2,000만 명, 중동 2위 규모
운송용 휘발유 소비	10(194)	UN	2005	자동차 휘발유 소비 1,790만 톤
1인당 교통사고 사망	11	WHO	2009	10만 명당 35.8명(사망 2만 3,000명, 부상 68만 5,000명), 교통사고 남녀 사망 비 5:1, 교통사고 재산 손실 연 180억 달러
천연가스 자동차 수	1	세계 NGV 통계	2011	CNG 자동차 286만 대, 가스주유소 1,800개소

◯ 농업

항목	순위 (전체)	출처	연도	비고
농업기계 수	22(190)	WB	2003	트랙터 25만 8,000대
1인당 관개토지	14(173)	CIA	2003	1,153㎢/100만 명
농지면적	15(199)	WB	2005	61만 6,000㎢
1인당 농지면적	57(199)	WB	2005	9㎢/1,000명
경작지/총면적	109(199)	WB	2005	9.84%
농업용 디젤 소비	7(107)	UN	2005	연 330만 톤
1인당 농업용 전기 소비	18(110)	UN	2005	연 241kwh/1인
곡물 생산	13(149)	WRI	2001	연 14만 1,000톤
1인당 육류 생산	73(149)	UN	1998	연 21kg/1인

◯ 인구

항목	순위 (전체)	출처	연도	비고
출생률	96(195)	UN	2005~2010	연 100명당 2명
사망률	165(195)	UN	2005~2010	연 1000명당 5.4명, 사망원인으로는 1위 심장병, 2위 교통사고, 3위 뇌졸중
이혼율	25	UN	2004	낮은 순, 1,000명당 0.94명;
도시화	65(193)	CIA	2005~2010	도시거주 인구 68%
유아사망율	119(195)	UN	2006	높은 순, 1,000명당 30.6명
인구	17(223)	UN	2009	7,400만 명
기대수명	108	UN	2005~2010	71세
인구증가율	96(230)	UN	2005~2010	1.35%
인구밀도	160(239)	UN	2005	45명/㎢
출산율	165(195)	UN	2005~2010	여성 1명당 2명, 1979년 7명에서 2005년 2명으로 세계에서 가장 빠른 출산율 감소
10대 출산율	139(185)	WB	2005	15~19세 여자 1,000명당 19명 출산
유입 이민자 수	21(192)	UN	2005	200만 명, 이란 인구의 2.86%
외국인 난민 수	1(110)	UN	1999	세계 최대·최장 난민 수용국, 대부분 이라크와 아프간 난민, 과거 30년간 평균 500만 명 난민 수용
중간 연령	120(230)	CIA	2008	27세

○ 사회

항목	순위 (전체)	출처	연도	비고
인간개발지수(HDI)	70(182)	UN	2010	지난 30년간 개선도 측면 세계 3위
빈곤지수	59(135)	UN	2009	빈곤도 낮은 순
성인 문자해독률	47	UN	2011	15세 이상의 91%, 6세 이상 문맹률 1976년 52.5%에서 2002년 6.2%로 개선
교육지수	112(176)	UN	2008	기술·과학·정보 등 교육의 질 측정
총 도서출판	7	-	2010	연 6만 5,000권 출판
응용과학 도서 출판	16(99)	UN	1999	2,426권
순수과학 도서 출판	7(94)	UN	1999	1,844권
사회과학 도서 출판	30(99)	UN	1999	1,399권
1인당 도서관 장서	72(81)	UN	2004	1,000명당 6권
여성 취학비율	1(197)	UN	2005	여학생이 남학생의 1.22배
중등학생 수	8(185)	WB	2005	990만 명
대학생 수	22(200)	UN	2002	170만 명, 여학생 비율 64%
1인당 대학생 수	68(188)	UN	2002	1,000명당 26명
교육비 지출/GDP	58(132)	UN	2003	4.9%
정부 교육예산 비율	19(161)	WB	2005	22.85%
교육 년수	58(110)	UN	1999	평균 학교 교육년수 11.3년
세계 최고 수준 대학	55	Webometrics	2009	세계 상위 1,000 대학 1개, 세계 상위 5,000 대학 30개
세계 최고 수준 공대	184	Quacquarelli Symonds	2007	테헤란 대학 184위, 샤리프 공대 244위
세계 대학 순위	401(500)	ARWU	2010	테헤란 대학 401위
수학·과학 교육 수준	35	WEF	2011	-
자살률(높은 순)	99(106)	WHO	2008	10만명당 0.2명
1인당 담배 소비	67(121)	WHO	2007	15세 이상 남성 흡연율 29.6%, 여성 5.5%
생활의 질 지수	150(194)	EIU	2010	-
생활만족지수	96(178)	MSLS	2006	부, 건강, 기초교육 측정
투옥률	57(217)	Int'l Centre for Prison Studies	2009	10만 명당 투옥자 222명, 여성 투옥자 비율 3.5%로 세계 81위(134개국 중)

항목	순위 (전체)	출처	연도	비고
억류 정치범 (재판 전) 비율	89(143)	ICPS	2003	재판 전 억류 정치범이 총 투옥자의 25%
살인률	66(144)	UN	2009	10만 명당 2.93명
남녀 차	123(134)	WEF	2010	–
모성지수	49(158)	Save the Children	2009	어머니의 건강·교육·평등· 경제적 자유·영양·정치적 지위 측정(43개 선진국 포함)
여성지수	45(158)	Save the Children	2009	모성지수와 동등한 내용 측정
아동지수	45(158)	Save the children	2009	모성지수와 동등한 내용 측정
아동개발지수	68(143)	Save the children	2008	교육·건강·영양 등 측정
개발지수(남녀 차)	76(155)	UN	2009	남녀간 수명, 건강수명, 지식, 적절한 생활수준의 평등 성
사회지속가능성지수	97		2010	인간·환경·경제적 측면의 웰빙 측정
우수국가순위	79	Newsweek	2010	교육·건강, 생활의 질·경제적 역동성과 정치적 환경을 복합 적으로 측정한 국가별 순위
마약자유지수	64	Freedom Meta–Index	2011	기분전환용 마약 접근 용이 성, 이란에서 불법 마약거래 는 벌금, 매질, 투옥, 사형 등 의 형이 가해짐, 개인의 마약 소비에 대해선 너그러운 편
사법부 독립	65	WEF	2010	–

○ 국제화 수준

항목	순위 (전체)	출처	연도	비고
국가경쟁력	62(142)	WCF	2011	–
국제화지수	162(181)	KOF	2010	KOF Globalization Index
국제화지수	62(62)	A.T.Kearney/ Foreign Policy Magazine	2006	–

◑ 보건

항목	순위 (전체)	출처	연도	비고
필수의약품 획득 가능 인구 비율	54(163)	WHO	2000	총 인구의 80%가 필수의약품 접근 가능
여성 에이즈 보유율	107(112)	WB	2005	15세 이상 에이즈 보균자의 16.7%가 여성
인구비례 의사 수	138(202)	WB	2004	1,000명당 의사 0.45명
아편 중독자 수	1(132)	UN	1999	총 인구의 2.8% 중독, 대부분 20대에 시작
마리화나 소비	31(67)	UN	1999	총 인구의 4.2%
에이즈 보유율	153(171)	CIA	2001	총 인구의 0.1%, 2007년에는 0.16로 증가, 주사기를 통한 감염이 주된 경로였으나 근래에 성적 접촉이 주된 경로로 바뀜. 2003년 70만 건이 성적 접촉을 통해 전파
에이즈 사망	47(153)	CIA	2007	연 4,300명 사망
위생시설 보급	22(129)	CIA	2003	총 인구의 99%가 위생시설 접근 가능
영양실조 인구 비율	76(76)	UN	2009	높은 순, 영양실조 비율 5% 이하
여성 피임약 사용률	25(176)	WB	2000	74%가 피임약(기구) 사용
병원 병상 수	133(191)	WB	2001	1,000명당 1.6개
저체중 아동 비율	63(95)	UN	2005	높은 순, 2%
말라리아 발생률	72(94)	UN	2001	높은 순, 10만 명당 27명
전체적 보건제도	93(190)	WHO	2000	–
보건제도 및 실행지수	58(191)	WHO	1997	제도·실행의 수준과 배분, 공정성, 목표달성도, 1인당 보건비 지출 등을 종합
1인당 보건비용 지출	69	WHO	2006	1인당 678달러, GDP(PPP)의 6.8% 지출
보건비/GDP 비율	75(188)	WB	2004	6.6%
개인부담/보건비 민간지출	64(187)	WB	2004	민간 보건비 지출의 94.8%가 개인부담
1인당 정부 보건비 지출	84(185)	WHO	2002	1인당 206달러
1인당 총 보건비	69(185)	WHO	2002	432달러
신장이식 건수	4(47)	WTCD	2007	2,000건 이상
1인당 신장이식	35(47)	WTCD	2002	100만 명당 3.35명
기대 건강수명	119(192)	WHO	2004	57.6세(남성 56.1세, 여성 59.1세)
도시 아황산가스 오염	1(141)	WHO	1995	SO^{2}농도 209mg/㎥

◔ 환경

항목	순위 (전체)	출처	연도	비고
환경지속가능성지수	132(146)	예일대학	2005	간접적 조사와 추정
1인당 온실가스 배출	74	WRI	2000	–
멸종위기종 수	37(158)	UN	1999	54종
환경수행지수	78(153)	예일대학	2010	–
재생가능 수자원	58(151)	CIA	2008	–
1인당 이용가능 물	116(141)	UN	2001	연 630㎥/1인
종 다양성	13(53)	WCMC	1994	–
1인당 이산화탄소 배출	70(210)	UN	2003	1인당 5.8톤
이산화탄소 배출 총량	11(210)	UN	2006	4억 6,697만 6,000톤, 세계 총 배출량의 1.6%
삼림면적	47(220)	UN	2007	11만 750㎢
산업용 물 오염	14(129)	WB	2003	–

◔ 역사와 문화

항목	순위 (전체)	출처	연도	비고
유적지	12(239)	UN	2010	–
외국 관광객 수	55	UN	2007	250만 명, 호텔 641개, 객실 6만 3,000실
방어성벽 길이	2	–	2010	고르간 성벽은 만리장성에 이어 둘째 긴 방어성벽
인공저수지 역사	1	–	2010	고나바드의 콰나트는 2700년 전 건설되어 현재도 사용
해외여행 지출	28(158)	UN	2004	44억 달러, 외국인 여비지출은 12억 달러
국가 보석 보유	1	Iranian Crown Jewels	2010	–
역사상 수도 수	1	–	2010	이란 역사상 수도 수는 31개 (테헤란 제외)
수제 카펫 생산	1	–	2010	세계 수제 카펫의 3/4 생산, 세계 카펫 수출시장의 30%, 세계 최대 수제 카펫 생산 기록 (60,546ft²)
극장 관객 수	19(78)	UN	2003	2,600만 명
극장 객석 수	15(60)	UN	1995	17만 3,000석

○ 군사와 국방

항목	순위 (전체)	출처	연도	비고
종합군사력지수	15	Correlates of War	2007	군사력지수인 CINC(Composite Index of National Capability)
국방비 지출	24(154)	SIPRI	2009	92억 달러, 혁명수비대·경찰·국방연구비·정보부서 예산 포함 (총 예산 171억 달러)
1인당 국방비	62	CIA	2008	65달러
국방비/GDP	37(154)	SIPRI	2008	2.7%
재래식 화력	12	GFP	2010	–
군인 수	7	CSIS	2009	383만 명
개인화기 소지	79(178)	SMS	2007	100명당 7.3정, 총 350만 정 보유
무기 수출	37(40)	SIPRI	2005	$1백만; UN 무기 수출 금지
무기 수입	17(169)	WB	2005	$4억; UN 무기수입 금지
개인화기 소유 용이성	175	Freedom Meta-Index	2011	–

○ 정치

항목	순위 (전체)	출처	연도	비고
평화지수	104(149)	EIU	2010	–
극좌 성향 인구 비율	9(61)	WVS	2005	인구의 7.3%가 극좌 성향
극우 성향 인구 비율	40(61)	WVS	2005	인구의 3.9%가 극우 성향
부패지각지수	146(178)	국제투명성기구	2010	–
뇌물 등 변칙적 지불	69	WEF	2010	사업상 뇌물수수 정도
언론자유	166(169)	국경없는 기자회	2007	–
민주화지수	145(167)	EIU	2008	–
여성장관 비율	23(125)	국제의원연맹	2000	장관급 공직자의 27%
언론자유(보도)	184(196)	Freedom House	2009	–
정부 관여도(낮은 순)	73	Freedom Meta-Index	2011	국민생활에의 정부 관여 정도
정치인 신뢰도	39	WEF	2010	국민의 정치인 윤리 신뢰도

◎ 종교

항목	순위 (전체)	출처	연도	비고
무슬림 신도 수	7(67)	DI	2005	–
무슬림 인구 비율	6(168)	IRFR	2004	국민의 98%가 무슬림
시아파 인구 비율	1(67)	DI	2005	무슬림 인구의 89%가 시아파
시아파 인구 수	1(67)	DI	2005	6,200만 명. 2위 인도는 4,000 만~5,500만 명. 3위 파키스탄 은 3,000만~4,500만 명
바하이교 신자 수	2(247)	–	2004	15만~50만 명
조로아스터교 신자 수	2	–	2005	2만 4,000명~3만 명

참고문헌

고야마 시게키 저·박소영 역. 『지도로 보는 중동 이야기』, 이다미디어, 2008.

국제문화산업교류재단. 「해외한류의 현황과 과제」, 2009.

김재두 외. 『이란을 읽으면 북한이 보인다』, 한국경제신문, 2007.

맬리스 루스벤 저·최생열 역. 『이슬람이란 무엇인가』, 동문선, 2002.

박재현. 『페르시아 이야기』, 지식과감성#, 2013.

브루스 커밍스 외 저·차문석 외 역. 『악의 축의 발명』, 지식의풍경, 2005.

세예드 모함마드 하타미 저·이희수 역. 『문명의 대화』, 지식여행, 2002.

이권형 외. 『이란의 정치·권력구조와 주요 정파별 경제정책』, 대외경제정책연구원, 2012.

이규철·이성수. 『이슬람 아랍 중동』, 부산외국어대학교출판부, 2007.

장병옥. 「페르시아 사상과 이란인의 의식구조」, 『세계인의 의식구조 Ⅱ』, 한국외국어대학교출판부 지식출판원, 1997.

_____. 『이란 들여다보기』, 한국외국어대학교출판부 지식출판원, 2012.

Abrahamian, Ervand. A History of Modern Iran, Cambridge University Press, 2008.

Amuzegar, Jahangir. "Iran's Economy: Status, Problems, and Prospective", 2004. (http://www.wilsoncenter.org/sites/default/files/JahangirAmuzegarFinal.pdf/)

Axworthy, Michael. A History of Iran, Basic Books, 2008.

Bar, Shmuel. "Iran: Cultural Values, Self images and Negotiation Behavior", Institute for Policy and Strategy, 2004.

Curtis, Glenn E. and Eric Hooglund. Iran a Country Study, Federal Research Division and Library of Congress, 2008.

Daniel, Elton L. and Ali Akbar Mahdi. Culture and Customs of Iran, Greenwood Press, 2006.

Guillaume, Dominique and Roman Zytek. "Iran: The Chronicles of the Subsidy Reform", IMF Working Papers, IMF, 2011.

Limbert, John W. "Negotiating with the Islamic Republic of Iran", U.S. Institute of Peace, 2008.

Nomani, Farhad and Sohrab Behdad. *Class and Labor in Iran*, Syracuse University Press, 2006.

Rhode, Herold. "The Sources of Iranian Negotiating Behavior", Jerusalem Center for Public Affairs, 2010.

Statistical Center of Iran, *Iran Statistical Yearbook*, 2010.

Tabibian, Mohammad. "Manufacturing Sector's Long Term Strategy and Development in Iran", Institute for Research on Planning and Development in Iran, 2003.

Takeya, Ray. *Hidden Iran(Paradox and power in the Islamic Republic)*, Henry Holt and Company, 2006.

UNCTAD, *UNCTAD World Investment Report*, UNCTAD, 2013.

UNESCO, *UNESCO Science Report 2010*, UNESCO, 2010.

Winkie, Eric J. *The Impact of Culture: Communicating with Iran*, U.S.Army War College, 2009.

IMF, http://www.imf.org/.

UNCTAD, http://unctad.org/.

World Bank, http://www.worldbank.org/.